企业管理培训丛书

培训幽默全书

陈龙海　化保力　陈飞◎主编

修订本

地震出版社
Seismological Press

图书在版编目（CIP）数据

培训幽默全书 / 陈龙海，化保力，陈飞主编. --修订本. —北京：地震出版社，2022.1

（企业管理培训丛书）

ISBN 978-7-5028-5286-3

Ⅰ.①培… Ⅱ.①陈… ②化… ③陈… Ⅲ.①企业管理—职工培训 Ⅳ.①F272.921

中国版本图书馆CIP数据核字（2021）第214763号

地震版 XM4822/F（6160）

培训幽默全书（修订本）

企业管理培训丛书

陈龙海　化保力　陈　飞　主编

责任编辑：张　平

责任校对：凌　樱

出版发行：地　震　出　版　社

北京市海淀区民族大学南路9号　　邮编：100081

发行部：68423031　68467991　　传真：68467991

总编办：68462709　68423029

编辑四部：68467963

E-mail：seis@mailbox.rol.cn.net

http://seismologicalpress.com

经销：全国各地新华书店

印刷：三河市九洲财鑫印刷有限公司

版（印）次：2022年1月第一版　2022年1月第一次印刷

开本：710 × 1000　1/16

字数：437千字

印张：27

书号：ISBN 978-7-5028-5286-3

定价：88.00元

编 委 会

金云哲　时代光华管理培训网特聘讲师，曾担任多家知名企业培训负责人

房　伟　职业培训师，中层管理专家，原巨思特教育集团执行总裁

王　敏　销售培训专家，北京澳然行贸易有限公司总经理

胡政伟　企业内训师，北京首开城市运营服务集团有限公司战略部副经理

蔡余杰　商业模式落地操盘手，培训专家，深圳聚海千舸企业管理顾问有限公司董事长

罗时迁　培训文化产品开发专家，曾担任培训在线负责人，为多家大中型企业提供培训咨询服务

艾　玉　培训师，潜能开专家，爱能文化创始人

王祖达　培训师，销售培训专家，连续多年举办数百场销售培训

何　峰　职业培训师，曾先后担任多家知名公司培训部负责人和培训经理

杨小良　培训内容开发专家，曾参与开发多部管理培训教材

前言

PREFACE

管理大师彼得·圣吉博士（Peter M.Senge）说过：未来最成功的公司，是那些基于学习型的组织。有效的学习和培训正在成为企业发展的新的动力源泉。“谁停止变得更优秀，谁就不再优秀。”成为许多企业的镇山格言。在这场学习型组织革命当中，新兴的培训师队伍正在逐渐成为时代的弄潮儿，在企业的日常管理当中扮演着越来越重要的角色。

然而，正如一棵树的快速成长，枝叶的日渐繁茂需要伴随着根部的深植与扩展一样，随着培训在企业预算分量中的日渐加重，面对实践中出现的各种各样的新鲜问题，企业管理者与培训师同样需要广泛地吸收养料，寻求更完善的解决途径。正如我们所看到的，国内的管理者苦苦受困于两大问题：如何以最小的成本组织最有成效的培训？如何培养自己的优秀培训师队伍？而培训师在实施培训的时候，如何使话语活泼生动，从而使听众不至于坐立不安、昏昏欲睡？如何用最简短的话语和形式让受众最大程度地领悟所讲述的思想与理念？如何让讲授不流于理论空谈而具有更实用的价值？

……

针对这一系列问题，在长期的课程研发中，我们深切感到有必要为管理人员和培训者提供更多的培训、管理工具与素材，因此我们集中编创了这一套培训系列图书：

《培训游戏全书》
《培训故事全书》
《培训幽默全书》

《培训案例全书》
《户外拓展训练全书》
《杰出员工训练全书》
《培训管理全书》
《培训师训练全书》
《PPT微课制作全书》

我们相信：如果你是一个管理者或培训师，将这些游戏、故事、幽默和案例运用于你的管理培训与日常交际生活之中，那么一定能够使你谈笑自如，魅力焕发。即使是一名普通的读者，都能够从这套丛书中得到智慧的启迪和人生的乐趣。我们更相信，会有更多的企业培训师和企业培训管理者从这套丛书中得到灵感的火花，并且在培训课程开发和组织方面不断创新，完成从优秀到卓越的飞跃。

本套丛书历经几年时间收集整理而成，在编辑过程中，参考了国内外的许多书籍资料，并且得到从事管理和培训工作多年的众多朋友的支持与帮助，在此深表谢意。希望本套丛书能成为广大管理人员和培训师的最佳助手和工具，也希望读者朋友将它巧妙地运用于自身的工作和生活，使工作与生活更加丰富和完美。

编　者

目录

CONTENT

上篇

个人素质篇

第一部分 积极心态

最年轻的岁月 / 002
不可小处随便 / 002
微薄的薪酬 / 002
杰作 / 002
被冷落的顾客 / 003
晚点的汽车 / 003
谦虚的教授 / 004
外语 / 004
魔术 / 005
精神准备 / 005
婚宴妙语 / 005
解围 / 006
妻子的责骂 / 006
老两口 / 006
倔强的父子 / 007
坚定的信念 / 007
把斗赢的给我 / 007
救我一时穷 / 008
主角未到 / 008
禁酒 / 008
旋风和微风 / 008
父亲实验的结果 / 009
明智的选择 / 009
聊以自慰 / 009
成为注意中心 / 010
唯一能干的事情 / 010
全世界最有权势的人 / 010
39 岁生日的第 31 个周年纪念 / 010
玩来玩去 / 011
吃午饭 / 011
困难的谦虚 / 011
宽大为怀 / 011
劝小偷 / 012
自知之明 / 012
给皇帝剃胡子 / 012
如此壮心 / 013
虚构的钓鱼故事 / 013
独身的解释 / 013

无需再锦上添花 / 013
再练 8 年 / 014
越来越年轻的雕像 / 014
你的运气不好 / 015
无畏的遗憾 / 015
只求耳顺 / 015
失败也是成就 / 015
不同之处 / 015
大难临头 / 016
倒以为我死了 / 016
里根的雄心 / 016
最大的乐事 / 016
没有不正常的跳动 / 016
用得着吗 / 017
幸福的婚事 / 017
邮购钓鱼竿 / 017
三人行 / 018
母亲的骄傲 / 018
奇妙的贺辞 / 018
美妙的旋转 / 019
悲剧 / 019
挑烈马骑 / 019
赞美胡子 / 019
熊扑上来了 / 020
一个人打赌 / 020

第二部分 思维创新

职业特点 / 022
谁的狗更聪明 / 022
直达列车 / 022
再来一个 / 022
借力 / 023
18 小时 40 分钟的《烦恼》 / 023
随机应变 / 024
没问题 / 024
露马脚 / 024
第二漂亮与二流评论家 / 024
香蕉皮 / 024
一只死苍蝇 / 025
没有小孩 / 025
还在那里 / 025
谁说的 / 026
抓错了 / 026
云南人 / 026
猪的作用 / 026
失误 / 027
童稚童语 / 027

目　录

超级紧急的电话 / 027
过感恩节 / 027
文化餐 / 028
绝妙构思 / 029
从善如流 / 029
按书生病 / 029
毕业考试 / 029
猴儿拉稀 / 030
翻来覆去 / 030
立鸡蛋 / 030
记电话号码 / 031
交通标志牌 / 031
叫虫 / 031
救火 / 032
剧本的标题 / 032
柯南道尔照片的威力 / 032
心理试验 / 032
捎衣进城 / 033
四个雕像 / 033
万能的复信 / 033
最名贵的画 / 034
“我就是那一大批人” / 034
消灭政敌的方法 / 035
半悬在桌外的酒杯 / 035
智斗强盗 / 035
现代派设计 / 035
油漆匠 / 036

第三部分　自我激励

突发横财 / 038
蚊子竞技 / 038
绊它一跤 / 038
早餐与食欲 / 038
嚣张 / 039
乞丐的对话 / 039
不脱衣裳还不行 / 039
以包认路 / 040
骆驼跳舞 / 040
想过什么 / 040
戴着眼镜睡觉 / 041
低产和高产 / 041
父亲的自豪 / 041
给自己喝倒彩 / 041
接见和旅游 / 042
泥土和国王 / 042

拼命写作 / 042
应该面对战火 / 042
在阴凉处作战 / 043
作家选择决斗的武器 / 043

第四部分 人际沟通

亲属关系 / 046
不让失望 / 046
突围 / 046
请帖 / 046
蜗牛侍者 / 047
招供 / 047
良好的国风 / 047
跳船逃生 / 047
女人的心态 / 048
剧作家的好消息和坏消息 / 048
可怕的报复 / 048
喜欢吃什么自己买 / 049
统计学家 / 049
味道好极了 / 049
都是步行 / 050
还有一只鸡 / 050
一句也没听见 / 050
女儿唱歌 / 051
三只乌龟 / 051
生命中不可缺少的东西 / 051
想做就去做 / 052
怎样打碎的 / 052
讨好作家 / 052
完美丈夫 / 053
可怜的助听器 / 053
求宿 / 054
教育新招 / 054
临别赠言 / 054
股迷父子 / 055
威胁 / 055
帮忙推车 / 055
停车条件 / 055
一颗牙 / 056
谢客妙法 / 056
欠债与讨债 / 056
聪明的售货员 / 057
波士顿的女人 / 057
听话的新兵 / 057
挨饿的原因 / 058
胡子 / 058
小伙计 / 058
屠户和律师 / 059

目　录

追求时尚 / 059
见鬼了 / 059
还不是因为你 / 060
精神对抗 / 060
和他一样 / 060
当我存在 / 061
公虎和母虎 / 061
爱其所爱 / 061
专断的妻子 / 062
多年的习惯 / 062
借茶叶 / 063
冬日摇扇 / 063
求婚 / 063
金色沙龙 / 064
化干戈为玉帛 / 064
各个击破 / 064
车票打孔 / 065
亲身感受 / 065
车祸 / 065
开介绍信 / 066
自嘲解窘境 / 066
再次敬赠 / 066
只允许一人戴帽 / 066
会晤时的笑话 / 067
向不知趣的人“道歉” / 067
“医嘱” / 067
无一不晓 / 067
慈善事业 / 068
相形显小 / 068
不必再操心 / 068
司机妙语 / 069
终于兑现了 / 069
救不会游泳的 / 069
回归地球 / 070
伊夫堡监狱 / 070
如此肯定 / 070
英雄所见略同 / 071
有问必答 / 071
丈夫是单身汉 / 071
装病 / 071
最优美的气喘 / 072
剃去半边 / 072
有来有往 / 072
点播沉默 / 072
领带 / 073
梳头的方式 / 073
留影的用意 / 073
遗憾之事 / 073
再铺一张床 / 074
四封信 / 074
一块蛋糕 / 074
安装电话有妙法 / 074

当众做“贼” / 075
鼓掌 / 075
发明一条出路 / 075

第五部分 思辨交流

妙答 / 078
如果 / 078
借题发挥 / 078
秃顶和臀部 / 078
一语双关 / 079
远离谎言 / 079
我告诉过你 / 079
赤身裸体 / 079
站着演讲 / 079
上吊 / 080
跳舞 / 080
打瞌睡的人 / 080
尴尬的女王 / 081
借鸭骑 / 081
吃冤家 / 081
我不要命了 / 081
加起来 / 082
喜欢酒窝 / 082
以借对借 / 082
水土 / 082
晕车 / 083
幼儿车票 / 083
君子之言 / 083
借钱的信 / 083
9 和 6 一个样 / 084
欠一个答复 / 084
妻子的信 / 084
不致把衣服撑破 / 084
超速行驶 / 085
饭香与钱响 / 085
只要您能坚持 / 085
错把娘娘当皇上 / 085
我像只蜜蜂 / 086
猜猜看 / 086
独弦与独轮 / 086
难看的面孔 / 086
女人胜于军队 / 087
等一分钟 / 087
理解不理解 / 087
开放皇家公园 / 088
爱情公式 / 088
先打开和后打开 / 088

目　录

美好的事情 / 088
只答一题 / 088
给别人一个机会 / 089
擦谁的皮鞋 / 089
现在不用操心 / 089
当领导的滋味 / 089
如何成为英雄 / 090
同中见异 / 090
柔和的话 / 090
让路 / 090
保密 / 090
心爱的小狗 / 091
真理的甘霖 / 091
沉默和独身 / 091
未占到便宜 / 091
丘比特比我走得更快 / 092
贵客多备一张椅子 / 092
回避 / 092
下地狱后再说 / 093
洗脸和信仰 / 093
厕所也是俱乐部吗 / 093
了解和亲昵 / 093
国王的荣誉 / 094
让女士红了脸 / 094
把“死者”除名 / 094
变味的鸡蛋 / 095
虚构能力和写实能力 / 095
木匠和绅士 / 095
不值一块钱 / 095
报复记者 / 096
剽窃罪 / 096
河面上的告示 / 096
剩下谁呢 / 097
九泉下等你 / 097
错误的赞扬 / 097
机会均等 / 097
趣味不能相投 / 098
给我多少试验费 / 098
冲锋队员和画家 / 098
丑角双薪 / 098
一样也沾不到边 / 099
还未到吻的时候 / 099
还要加上一条 / 099
回敬政治家 / 100
一字一金 / 100
借宿 / 100
来不及了 / 100
联想和说谎 / 100
如此角色 / 101
6 个指头的天使 / 101
马是什么东西 / 101
慢性毒药 / 101
没脸见人 / 101
梦想变现实 / 102

骗局 / 102
襁褓中的孩子 / 102
双重人格 / 102
司机喝酒 / 102
跳过两次伞 / 103
冷水和沸腾的水 / 103
血统 / 103
用腿签字 / 103
思想太丰富了 / 104
统计数字 / 104
最佳答案 / 104
避雷针与婴儿 / 104
不是洗澡堂 / 105
感觉相同 / 105
关于上帝 / 105
来不及考虑 / 105
巧妙的比喻 / 106
鲸鲨与作家 / 106
情书和遗嘱 / 106
戴手套 / 107
辨别假眼 / 107
以鸟喻人 / 107
在无赖和愚蠢中间 / 107
不费神的阅读 / 107
反击旅行家 / 108
反守为攻 / 108
帽子和脑袋 / 108
不弯腰鞠躬 / 108
4 个仆人 / 109
起誓 / 109
乌云与蛤蟆 / 109
我和我们 / 109
肆无忌惮的政客 / 110
向议员“道歉” / 110
马的即兴表演 / 110
议员的脑子 / 110
音乐和流感 / 111
病人从不开口 / 111
吃掉国土 / 111
两头笨驴 / 112
不怕您笑话 / 112
不同裁判 / 112
“草稿” / 112
播音员 / 113
关于诗 / 113
发展装甲部队 / 113
机智的报幕员 / 113

第六部分　情绪管理

不能同路 / 116
睡不好 / 116
路费 / 116
设身处地 / 116
机场服务小姐 / 116
都弄错了 / 117
方法各异 / 117
同时起飞 / 117
爱挑剔的人 / 118
短兵相接 / 118
苹果和屁股 / 118
坑人的激情 / 118
车牌号 / 119
长发少年 / 119
出诊 / 119
动情的老歌星 / 119
飞机遇险前后 / 120
富翁的价值 / 120
跟踪犯人 / 120
计程付钱 / 120
炉火与肝火 / 121
律师的自由 / 121
买不起自己的画 / 121
如愿以偿 / 121
神秘的信 / 121
使水沸腾的人 / 122
谁的代表作 / 122
物归原主 / 122
勋爵的伤 / 123
站着死 / 123
坐在钢琴前 / 123
坐在炸药桶上 / 123
现身说法 / 124

第七部分 轻松生活

无字天书 / 126
不能怪我 / 126
荣幸 / 126
吱一声 / 126
泼水节 / 126
情书的有效期 / 127
请检点一些 / 127
小数点 / 127
第二种语言 / 127
第二志愿 / 128
发现新大陆 / 128
飞得快 / 128
反应迟钝 / 128
疯子的智慧 / 128
回家拿睡衣 / 129
记忆深刻 / 129
竟然没穿鞋 / 129
舅舅 / 129
具体一点 / 130
电报单 / 130
漫长的付款期 / 130
内在美 / 130
男孩 / 130
第三个愿望 / 131
难分难舍 / 131
你也属于我 / 131
谦虚 / 132
亲密无间 / 132
热心的尴尬 / 132
傻瓜 / 132
老板 / 133
童言 / 133
屠夫的账 / 133
万能电脑 / 133
望远镜 / 134
喜欢的颜色 / 134
夏之猫 / 134
笑不出来 / 135
陌生人 / 135
寻妻 / 135
活该 / 135
昨天的火车 / 135
踢球 / 136
冰棍点不着 / 136
警察与球迷 / 136
感情储蓄 / 136
含蓄 / 137
顾全脸面的人 / 137
还要送回去 / 137
分公司 / 138
经验 / 138
教堂 / 138

简捷的回电 / 138
精美图案 / 138
等鞋落地 / 139
结账 / 139
“假如这是一枚炸弹” / 139
苹果睡了 / 140
丢三落四 / 140
座右铭 / 140
别问成绩 / 140
不再叫“妈妈” / 140
同一只猫 / 141
成绩通知单 / 141
虫妈妈接来了 / 141
导盲犬 / 141
父子斗智 / 141
矫枉过正 / 142
治失眠 / 142
采访上帝 / 142
从卧室飞跑 / 142
精确 / 143
电报 / 143
毕加索的画 / 143
电视病 / 144
环境的钱已付过了 / 144
百分之百 / 144
保留头发 / 144
电话催眠 / 144
吹口哨 / 145
标本 / 145
吃了鸟的猫 / 145
超车 / 145
后到先买 / 146
长大要当探险家 / 146
重大损失 / 146
等待秋天 / 146
愤怒的强盗 / 147
当然 / 147
付电话费 / 147
老板娘 / 147
门铃 / 148
军事演习 / 148
看橄榄球赛 / 148
看你敢不守住球门 / 148
到外面玩 / 149
领带的问题 / 149
录像 / 149
美人受难 / 149
弄第二只 / 149
朋友的箱子 / 150
奇怪的吩咐 / 150
乞丐的逻辑 / 150
乞丐的怨言 / 151
骑自行车 / 151
起锚 / 151

前卫派画家 / 151
巧识罪犯 / 152
倾诉 / 152
清醒的头脑 / 152
情变势转 / 152
取长补短 / 152
劝母 / 153
让我也死一下 / 153
人命关天 / 153
如此报复 / 153
三全其美 / 153
伤心的结尾 / 154
上吊的绳子钱 / 154
少见的情书 / 154
社会学家 / 155
什么也别说 / 155
世界纪录 / 155
谁的错 / 155
谁来赔偿 / 156
水能克火 / 156
刚去过动物园 / 156
太复杂了 / 156
后门 / 156
谈鸡 / 157
讨面包 / 157
提示 / 157
替补 / 158
天使 / 158
贴邮票 / 158
听电话 / 158
通情达理 / 158
同理 / 159
头发是单数的 / 159
投桃报李 / 159
唯一能回答出问题的人 / 159
乌发原因 / 159
500 只鸭子 / 160
先用铅笔 / 160
试鞋 / 160
修理电话 / 160
虚惊一场 / 161
也在电话簿里 / 161
一件外衣 / 161
一只贵重的花瓶 / 161
英雄救美人 / 162
鹦鹉 / 162
预测孩子 / 162
在这儿别想跟我来那一套 / 162
找妈妈 / 163
治疗失眠 / 163
艾子儿孙 / 164
并非小事 / 164
菜酒而已 / 164
跌倒不起 / 164

目　录

都很性急 / 165
都瞎了眼 / 165
夫人问姓 / 165
腹中空虚 / 165
狗儿沐浴 / 166
雇秋蝉好 / 166
井中短鱼 / 166
酒瓶加帽 / 166
免得散伙 / 167
石有赤心 / 167
释放虱子 / 167
点金之指 / 167
有尾惧诛 / 168
月偷一鸡 / 168
妙处难学 / 168
只有一瓶 / 168
大南瓜与大煮锅 / 169
无头勇士 / 169
没什么 / 169
前面也在下雨 / 170
钱在哪儿呢 / 170
昂贵的鸡蛋 / 170
天生一对 / 171
你真傻 / 171
忘记洗了 / 171
不是丢了帽子就是丢了头 / 172
核桃与无花果 / 172
补上这一课 / 172
先学会游泳 / 173
如此低头 / 173
混合双打 / 173
先让猫出来 / 173
考试 / 174
拿错了 / 174
中暑 / 174
怎么取出来 / 175
请速登机 / 175
改善记忆 / 175
聋哑舞会 / 175
面试 / 176
考试的比喻 / 176
饮酒的坏处 / 176
馊主意 / 176
半醉 / 176
非洲野猪 / 177
利息太低 / 177
害羞的警官 / 177
奇迹 / 177
新闻 / 178
空话 / 178
虫子太傻 / 178
发抖 / 178
捡钱 / 178
始料未及 / 179

灵验的机器 / 179
最新消息 / 179
大胆小鬼 / 179
羚羊与狮子 / 180
改做别的菜 / 180
能看多远 / 180
蚂蚁郊游 / 180
记号 / 180
但猫知道吗 / 181
难受 / 181
头发的名字 / 181
影响睡眠 / 181
挤奶 / 182
路牌 / 182
地球仪 / 182
特别优待的地位 / 182
退钱 / 183
海底穿行 / 183
审美观不同 / 183
提高待遇 / 183
补考 / 183
又上错了车 / 184
没有办法 / 184
为妈妈点歌 / 184
还少一题 / 184
杂志的作用 / 185
该换姿势了 / 185
三天退货 / 185
吓飞鸟儿 / 185
狗项圈 / 186
算腰围 / 186
打灯笼的蚊子 / 186
苏东坡 / 186
与上帝决斗 / 187
向老狗致意 / 187
该向谁道歉 / 187
照本宣科 / 188
不以为耻 / 188
和狗看电影 / 188
金蝉脱壳 / 188
一条想象中的线 / 189
以一生报答 / 189
喜鹊肉馅饼 / 189
和福尔摩斯不相上下 / 190
劳动和运动 / 190
验明牧师正身 / 190
在艺术家的工作室 / 190
离婚的基本条件 / 191
素描 / 191
同行 / 191
童言无忌 / 191
幽默太太 / 191
找翻译 / 192
长颈鹿没有钥匙 / 192

教导的结果 / 192
最后的“谢幕” / 192
看守 / 193
好大的胃口 / 193
比富 / 193
不偏不倚 / 193
迟早 / 194
药效相等 / 194

第八部分　人生智慧

争论一个问题 / 196
最舒服的地方 / 196
论文 / 196
爱慕虚荣 / 197
住店 / 197
双重调换 / 198
最后的报应 / 198
报以战栗 / 199
井里没糟 / 199
蠹虫 / 199
红白砒霜 / 199
锅死了 / 200
国王寻找智慧 / 200
分鹅 / 201
凶兆 / 202
我看你们还会说什么 / 202
如此打猎 / 203
机遇 / 203
接班 / 203
三个好朋友 / 204
谁请客 / 205
不同之处 / 205
成功的秘诀 / 205
大师妙语 / 205
人与箱 / 206
写交响乐 / 206
高明的医术 / 206
时间与永恒 / 206
无所不在 / 207
心和舌头 / 207
幸福的秘诀 / 207
一言不发 / 208
意识 / 208
张伯苓的婚姻解释 / 208
哲学的责任 / 208
真的不知道 / 209
智救故乡 / 209
专业语言 / 209

作案工具 / 209
音乐家的简历 / 210
聪明人 / 210
肚子疼医眼睛 / 210
智慧与财富 / 211
感慨 / 211
记者春秋 / 211
决斗 / 211
乐观与悲观 / 211
延长生命 / 212

中篇

企业管理篇

第一部分 激励管理

完美的借口 / 214
修水管 / 214
本能反应 / 214
心知肚明 / 215
示范教育 / 215
狐狸吃葡萄 / 215
真正的敌人 / 216
勇敢者 / 216
进步的原因 / 216
酗酒和胜仗 / 217
他真病了吗 / 217
真正的勇气 / 218
勇敢的病人 / 218
快乐的小白兔 / 218
不需要骗了 / 219
惩一儆百 / 219
指挥官和他的士兵 / 219
聪明药 / 220
丢背包 / 220
队列不齐 / 220
对付造谣者的妙法 / 220
皇帝的奖赏 / 221
将军与士兵 / 221
警告堂兄 / 221
宽心 / 222
两个艺术家 / 222
回头 / 222
请再往后退 / 222
求知 / 223
上尉 / 223

小钉子 / 223
休假证 / 223
学习的动力 / 224
医嘱 / 224
这下真实了 / 224
治梦游症 / 224
注意观察 / 225
最好的作品 / 225
唱准为止 / 225
爱情与牛排 / 226
手术前 / 226
修改的功效 / 226
妄加评论 / 226
一词之师 / 227
先悲后喜 / 227
小偷本领 / 227
永远看不见你了 / 227

第二部分　团队建设

新闻车里的电话 / 230
脚的权利 / 230
世界杯后的意大利 / 230
分工 / 231
夫妻分工 / 231
推脱 / 231
自寻烦恼 / 231
不要嘉奖 / 232
尝出来了 / 232
处理酒鬼闹事 / 232
导演说戏 / 232
登记 / 232
夫唱妇随 / 233
告密 / 233
官兵有别 / 233
合唱 / 233
和人一样 / 234
画肖像 / 234
空白家信 / 234
将军的照片 / 234
警署轶事 / 234
魔一般的心灵感应 / 235
那位先生弄错了 / 235
我没有枪 / 235
我受够了 / 236
谢绝 / 236
也算演讲 / 236
头发 / 236

蘑菇和雨伞 / 237
退票 / 237
贩卖笔杆 / 237

第三部分 人力资源

轧狗还是轧人 / 240
一等兵 / 240
叫爸爸 / 241
闻气识文 / 241
招聘 / 241
整整一小时 / 242
高兴太早 / 242
军事家庭 / 242
招聘广告 / 242
大事和小事 / 242
画谜 / 243
人才难得 / 243
突出的特征 / 243
职位空缺 / 243
工资 / 244
换块手表 / 244
专家请假 / 244
不好意思 / 244
没工夫长个 / 245
假期开始 / 245
好好干 / 245
经理 / 245
兼职 / 245
绿人球员 / 246
服务态度 / 246
医生与野鸭 / 246
妇产科医生 / 247
面试好难 / 247
一视同仁 / 249
印象最深之处 / 249
合适的工作 / 249
最新规定 / 249
2 + 2 =？ / 250
业务员和经理 / 250
物超所值 / 251
奶妈 / 251
应聘门卫 / 251
遭遇 / 251
找到长期工作 / 253
只要工资 / 253
电信招工 / 253
前后有别 / 253

专业的程度 / 254
训练之道 / 254
招聘程序员 / 254
并非都来听布道 / 255
不想再当总统 / 255
不知道到什么地方去了 / 255
参军 / 255
辞工 / 256
从未用过的心脏 / 256
弹不了的曲子 / 256
等出名以后 / 256
残疾士兵 / 257
上帝管理的土地 / 257
儿子会做政客 / 257
二等兵 / 258
第一卓别林 / 258
符合征兵要求 / 258
给养紧缺 / 258
观诊 / 259
皇帝的妙语 / 259
记忆力好 / 259
舰长 / 259
开皇家学会的玩笑 / 259
空军越过雷区 / 260
理论的成败与国籍 / 260
妙退英王 / 260
怒砸雕像 / 260
拍苍蝇 / 261
乞丐也应有休假的权利 / 261
丘吉尔 / 261
人比狗穷 / 261
入伍者 / 262
绅士是什么东西 / 262
谁最吝啬 / 262
图案设计在哪里 / 262
外貌和智慧 / 262
“无才”偏要高价 / 263
先学游泳 / 263
选举 / 263
有毒的土豆 / 263
在脸上 / 264
只是让我跟他睡觉 / 264
猪偷钱包 / 264
作曲家的塑像 / 264
谁能考我呢？ / 265
手比脑袋重要 / 265
摆水果摊 / 265
语法学家 / 265
只需识字 / 265
有问题的支票 / 266
演员生涯 / 266
正在游泳 / 266
一套乐谱 / 266
兽医的保证 / 266

书籍是最好的朋友 / 267
经验之谈 / 267
为什么不能抽烟 / 267
王位和医生 / 267
新式机器 / 268
牙医的感慨 / 268
稀有的品质 / 268
一切都是多余的 / 268
小汤米的作文 / 268
遵守诺言 / 269
治愈率大大提高 / 269

第四部分 经营管理

董事局决议 / 272
枯燥有价 / 272
合同风险 / 272
大智若愚 / 272
倒霉的病人 / 273
写字板 / 273
唯一的乞丐 / 273
如此收费 / 274
我在美国国税局工作 / 274
节省 / 274
餐费自付 / 274
发财之道 / 275
立竿见影 / 275
电脑的威慑 / 275
信守合同 / 275
便衣警犬 / 276
不同的公司 / 276
改行 / 276
闹钟 / 277
彼此彼此 / 277
洗手间改造方案 / 277
微软的清洁工 / 278
300 万美元 / 279
办公室写真 / 279
入口 / 279
动物园管理员 / 280
绝食男子 / 280
矛盾 / 280
袋鼠与笼子 / 280
感谢帮助盘点 / 281
好马 / 281
鲸鱼肉 / 281
尊重不够 / 281
足球比赛 / 282

目　录

愤怒的狗 / 282
不同价格的待遇 / 282
银行小姐 / 283
岗位重复 / 283
带奖的罚单 / 283
人性 / 283
携手合作 / 283
跑电 / 284
等另一位顾客 / 284
“卫生厨房” / 284
酒吧看书 / 284
卖啤酒的窍门 / 284
正是时候 / 285
明智的决策 / 285
急诊须知 / 285
杀火鸡 / 285
相信谁 / 285
借书 / 286
发货单 / 286
不走运的狮子 / 286
树上办保险 / 286
针锋相对 / 287
控制经济 / 287
雕塑 / 287
照做 / 287
简洁 / 288
节省靶纸 / 288
绝密文件 / 288
开尔文爵士 / 288
三个问题 / 288
扫帚柄 / 289
安眠药 / 289
文学老师 / 289
灭火对象 / 290
儿科医生 / 290
音乐的慰藉 / 290
纪念加薪 / 290

第五部分 市场营销

推销 / 292
吸取教训 / 292
职业心理 / 292
乖巧 / 292
不该疏忽 / 292
便宜的大衣 / 292
温泉浴 / 293
伤心的调查 / 293
分量不够 / 293
一样一半 / 293
绝对不可能 / 294
成功秘诀 / 294
有新情况 / 294
省料的裁缝 / 294
如此鸡汤 / 294
三个建筑师 / 294
推销牙刷 / 295
验钞大赛 / 295
毒药比补药贵 / 295
狗眼 / 295
醒酒的东西 / 296
三根头发 / 296
作用 / 296
牛油 / 296
修理意见 / 297
斗鼠 / 297
改变初衷 / 297
保鞋广告 / 297
狗的暗示 / 298
事与愿违 / 298
服务之道 / 298
甜 / 298
美人效应 / 298
生财之道 / 299
抵押 / 299
忘了切两半 / 299
如此诚意 / 299
睡衣新产品 / 300
超级推销 / 300
特价优惠 / 300
解放鞋 / 300
大象的假牙 / 301
一磅糖 / 301
十年 / 301
物美价廉 / 301
看房 / 301
女老板卖药 / 302
七彩内裤 / 302
推销有术 / 302
女士用品 / 303
睡不踏实 / 303
推销良机 / 303

饿死的医生 / 303
最佳合伙人 / 303
拉生意 / 304
加码 / 304
醉鸡 / 304
会变的脸型 / 304
永远走在前面 / 304
奶牛和自行车 / 305
稀世珍宝 / 305
买墓地 / 305
推销吸尘器 / 306
担忧 / 306
当场试验 / 306
倒过来试试 / 306
妇女爱读的书 / 306
免费拔牙 / 307
妙索报酬 / 307
球王和前总统 / 307
实验的价值 / 308
唯一令男人心跳的办法 / 308
诗人没有“家” / 308
无用的反对 / 308
也画冒牌货 / 308
只要价格是具体的 / 309
兽能代表我说话 / 309
为了竞争 / 309
医生的疑问 / 310

第六部分　广告策划

化妆品店售货员 / 312
警告牌 / 312
镜子 / 312
警告广告 / 312
难读懂的书 / 312
如此广告 / 312
体育用品店经理 / 312
游艺场经理 / 313
乏味的广告词创意 / 313
无题 / 314
借鉴 / 314
广告的力量 / 314
最好的裁缝 / 314
奉送自卫教材 / 315
别出心裁的广告 / 315
电影广告 / 315
说明标签 / 315
窗帘的功效 / 316

承印一切 / 316
说明书 / 316
洗衣机广告 / 316
专用广告 / 316
位置不同 / 316
不打不相识 / 317
教皇摇摇头 / 317
瓷器广告 / 317
房顶上的标语 / 317
胶水广告 / 318
失火 / 318
沙漠加油站 / 318
空手道 / 318
诈骗巨案 / 319
到处都是广告 / 319
律师的损招 / 319
灯光广告新论 / 319
广告 / 319
拒不交代 / 320
蜘蛛与广告 / 320
半价广告 / 320
催眠曲 / 320

第七部分 商务谈判

精打细算 / 322
擦皮鞋的男孩 / 322
打赌 / 322
退药 / 323
外交手腕 / 323
贼和慈善家 / 323
打官司 / 324
弹琴和补靴 / 324
对手是谁 / 324
反正赔不起 / 324
夫人买画 / 324
各付各的款 / 325
回报 / 325
拒绝“收买” / 325
领带与小说 / 326
妙计 / 326
如此删改 / 326
有罪与无罪 / 326
原谅 / 327
只给 20 分钟 / 327
不同的立场 / 327
证人 / 327
手中有斧头 / 328

第八部分　领导艺术

好消息和坏消息 / 330
威慑力 / 330
安然的总裁 / 330
金口难开 / 331
大实话 / 331
脚出错了 / 331
我的话说完了 / 332
连锁反应 / 332
连带关系 / 332
被撞以后 / 333
高处不头昏 / 333
杜鲁门 / 333
估计敌军的兵力 / 333
回电 / 333
教室的面积 / 334
解雇 / 334
困难的处罚 / 334
命令 / 335
目标准确 / 335
贫穷和富有 / 335
钱和雨 / 335
输血 / 335
耶稣脸红 / 336
以子之矛，攻子之盾 / 336
掷硬币 / 336
忠言逆耳 / 337
家父酒量 / 337
醉军官 / 337
不反对 / 337
总统的衣服 / 337
只选其一 / 338

下篇

幽默技巧篇

幽自己一默 / 340
难得糊涂 / 341
荒诞逻辑 / 342
反戈一击 / 343
将特殊性理解为普遍性 / 344
以牙还牙、以眼还眼 / 345
同音异义字 / 词 / 346
反常技法 / 347
荒谬答问 / 348
诡辩 / 349

旁敲侧击 / 350
别义拆字 / 351
虚义实解 / 352
故意误解 / 353
言语双关 / 354
套用逻辑关系 / 355
比较法 / 356
奇特释义 / 357
仿拟文句 / 358
恶作剧 / 359
机械死板 / 360
颠倒事物关系 / 361
反话正说 / 362
刻意夸张 / 363

附录

歇后语

A / 366
B / 366
C / 374
D / 374
E / 375
F / 375
G / 378
H / 382
J / 382
K / 382
L / 382
M / 383
N / 389
O / 390
P / 391
Q / 391
R / 393
S / 394
T / 394
W / 396
X / 397
Y / 398
Z / 398

编后语 / 399

上篇　个人素质篇

第一部分

THE FIRST PART

积极心态

最年轻的岁月

为人正直廉洁的古罗马政治家加图，80岁时开始钻研希腊语。这令他周围的人大为不解。他们问他：“你已到耄耋之年，怎么还学习这么难学的希腊语？”

加图回答说：“这是我所剩下的最年轻的岁月了。”

启示

学无止境，“现在”学习永远不晚。积极向上的人在实现一个目标之后永远还有更高的目标，从而不断超越自我，他们人生的脚步就像生生不息的河流一样没有尽头。

不可小处随便

有一老者精于书法，尤善草书，求他墨宝的人很多。

有一天，有人特备酒席请他写字。老者在酩酊大醉之后挥毫，留下一行“不可随处小便”而去。

第二天，那人拿出这幅字来请教老者。老者知道是自己酒后失笔，连声道歉，沉思良久，似有所得，于是叫人取来剪刀，将一行字剪成几块，重新拼排，说：“你看，这不是一句很好的座右铭吗？”

那人一看，禁不住大笑，再三拜谢。6个字重新排列后，成了“不可小处随便。”

启示

生活就像是一个万花筒，只要善于发现、勤于思考、乐于总结，总能够得到意料之外的收获，甚至是足以警世的感悟。而从“不可小处随便”这句话中我们也可以看出：一滴水可以反射太阳的光辉，细微之中显本色，人往往总是在日常细节的处理上显示出他的品格和修养。

微薄的薪酬

一对新婚夫妇恩爱地坐在沙滩看日落，太太随便抓起一把沙，不经意地对丈夫说：“真奇怪，无论我抓得多么紧，它总是从手指缝中漏走，最后就只剩下那么一点点。”

丈夫接话道：“宝贝儿，在这个美妙的时刻，还是不要提我那微薄的薪酬吧！”

启示

生活是美好的，但也总会有一点不如意。我们需要积极乐观地面对自己的人生，享受你现在所拥有的，畅想你现在所没有的，相信明天会更好。纵然前方是一片荆棘，你也能依靠心中的乐观开辟出一条光明大道。

杰作

当意大利画家皮得罗·安尼戈尼的房东决定把他租用的画室卖掉时，他很失望，于是想出了一个主意：如果房子的墙上有几条裂缝的话，卖起来肯定不容易。因此，他就画上了那么几条，其中一条从窗户上面的天花板直通而下的裂缝尤其逼真。结果，在那之后的18个月当中，连一个买主也没有。

后来，他回忆说："如果说我曾经创作过什么杰作的话，那么就是这几条裂缝了。"

启示

积极的心态能够激发出我们自身的所有聪明才智；消极的心态就像蜘蛛网缠住昆虫的翅膀一样，束缚住我们的才华和光辉。

被冷落的顾客

老王到餐厅去吃饭。他坐了很久，别的客人都吃得津津有味，甚至比他后到的人都已经上菜了。只有他好像不存在似的，没有侍者来招呼他。他有点懊恼，便起身问老板："对不起，请问我是不是坐到观众席了？"

启示

生活在人来人往之中，总是难免要与不同的人打交道。有些人对你很友善，有些人对你很冷漠，这在你本来平静的心湖中都将激起一点小涟漪。但是，不管别人怎样对待你，请记住：你并不是为他们而活着，你有权选择自己的态度和心情！不因为别人对自己的恭维而欣喜若狂，更不因为别人对自己的冷落而生气。淡淡的话语和要求能够体现你的素养与智慧。一切阴云在微笑中都将散去。

晚点的汽车

有一个女孩子到乡下去拜访朋友，但是逗留太久，最后只好赶搭晚上10点的末班公共汽车回家。当这个女孩子到达候车亭时，大约是晚上9点45分。她想：公交车应该还没到，于是女孩就开始等车。

可是，等到了10点，公交车还没来。是误点了吗？

乡下的车子少，在漆黑的晚上，四周静悄悄的，只有这个女孩一人在微弱的灯光下等待公交车，女孩心里开始有些害怕——怎么公交车还不来？一直等到了10点15分，公交车还没来。奇怪，公交车怎么会误点这么长时间？难道公交车已经在9点45分之前就提前开走了？女孩越想越害怕，但也只能告诉自己："别害怕，或许公交车开得慢些，再等一会儿，一定会来！"

女孩鼓起勇气，一个人在候车亭里继续等。到了10点35分，公交车的灯光出现了！最后一班公交车终于来了！可是，怎么公交车开得这么慢？女孩心里突然感到一阵不祥与不安。"管它呢，反正公交车来了就好了。"女孩再次镇定地告诉自己："别想那么多了，有公

交车坐回家就好了。”此时，公交车慢慢地开到候车亭前。咦？车门怎么是开着的？而公交车也没有停下来，只是继续缓缓地前进。女孩壮起胆子，跳上了公交车。女孩上车后，左看右看：奇怪，怎么连一个乘客也没有？再仔细一看：咦？怎么会没有司机和售票员？可是，车子明明还一直往前开呀！女孩吓得全身发毛，脸色铁青，一看情况不对，立即跳下车去。当女孩跳下公交车，惊魂未定时，看到车子居然还缓缓地往前开；当车子开过女孩的视线时，女孩突然发现——司机和售票员，两人汗流浃背，正使出吃奶的力量，一起在车子后面用力地推着这辆抛锚的公交车！

启示

当我们遇到一些小困难的时候，或许感到非常无助，甚至心里很恐惧。但你心惊胆寒之时不妨换个角度去想一想，或许还有很多人比你更无助。他们在无助的情况下，还能付出艰苦的努力来做好自己的事情，尽力完成自己的目标。

谦虚的教授

新闻记者访问一位有着很高学术造诣的教授。

“有人称您是现今世界上最了解相对论的三个人之一，您的看法呢？”见教授久久沉吟不语，记者又说：“您一向很谦虚是不是接受不了这样的头衔？”

教授抬起头来，回答说：“不，我只是在想另外那两个人是谁。”

启示

每个人都有自己擅长的领域，能够专注于自己的领域，时刻进行学习和思考是一种值得敬佩的敬业精神。关注自己，也关注别人，更关注所擅长领域的发展与变化，保持同行交流的意识，更是一种难能可贵的学者风范。

外语

一天夜里，一只大老鼠带领一群小老鼠外出觅食，它们在一条街上正走着。突然，迎面来了一只猫。大老鼠左右一看，街道两边没有一处可以藏身，小老鼠们吓得躲在墙角直哆嗦。情况万分危急，大老鼠急中生智，学了几声狗叫。那只猫一愣，蹿上房跑了。

大老鼠长长地松了一口气，小老鼠们此时也围到大老鼠身旁。大老鼠意味深长地对它们说：“看，掌握一门外语是多么重要啊！”

启示

无论经历了伤痛苦难，还是经历了喜悦欢乐，总结与感悟都是必要的，保持对生活的虔诚是在生活中走得更远的保证。同时，逃避是下策，勇敢地面对困难，并积极地想办法解决它才是上策。

魔术

一位魔术师在一艘小邮轮上工作两年了。这两年来，他每个晚上都会表演同样的魔术，观众们都喜欢他。因为观众经常更换，他也就没学过新戏法。

坐在后排的鹦鹉经过长期的观察，终于看出了魔术师戏法的破绽，开始当众拆穿魔术师的把戏。打个比方，当魔术师让一束花凭空消失时，这只鹦鹉会大叫："在他的后面！在他的后面！"这可弄得魔术师火冒三丈，可是他也束手无策——鹦鹉是船长的，他动不了它一根汗毛。

有一天，这艘船漏水后沉没了。魔术师设法抓住了一块漂在水面上的木板，那只鹦鹉正站在木板的另一端。他们两个大眼瞪小眼，不说一句话，就这样在水上漂流了3天……

第4天早晨，鹦鹉终于忍不住了，对魔术师说："算了，我投降了。你到底把船变到哪里去了？"

启示

对生活的乐观态度是一种令人振奋的力量，然而，生活是真实的，不是魔术表演，因此乐观不应是盲目的。对于突如其来的变化，需要用敏锐的观察力发现其跟以往事情的不同之处，并且审时度势地处理，而不能以一贯的思维做出判断。

永远处于竞争状态，人才会有进步；反之，人就会退步。

精神准备

老板出差时，接到了秘书打来的长途电话。秘书说，老板心爱的猫从屋顶上摔下来死了。

老板悲痛之余，把秘书训斥了一顿："这么大的事你怎么可以打电话呢！你使我毫无精神准备。你应该先发一个电报来，说我的猫上了屋顶；然后再来一个电报说猫摔下来了；然后再来一个电报说猫不幸摔死了。"秘书一听，连声称是。过了几天，老板收到一份秘书发来的电报，打开一看，上面写着："你妈上了屋顶！"

启示

对生活的积极态度，不但体现在遇到挫折的时候保持乐观的心态，同样体现在随时保持思想的主动性，以合适的方式对待不同的事物。有时不幸是突如其来的，关键就要看当事人如何在最短的时间内调整过来。

婚宴妙语

在结婚宴席上，人们一定要新郎回答为什么会爱上新娘。他说："我不知道，这也可能铸下大错。当初我只是爱上了她的酒窝，因为我贪杯；可我现在要同她整个人结婚！"

启示

积极的心态不仅是在遇到坏事的时候往好的方面想，也是在鸿运当头的时候想到可能的危机。

解围

旅游者向人们讲述他的异国之行。他说："当时，有那么多当地人围着我，简直可怕极了！我的左面是当地人，右面也是当地人，前面是当地人，后面也是当地人。"

"那你怎么办呢？怎样才能解围呢？"

"我只好买了一件他们向我出售的皮袍子。"

启示

积极的心态表现在，当面对一些突发事件或困难时，能在第一时间使自己冷静下来，接着找到解决问题的关键。

妻子的责骂

一个女人在饭馆里责骂她的丈夫。最后，她尖声叫道："在世界上所有可耻的人中，你是最卑鄙的一个！"这时，饭馆里所有的人都吃惊地看着他们。

她丈夫察觉后，马上提高声音说："骂得太好了，亲爱的！你还对他讲了些什么？"

启示

那些能够对事物做出快速灵活的反应，并能够机智巧妙地处理尴尬、难堪局面的人，拥有难能可贵并且能使他们受益一生的良好心理素质。

老两口

青年推销员刚一进门，就迎出来一个白发老人。推销员恭恭敬敬地鞠了一躬。"喔，喔，可回来了！你毕竟是回来了。"老人激动地喊道："老婆子快出来！儿子回来了，是洋洋回来了。很健康，长大了，一表人才！"老太太急急忙忙地出来了，只喊了一声"洋洋！"就捂着嘴，眨巴着眼睛，再也说不出话来。

推销员慌了手脚，刚要说话时，老人摇着头说："有话以后再说。快上来，难得你还记得这个家。你下落不明的时候才小学六年级。我想你一定会回来，所以连这个旧门都不修理，不改原样，一直都在等着你呀！"推销员实在待不下去了，便从这一家跑了出来。喊他留下来的声音始终留在他的耳边。"大概是走失了独生子，悲痛之余，老两口都精神失常了吧？倒怪可怜的。"他回到公司后，跟前辈谈起了这件事。

老前辈说："早告诉你就好了。那是小康之家，只有老两口。两人闲来无事，常这样捉弄推销员。""上当了！好，我明天再去，假装是他们的儿子，来个顺水推舟，伤伤他们的脑筋。""算了吧，这回他们又该说是女儿回来了。你还是要逃跑的。"

启示

人老心不老，招招编得巧。对于自己不喜欢的事物，直接地说“不”也许很干脆利落，不过对于热爱生活的人来说却毫无新意。巧妙地表达自己的意思，不但给自己，也给别人的生活增添了许多乐趣。

倔强的父子

一对父子都是性格倔强丝毫不肯让人的人。

一天，父亲设宴招待客人，叫儿子到城里去买肉。儿子买肉回来，快出城门时，碰到一个人迎面走来。两人谁也不肯相让，于是都鼻对鼻、面对面地挺立在那里，一站就是好久。

父亲等急了，出来找儿子，见到这种架势，便对儿子说：“你暂且拿肉回家陪客人吃饭，让我跟他对立在这里。”

启示

人当然要有进取心和坚持到底的毅力，有时候争强好胜之心能让人成大事。不过，如果在生活中睚眦必报，那就是莽夫之举了。

坚定的信念

一个英国人、一个法国人和一个美国人落到了一群强盗手中。

强盗头子发了善心，允许他们在被处死前做最后一件事。英国人说他最后的心愿是写份遗嘱，强盗给他提供了桌椅纸笔；法国人说他临死前想再和女朋友亲热一番；美国人却站着不动。强盗头子问他的心愿是什么。他说，他只想让强盗头子在他的屁股上猛踢一脚。强盗头子被他这奇怪的心愿逗得哈哈大笑，毫不犹豫地在他的屁股上踢了一脚。

美国人挨了这一脚后，转身取出藏在身上的枪，把强盗们统统打死了。英国人和法国人见此情景便问美国人：“你既然身上藏着武器，当初为什么不开枪，要乖乖做人家的俘虏？”

美国人大惑不解地搔搔头，说：“他们又没伤害我，我怎么能平白无故开枪呢？我之所以要强盗在我屁股上踢一脚，是因为要取得报复他们的道义资格。”

启示

道义值千金，信念铸心间。生命危在旦夕时，还能够毫不胆怯地坚持自己做人的原则，这就是在大多数影视剧中被称颂的英雄主义的表现。

把斗赢的给我

有一次，费多在饭店里用餐。

女招待员送来一只缺了腿的龙虾，他毫不掩饰地表示自己的不快。招待员解释说，在蓄养池里的龙虾有时会互相咬斗，被打败了的往往会“缺胳膊少腿”。

“那好，请把这只端走，”费多吩咐道，“把斗赢的那只给我送来。”

启示

人喜欢与成功人士在一起，这

样容易产生英雄情结，人也喜欢用事物来进行自我暗示。同样是吃虾，为什么不吃斗赢的虾呢？坚定“赢”的信念，从细节暗示开始。

救我一时穷

有个落魄的读书人，家里断粮多日，妻子哭哭啼啼，自己也饿得很难受。忽然想起观音庙里有个铜铸佛像，估摸可以换得几升白米。于是他便爬进庙里，正要伸手拿佛像，又恐神佛会责怪他，于是他先在墙上写了几句诗后，才把佛像拿走，这几句诗是：“佛是西天佛，铜是本地铜。请佛西天去，救我一时穷！

启示

这样做读书人虽然理直气壮地换了几升米，但最后也只能“救他一时穷”。

主角未到

盗马贼要被押送到刑场的那一天，在通往刑场的道路上挤满了去看绞刑的人。人太多了，影响了交通，眼看行刑的时间已经到了，然而押送犯人的囚车却不能按时到达。

看客越挤越多，所有人都很着急。最后，那些要被处死的盗马贼自己都着急了，高喊道：“你们急什么？我们到不了刑场，你们有什么好看的！”

启示

临刑的盗马贼不为自己能多活一会儿而庆幸，却能出言维护公共秩序，不知是否算“人之将死，其言也善”呢？

禁酒

一天，某官员来找林肯，指责联邦政府最近打败仗，是因为军人酗酒的缘故，称这是“上帝的诅咒”。林肯本人虽然是一个坚定的戒酒主义者，但对此也不禁感到好笑。

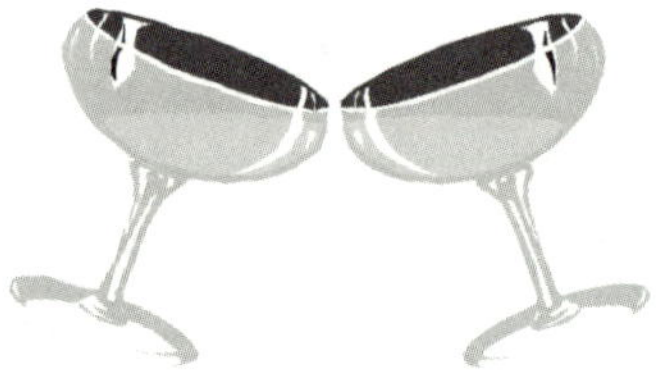

他说：“上帝的诅咒未免太不公平了，难道他看不到南军士兵比我们喝得更多吗？”

启示

无论何时都能保持对事物客观分析的态度不是一件容易的事。把打败仗的原因归结于军人酗酒，这也未免太不可思议了。当然我们也不可以忽略两者之间的关系，只是要分清楚谁是主要矛盾，谁是次要矛盾。

旋风和微风

一位评论家身材高大、穿着讲究，可谓仪表堂堂，然而却天生一副柔和的嗓音。不过他自己倒是能处之泰然。

有一回，别人请他去做一次演讲。演讲开始之前，主持人用华丽的辞藻，喋喋不休地将他介绍给听众。在主持人的讲话过程中，评论家觉察到主持人的介绍太多太乱，很多听众都露出了厌倦之色。

等介绍完之后，轮到评论家正式发表演讲了。他站起身对听众说："在一场旋风过后，随之而来的是一阵平静而柔和的微风。"

启示

有实力才有自信，有自信自然有魅力。只有拥有乐观积极的心态才能保持潇洒从容的状态。

父亲实验的结果

大发明家爱迪生的儿子曾在美国竞选州长，然而他并不想利用父亲的声誉来抬高自己。

在作自我介绍时，他是这样解释的："我不想让人认为我是在利用爱迪生的名望。我宁愿让你们知道，我只不过是我父亲的早期实验结果之一。"

启示

一个人要因自己的伟大而伟大，而不能靠攀附别人伟大的身躯。虽然生长在父辈的光环之下，却依然能够产生新的光环，并以此为豪，这样的人才能延续一个伟大的家族。

明智的选择

在美国，某人投身市长选举之中。这天，是投票选举出新的市长的日子。别的候选人都很焦急地守在电话机旁等别人给他们报告消息，他却很平静。

不知怎么搞的，竞选结果宣布时已经是晚上12点钟了。别人给他报告消息，可却被告知他已经上床睡觉了。第二天，其他候选人都已经知道了竞选结果，就他还不知道自己当了市长。夜里给他打过电话打算祝贺却未果的朋友问他为什么这么早睡。

这人解释说："熬夜并不能改变结果。如果我当选，我知道我前面的路会很难走。所以不管怎么说，好好休息不失为一个明智的选择。"

启示

如果你认为你不可能获胜，那么你就不可能得到胜利。如果你认为会失败，那你就已经失败了。每个人的积极心态就是他的长处，这是毫不神秘的东西。同样，积极的心态直接关系到一个人的前途，是推动人生前进的动力。

聊以自慰

有一次，某人家里被盗，丢了许多东西。朋友打电话安慰他。没想到他却很开朗，说：谢谢你来电话安慰我，我现在很平安。谢天谢地，因为，第一，贼偷去的是我的东西，而没有伤害我的生命。第二，贼只偷去我部分东西，而不是全部，第三，最值得庆幸的是，做贼的是他而不是我。"

启示

失去什么东西都不比精神的堕落更可怕。乐观豁达的人看事情都有长远的目光，能够看到“失去”背后的“得到”。

成为注意中心

某富豪身价几十亿。别人对他的评价是很爱面子，很争强好胜，无论在什么场合，他都要成为人们注意的中心。

他很慷慨，也很开朗热情，无论是对亲戚朋友还是商界朋友都非常讲究。但是人们都有一个共识，就是有别的事可以请他做客，婚礼和葬礼却是万万不能够请他的，而且请也请不到。为什么呢？他说：“我不喜欢参加婚礼和葬礼，因为在婚礼和葬礼上我既不能做新郎，又不能做死者。”

启示

强烈的自我意识是保持强劲的进取心的保证，商界豪杰有时候就有一种舍我其谁的霸气。

唯一能干的事情

肯尼迪是美国的第35任总统，然而他竞选总统的时候却不是一帆风顺的。在副总统的竞选中就曾经败于对手凯弗维尔。失败之后，他乘飞机去欧洲休养并准备继续竞选下一任总统。

有一天，他在房子前面晒太阳，他的前妹夫从他面前经过，问他为什么想当总统。他不明白肯尼迪为什么放着好好的生活不过，偏要屡屡去受那些打击。

“我想这是我唯一能干的事情。”肯尼迪漫不经心地说。

启示

心中锁定一个目标、持之以恒地去拼搏奋斗的人才会到达成功的彼岸。

全世界最有权势的人

美国前总统里根曾说：“有人说我是全世界最有权势的人，可我并不这么觉得。白宫有一位官员，每天早晨把一张小纸片放在我的办公桌上，纸片上写着每一刻钟我该做的事情，他才是全世界最有权势的人。”

启示

随时保持清醒的头脑，保持谦逊的生活态度才能使人走得更远。

39岁生日的第31个周年纪念

我的爸爸是一个很开朗的老人，别人都称他为“老顽童”。虽然已经70多岁了，可他的心一点儿也不老。他不许别人说他老，有事总是抢着干。

记得在他70岁生日的时候，他说了一句让大伙儿震惊的名言。宴会上，他举杯对众人说：“今天是我39岁生日的第31个周年纪念日。无论哪一年我都过得很愉快。如果你们还考虑选择其中的另一年，比如我40岁生日的第30个周年纪念日为我举办宴会的话，我想那也挺好。”

启示

只有心情舒畅愉悦的人才能拥有健康快乐的生活。

玩来玩去

以前，赵缭在上海编《数学辞典》，而后交给群益书局出版，老板给了他一笔稿费。他用这些钱为儿女买了玩具。人家问他为什么这样就花掉了这些钱，以后可能有更大的用途呢。他说："人世间的事，原是玩玩而已，玩来的尽可玩去。"

启示

消极沉闷的人把简单的生活看得复杂难懂；豁达宽容的人把复杂生活看得简单透彻。

吃午饭

一个老学究在饭店吃午饭。

饭店经理问他："您喜欢刚上的这道菜吗，老先生？"

老学究想了想，回答说："还可以，只是土豆在整个菜里占了绝对多数。"

启示

生活之中免不了有不满意之处，不过如果能够心平气和地对待并巧妙地指出，则体现了一个人的修为和素养。

困难的谦虚

有一次，美国前国务卿基辛格应邀赴某大学演讲。主持人将他介绍给听众后，听众起立向他致意，鼓掌不断。最后掌声终于停了下来，听众坐了下来。

"我要感谢你们停止鼓掌。"基辛格说，"要我长时间表示谦虚是很困难的事。"

启示

用一颗平静的心对待赞扬并不是件容易的事情，许多人做到了，所以总能成功；也有许多人没有做到，所以成功了一次后就又失败。成功人士要预防在褒扬中沉沦。

宽大为怀

一般的商家都对市场上冒充自己品牌的产品生产者恨之入骨。著名画家毕加索是为数不多的在有生之年名利双收的画家之一，然而他对冒充他作品的假画却毫不在乎，从不追究。如果看到有伪造他作品的画作，最多只把伪造的签名涂掉。别人对此很不理解。

毕加索说："我为什么要小题大做呢？作假画的人不是穷画家就是老朋友。我不能让老朋友为难。而且那些鉴定专家也要吃饭，而我也没吃什么亏。”

启示

要对世界充满感恩之心，深怀宽容、施舍之意，让愤怒和不平渐渐在你的心间消失。

劝小偷

法国大文学家巴尔扎克虽然写出了很多名著，一生却是潦倒贫困。他自己倒是很乐观，生活的窘迫并没有阻止他的文思泉涌。

不过，他还是因清贫闹出了笑话。

一天，他在微弱的灯光下写作到深夜。这时，一个小偷潜入巴尔扎克家，以为屋里的人睡着了，到处乱翻。巴尔扎克看到了，觉得好笑，对小偷说：“兄弟，别翻了！我白天都翻不到钱，你夜里难道翻得到吗？”

启示

生活上的贫困艰辛并没有改变大文豪乐观淡泊的心境。

自知之明

20世纪20年代，美国政界有一个叫巴克利的保守派政治家。他是编辑兼作家，说起话来反应敏捷，言辞犀利，在社会上颇有影响。

巴克利曾经被保守派推选去竞选纽约市市长，不过，根据民意调查，他获胜的希望微乎其微，甚至他本人也不怎么认真对待竞选。

在竞选期间，有位记者采访他，问道：“如果你被选为纽约市市长，你要采取的第一项措施是什么？”

巴克利回答说：“我将首先重新点一下选票，看看有没有弄错。”

启示

成败就在一瞬间。最重要的是首先要把自己的心态调整好，有了良好、积极的心态，最终或许能够反败为胜。

是自己的就是自己的，不是自己的就不是自己的。谋事在人，成事在天。无论自己是否身陷其中，都要注意保持对事物客观分析的态度。

给皇帝剃胡子

神圣罗马帝国皇帝约瑟夫二世喜欢在生活中开些小玩笑。

有一次他去法国旅行，自己走在最前面。当他到了一个叫贝塞尔的小镇的时候，他的仆人还没有到。

皇帝来到一家小客店。小客店的主人是一位爱唠叨的妇女，她问他是不是皇帝的随员。

“不是。”他回答说。

不久，这位主妇走过约瑟夫二世的房门口时，看到他正在刮胡子，她又问他是不是受雇于皇帝。

“是的。”约瑟夫二世答道，“有时我给他剃胡子。”

启示

一个人无论身在多高的地位，都始终离不开生活。偶尔摆脱身居高位的那种孤傲，保持一种睿智和幽默，能够给生活带来很多乐趣。

如此壮心

在丘吉尔晚年，美国一家电影制片厂拟拍摄一部反映他生平的传记片，并重金聘请影星查理·弗洛顿扮演主角。

丘吉尔得知弗洛顿将因扮演自己而获得巨额酬金时十分气愤，说道："第一，弗洛顿这家伙太胖了；第二，他也太老了。既然演我能拿这么多钱，还不如让我自己来演！"

后经家人极力劝阻，年近九旬的丘吉尔才悻悻地放弃了演员梦。

启示

一个领域中非常优秀并取得成功的人，通常都有一颗争强好胜的心。他们总是不满足于现状，总是努力争取更大的成功。

虚构的钓鱼故事

一天，英国作家狄更斯坐在江边垂钓，一个陌生人走到他的面前问他："怎么，您在钓鱼？"

"是啊，"狄更斯随口回答，"今天运气真糟，这时候了，一条都没钓到，昨天也是在这里，我钓了15条呢！"

"是这样吗？"那人说，"您知道我是谁吗？我是专门管这段江面的，这里禁止钓鱼！"说着，他从口袋里拿出罚款单，要记名罚款。

狄更斯连忙反问："您知道我是谁吗？我是作家。虚构故事是作家的职责，所以，不能罚我的款！"

启示

在生活中保持艺术创作的灵气，既表现了一种艺术家的睿智，又不缺生活情趣。迅速的反应加上机敏的回答，让人有点忍俊不禁却又无可奈何。

独身的解释

跟现在的很多单身主义者一样，英国著名哲学家赫伯特·斯宾塞也是终身未娶。有一次他在路上遇到两个朋友。一个朋友问他："你不为你奉行单身主义后悔吗？"

斯宾塞轻松地答道："人们应该满意自己所做出的决定。我为自己的决定感到满意。我常常这样宽慰自己：在这个世界上的某个地方有个女人，因为没有做我的妻子而获得了幸福。"

启示

世界上没有绝对正确的选择，也没有绝对错误的选择，关键是这个选择能否给你带来快乐。只要自己无悔，那么这个选择就是没有错的。坚持走自己的路，让别人去说吧。

无需再锦上添花

人在胜利的时候是应该乘胜追击还

是急流勇退？这个问题是没有定论的，要看情况而定。在18世纪的英国，有一个叫休谟的人，他既是个唯心主义哲学家，也是一位经济学家、历史学家。他有很多著作，即使是退休后，每年还能拿到1000英镑的退休金和稿费。他在爱丁堡图书馆做管理员时写的《大不列颠史》是一本畅销书，重印了好多次。周围的人劝他写续集，一直写到当代。

他不以为然地说："你们已经给了我太多的荣誉，先生们，但我不想再写了，理由有4点：我太老了；太胖了；太懒了；太富了。"

启示

对于积极向上的人来说，前进永远没有止境，他知道每天积极地面对一切是构成丰盛人生的重要环节，能为人生累积最有价值的财富。不过，从另一方面讲，知道在恰当的时候适可而止也是一种急流勇退的英雄之举。

再练8年

如果一个人攻击了你，你会如何对待他？也许克里孟梭的举动会让你大吃一惊。

第一次世界大战结束后，协约国召开巴黎会议，讨论战后事宜。有一天，克里孟梭在和美国总统会谈结束后出发去继续另一个会谈。行车途中，他遭到一个无政府主义者的狙击。无政府主义者开了8枪，有一枪打中克里孟梭靠近心脏的部位。袭击者被捕并被判死刑。

克里孟梭却出面干预对这场刺杀案的判决。他说："我们刚刚赢得这场历史上最可怕的战争，可是这位法国同胞却使我们大失颜面。他对着靶子开8枪，只中了一次。当然由于他使用了危险武器，应受到制裁，但我建议：判他8年监禁，好让他集中精力在靶场上练练枪法。"

启示

无论什么时候，国家的尊严都要摆在第一位。作为一名国家领导人，需要时刻铭记如何激励民族士气。在民族的士气是否团结一致，以及已经被捕在押的囚犯的早死与晚死之间，也许前者更重要。

越来越年轻的雕像

著名文学家萧伯纳崭露头角以后，法国著名雕刻艺术大师罗丹为他塑了一尊雕像。

几十年后的一天，萧伯纳把这尊雕像拿出来给朋友看，并说："这尊雕像有一点非常有趣，就是随着时间的推移，它变得越来越年轻了。"

启示

拥有一颗年轻、积极的心的人永远不会衰老。

你的运气不好

有一天，我骑自行车在路上逛悠，一不小心把一个行人撞倒在地。我定睛一看，好面熟啊，好像是在电视上经常见到的某歌星！幸好他没有受伤，只是虚惊一场。我急忙扶起他，连连道歉，可是他却做出惋惜的样子说：“你的运气不好，先生。你如果把我撞死了，就可以名扬四海了！”

启示

幽默的人把事情看得简单，不会因为一些小事而失去平和的心境。

无畏的遗憾

美国独立战争时期的英雄内森·海尔被英军抓住，判处死刑。在临刑前，英军行刑人问他有什么要说的，海尔想了想说：“我真遗憾，我只能为国家献出一次生命。”

启示

英雄拥有坚定的心志和义无反顾的精神，足以令我们仰慕。

只求耳顺

在我国，院士享有崇高的地位。我的一位大学老师在经济学领域有着独到见解和贡献，不少朋友都劝他申请院士。那位老师却说：“我不干这种事，我当上了，有人就会说：‘他怎么当上的？’我如果不当，很多人会说：‘他怎么没当上？’还是后一种议论好呀！”

启示

全心全意做学问，平平淡淡过生活。因为有淡泊名利的心境，所以才能耐得住寂寞。

失败也是成就

爱迪生试制白炽灯，失败了1200次。一个商人讽刺他是个毫无成就的人，爱迪生哈哈大笑：“我已经取得了很大的成就，因为我已经证明了1200种材料不适合做灯丝。”

启示

拥有积极心态的人总能够从黑暗中看到一丝光明，而消极被动的人总是看到光明背后无尽的黑暗。

不同之处

古代雅典有一位将军名叫伊菲克拉斯特，出身于贫苦之家。一个叫阿莫迪斯的人，祖先是雅典的功臣，而且受人敬重，子孙后代都享有一定的特权。被祖先光环笼罩着的阿莫迪斯经常嘲笑伊菲克拉斯特是鞋匠的儿子。将军无可奈何，只好回敬道：“你说对了，我们是不一样。我们之间的不同在于，我的家族从我开始振兴，而你的家族从你开始衰亡。”

启示

无论何时，都要坚信自己的优

点，确认自己的与众不同。唯有自信才能赢得尊重。

大难临头

一个教育家正在进行一次海上旅行。不幸的是，他乘坐的轮船遇上了风暴，有沉没的危险。

船员匆匆赶到教育家的包舱，说：“船要沉了，我们就要完蛋了！”

教育家本来正想上床睡觉，听了这话，便说：“那好，我就用不着脱鞋了。”

启示

面对危难，要临危不惧，保持冷静头脑，从容应对外在压力。

倒以为我死了

萧伯纳是世界著名的文学家。他成就卓著，得到了世界人民的热爱。他70岁生日那天，英国许多报纸登了他的照片。他看见后却说：“我早晨起来，一见这报纸上有我的照片，倒以为我死了。”

启示

乐观积极的心态铸就一颗快乐的平常心。

里根的雄心

里根竞选美国总统时，年龄已经很大了。他的很多竞争对手都曾经选择对他的年龄进行攻击，不过都被他一一反击了。

他在公布了自己已“得老年痴呆症，来日无多”的消息后，突然又一次出现在一场竞选集会上，并说：“就目前而言，我恐怕不能竞选1996年的总统了，但这并不排除我参加2000年总统竞选的可能性。”这时，全场起立，甚至连他的宿敌也为之鼓掌。

启示

老骥伏枥，志在千里；烈士暮年，壮心不已。这份激情能创造一个个奇迹。

最大的乐事

英国有一位天文学家叫杰尔舍利，他的一生都献给了天文事业。在他临终的时候，神父坐在他的床头，喋喋不休地对他大谈天国之乐。

“对我来说，人生最大的乐事，”杰尔舍利打断了神父的话，“莫过于能看到月球的背面了。”

启示

用一生的努力成就一生的追求；在追求中实现理想，也在追求中取得人生的快乐。

没有不正常的跳动

一天晚上，年轻的俄国生理学家巴甫洛夫终于下决心走出实验室，与未婚妻西玛会面。

他们难得相见。相会没多久，巴甫洛夫就对未婚妻说："快把你的手给我！"西玛以为他要吻自己的手，高兴地把手伸了过去。

巴甫洛夫抓住未婚妻的手，用手指压着她的脉搏，过了好一阵，才说："没有不正常的跳动，放心吧，你的心脏的确很好。"

启示

对于许多人来说，事业是摆在第一位的；对于较少的人来说，工作就是他的第二生命；对于极少数人来说，工作就是他的一切。

用得着吗

世界上有很多人并不看重自己的穿着打扮，爱因斯坦就是其中之一。有一天，这位科学家在纽约偶遇一位老朋友。

"爱因斯坦先生，"那位朋友说道，"您身上这件大衣已经破得不像样了，您应该换一件新的。"

"用得着吗？在纽约没有人认识我。"爱因斯坦毫不在乎地答道。

几年以后，爱因斯坦在纽约街上又碰见了那个朋友。这位大科学家还是穿着那件破大衣。

"哎呀，爱因斯坦，"那位朋友惊叫起来，"您怎么还穿着这件破大衣呀？这回，您无论如何要换一件新的了！"

"用得着吗？"爱因斯坦仍然毫不在乎地回答，"这里人人都认识我。"

启示

人并不因为穿着而高贵，却因为智慧而闻名。

幸福的婚事

遇上一个值得自己去爱的人并最终能够与之结为连理，是件很幸福的事情。大名鼎鼎的美国文学家马克·吐温爱上了头发乌黑、貌若天仙的莉薇小姐，并很快与她举行了婚礼。

婚后不久，马克·吐温给友人写信。在信中，他幽默地说："假如一切能从头开始，那么我将会在牙牙学语的婴儿时期就结婚，而不会把时间荒废在磨牙和打碎瓶瓶罐罐上。"

启示

珍惜是福。懂得好好地珍惜所拥有的一切，你便是幸福快乐的人。

邮购钓鱼竿

海明威是一个很喜欢钓鱼的人，他周游世界时也要常常过过钓鱼瘾。有一次，他来到了西班牙马德里的一条小河边钓鱼。这天，他又为邮购的事从马德里给纽约的梅西商店写信，向他们催要3个月前订购的钓鱼竿。实际上，在此之前他已经在不同的地方催了好几次了。

他在信中是这样说的："11个星期以前，我向你们订购了一副钓鱼竿，并将钱如数寄去。你们有我的地址，为什么既收下了我的钱又占有了我的鱼竿？告诉我，你们打算用我的鱼竿去钓鱼吗？如果是这样的话，请给我寄鱼来，因为这鱼是用海明威的鱼竿钓的……”

半个月后，梅西商店的威尔斯给海明威回信道了歉，信中最后说：“顺便说一下，梅西商店没有把鱼竿寄去。不过你如把你的住址不断地寄给我，我会很高兴在每个星期寄给你一条鱼。”

海明威回信说：“亲爱的威尔斯先生，我要给你寄去一桶鱼饵。”

启示

通达乐观的人能够享受生活中的趣味。

三人行

汉森、维特和科尼希三个人一起上了前线。在一次激战中，一颗子弹打断了汉森的一条胳膊。他连忙跑过去找维特：“上帝啊！我亲爱的维特！你瞧瞧，我的胳膊都被打断了！”

维特满不在乎地说：“你嚷嚷什么呀？瞧瞧人家科尼希，脑袋都被打飞了，却毫无怨言。”

启示

处在生死之间，人难免会感到恐惧。但是解决所有恐惧最好的办法就是不断地面对它，直到你不再害怕为止。

母亲的骄傲

杜鲁门当选美国总统后不久，有一位客人拜访他的母亲。

“有一个这样优秀的儿子，你必定感到十分骄傲！”客人笑着说。

“是的，”杜鲁门的母亲说道，“但是我也为我另一个儿子感到骄傲。他现在正在外面种田。”

启示

母爱是伟大的、无私的。对一个母亲来说，能够保持母爱的平衡是一件伟大的事情。

奇妙的贺辞

有一位受人欢迎的美国喜剧演员叫坎托。他的合伙人、制片人撒尔贝格是他的好朋友。一天，他听说撒尔贝格生了个儿子，便赶忙发了一封贺电，电文写道：“祝贺你的最新产品问世，它在被剪辑以后肯定会更好看。”

启示

社会也是个大舞台，现实中的人如果可以像喜剧演员那样善于抓住现实中的幽默因素，就能够在人群之中传递欢乐。

美妙的旋转

苏联有一位著名的芭蕾舞蹈家，叫鲁道夫·纳雷耶芙。她在舞台上的旋转真是美妙极了。她的出生很富传奇色彩——她是在一列开往海参崴的火车里降生的。

后来，她和另外一位苏联著名芭蕾舞女演员在奥地利首都维也纳国立歌剧院演出《天鹅湖》。她俩的精湛表演博得了台下观众们的热烈掌声。为此，她俩不得不谢幕多达89次！当人们问起她为什么旋转得那么漂亮时，她说：“因为我出生在火车上，从小就能感受到车轮的转动。”

启示

失败的原因是各不相同的，而成功的背后都隐藏着1%的天赋和99%的汗水。

悲剧

一个悲剧作家对他的妻子说：“亲爱的，你能不能帮我做个海绵枕头？”

“做它干什么？”

“我每写完一个剧本，就躺在这海绵枕头上看一次，让流下来的眼泪滴到这个枕头上，看完后把眼泪挤出来，看眼泪的多少就知道剧本效果的好坏了。”

启示

世界上就怕“认真”二字。对工作的认真态度决定了工作的成败。

挑烈马骑

苏格拉底的妻子是个心胸狭窄，性格冥顽不灵，喜欢唠叨不休，动辄破口大骂的女人，常使堂堂的哲学家苏格拉底困窘不堪。一次，别人问他为什么要娶这么个夫人时，他回答说：“擅长马术的人总要挑烈马骑，骑惯了烈马，驾驭其他的马就不在话下了。我如果能忍受这样女人，就能和世界上任何一个人相处。”

据说苏格拉底就是为了在他妻子烦人的唠叨声中净化自己的精神，才与她结婚的。

有一次，苏格拉底正在和学生们讨论学术问题，他的妻子气冲冲地跑进来，把苏格拉底大骂了一顿之后，又外出提来一桶水，猛地泼到苏格拉底身上。

在场的学生们都以为苏格拉底会怒斥妻子一顿，哪知苏格拉底摸了摸浑身湿透的衣服，风趣地说：“我知道，打雷以后，必定会下大雨的。”

启示

我们一方面被苏格拉底的通达所折服，另一方面感叹他被身边环境激发出了强大的潜能。

赞美胡子

你会如何对待那些说话毫无遮拦，不给你留面子的人？当众顶撞？这也许不是个好主意。起码法国著名作家莫泊桑就不是这样。

曾经有一位贵族夫人傲慢地对莫泊

桑说："你的小说没什么了不起，不过说真的，你的胡子倒十分好看，你为什么要留这个大胡子呢？"

莫泊桑淡淡地笑着回答："至少能给那些不赞赏我作品的人一个赞美我的理由。"

启示

我们并不期待得到所有人的认同，因为那是不现实的，不是你自己有问题，就是别人的眼光有问题。所以，对于别人的不赞赏，我们还是泰然处之吧。对于肤浅的、无礼的批评，我们要将其当作蜘蛛网一样轻轻抹去。

熊扑上来了

两名记者被派到阿拉斯加去拍摄风光照片。一天，他俩发现一头熊在捕鱼吃，于是便不停地抓拍这一精彩镜头。突然，熊发现了他俩，便向他俩冲来。当那头熊离他俩很近时，两位记者发觉不妙。其中一个焦急地说："乔治，这里又没有大树，看在上帝的份儿上，我们该怎么办？"

"我也不知道，"他朋友说，"不过，我们中间有一个肯定要上镜的。"

启示

生命不止，工作不息。冷静的头脑、积极的心理状态是处理一切险境的良药。

一个人打赌

德国哲学家叔本华某年住在法兰克福某旅馆的出租套房里。旅馆旁边有一家小饭馆，他常去那里吃饭。英国军事人员也常光顾那里。

一个饭店侍从目睹了一件有趣的事：每次饭前，叔本华总要把一枚金币放在自己面前的桌上，饭后又把金币收回自己的口袋里。

有一天，侍从忍不住问哲学家他那样做的目的。

叔本华解释说："我每天在心里与那些军官们打赌，只要他们哪一天谈论声色犬马之外的话题，我就把金币放进门口的募捐箱去。"

启示

自得其乐是享受生活的一种方式，对人群的关注是一种生活态度，公益捐献是一种社会责任感。

第二部分

THE SECOND PART

思维创新

职业特点

三位科学家去苏格兰参加会议，路上，他们发现了一只黑羊。

“真有意思，”天文学家谈论道，“苏格兰的羊都是黑的。”

“这种推断并不可靠，”物理学家应道，“我们只能得出这样的结论：在苏格兰有一些羊是黑色的。”

逻辑学家马上接着说：“我们真正把握的只不过是：在苏格兰至少有一个地方有至少一只黑羊。”

启示

严谨的理性思维对于事情的预测和执行起着重要作用。打破规则的感性思维对远景规划有着重要作用。

谁的狗更聪明

一天，一个律师、一个建筑师和一个医生在咖啡厅里聊天。他们都带了一条狗，就说要比一比谁的狗聪明。医生的狗跑出门外，叼了一堆骨头回来并在地下摆了一副人体骨骼造型。

医生说：“我的狗聪明吧！”于是给了那只狗一块饼干。

接下来是建筑师的狗，他的狗叼来了一些树枝，摆了一个大楼的模型。

建筑师说：“还是我的狗聪明吧！”他也给了自己的狗一块饼干。

轮到律师的狗了，只见他的狗对另外两只狗叫了几声，另外两只狗就乖乖地把饼干给了它。

启示

思维的局限导致行动的局限。无疑律师的狗更为高明一些，至少他懂得要走一条与众不同的路，从而达到事半功倍的效果。

直达列车

小张到外地出差，上了火车后才发现上错了车，于是找到列车员说明情况。

列车员为难地说：“我们这是直达列车，中途不停车。”

小张苦苦哀求。列车员想了一会儿说：“这样吧，我们列车进站的时候车速会减慢，那时候我把车门打开，你就跳下去。由于惯性的原因，你必须往前跑一段，要不你会摔倒的！”小张很感激地谢过列车员。

列车进站后，小张跳下车，快速地向前跑，等他跑到前面一节车厢的时候，车门忽然开了，一个列车员一把将小张拉上车。还没有等小张站稳，那列车员说：“你真幸运，我们这是直达快车，中途还没有上来过人。来，补票吧！”

启示

特殊的情况需要用特殊的方法。有时，这种方法却因为另一个人的惯性思维而前功尽弃。

再来一个

张三的胃病相当严重，于是他请城里最好的医师为他动了手术。当麻醉的药性过了后，医师来巡房检查，殷勤地问他：“你觉得怎么样？”

张三不解地说：“肚子还好，可是喉咙却很痛，这是怎么回事？”

医师得意地回答：“你先别紧张。我告诉你，当我为你动手术时，碰巧全省各大医学院的高才生前来观摩。你知道这项手术十分麻烦，但是我却很仔细地完成它，手都没有发抖，所以，这次的手术可说是十全十美。当我做好缝合手术后，全场掌声如雷，大家都说‘再来一个’，所以我只好将你的扁桃体也割了。”

启示

有些话能够在特定场合讲，可是在另一些场合不能讲。在适当的场合讲适当的话，这需要灵活转变思维。

借力

爱迪生在住所搞了不少发明。

有个朋友来看他，推门时十分费力，推了好几下才进去。客人向爱迪生抱怨：“你这门也太紧了，竟使我出了一身汗。”

“谢谢，你已经给我屋顶上的水箱压进了几十升水。”爱迪生高兴地说。

启示

生活中不是缺少惊奇，而是缺少发现。若细致地观察你的周围，你会拥有许多创意。

18小时40分钟的《烦恼》

1963年9月的一天，在纽约市一家剧院的演出海报上赫然出现了一条这样的消息：将有10位钢琴家不间断地轮流演奏世界上最长的钢琴曲《烦恼》，作曲家：埃里克·萨蒂，全曲时间：18小时40分钟。

对于那些喜欢猎奇的美国人来说，这无疑是一件十分有吸引力的事。很多人都在演出那天慕名来到了剧院。演奏开始了，人们兴趣盎然地听着。然而，人的耐力毕竟有限，四五个小时以后，观众席中开始出现了此起彼伏的哈欠声。后来，在这个与台上的演奏同时进行的哈欠大合奏中又加进了一个奇怪的声部——响亮的、有节奏的鼾声。它是由《纽约时报》的一位音乐评论家发出的。这位评论家为了给这首最长的钢琴曲写一篇有分量的评论，本来下决心要从头至尾听完，但他实在坚持不住了，斜靠着座位，鼾声如雷地进入了梦乡。

演出结束时，场内只剩下6名观众，包括那位已经醒来的评论家。其中一人像通常音乐会结束时那样边鼓掌边高声喊：“再来一遍！”

启示

创新要切实可行，要有价值，盲目地追求形式上的改变而忽略人们的需求和承受力，往往会事与愿违。人往往对新奇的事物很感兴趣，有时甚至不管它有无意义。18个小时超长演奏，试问有几个人能够坚持听完？

随机应变

一位印象派画家画了一幅作品，题为《日出》，送去展览。在展览会上，一位工作人员不知是出于无知或是疏忽，把这幅大作挂倒了。旁人正准备纠正他，画家却说："不必了。"他拿起笔来，把作品的标题改为《日落》。

启示

思维是人生的艺术，有术而无定法。灵感乍现只在一瞬间。

没问题

一个秃头男人坐在理发店里。发型师问："有什么可以帮你吗？"那个人解释说："我本来去做头发移植，但实在太痛了。如果你能够让我的头发看起来像你的一样，而且没有任何痛苦，我将付给你5000美元。"

"没问题，"发型师说，然后他很快帮自己剃了个光头。

启示

一旦钻进死胡同，不如从另一个角度去思考。

露马脚

汤姆想得到更长的假期，他装作父亲的声音打电话给老师："汤姆躺在床上生病呢，老师，我想他大概有三四天不能去上学了。"

"哦，"老师说，"听到这个消息我很难过，不过，这是谁在对我说话啊？"

"我爸爸，老师。"

启示

创新思维做得不彻底就会使思维变得混乱。你到底站在谁的角度上讲话呢？

第二漂亮与二流评论家

英国电影女明星布雷斯韦特以漂亮和演技好出名。此外，她伶俐的口齿也让人佩服。

一次，戏剧评论家詹姆斯·埃加特单独碰上了布雷斯韦特小姐。埃加特想开个玩笑，便对她说："亲爱的小姐，我有个想法已经搁在心里多年了，今天就对你坦诚直言吧！在我看来，你可以算作英国第二漂亮的夫人。"埃加特以为布雷斯韦特听了此话，一定会问他有幸荣登榜首的是哪一位了。

出乎他的意料，布雷斯韦特静静地说："谢谢你，埃加特先生。我在二流评论家中的佼佼者这里，也就只能听到这种评价了。"

启示

按照常规的思维方式回答问题时，会掉进对方设置的陷阱中去。思维敏捷的人能在瞬间做出巧妙的应答，语言犀利又让人折服。要善于用幽默来训练自己的思维。

香蕉皮

数学教师："一根香蕉，有3个孩子

要抢来吃。结果，被其中两个孩子抢去分吃了。剩下的那个孩子得到什么了？”

学生：“有……”

教师惊异：“有什么？”

学生：“香蕉皮。”

启示

小孩子以他们特有的天真幼稚的心理及思维方式去认识世界、解释世界。他们的思维方式与大人的迥异，有时会给出令人叫绝的答案。

一只死苍蝇

老师问学生：“桌子上有四只苍蝇，打死一只，还剩下几只？”

成人会说：“三只”或“没有”。

而学生则说：“一只，就是被打死的那只。”

启示

人想问题的方式有许多种。随着年龄的增长，人们渐渐形成了常规的理性的思维。儿童没有思维枷锁的限制，对事物的好奇心使他们的想象力更为丰富。

没有小孩

有一户人家决定搬到城里居住，于是便到处找房子。这是一家三口，夫妻与一个五岁的孩子。他们好不容易找到了一家愿出租房子的主人，于是敲门，小心地问道：“您可以把房租给我们吗？”房东遗憾地说：“啊，实在对不起，我们不想租给有孩子的住户。”夫妻一听，不知如何是好，只好离开。那五岁的孩子，从头到尾都看在眼里，只见他又折回敲开房东的大门，精神抖擞地说：“那个房间我租了，我没孩子，只有两位老人。”房东听了哈哈大笑，这家人因此租到了房子。

启示

孩子的幽默浑然天成，全无造作感。5岁的孩子没有什么谋略，没有什么心机，但就是这些巧妙的话，体现着他的聪明才智。

还在那里

牛津大学有位叫艾尔弗雷特的年轻人。有一次，他在同学面前朗诵了一首新诗。同学查尔斯说：“艾尔弗雷特的新诗我很感兴趣，不过，我好像在哪本书中见过。”

艾尔弗雷特很恼火，要求查尔斯道歉。

查尔斯说：“我说的话很少收回。不过这一次，我承认是我错了。我本来以为艾尔弗雷特的诗是从我读的那本书里偷来的，但我从房间里翻开那本书一看，发现那首诗还在那里。对不起！”

启示

印有原诗的书籍当然还在那里。但是，查尔斯巧用偷东西的逻辑关系来推理说明诗被抄袭一事，不仅锻炼了思维还创造了这则妙趣横生的笑话。

谁说的

一位女教师在课堂上提问："'不自由，毋宁死！'这句话是谁说的？"

有人用不熟练的英语回答：

"1775年，巴特里克·亨利说的。"

"对，同学们，刚才回答的是位日本学生，你们生长在美国却不知道。"

这时，从教室后面传来喊叫：

"把日本人干掉！"

女教师气得满脸通红，大声喝问：

"谁？这话是谁说的？"

沉默了一会儿，教室的一角有人答道：

"1945年，杜鲁门总统说的。"

启示

事物的内容靠形式来表现，不同的事物可以有不同的表现形式。当我们看到不同的表现形式时，要调查清楚，了解其实质，如果想当然，按既定经验判断，就会导致错误；如果进行另一番阐释，则会产生幽默。

抓错了

夜间，一位先生与妻子正在看电视。妻子趁放广告时，到阳台上拿东西。

"有贼！"忽然一声惊叫，妻子跑了过来，死死地抱住先生，浑身发抖。小偷仓皇逃走。看着妻子，先生说："哦，亲爱的，你抓错了！"

启示

在日常生活中，巧妙利用这种方式来消除烦恼，去掉难堪，将体现出一种乐观的精神。

云南人

一位大学生暑假到云南去参加社会实践活动。联欢时，主持人要他表演节目，性格内向的他一时慌了手脚，说了这么一段话："我这个人从小就崇拜三种人：外星人、机器人、云南人。今天我见到我崇拜的云南朋友，简直激动得说不出话来……"

启示

按常理说来，人们的思维定势是统一的，如果运用不和谐的、杂糅的方法把一些毫不相关的事物凑合在一起，就能产生不伦不类、滑稽可笑的效果。

猪的作用

教师："猪是很有用的动物，肉可以吃，毛可以做刷子，谁能说出它还有什么其他用途？"

学生："它的名字可以用来骂人。"

启示

这个学生的回答，打乱了人们正常的思维模式，把语义引向荒唐，转化出一个令人惊讶的结论，造成期望落空，从而达到了搞笑的效果。

失误

丈夫到离家200公里的另一城市去开会，会后一些同事打算留下来狂欢一晚。丈夫被他们说动了，于是给妻子发了个电报，把不能当天回家的理由说得煞有介事。

第二天回家，妻子的脸色冷若冰霜。“你难道没有收到我的电报吗？”丈夫问。

“收到了，你说没有赶上九点钟的末班车，”妻子冷冷地说，“可是你的电报七点钟就到了。”

启示

想问题的时候一定要思维严密。在商业决策时，若是被对手看出意图而抢占商机，便会损失惨重。

童稚童语

7岁的女儿对肚脐很好奇，常问我肚脐有什么用。于是我把脐带连着胎儿与母体的道理深入浅出地讲了一下，说婴儿离开母亲之后，医生就把脐带剪断并打一个结，成了肚脐。女儿懂了，可是有些遗憾地问道：“医生为什么不打蝴蝶结？”

启示

小孩有着奇妙的想象力和直觉思维的能力。让思维超越常规，不是模仿照搬别人的做法，而是要找出与众不同的看法和思路，赋予其最新的性质和内涵。只有不受拘束，如天马行空般的想象才能激发出创造性的灵感。

超级紧急的电话

一天，110报警中心的一台电话响了，只听见电话里有人大喊：“不好啦，不好啦，快救命啊，救救我啊！”

接线生询问说：“这位小姐，别着急，有什么事慢慢说。”

电话里说：“不好了，警察，一只猫爬进我们家了！”

接线生安慰道：“一只猫爬进你家了？这不是什么大事。”

电话里说：“是大事，是大事。”

接线生说：“这真的不是什么大事，请问小姐你是？”

电话里说道：“它进来了，进来了！救命呀！救命呀！我是鹦鹉，我是鹦鹉！”

启示

这是一则打破常规思维方式的对话。主体不同，对于不同的对象理所当然也就有不同要求。

过感恩节

旧金山的约翰给在纽约工作的儿子戴维打电话。

“我也不想让你感到难受，但是我不得不告诉你这个消息——我和你母亲已同意离婚，我们受够了45年的煎熬。”约翰的话语中有一些失落感。

“老天！你在说什么呀？老爸？”戴维大吃一惊。

“这也是没有办法的事，我们现在甚至连看一眼对方都不愿意，”约翰叹了口气，接着说，“我们彼此讨厌对方，我也讨厌再提这事，苏姗那边就由你告诉她吧。”说完，约翰便挂断了电话。

戴维马上给芝加哥的妹妹打电话：“苏姗，你一定要冷静，听着，老爸老妈想离婚，怎么办？”

“我们得回去阻止他们！”苏姗在电话那边尖叫。

挂断哥哥的电话后，苏姗立刻拨通了家里的电话，是父亲约翰接的电话。

“你们不许谈离婚！不许乱来！一切都要等我和戴维回来再做打算，我们明天就到，到时再做打算，千万不要冲动！听见没有？”苏姗一口气嚷完，挂了电话。

约翰放下电话，转身对妻子说：“好了，他们能回来过感恩节了，但圣诞节我们怎么说？”

启示

使用一些新的想法达到你的目的，会让你感受到生活的新意。有时候，用一些非常举措才能达到意想不到的良好效果。问题是：如何才能令那些非常举措层出不穷呢？

文化餐

王二闲来无事，找了几个哥们去喝酒。几个人一合计，现在天上飞的、地上爬的、水里游的都吃腻了，今天哪都不去，就到新开的文化餐馆去！

到了餐馆，服务员问：“几位老板，你们是到纯情厅呢，还是到武侠厅？”王二大大咧咧地说：“你看我们哥几个都多大啦，还纯情呢？少废话，到武侠厅！”

到了武侠厅拿起菜单一看，菜名全是用武侠小说命名的。王二十分高兴，大呼痛快。王二先点了一盘“雪山飞狐”，上来一看，是一盘炸得雪白的粉丝，上面再放几只油炸蝎子算是飞狐。王二说：“有趣！”。于是又点了一道“笑傲江湖”，上来一看，一盆清汤算是江湖，上面浮着一只翻过身子的小海蟹，那模样有点像笑脸。

王二一看这“笑脸”，自己开始收起了笑脸，冷着脸说，再上一盘“七剑下天山”。等了半天，小姐端来一块插着牙签的哈密瓜。王二大声责问：“就算这哈密瓜是天山，那剑呢？”小姐说：“先生，你看那七根牙签不就是‘七剑’吗？”

王二一听，早已憋了一肚子气，心想这纯粹是戏弄人，我干脆点个实在些的，看你们还怎么折腾。于是，咬牙切齿地说：“再给我上一盘大份的‘鹿鼎记’！”他心里盘算着一定是一锅炖鹿肉！哪知菜上来一看，连鹿毛也没有一根，只有半个西瓜倒扣在大盘子里。

王二耐着性子问小姐：“这鹿呢？”小姐不温不火地回答：“这瓜皮不是绿（鹿）的吗，这瓜不像一顶（鼎）帽子吗？”

王二一听大怒：“把你那老板给我找来，让他尝尝我们哥几个的降龙十八掌！”

启示

创意本身并不是商品，然而却产生了商品本身所没有的社会价值。如今的市场竞争，是文化层次上的竞争，是经营者之间的谋略竞争，而“创意产品”就是这种竞争的必然结果。想把产品做得别开生面，让人们充分享受个性化消费的愉悦，就要依靠独特的创意来支撑门面。

绝妙构思

英国艺术家们为了宣传戒烟，悬赏征求最佳戒烟广告。最终获奖的是这样一个广告：画面上，两个男子在谈论找什么样的女朋友。其中一个人说：“千万不能找会吸烟的女子，因为你吻她时，会觉得自己在吻一只旧烟缸。”

启示

极度夸张的宣传手法所产生的效果是显而易见的。

从善如流

柯德希：“律师先生，如果我在开庭之前送一只肥鹅给法官，并附上我的名片，您认为怎样？”

律师：“您会立刻因贿赂法官而输掉这场官司的！”开庭的结果是柯德希赢了官司。

第二天他得意地告诉律师：“我没听您的劝告，还是把鹅寄给了法官！”律师怀疑地说：“这不可能！”

“可能的！”他解释道，“只是我把对手的名片同鹅一起寄去了。”

启示

正向思维与逆向思维就像是分析的一对翅膀，不可或缺。习惯正向思维者一旦得到了逆向思维的启示，事业的发展往往会事半功倍。

按书生病

找酒井医生来治病的人，没有一个被治好过。酒井总觉得是自己不走运。

他的老婆也很奇怪，这天忍不住问他：“我说先生，怎么你看过的病人没有一个见好的呢？人家都说你的医术很差劲。”

“不！我是医科大学的高材生。我的医术虽高明，但病人却很差劲，我有什么办法呢？”

“是吗？你为什么说病人差劲呢？”

“我是照医书上写的进行治疗，可是来找我的病人，没有一个是按照书上写的那样生病的。”

启示

僵化的思维导致机械地看问题，这样注定不会成功。

毕业考试

侦探学校举行毕业考试，其中一道题目是：“公路上有一辆汽车飞驰，没有开车灯。突然之间，有一个穿黑衣服的醉鬼走到路中间。这时没有路灯，也没有月

亮。眼看那个人就要被汽车撞倒，但汽车忽然刹住了，是什么原因？”

有人答道：“因为醉鬼的眼睛会发光。”

有的答：“因为醉鬼大声叫喊。”

“都不对。正确的答案是：当时是白天。”

启示

严密的思维能够帮助人们严谨地思考每一个细节，让每一个细节都无可挑剔。

猴儿拉稀

有一次，在纪念老舍先生的会上，有人建议侯宝林、谢添和杜澎三人说一段传统相声《扒马褂》，请马三立来导演。

杜澎说：“不行！”

“为什么？”

杜澎说：“我们三人凑在一起演不好！”

“怎么不好？”

杜澎说：“侯宝林、谢添、杜澎三人凑在一起，不就成了猴泻肚（侯、谢、杜），猴儿拉稀多难听啊！”

启示

利用发散思维对事物的外延以及事物与事物之间的关系进行联想，会发现很多有趣的东西。

翻来覆去

林肯当律师时，一次作为被告的辩护律师出庭。原告律师在法庭上把一个简单的论据翻来覆去地陈述了两个多小时，讲得听众都不耐烦了。

好不容易才轮到林肯上台替被告辩护。他走上讲台，先把外衣脱下放在桌上，然后拿起玻璃杯喝了两口水；接着重新穿上外衣，然后又喝水，再脱外衣。这样反复了五六次，法庭上的听众被逗得前仰后合。林肯在笑声过后才开始他的辩护演说。

启示

针对不同的对手制定不同的策略，是一个思维创新的过程。将对手的弱点放大呈现在观众面前，达到丑化对手的目的，效果是非常明显的。

立鸡蛋

哥伦布从美洲大陆凯旋后，人们为他举行了宴会。有一些参加宴会的贵族认为他到达美洲完全是出于偶然。哥伦布拿出一个鸡蛋说：“诸位，你们谁能把这个鸡蛋立在桌子上？”

那些贵族们左立右立，怎么也立不起来，只好请教哥伦布。哥伦布拿起鸡蛋往桌上一磕，鸡蛋立住了。贵族们很不服气，说这样我们也会立。

哥伦布笑着说：“问题是你们这些聪明人谁也没有在我之前想起这样做。”

启示

成功者大多思维自由，以进取的精神引导自己的人生。失败者则思维僵化，他们的人生被疑虑所控制。平凡者心随境变，思维停滞，环境决定了他们的人生位置。

记电话号码

爱因斯坦的一位女朋友，给他打电话。最后女朋友要求爱因斯坦把她的电话号码记下来，以便以后通电话。

“我的电话号码很长，挺难记。”女友说。

“说吧，我听着呢。”爱因斯坦并没有拿起笔。

“24361。”

“这有什么难记的？”爱因斯坦说，“两打（24）与19的平方（361），我记住了。”

启示

找到适合记忆的方法，积极的思维和立即行动是成就一切的前提。

交通标志牌

为了说明选民对政客的不信任感，里根幽默地暗示了政府官员们愚蠢得难以估量。他谈到了一座虚构的美国城市，该城市决定把交通标志牌再竖得高一些。交通标志牌原有5英尺高，他们要把这些标志牌高度改为7英尺。联邦政府人员插手此事，由他们来实施这一工程——他们来到了该城市，把街道平面下降了2英尺。

启示

解决问题的方法有很多种，智者会选用其中最简单而有效的一种，以最小的成本取得最大的效益。

叫虫

英国科学家达尔文在一位隐居乡间的故友家做客。友人的两个孩子想趁机捉弄一下这位显赫的科学家。他们捕捉了一只蝴蝶，一只蚱蜢，一只甲虫，一条蜈蚣，然后取下蜈蚣的躯体，撕下蝴蝶的翅膀，拔下蚱蜢的大腿，摘下甲虫的脑袋，小心翼翼地拼凑起来，粘合成一只奇形怪状的小昆虫。然后他们把它放在匣子里，带到达尔文的跟前。

“我们在地里捉到了这个昆虫。达尔文先生，您能否告诉我们：它属于哪一种类型？”

达尔文看了一下，随后又向孩子们瞟了一眼，微笑着说：“孩子们，你们留意了没有：在捕捉的时候，它们会不会叫？”

“会叫的。”他们回答，彼此用臂膀打着暗语。

“既是这样，”达尔文说，“这是

一只叫虫。”

启示

知识是形成思维的基础。拥有博学的专业知识，慎思明辨的思维能力，驱使我们对意义的理解，促进创造精神，把经验转化成智慧，在顺境和逆境之中从容前进。

救火

斯克尔顿是一位著名诗人。

一次，他去赴宴，酒喝多了回不了寓所。于是，他住进了一家小客店。半夜，他渴得厉害，大喊伙计要水，但没人应他，他又喊自己的马夫，马夫也不在。“怎么办呢？这样下去可不行！”他灵机一动，大喊道：“救火啊！救火啊！”顿时，全店乱成一团，所有的人都起来了。

他继续喊叫，不一会儿马夫和伙计便拿着蜡烛冲了进来：“火在哪里，怎么看不到呢？”“在这儿，”斯克尔顿指着自己的喉咙，“火在这里面，快给我端水来，浇灭它！”

启示

关键时刻需要思考最有效的方法并采取最有效的行动。夸张一点，反而可能引起别人的注意。

剧本的标题

贝尔纳在法国影剧史上占有特别的地位。他一生创作了大量的小说和剧本，后者尤其出名。他为人严肃认真但不刻板，富于幽默并常有奇思妙想。

有一次，一位年轻的剧作者送来一部作品请贝尔纳指教。没过几天，他就来问贝尔纳，剧本的标题是否合适。还没有看过剧本的贝尔纳想了一会儿，问：“你的剧本里有没有喇叭声？”

“没有。”年轻人疑惑地回答道。

“那么，有没有鼓声呢？”

“也没有。”剧作者更纳闷了。

“那就好办了，你干脆把标题改为《不闻鼓乐》吧。”

启示

创造是离不开想象力的，那些奇思妙想就是创造力的火花。

柯南道尔照片的威力

有一次，柯南道尔收到一封从巴西寄来的信，信中说：“有可能的话，我很希望得到一张您亲笔签名的照片，我将把它放在我的房内。这样，不仅我能每天看见您，我坚信，若有贼进来，一看到您的照片，肯定会吓得跑掉。”

启示

突发奇想可以引发创意，但僵化呆板的做法无疑只是增添笑料。

心理试验

潘光旦是我国研究优生学与心理学的著名学者，1940年时曾在西南联大任教务长。当时云南多鼠，潘教授深受其苦，只好设置夹笼进行捕捉。一日捕得硕鼠10多只，便斩头剥皮，弃其内脏，然后洗净切成块状，请夫人做成菜。

夫人皱眉问道："我们伙食虽不算好，也常有鱼有肉，今天为何叫我做这苦差事？"

潘光旦解释道："我这是为了学术研究，请你一定要帮助我。"夫人无奈，只好勉为其难。夫人一向善于烹饪，煮熟后果然甘香扑鼻。教授大喜，随即邀来共同研究心理学的同事和学生数人，诡称偶获野味，欲与诸位分享。

鼠肉端上桌来，潘先生带头大嚼，众宾客亦举箸共食。然而咀嚼再三，竟不辨是何动物。一客问道："此肉细嫩，味道鲜美，但不知是何野味？"

潘光旦笑答道："鼠肉。"此二字一出，想再吃一块的忽然停住了筷子，嘴里正在咀嚼的也吐了出来，还有紧锁双眉、喉痒欲吐的。潘光旦一再保证，其中绝无有害健康的物质，并以身作则，继续食用。但无论他怎么劝诱，直至餐毕，终无问津者。潘教授大笑道："我又在心理学上得一证明。"

启示

用巧妙的创意和方法取得自己想要的结论，治学之投入让人敬佩，采用的方式令人叫绝，取得的效果更是不言而喻。

捎衣进城

林肯在斯普林菲尔德担任律师期间，有一天，他步行到城里去。一辆汽车从他身后开来时，他喊住驾驶员，说："能不能行个方便，替我把这件大衣捎到城里去？"

"有什么不能呢？"驾驶员回答说，"可我怎么让你重新拿到大衣呢？"

"哦，这很简单，我打算裹在大衣里头。"

启示

分步突破，运用奇特的幽默提出要求，让人忍俊不禁而无法拒绝，充分显示了当事人的智慧和灵气。

四个雕像

一位青年指着四个雕像问工作人员其各代表什么意思，工作人员说道："第一个雕像手摸鼻子代表嗅觉，第二个伸出手臂表示方向，第三个作击球状表示自卫，第四个手捂着眼睛表示害羞。"

这位青年道："哦，我以为是：谁放屁？他放的，不是我放的。"

启示

人与人之间的智力和思维是能够通过相互激发、相互补充而发挥出更好的效果。朋友之间的交流，实际上是一种智力和思维相互激发的过程，通过交流，每个人都会在不同的方面受到启示，在认识上有所突破。

万能的复信

弗兰西斯·克里克是英国著名的生物学家。他成名后，每天有大量的人来访和大量的来信，使他应接不暇，无法工作。后来，他终于想出了一个方法。他设计印制了一种“万能的复信”，信上说：

“克里克博士对来函表示感谢，但十分遗憾，他不能应您的盛情邀请而给您签名；赴宴作讲演；参加会议；赠送照片；充当证人；担任主席；为您治病；为您的事业效劳；充当编辑；接受采访；阅读您的文稿；写一本书；发表广播讲话；作一次报告；接受名誉地位；在电视中露面……”

对方在来信中提出什么要求，他就在相应的地方画钩。很快，他就从难于应付的困境中解放出来了。

启示

把所有情况归于一种，以一封万能信回复所有人，真是省时省力的好办法。

最名贵的画

汉曼·史密斯刚赢了1000万元彩票，他决定买些艺术品。

“我不通此道，”他告诉画廊老板，“但我要拥有的最名贵的画。”

“我刚好有货。”老板兴高采烈地回答，随后就消失在一个帷幕背后，几分钟后，他拿出了一幅巨大的白帆布，中间是一个孤零零的黑点。

“这是什么？”汉曼问道。

“这是一幅杰作，”老板答道，“这一点象征着上帝及其爱心的独一无二。”

汉曼以昂贵的价格买下了这幅画。几个星期之后，他又来到画廊。“史密斯先生！”老板叫道，“我手头有幅画是对你上个月买的那幅画的完美补充。”他消失在帷幕背后，拿出了一幅巨大的帆布，中间有两个黑点。

“这意味着什么？”汉曼问道。

“我的朋友，”老板答道，“你在这里所见的是融合。这两个点代表刚到地球上的亚当和夏娃。”

“好吧！”汉曼说，“既然这幅画这么有内涵，而且是上次那幅的补充，我就买下它吧！”

启示

不知道在这个画廊老板的诡辩之下，有哪幅画不是蕴含着深厚涵义的。在为史密斯先生扼腕的同时，也不得不佩服画廊老板丰富的想象力。

“我就是那一大批人”

塔夫脱先生被困在一个名为克斯维尔的乡村火车站好长时间，因为搭不上火车而一筹莫展。一个很凑巧的机会，他听说如果有很多人想上车，快车也会在小站停。

不久，列车调度员收到一份电报，说在克斯维尔有一大批人等着上车。当快车在克斯维尔停住时，塔夫脱孤身一人上了车。并向迷惑不解的列车员解释说：“可以开车了，我就是那一大批人。”

启示

困境之中尤其能显示出聪明人独特有效的思维方式。

消灭政敌的方法

有人批评林肯对待政敌的态度："你为什么要试图让他们成为朋友呢？你应该想办法去打击他们、消灭他们才对。"

"我难道不是在消灭政敌吗？当我使他们成为我的朋友时，政敌就不存在了。"林肯总统温和地说。

启示

智者思维自由，想法不受常规模式的影响；庸者思维僵化，一门心思钻到底。

半悬在桌外的酒杯

有一位女演员对著名女演员班克黑德大出风头很不服气。一天，她对别人说："班克黑德并没有什么了不起，任何时候我都可在舞台上抢她的戏！"

班克黑德听后不屑地说："没什么，我甚至在舞台下也可抢她的戏！"不久的一次演出就证实了她的能力。

那次的演出有这样一幕：那位夸下海口的女演员担任主角，演一个全神贯注打电话的角色，而班克黑德扮的是一个一闪而过的角色——因受不了那无聊的闲扯，放下正喝着的一杯香槟酒悄然退场。事就出在杯子上：她好像随便地将酒杯放在桌子的边缘，一半在桌面上，一半悬在桌外。观众的注意力都集中到酒杯上了，紧张得连气都不敢喘，生怕它掉下来。这样，主角的戏就很少有人注意了。

事后，那位女演员才发现，班克黑德在杯底粘了块胶布。

启示

无论做什么事情，要得到引人瞩目的效果，就必须多动脑子。最吸引人的注意力莫过于好奇和紧张，想到这一点，略施小计便赢得所有观众的注意。

智斗强盗

有一次，卓别林带着一大笔现款走在路上。突然，从路旁草丛里跃出一个蒙面强盗。

强盗威胁卓别林交出钱款。卓别林答应了，并对他说："请在我帽子上开两枪吧，我好回去向主人交代！"强盗照他的话做了。"再在我的衣襟上开两枪吧！"

卓别林又说。强盗又照做了。"最后，请您再在我的裤腿上打两个洞，拜托了！"

强盗一听，不耐烦地举起枪，又在裤腿上给了两枪。卓别林知道强盗的手枪里再也没有子弹了，便一脚把他绊倒，飞快地跑了。

启示

危难时刻撇开常规思维，先想办法麻痹对手，再寻时机突袭。

现代派设计

在大学艺术设计班的格贝里听到下课铃声，急忙向外跑去，因为他有一个约会。一不小心，格贝里把一大瓶胶水碰掉在地上，瓶子摔碎了，碎玻璃、胶水和涂胶用的刷子混作一团。格贝里想等胶水干了，打扫起来也许更容易，所以没清理就跑了。

等格贝里赴约回来，发现那片乱七八糟的东西不见了，他感到很奇怪，就把情况告诉了一位老师。老师听了以后惊讶地说道："原来那个东西是这样来的！有人把它当作现代派设计练习交上来了。"

启示

不同的事物在不同的人眼里有不同的价值和意义。改变思维方式可以产生各种各样的创意。

油漆匠

一位富婆为拥有一只珍贵的古玩而深感骄傲，以至于她竟要把卧室漆成与花瓶同样的颜色。几名油漆匠试图调出这个底色，但都无法令那位有怪癖的富婆满意。后来，一位油漆匠非常自信能调出那种颜色。最后，富婆对他的成果非常满意。油漆匠一举成名。

多年以后，他退休了，生意也交给儿子。"爸，"儿子问道，"有件事我得弄清楚，您是怎样使墙的颜色与花瓶配得那么绝的？""儿子，"父亲回答说，"我漆了花瓶。"

启示

在"此路不通"的情况下，脑筋要会转弯，要学会改道而行。

第三部分

THE THIRD PART

自我激励

突发横财

某国军队在围剿一群叛乱分子，士兵们接到上级的悬赏令：捉住一个叛乱分子，可得到黄金100两。

米歇尔和尤里开始在沙漠里搜寻猎物。几天下来，两人筋疲力尽地进入了梦乡。

当米歇尔醒来时，发现他们被一百多个持枪的叛乱分子包围了。米歇尔急忙推醒尤里说：

“快起来，我们发大财了！”

启示

不管是在什么时候，如果丧失了信心，任何人都无法办成任何事情。所以，人要懂得自我激励。无论处于什么困境之中，都能够告诉自己“我的机会来了”！

蚊子竞技

有三只蚊子在炫耀自己的飞行技术，吵的面红耳赤，分不出胜负，于是它们决定各自“秀”一段。

英国蚊子首先展示才艺。只见它飞向一只青蛙，在它附近转了几圈，回来时，只见青蛙的舌头打了一个活结，它骄傲地说：“告诉你们！在我老家，若没有这种本事，马上就会完蛋的！”

美国蚊子冷笑两声：“哼！雕虫小技，不足挂齿！”于是它飞向两只青蛙，在它们之间来回了几次。回来时，两只青蛙的舌头结成了一个死结，它得意地说：“哼！在我老家，这样才能生存！”

中国蚊子不屑地说：“开玩笑！在我老家，没见过这么差的技术！”

另两只蚊子很不服气。

于是，中国蚊子就飞向一群青蛙，在它们之间穿梭了数趟。回来时，只见青蛙们的舌头揪在一起，成了一个“中国结”。

启示

强大的自信、良好的心理素质和充分的激励前奏，造就了上好的竞技状态。

绊它一跤

一只蚂蚁在路上看见一头大象，蚂蚁钻进土里，只有一条腿露在外面。小兔子看见了，不解地问：“为什么把腿露在外面？”蚂蚁说：“嘘！别出声，我要绊它一跤！

启示

自我激励不等于妄自尊大，相信自己不等于自不量力。

早餐与食欲

一位有钱的绅士，清晨在路上散步，迎面走来了一个流浪汉。绅士很有修养，他问道：“早上好！”

“早上好，你这么早出来做什么？”

“我出来走走，看看能否为我的早餐增进点食欲。”绅士接着又问道，“你这

么早出来想做什么呢？”

“我出来走走，看看能否为我的食欲弄到点早餐。”

启示

自我激励实际上就是一种自我刺激行为。只有使自己更积极一点，才可能找到“奶酪”。

嚣张

有一只冠军狗到处找狗打架，每次都赢——无论对手是国内的、国外的，还是大狗、小狗——因此它很嚣张，没事走在路上总会挑衅别的狗，对它们乱叫。

有一天，冠军狗的主人牵着冠军狗走在路上，看到一个老先生牵着一只很大很大的狗，冠军狗又对它乱叫。

那主人想：“如果我的冠军狗打赢了这只大狗，一定很神气。”于是跟那老先生说：“这位老先生啊，我的狗是冠军狗，我想让它和你的狗打打看，不知道可不可以？”

老先生：“这个……不好吧。”

主人：“没关系，如果它真的要伤到你的大狗的话，我会制止它的。”

老先生：“还是不好吧……”

在他们还没商量好时，两只动物就打了起来。

结果，冠军狗惨败。

主人：“这位老先生啊，你的这只狗是什么品种啊？”

老先生：“这个嘛，它在毛还没被剃掉之前大家都叫它‘狮子’……”

启示

人可以通过自我激励来保持自信。经常挑战不同的人，可能获得自信，也可能失去自信，要量力而行。

乞丐的对话

乞丐甲：“最近收获惨淡，日子难过，怎么见你气色不错，一副得意的样子？”

乞丐乙：“自从看了一本书后调整了思路，日子好过多了。”

乞丐甲：“什么书？”

乞丐乙：“《谁动了我的奶酪》。”

启示

书是人类进步的阶梯，通过阅读，我们可以吸取到强大的、有益的精神力量，从而达到自我激励的目的。

不脱衣裳还不行

一只鹦鹉好斗。

主人在笼中放入一只麻雀。麻雀被鹦鹉打死，鹦鹉的毛也没了。

鹦鹉说：“不过瘾！”

没过几天，主人又放入一只老鹰，结果老鹰被打死了，鹦鹉刚长出的毛又没了。

鹦鹉说：“不脱衣裳还真打不过它们！”

启示

绝境尤其能激发出人的生存潜能。在任何困难面前，你认为你行，并且尽你的一切力量来实践这个结论，那么你就能行。

以包认路

一醉鬼踉踉跄跄地走来，对正走过他身旁的一位少女问道：“请告诉我，小姐，我的脑门儿上有几个包？”

“3个。”姑娘胆怯地回答。

“谢谢你！”醉鬼咕哝着叹了一口气，说，“到家之前只需再碰2根电线杆……”

启示

自我激励的方式多种多样，针对不同的人，所应采取的激励方式也是不一样的。对于有些人来说，也许他们的自我激励方式很奇怪，但对他们自己来说，那却可能是最有效的方法。

骆驼跳舞

骆驼决心成为一名芭蕾舞演员。

它说：“要使每个动作高雅完美，这是我唯一的欲望。”

它一次又一次练习足尖旋转，反复用足尖支立身体，单腿站立，伸前臂，抬后脚，每天上百次地重复这五个基本姿势。在沙漠炎热的骄阳下，它练了好几个月，脚起了泡，浑身酸痛不已，但是它从未想过停下不练。

终于，骆驼说：“现在我是一名舞蹈演员了。”它举办了一场演出，在邀请来的朋友和评论家面前翩翩起舞。跳完后，它深深地鞠了一躬向大家致谢。但没有一个观众为它鼓掌。

其中有一位评论家发言说：“作为一名评论家和这群伙伴的代言人，我必须坦率地对你说，你的动作笨拙难看，你的背部呈弯弓状，凹凸不平。你跟我们一样，生来是骆驼，成不了芭蕾舞演员，将来也成不了！”

观众中，有的骆驼悄悄地讪笑着，有的骆驼大声嘲讽着。就这样，它们穿过沙漠离去了。

“你们这样认为可就错了。我刻苦地进行训练，毫无疑问，我已经成为一名出色的芭蕾舞演员了。我跳舞只图自己快活，所以我要坚持不懈地跳下去。”

启示

一个人在采取行动之前要激励自己。如果你自己没有积极性，是不能调动别人的积极性的；你自己没有信念，是不能使别人有信念的；你自己没有冲劲，是不能使别人有冲劲的；你自己没有前进的决心，是不能带动别人前进的。

想过什么

一个寒冷的冬天，一名小偷偷了一件棉大衣。

在法庭上，法官问他：“你在偷这件大衣时，心里想过什么没有？”

“想过。”小偷回答，“我想，如

果这次没被抓住，我就有棉大衣暖和身子了；万一这次被抓住了，我也会有暖和的房子住了。”

启示

期望中的事情的可能结果是一种自我激励的载体。

戴着眼镜睡觉

莫扎特每晚睡觉总要戴上眼镜。

有人问他：“你为什么临睡还要戴眼镜呢？”

他回答说：“我常在梦中想起一些乐曲的旋律，如不戴眼镜，就什么音符都看不清，醒来自然就忘得一干二净了。”

启示

畅想美好的意外收获是自我激励的一种方式。改变你行动或生活最有效的方法便是打开你的想象之门，它会像一台发动机一样激励着你去行动，产生令你吃惊的效果。

低产和高产

古希腊悲剧作家欧里庇得斯曾承认写三句诗有时要花三天时间。一位跟他谈话的末流诗人惊讶地叫了起来：“那么长时间我可以写出一百句诗呢！”

“这我完全相信，”欧里庇得斯答道，“可它们只会有三天的生命力。”

启示

最快速度并不一定能产生最好的质量，质量高才是最重要的。

父亲的自豪

一位优秀的提琴家尽其所能地把所有关于提琴演奏的知识和技巧都传授给了自己的儿子。儿子终于成功了。一位朋友对提琴家说：“您知道吗？您儿子的演奏比您更出色。”

“那当然，”提琴家说，脸上露出了自豪的笑容，“我从来没有遇到一位老师能比得上我儿子的老师。”

启示

人的潜力是无穷的。请为自己的成绩喝彩！

给自己喝倒彩

乔治·费多是法国著名的戏剧家，他成功地创作了许多滑稽剧，《马克西姆家的姑娘》一剧曾轰动一时。但在他刚开始创作时也曾受到观众的冷遇。在剧目首演时，费多混在观众当中，同他们一起喝倒彩。

“你是发疯了吧！”一个朋友拉住他说。

“这样我才听不见别人的骂声，”他解释说，“也不会太伤心。”

启示

对所有鄙视视而不见，只留下美好的自我形象永驻心间。积极和良性的自我暗示是必要的。失败和成功仅一线之隔，只要能够使自己锲而不舍地朝着一个目标前进，就能越过这道坎。

接见和旅游

每天中午在固定的时间，国王威廉一世总要站在柏林宫殿靠角落的窗口，接见成千上万的臣民。到了晚年，由于健康状况不佳，医生恳切地劝他停止这项日常活动，以免劳累过度。可皇帝却十分固执地说："我每天的接见活动是写在旅游手册上的。"

启示

给自己一个不可更改的任务，风雨无阻地去执行。多给自己找一些理由，让自己能够长期地、更好地坚持做某件事。

泥土和国王

国王威廉二世指挥军队攻进英格兰东南的佩文西时，不慎被绊了一下，跌倒在地。手下人大惊失色，认为这是不祥之兆。可威廉很快就站了起来，高高举起沾满泥土的双手，大声喊道："感谢上帝赐予我应有的王国。英格兰的国土在我的手中！"

启示

聪明的人能够想出种种办法来激励自己，把所有阻挡他前进的荆棘统统铲除。

拼命写作

有一天，小仲马去父亲那里，见父亲正在写作，就问他近况如何。

"累得要命。"父亲答道。

"那就休息一下好了。"

"不行。"

"为什么？"

大仲马拉开桌子的抽屉，对儿子说："我来巴黎时身边有53个法郎，现在手头却只剩下40个法郎。在我挣回那13个法郎之前，我必须写作！"

启示

自我激励地方式有很多种。寻找致富之路中自我激励的"黄金"，步骤如下：第一，在心里确定你希望拥有的具体的财富数额。第二，确确实实地了解，你将会付出什么努力与多少代价去换取所需要的钱。第三，规定一个固定的日期，一定要在这个日期之前把你想要的钱赚到手。第四，拟定一个实现你理想的可行性计划，并马上施行。第五，每天两次大声地诵读你的计划。以上步骤不仅是致富的重要途径，更是任何人达到任何目标的必经之路。

应该面对战火

一天晚上，华盛顿与几位客人坐在壁炉边聊天，因背后的壁炉烧得太旺，华盛顿感到太热，就转过身来，脸朝壁炉坐下。在座的一位客人开玩笑说："我的将军，您应该顶住战火才对呀，怎能畏惧战火呢？"

华盛顿笑着回答："您错了。作为将军，我应该面对战火，接受挑战，假如我用后背朝着战火，那不成了临阵脱逃的败将了吗？"

启示

信念是促进积极性的良好催化剂。我们要在心中永远保持一个信念——直面一切。

在阴凉处作战

公元前480年，斯巴达国王莱奥尼达斯率领斯巴达300名勇士在色摩比利山与波斯的军队进行最后的决战。波斯派了一位使者来到斯巴达，想劝莱奥尼达斯放弃抵抗。

"我们的士兵是那么的多，我们的箭飞起来能遮蔽太阳。"使者夸口说。

"越多越好！"斯巴达国王答道，"到那时我们可以在阴凉处作战了。"

启示

用一种良好积极的心态面对挑战，轻松一点，冷静一点，理性一点。

作家选择决斗的武器

乔治·库特林是法国知名的剧作家和幽默作家。

有一次，一位自命不凡的年轻作家想一鸣惊人，便写信给库特林，借三个微不足道的理由向他提出决斗，但这一封信实在上不了台面：字迹潦草，甚至有许多字拼写错误。

库特林很快给他写了回信："亲爱的先生，因为我是伤害你的一方，该由我来选择决斗武器。我要用'正字法'来决斗。在接到这封信之前你就已经失败了。"

启示

使自己处于主动地位，怀着激情应对一切。虽然过程可能会很漫长，但是你最终一定会成功。

第四部分

THE FOURTH PART

人际沟通

亲属关系

英国著名哲学家培根家里来了个不速之客，此人名叫荷克，是一名悍匪。法院正在对他进行侦讯起诉，看来非判死刑不可，他请培根救他一命。他的理由是：“荷克”（hog，意为“猪”）和“培根”（bacoh，意为“熏肉”）有亲属关系！

培根笑着回答说：“朋友，你若不被吊死，我们是没法成为亲戚的，因为猪要死后才能变成熏肉！”

启示

以子之矛攻子之盾。再笨的人也能领会话里的意思。

不让失望

清朝时，一位老翁过80岁生日，买来十分贵重的纸请文学家刘凤诰写副寿联。当他来到刘府时，刘凤诰正伏在桌旁写字。刘问道：“何时出生？”老翁笑道：“十一月十一日。”刘即在纸上书写道：十一月十一日。

老翁看了不禁暗暗叫苦，但又不敢出声。刘凤诰又问老翁今年多少岁了。老翁答：“正好80岁。”刘凤诰于是接着书写下联，一看，上面写道：八千春八千秋。

老翁大喜，称谢而去。

启示

与人沟通，不仅要听清楚人家字面上的意思，更要用心琢磨深层的含义。在把握住别人的心理需求和期望的同时，把话说到别人心坎里，把事情做到能够彻底满足别人的心理期望，便能轻易成功。

突围

勃拉姆斯的乐曲很大一部分拥有抒情的旋律，因此总能使年轻女士陶醉不已。

有一次，勃拉姆斯被一群女士团团围住，她们喋喋不休地问这问那，搞得他心烦意乱。他几次想借故脱身，但就是无法突出重围。

无可奈何的勃拉姆斯取出一支雪茄抽了起来。女士们受不了浓烈的烟味，就对他说：“绅士是不该在女士面前抽烟的。”勃拉姆斯一边继续吞云吐雾，一边悠然地说，“女士们，哪里有天使，哪里就一定祥云缭绕。”

启示

人际交往之中讲究的是各方共赢、各方满意。勃拉姆斯的回答真是经典，虽有故意摆脱“包围”的嫌疑，但既保留了绅士风度，又显示了人格魅力。

请帖

有一天，萧伯纳收到一个社会地位显赫、狂妄自大的太太的请帖。请帖是这样写的：星期四下午4点到6点，我将在家。

萧伯纳退回请帖，并在底下添上一行字：我也一样。萧伯纳。

启示

想要别人尊重你，你首先要尊重别人。怀着真诚和同理心与别人交往，别人就不会拒绝你。

蜗牛侍者

一天，美国小说家欧文·肖走进一家法国餐馆。点过菜后，他静静地等了很长的时间。直到他等得十分不耐烦时，餐厅侍者总管才走到作家身边，向他介绍说这家餐馆的蜗牛很不错，问他要不要来一份。欧文·肖点了点头说："我早已知道了，瞧，你们让蜗牛都穿上了侍者的衣服。"

启示

人际沟通就是有技巧地表达自己的想法并尽可能收到最好的效果的艺术。以平静的语调说出一针见血的言辞，软中见硬，颇有力度。

招供

一支考古队从埃及带回一具木乃伊。科学家们确定不了这具木乃伊已经存在了多长时间，只好找情报部门帮忙。情报部门的人员在实验室里忙了4个小时，然后告诉科学家们说，木乃伊的确切年龄是3147岁。科学家们很惊奇，问情报部门的人员是怎么得出的结论。

"很简单，"一个情报部门的人员说，"他招供了。"

启示

性格、职业、家庭等等因素都会影响人际交往，交往中如何利用积极方面避免消极方面，促进人们交往中良性因素的发展，这也是一种艺术。

良好的国风

某国人向来崇尚节俭，就连国王也不例外，定期要到山村或者郊外捡一些破烂儿，以示体恤百姓。

这一天又到了，国王找的很认真，好不容易在一块地里看见一个大大的铁家伙。他高兴极了，费了九牛二虎之力才把这东西弄回去。刚在后花园安置好，就有个农民来向国王告状："尊敬的国王陛下，我种地的时候，犁突然不见了！"

启示

人际交往中，要怀着一颗真诚的心去了解别人，不要想当然地作出判断。

跳船逃生

某日某国，一艘渡轮缓缓离开码头，船上的乘客来自多个国家。船至河中时，船长发现，船就要因超载而倾覆。既回不去又到不了，唯一的办法就是甩掉几个乘客。

船长先找到一个日本人，告诉他船

要沉了，唯一可以逃生的办法就是游过去，赖在船上只有死路一条。怕死的日本人立刻跳入水中。

船长又找到一个德国人，告诉他这是服从纪律的需要。德国人也跳了下去。

船长又告诉法国人："你别怕，你跳水的姿势一定非常漂亮。"虚荣心得到满足的法国人也跳了下去。

轮到苏联人，船长告诉他这是革命的需要。苏联人二话没说跳了下去。

船长又找到一个美国人，美国人不干。船长说："放心！你的船票中含有100万美元的保险。"听罢，美国人也跳了下去。

启示

人际沟通其实是有很大的学问的，与不同的人交往要说的话是不一样的。

女人的心态

一辆手推车在拥挤的街道上经过，许多在街上买东西的小姐和太太都不肯让路。于是推车人大叫："当心身体！"无人理会。

他又改叫："当心碰脏衣服！"只有少数女人侧身让开。

他不得不再大声叫道："当心擦破尼龙丝袜！"所有女人全躲到人行道上去了。

启示

了解他人心里最真实的想法，才能先发制人。

剧作家的好消息和坏消息

经纪人对剧作家说："我有一个好消息和一个坏消息，你要先听哪一个？"

剧作家说："先讲好消息吧。"

经纪人："派拉蒙很喜欢你的剧本，而且紧咬不放。"

剧作家说："好极了，那坏消息呢？"

经纪人："派拉蒙是我家狗的名字。"

启示

一扬一抑，人的心境如同从高空中跌落到谷底。这也是人际沟通中常用的一种技巧。

可怕的报复

我酷爱看侦探剧，从戏开幕的第一分钟起，我就在找寻凶手，不漏过一个可疑的词，不放过一处伏笔。这天，我又去看一出戏，叫《公园街谋杀案》。当包厢侍者引我到座位上时，大幕正好拉开。

"您对座位满意吗？先生。"

"当然，谢谢。"

"我把您的帽子送到衣帽间好吗？"

"不，谢谢。"我想他该走了，但是并没有。

"您要一份节目单吗？"

"不，谢谢。"

"那上面有剧照。"

"不，谢谢！"

"或者一个望远镜？"

"不用！"我生气地拒绝了。

侍者又问我要不要巧克力饼，要不要一瓶香槟，剧情开始紧张了，我又气又急："不，什么也不要，你见鬼去吧。"

他终于发现在我这儿赚不到一文小费，于是给了我一个可怕的报复。他伸手指着舞台，用充满仇恨的语调在我耳边说："凶手就是园丁。"

启示

把握住别人内心所想的关键点，就能够出奇制胜。

喜欢吃什么自己买

某日，甲遇到乙，非要乙请客不可。乙没办法，只好给甲100元让他喜欢吃什么自己去买，并说这100元里面还有一个故事。甲听后非常感兴趣，非要乙讲讲。于是乙讲到：

有一个农夫养了一头猪。一天，来了一个穿西装的人问他每天用什么东西喂猪，农夫说："我每天都用剩菜和水喂猪。"那人听后拿出一个证件说："我是世界保护动物协会的，你用那些没有营养、有害健康的东西来喂猪！罚你10000元！"

过了几天，又来了一个穿西装的人问他用什么东西喂猪，农夫说："我每天都用龙虾喂猪。"那人听后拿出一个证件说："我是世界防止饥荒组织的，现在世界上那么多的地方在闹饥荒，你却用这么名贵的东西来喂猪！罚你10000元！"

过了几天，又来了一个穿西装的人问他用什么东西喂猪，农夫说："我不知道！"那人奇怪地说："你怎么会不知道你的猪是用什么喂的啊？"农夫说："是啊，我也不知道该喂它吃什么！我每天给它100元，它喜欢吃什么就自己去买啊！"

启示

讲一个故事，传递出某一种意思，明眼人都会明白应该如何做。

统计学家

有个从未管过自己孩子的统计学家，在一个星期六下午妻子要外出买东西时，勉强答应照看四个年幼好动的孩子。当妻子回家时，他交给妻子一张纸条，上面写着：

"擦眼泪11次；系鞋带15次；给每个孩子吹玩具气球各5次；每个气球的平均寿命10秒钟；警告孩子不要横穿马路26次；孩子坚持要穿马路26次；我还要再过这样的星期六0次。"

启示

从中我们可以看到习惯的力量。养成良好的习惯是成功的保证。

味道好极了

一位好莱坞导演决定送给母亲一件生日礼物，他听说有一只小鸟能讲12种语言，还可以唱10首著名歌曲，立即决定花5万美元买下这只鸟送给母亲。

在母亲生日的第二天，导演给母亲打电话："您觉得这只鸟怎么样？"他母亲愉快地回答道："味道好极了！"

启示

沟通是一门艺术，即使是父母子女之间的沟通，也要认真地倾听对方和清楚地表达诉求。

都是步行

一个美国年轻人刚刚取得驾照，非常希望父母能给他一辆车。

"没有问题，只要你能提高你的学习成绩，多读点《圣经》，另外再把你的头发剪短一点。"父亲说。

一个月之后，年轻人从学校回到家中，又向父母提起关于车子的事情。

"孩子，我很高兴看到你的变化。你的学习成绩提高了，也在认真学习《圣经》，可是你的头发……"父亲说。

年轻人想了一会儿说："事情是这样的，我在学习《圣经》的时候发现，摩西是长头发，挪亚是长头发，就连耶稣也是长头发，所以……"

"你说的很对，不过你是否还知道他们去任何地方都是步行？"

启示

仔细聆听，明白别人谈话的言外之意；以友好的态度含蓄地表达自己的想法，让人去领会言外之意。

还有一只鸡

罗兰在一个亲戚家做客已经很长时间了。主人想把他打发走，于是与妻子商定，在吃饭的时候假装吵架，这样罗兰就会支持一方，另一方就可以借故赶走他。吃晚饭的时候，夫妻俩足足吵了一刻钟。期间，罗兰把桌上所有的东西都吃光了。

"你给评评理吧！"主人向罗兰说道。罗兰说："我还要在这里住六个星期，不想得罪你们任何一方。"

六个星期终于过去了，罗兰到了该动身的那一天了。主人夫妇再也按捺不住了，在黎明之前，他们便把罗兰叫醒了。"快起来吧！鸡都叫了。"女主人喊道。"什么？"罗兰睡眼惺忪地说："还有一只鸡？那我再住两天吧！"

启示

即使是很好的朋友之间也应适当地保持距离，因为彼此的心灵都需要一点空间。

一句也没听见

列车上，靠窗口面对面地坐着一个青年和一个老太太。那个青年不停地嚼着口香糖，有时看看窗外，有时看看老太太。

过了一会，那个老太太对青年说：

"小伙子，你最好不要跟我交谈，我的耳朵听不见。你一路上说个不停，可我一句也没听见！"

启示

"一句也没有听见"与"一句话都没有说"之间一定存在某种误会。

女儿唱歌

小张有个女儿才5岁。一天，小张带她去参加一个婚宴。女儿突然要小便，就大声对小张说了出来。于是周围的人都听到了，小张觉得很没面子。回家后小张对女儿说，以后再要小便就说要唱歌。

一天晚上，女儿又要小便了，就对他说："我要唱歌。"小张说："这么晚了，唱什么歌？"女儿急得哭了，小张只好安慰道："好了好了，你就对着我的耳朵小声唱吧！"

启示

与小孩的交流沟通是比较麻烦的事情。教育孩子要有方法，孩子做错了事不能横加训斥，应告诉他们什么场合该说什么话。要关心孩子的感受并且帮助他们。

三只乌龟

三只乌龟决定去喝咖啡。它们刚到咖啡店门口时，下雨了。

最大的乌龟对最小的乌龟说："回家去取伞吧。"

最小的乌龟说："如果你们不喝我的咖啡，我就去。"

"我们不喝。"另外两只乌龟答应道。

两年后，大乌龟对中乌龟说："好吧，我猜他肯定不回来了，我们可以把它的咖啡喝掉了。"

正在这时，一个声音从门外传来："你们要是喝了，我就不去。"

启示

真诚的交往能使友谊地久天长；信任能够帮助人们从积极的角度去理解他人的动机和言行，而不是胡乱猜疑，相互设防。真诚和信任往往可以沟通人与人之间的感情，促进人际关系的改善。

生命中不可缺少的东西

两个人在谈论生命中不可缺少的东西这个话题，甲列举了水、粮食、衣物等等物质生活资料。乙认为音乐也是不可缺少的。甲不同意，要乙举例说明。

乙激动地说："在不久前的那次百年不遇的特大洪水中，要不是音乐，我已经不在人世了。你知道，那天半夜，我家被大水冲垮后，我们一家三口在水里搏斗了十几个小时才被救上岸，能坚持下来全靠音乐的力量。"

甲钦佩地说道："在那种时刻，一定是您心中的旋律鼓舞您坚持了下去。"

乙解释道："那倒不是。房子冲垮后，一个大浪将我卷入水中。等我浮出水面时，我家的钢琴正好漂了过来，我就赶快爬了上去，并且意外地发现我老婆孩子已经在上面了。"

启示

在人际交往当中必须注意倾听。听别人说话也要有始有终，不能听了上文不听下文，那样容易造成误解和会错意。

想做就去做

写着"想做就立刻去做！"的横幅挂在公司各处，以激励职员的工作效率。不久，朋友问老板效果如何？他答："出纳拿了100万元潜逃了！"

启示

激励要讲方法，分场合。先了解别人的心，再决定该说什么话。多数公司不仅希望能够长期留住员工，还希望他们能全心投入工作中。但是，很多公司的激励方法却不奏效，无法留住员工离去的脚步。即使留住了员工的人，也留不住员工的心。

怎样打碎的

一个仆人不小心打碎了一只珍贵的盘子，主人看见了碎片，就问是谁打碎的。

"我打碎的。"仆人回答。

"怎么打碎的？"

仆人一时没找到合适的词语表达，便着急地把另一只盘子用胳膊碰掉在地上，说："就是这样打碎的。"

启示

产生误解的一个主要原因是没有专心倾听。专心倾听，不仅要用耳，而且要用全部身心。倾听不仅是对声音的吸收，更是对意义的理解。听者如果对谈话内容漫不经心，采取消极被动的态度，左耳进右耳出，那就很难和对方进行沟通，无法取得较好的谈话效果。

讨好作家

一位知名作家到一座小城市去旅游。

这座小城市里唯一一家书店的经理为了讨好这位作家，就撤下了书架上其他书籍，全部换上了这位作家的作品。

"其他作家的书呢？"来到书店后，这位作家看到这种情况，非常困惑地问书店经理。

书店经理一时答不上来，想了想才说："其他的书都卖光了！"

启示

无论是和哪个阶层的人交往，在尊重别人的情况下也要留有自尊。尊重别人是要讲方法的，一味讨好只会弄巧成拙。

完美丈夫

几个男人在一家私人俱乐部中运动之后进入更衣室休息，突然放在一条长凳上的手机响了起来，一个男人拿起它，接着就有如下的对话：

“喂？”

“亲爱的，是我。你在俱乐部吗？”

“是的。”

“太棒了！我就在离你那里只有两条街区的购物商场内。我看见一条非常漂亮的貂皮大衣，它非常高贵华丽！我可以将它买下吗？”

“价格如何？”

“只要1500美元。”

“好，如果你那么喜欢它，就去买下它吧。”

“哦！我经过默西迪斯代理店时，看见一辆十分喜欢的新款车，我已经和销售员交谈过，他愿意给我一个相当不错的价钱，再说我们也需要将去年买的宝马给换了……”

“那他出什么价？”

“只有60000美元。”

“好吧，但价格这么贵，我希望它功能齐全。”

“太棒了！在挂电话之前，我还有些事……”

“什么事？”

今天早上我经过房产代理处，发现去年我们看中的那幢房子正在拍卖！你还记得吗？就是那幢带有一个游泳池、英式花园、停车场，位于海滨地区的。”

“多少钱？”

“只要450000美元，这个价钱非常合理，而且我们还有足够多的钱……”

“好吧，去买下它吧，但必须还价到420000美元，好吗？”

“没问题，亲爱的！谢谢！我过会儿去看你！我爱你！”

“再见！我也是。”

这个男人挂了电话，然后举起手机问所有在场的人：“有谁知道这手机是谁的？”

启示

由于价值观和消费习惯上存在着差异，在生活中，每一对夫妻都会发现在“我的就是你的”和保持私人空间之间存在着一些矛盾，尤其是在理财方面。使婚姻关系向前发展的关键就是重视夫妻间的相互交流。

可怜的助听器

一位老先生买了一个助听器，又怕老伴批评，于是就向她夸这个助听器如何如何地好用。

他说：“没有助听器时，我几乎听不清别人说什么。可现在呢，连楼下的厨房里水开了都能听见。”

老伴一个劲地点头，问他：“什么价钱？”

老头子看了看手表说：“两点

一刻。”

启示

欺瞒终究有一天会露馅，还不如开诚布公地相互沟通。

求宿

有一个俄罗斯人旅游时迷了路，晚上走到位于中国边境一个小村庄里。外面漫天大雪，他冷得受不了，便去敲农家的门要求住宿。

一个老太太大声问：“你是谁啊？”

俄罗斯人说：“依力奇瓦·莫波洛夫·克里拉维奇！”

“人太多了！”老太太把刚打开的门关上，干脆地拒绝道。

启示

与外国人沟通交流时，尤其需要注重对方的文化传统。

教育新招

小妹讲话一向拐弯抹角，常常令人感到一头雾水。爸妈一直想改掉她这个习惯，用了许多方法，却总不奏效。有一天，爸妈终于想到了一个新方法。妈妈要小妹和她一起下象棋，如果输了，小妹就要立誓讲话不再绕来绕去，若击败妈妈，则发一个星期的零用钱。正如所料，小妹立刻要求爸爸当她的军师。下到半局时，小妹节节失利，急忙向军师求助，但爸爸只说了一个字：“千。”

小妹不解，再度求援，爸爸还是老话：“千。”

最后小妹被妈妈将死，小妹大叫：“不公平，我的军师背叛了我。”

爸爸答道：“背叛？我说‘千’，千与“窃”读者相近；窃，你应该会联想到‘窃比于我老彭’；彭，必定会想到彭祖；而彭祖活了800年，但800年只不过铁拐李打个盹的时间；打盹就是睡，睡就是眠，眠可以说是“小死”；帝王死叫崩，诸侯死叫薨，一般人死就叫卒，我明明告诉你动卒，怎么说我背叛？”

小妹哑口无言，乖乖痛改前非。

启示

巧用同理心来沟通，会取得明显的教育效果。事实上，任何人都或多或少地存在各种沟通问题，只要我们生活在人群中，“同理心”就是我们应具备的良好的沟通“武器”。

临别赠言

有一位太太因不易和人相处出了名，尽管没有一个人不知道她的脾气，但由于她出的工资高，偶尔也有人为她工作。

有一次，这个太太怀孕了，快生产时和女佣人闹翻，那位女佣便辞工不干了。女佣人临走时，有礼貌地说：“希望你生一个又白又胖的男孩子。”

“你怎么知道一定是男孩？”太太问。

女佣人答：“没有一个女孩子会和你在一起9个月的。”

启示

性格是影响人交往的最重要的

因素。一个人性格的好坏直接决定了到他的交际圈子的大小。学会管理和调节自己的情绪，不让波动的情绪左右我们的行为。

股迷父子

父：“这次考试，行情如何？”

子：“发生崩盘，指数暴跌。”

父：“报一下收盘价位。”

子：“数学56，语文43，物理52，政治49，化学58。”

父：“怎么搞的？以前走势尚好，这次这么多翻空。”

子：“从基本面分析，平时上课因研究股市行情而没能好好听课；从技术面分析，这次监考太严，各种救市措施无法出台。”

启示

沟通是双方的事情，股迷父亲跟股迷儿子可以用证券市场的术语进行沟通，换了别的非股迷兴许就该换另外的交流“语言”了。

威胁

邮递员为了把一张生日卡送交给一名灯塔管理人，划了很久的船。海上的狂风巨浪很危险，邮递员心里很不高兴。

“只为了一张生日卡。”送信时，邮递员小声说。

“如果你再嘀嘀咕咕，”灯塔管理人说，“我就要订阅日报了。”

启示

交往之中若被对方抓住了弱点，击中了软肋，那真是无可奈何。

帮忙推车

一对夫妻开的车子在乡下的路上发生了故障。夜幕快要降临了，这对夫妻心情焦急，正坐立不安时，两个农夫走了过来，于是这对夫妻就请他们帮忙推车。

“到村里去有4公里吧，”一个农夫微笑着说，“1公里算20美金，如果你愿意出80美金的话，我们是能帮忙的。”

这对夫妻被昂贵的要价吓住了，但是农夫不肯让步，所以他们不得不同意。于是两个农夫流着大汗把车子推到村里，拿到了80美金的报酬。

农夫走后，太太气愤地说：“真是趁火打劫！”

先生得意地安慰太太说：“别气，我一路上都一直踩着刹车让他们推的！”

启示

人际交往其实是一种互动的活动，双方如果互不真诚，相互欺骗，自然双方都要吃亏。从故事中可以看出，即使在威胁下能够强行使对方让步，但自己也付出了相当大的代价。

停车条件

有两个人送一位朋友乘最后一班直达车去伦敦。他俩提着行李把朋友送到车上，但这时火车却开动了，他俩来不及跳下去，便急忙找到列车长。

“那是你们的过失。”列车长说，“你们根本不该上车，我们不能因为你们让直达车停车！”

“那我们的狗怎么办？”他俩急得大叫，“狗在车站外面的汽车里。”

“车门是否上了锁？”列车长问：

“锁上了的。”

“车窗关上了吗？”

“关上了。”

列车长迅速翻阅了《特别条款手册》。

“好吧，不能让狗受到监禁的虐待，”他说，“我们可以因为这个缘故停车1分钟，让你们下车。”

启示

别人的拒绝并不可怕，关键是要开动脑筋，找到打开对方心扉的钥匙。

一颗牙

约翰：“你爸爸简直像个吝啬鬼。你看看，他是一个制鞋匠，你还穿那么破的鞋子。”

汤姆：“那你爸爸呢？他是个有名的牙科医生，而你的小弟弟却只有一颗牙！”

启示

小孩子的思维真是奇特。只有他们自己能够习惯这样的思维。

谢客妙法

乔仲山家做的馄饨很好吃。他因为许多宾客前来求取食物而苦恼。一天，他在每位客人桌前先放好一张纸条，并且告诫各位说：“吃完后方可打开纸条。”客人吃完后打开一看，原来里面写着做馄饨的方法。客人大笑而去，从此便没有人再来求取食物了。

启示

在平时的生活中重视人格锻炼，特别要注意环境给予的反馈信息。在一般的交往中，正确的待人接物方式或许不能收到积极的反馈；而不良的待人接物方式即便不会得到明确的指正，也能通过他人的微小动作得到某些暗示。

欠债与讨债

夜里，柯恩在床上辗转反侧，睡不着觉。妻子问他：“怎么，你不舒服吗？”

“不……我欠了对面纳约逊300元，明天到期，可我没有钱，所以睡不着。”

“就为这个？”老婆颇感奇怪。

她大大咧咧地下了床，打开窗户，向对面的房子叫道：“喂，纳约逊，我丈夫明天不能还你钱了！”说完，她关好窗子，回到丈夫身边，说：“好了，安心睡你的觉吧，现在该轮到纳约逊睡不着了！”

启示

把烫手的山芋扔给对方，这的

确是化被动为主动的好招。

聪明的售货员

有位客人到超市买东西，可是东找西找，就是找不到想要的。

售货员便走上前询问："先生，有什么需要我帮忙的吗？"

"我想买半棵白菜。"那人说。

"抱歉，本店只能卖整棵的。"

"不！我就是只想买半棵白菜！"

售货员没办法，只好去找经理："经理，外面有一个家伙硬要买半棵白菜……"

想不到一转头，那顾客就跟在门后！

"咳……而这一位先生呢，想买另外半棵。"售货员马上改口说。

之后，经理觉得此人反应不错："我想调你去凤凰城分公司当主管！"

售货员不以为然地说："拜托！凤凰城那种地方只有妓女和曲棍球球员才会去住……"

经理顿时脸色大变："真不巧，我和老婆住在凤凰城已经两年了……"

售货员一听，立刻改口道："那……那你老婆是打哪一个位置？"

启示

反应灵活、思维敏捷的人更容易与人交往。不论是在与人交谈方面还是在揣测别人心理方面这种人都占有优势。

波士顿的女人

一位波士顿的公共汽车司机正想转弯的时候，发现了一位开车的女士马上就要挡住他的路。于是他从车窗探出头来，尖声地吹了声口哨，那位女士停住了车，瞧了瞧，就这样让他先开过去了。

一位乘客问他为什么要吹口哨而不按喇叭。

他说："差不多有一半的人开车根本不理睬人家的喇叭声。可是，在波士顿没有一个女人听见男人吹口哨而不停下来瞧的！"

启示

善于观察，找到事物的规律并按照规律而行，在交际当中就容易得到自己想要的结果。这位司机知道如何去吸引他人的注意力，明白针对不同的人要用不同的方法。

听话的新兵

新兵列巴坐在一辆有轨电车里。电车在一个车站停靠时，上来一位大尉军官，只见列巴站了起来，向大尉敬了一礼。

"坐下。"大尉边说，边坐到列巴对面的座位上。

电车驶到下一车站时，列巴又站了起来，向大尉行举手礼。大尉挥手示意："坐下，坐下。"

电车继续向前行驶，来到下一站时，列巴又站了起来。大尉有点不耐烦了："你坐下吧！"列巴涨红着脸，小心翼翼地轻声说："对不起，大尉同志，我已经坐过3站了。"

启示

有时候倾听比说话更重要！人们往往会因为不去倾听，而犯了一些常识性的可笑的错误。倾听越多，你就会变得越聪明，就会被更多的人喜爱，就会成为更好的倾诉对象。

挨饿的原因

曾有个肥胖的富翁见到瘦弱的萧伯纳，傲慢地笑道："一见到你，我就知道世界上还有人挨饿。"

萧伯纳点点头："一见到你，就知道了他们挨饿的原因。"

启示

人际交往中要互相尊重、互相体谅，但在现实生活中并不是每个人都能攀上道德修养的理想层次。当对方以伤害别人为乐趣时，应该恰当地予以回击。

胡子

一位给贵夫人开车的司机比较粗心。一天早上他没刮胡子就去上班了。夫人看到他后问："比尔，您认为多长时间刮一次胡子比较合适？"比尔站在那里瞧着他的雇主很久，最后说："夫人，像您这样的胡子不多的，一个月一次就行了。"

启示

倾听和理解其实是两门学问，只有认真、诚心的倾听者才能理解对方话里的含义。有时也不妨适当地"傻冒"一回，因为"难得糊涂"嘛。

小伙计

从前，有个人在一家店铺里当学徒。到了夏天，掌柜的要挂蚊帐，就拿了一吊钱让他去买竹竿。小伙计却听成了让他去买猪肝，拿了钱就去了肉铺。

买猪肝时，肉铺的掌柜给了他一个猪耳朵作添头。回去的路上，小伙计想：反正掌柜的也不知道有这个猪耳朵，不如自己把它给留下。于是，他就把猪耳朵藏在自己怀里了。回到店铺，伙计递上猪肝，掌柜的一看，顿时火冒三丈，骂道："你的耳朵哪里去了！"

小伙计一听，心想：掌柜的可真厉害，连卖肉的送了猪耳朵都知道。于是，就乖乖地把猪耳朵从怀里掏了出来，说："耳朵在这儿....."

启示

有效的倾听是良好沟通的开始。在许多企业中，上司给下属传达一个指令或任务，下属完成的总是不那么令人满意，其中有一个重要因素就是下属没有仔细聆听上司话语背后的含义。只有揣摩出上司的真正意图，才有可能令他满意。

屠户和律师

从前，有一条大狼狗经过一个屠夫的店铺，跳上肉台衔走了一块挂在铁钩上的肉。屠户认得这是住在邻近一位律师的爱犬，于是径直走到律师家里。

“律师先生，我想问你一件事。有一条狗偷了我店内一大块肉，我可以控告狗主，索回肉钱吗？”

“当然可以。”那位著名律师毫不迟疑地回答。

“那好。先生，是您的爱犬偷了我的肉。这是很大一块上等精肉，足足有3斤重，你该付给我6美元。”

律师瞧了屠户一眼，二话不说便如数付了钱。屠户得意地拿了钱，三步并作两步回到家里。一刻钟后，他接到了这样一封信：

“屠户先生，你欠律师约翰先生一件普通案的咨询费15美元整。限3日内偿清，否则法庭见。”

启示

和不同身份的人打交道，需要注意用不同的沟通方式，否则有可能适得其反！

追求时尚

在福建当兵的马季入伍两年了，这回还是头一次回山东老家过年。父母很高兴，可就是觉得儿子在说话上受南方人影响太大，每一句话后面都要带上一个“啊、呀、吧”之类的字，别扭得很。父母提醒马季注意，可他不听，还说这是时尚。

一天，马季接了个电话。对方说了半天，可马季就是想不起他是谁，末了才恍然大悟：“你是小王吧？”“你才是王八呢！”对方生气地回敬了一句。马季的父母在一边说：“这下不时尚了吧？”

启示

风俗习惯因地而异，要入乡随俗。若是硬要把南方的说话习惯带到北方来，由此造成的沟通障碍应该是当事人始料未及的。

见鬼了

一天晚上，王先生将他的狗放到屋外小便，然后就看起了电视，忘了将狗放进来。当他想到开门时吓了一跳，因为他的狗正叼着邻居的猫，而且猫已经死了……

“死狗！臭狗！你竟然干下这种事！”王先生在骂了一阵之后，冷静地思考该怎么办。他不敢告诉邻居，决定将猫清洗干净，放到邻居的走廊假装没事。他将猫提到浴室，将猫身上的血迹和污泥洗掉。他不断地冲洗，洗了4次才算干净；接着他将猫毛吹干并梳毛美容，整整花了3个小时才搞定，弄得全身跟浴室都脏臭不堪……

然后，他趁着夜黑风高，神不知鬼不觉地将猫放到邻居的门廊上。第二天，他出门上班时，邻居脸色凝重地叫住他：“王先生，昨晚我见鬼了！”

王先生紧张得冷汗直流，道：“怎么回事？”

"昨天早上我的猫死了，我埋了它，今天早上它竟然跟平常一样躺在我家门口！"

启示

"水至清则无鱼，人至察则无徒"，人们并不喜欢那些假扮的圣人。交往中重要的是坦诚相见、表达真实的自我。如果是自己存在着明显的过失，理应积极解决。当你增加自己的"透明度"，敞开自己的心扉，用热情、坦诚去赢得别人的原谅时，或许你会发现另一番景象。

还不是因为你

有一次，读小学三年级的儿子因为数学屡教不会，被他个性急躁的妈妈骂了。

爸爸在书房外，听到儿子被骂得很惨，心想等一下儿子被骂完出来，要安慰他一下，免得在他幼小的心灵里留下阴影。儿子被骂完，苦着一张脸出了书房。

爸爸想了解儿子被痛骂后心里的感受，于是问他："被妈妈骂，你有什么感觉？"

只见儿子用哀怨的眼神看着爸爸说："你为什么要娶她？"

爸爸也用同样哀怨的眼神看着儿子回答："还不是因为你！"

启示

无论是指导孩子还是指导下属都要有耐心，态度要温和。只有这样，教育的效果才会更好。更重要是，温和的态度避免了他们产生逆反心理，维持了团体的和谐。

精神对抗

"您瞧，昨天公共汽车司机盯着我看，仿佛我没买票。"

"那您怎么办？"

"很简单，我也盯着他看，就像我买了票似的。"

启示

交往中直视你交往的对象，是为了表示尊重、关注对方，同时也表明自己大方、坦诚。这种肢体语言可广泛用于各种交际场合，尤其在商务谈判中能取得意想不到的效果。但是也不能滥用、乱用。

和他一样

妻子在一家百货公司的顾客投诉部工作。有一天夫妻俩吵架后，丈夫为了言归于好，便排在投诉者的行列中。轮到他时，他在她耳边轻声说，晚上请她出去吃饭，权当谢罪。妻子闻言，立即面露笑容，还吻了他一下。丈夫离开后，排在他后面的男子走上前说：

"我的投诉和他的一样。"

启示

我们要笑对生活。生活中其实不缺幽默，不缺微笑。使别人获得精神上的快感，能增进你与周围人的关系。

当我存在

一名女侍者正在帮一对夫妇和他们的小男孩点菜。她是经验丰富的老手，从不会对客人出言不逊，但是她会不急不缓地以无畏的眼神来表达对客人的不满。

这对夫妇点菜的时候，女侍者静静聆听着，并缓缓地在单子上记下什么要换成什么，哪种汁要换成哪种酱。

终于轮到男孩点菜的时候，他以害怕的口吻说：“我要一份热狗……”

这时，他的父母同时喊道：“不准吃热狗！”

他母亲说：“给他葱煮土豆牛肉，两样蔬菜，还有面包卷和……”

女侍者对这位母亲的话置之不理，从容地对小男孩说：“你的热狗上要加什么？”

小男孩脸上顿时闪现出惊讶的笑容。“番茄酱，我要加很多番茄酱，还有……请再给我一杯牛奶。”

女侍者边走边说：“马上送到。”

他父母尴尬得沉默不语。

男孩目送女侍者离去，转过头来惊喜地对父母说：“看到了吗？她当我存在的！她当我存在的！”

启示

尊重是相互的，要求孩子尊重父母，父母就首先应该尊重孩子。父母与孩子早期的关系会影响孩子将来与人之间的关系，因此，要让孩子养成尊重他人的习惯。

公虎和母虎

男老师在课堂上教学生俗语，强调俗语是千百年来人民在生活经历中提炼出来的，如“一山不容二虎”。一学生质疑说：“如果是一只公老虎和一只母老虎在一座山上，完全可以相亲相爱，和睦相处。”

男老师听了，对那学生说：“等你长大结婚后，就会完全明白‘一山不容二虎’的正确性！”

启示

夫妻需要相互了解并包容对方，共享彼此真正的感受。而且必须依赖男女双方用心去开发，热心去耕耘且以信心去维护，方可开花结果的。唯有如此，才能“一山兼容二虎”。

爱其所爱

著名的英国侦探小说家克里斯蒂的第二个丈夫是一位考古学家。

有人问她为什么找了一位考古学家。

她说：“对于女人来说，考古学家是最好的丈夫，因为妻子越老，他就越爱。”

启示

“投其所好”一直是人际交往中的杀手锏，可分为几个层次。于不知不觉中卸下对方的防卫线，继而不亢不卑地展开交谈最终实现自己的目标，属上层境界；而胡乱吹牛拍马则属末流。

专断的妻子

一个妇女最近变得十分专断，她的丈夫不得不督促她去找心理医生看看病。

夫人同意了，于是两个人一同去找医生。

丈夫等在外面，过了个把钟头，夫人总算出来了。

丈夫问道：“现在好点了吧？”

“没有什么大的变化，”夫人说，“花了我50分钟，才使他相信如果他那张病床搁在靠墙的一边，看起来一定会舒服得多……”

启示

自负必然自大，自傲必然专断，企业管理中尤其忌讳专断。主管若听不进别人的意见，也不愿意与其他部门沟通，这种强势主导、一意孤行的作风会令下属变得畏缩。久而久之，因为意见不受重视，下属会变得沉默，不敢表达意见，士气显著低落。最终，整个团体的工作效率会受到影响。

多年的习惯

有个经历过很多战争并获得过很多勋章的步兵退伍了。刚回到城里，他的朋友就给他介绍了一个女友。在他出门之前，他朋友给了他很多忠告：“你可能在战争中经历过很多事情，但有些事你要听我的。第一，下车后要替你女朋友开门；第二，女朋友入座时你应帮她入座；第三，她说话时你要温柔地看着她；第四，她需要什么东西你一定要抢先做好，不要让她动手。”那个步兵说记住了。

第二天，当朋友打电话问步兵昨晚如何时，步兵沮丧地说：“我没有希望了！”

朋友很纳闷，问道：“你是不是忘了替她开车门？”

步兵说：“不，我替她开了车门，她很高兴！”

朋友又问：“你是不是忘了帮她入座？”

步兵说：“不，我帮她入座，她说我是绅士！”

朋友又问：“你是不是在她说话的时候东张西望？”

步兵说：“不，我一直看着她，她说我很温柔，并且说我的眼睛很有魅力！”

最后朋友问：“那你是不是在某事上让她自己动手了？”

步兵沮丧地说："如果真是这样就好了。我们回家时，她说口渴，于是我就跑去替她买饮料。"

朋友说："那很好呀！"

步兵又说："可是出于多年的习惯，我一拉开饮料罐，就向她砸了过去，自己躲到了草坪里……"

启示

多年形成的职业习惯可能对提高工作效率大有帮助，但同时也隐含着危机。怎样处理好这把"双刃剑"是每一个工作人员都应该考虑的问题。

借茶叶

有个人留客人在家喝茶，可是家里没茶叶，就向邻家借。这时，锅里的水已经烧得滚烫了，他老婆只得不停地往锅里添水。于是，水一烧开，老婆就往里头添水；水一烧开，老婆又拼命往里添水，锅里的水都添满了，茶叶还是没有借着。老婆只有对他说："好在你这朋友也是熟人，干脆留他洗个澡再走吧！"

启示

真正的朋友是能够患难与共，肝胆相照的。处于困难之中的朋友豁达地相视一笑，别的一切都随风而去了。

冬日摇扇

一个穷人在寒冷的冬天去走亲戚。他没有毛皮衣服，只能穿葛麻做的单服。这人爱面子，担心富家亲戚取笑，冬日里还带上一把扇子。席间，他不停地摇扇，对众宾客说："我这人就怕热，即使冬日也喜欢取凉。"酒席完后，主人看出了穷亲戚的做作，便用单被做席，在池畔亭台的风凉处搁铺，请他留宿。这穷亲戚不便再改口，只得暗暗叫苦。半夜后，天气更凉，穷亲戚只得披了薄被起来走动以御寒，不料失足跌进池中。主人来看他，惊问他怎么会跌入池中。穷亲戚冻得直打哆嗦，但还是死要面子。他说："我怕热怕得厉害，即使冬月里睡在凉亭中，也还想洗一洗凉水浴。"

启示

"面子"真是害人不浅。太强的虚荣心最终只会害了自己。

求婚

富兰克林丧偶6年后，在巴黎居住时，向他的邻居——一位迷人而有教养的富孀艾尔维斯太太求婚。

富兰克林在情书中说道，他梦见自己的太太和艾尔维斯太太的亡夫在阴间结了婚。接下来，他继续写道："我们来替自己报仇雪恨吧。"

启示

用含蓄而隐晦的方式表达自己的情感，似乎更有魅力。

金色沙龙

一名男子喝得醉醺醺的回家，在家门口刚好被老婆逮到。

“你整个晚上到哪儿去了？”她质问道。

“在新开的那家很棒的沙龙啊，”他说。“金色沙龙，那里的一切都是金色的。”

“胡说！哪有这种地方！”

男人说：“当然有！金色的门、金色的地板，连尿壶都是金子做的！”

老婆当然不相信他的鬼话。第二天，她拿了电话本，找这个叫金色沙龙的地方。

“这里是金色沙龙吗？”她向接电话的酒保问道。

“没错。”

“你们有金色的地板吗？”

“有。”

“那金色的尿壶呢？”

停顿了好一会儿，她听到酒保大吼：“老板，我想我逮到了那个在你萨克斯里尿尿的家伙。”

启示

人来人往，无奇不有，一个行为或者一句话可能会引申出很多的故事。同时，生活在现代快节奏的社会里，身负压力，忙碌工作的人们有必要在恰当的时机放松一下，但不要放纵。

化干戈为玉帛

杰克逊曾经同本顿决斗过。当时，本顿一枪击中了杰克逊的左臂，子弹一直留在里面近20年。

到1832年医生取出子弹的时候，本顿已经成了杰克逊的支持者。杰克逊建议将子弹归还给本顿，但本顿谢绝接受。本顿说：“20年的保管期，使所有权发生了转移，子弹已归杰克逊所有。”而杰克逊说：“自从上次决斗到现在还只有19年，产权关系没有发生变化。”

本顿回答说：“鉴于你对于弹的特别照管——一直随身携带——我可以放弃这一年。”

启示

人与人之间的关系会随着岁月的流逝和人们心绪的改变而发生变化，昔日有着深仇大恨的两个人可能会“相逢一笑泯恩仇”。

各个击破

“列车长先生，”要关窗的太太说，“车窗开着，我会冻死的。”

要开窗的太太马上接着说：“不行，车窗关着，我会闷死的。”

列车长感到十分棘手，只好求助于邻座的一位将军：“您看怎么办，将军？如果这是一个军事问题的话，您怎么处理？”

“在作战时，我们处理这类问题通常采取各个击破的办法。”将军果断地说：“所以您最好先把车窗打开，冻死一个；然后再把车窗关上，闷死一个。事情就这么简单。”

启示

世界上没有一种永恒的方法能够解决一切问题。如果一定要说有的话，万能的方法就是根据具体情况来确定策略。

车票打孔

查票员来了，威尔逊先生才发觉忘记带月票了，他想了想说：“你看，我这张诚实的脸就是车票了。”

“请你把脸伸过来吧，我的职责是在车票上打个孔。”

启示

现实社会生活中，好多人都埋怨别人不肯相信自己。其实，信任是相互的。你要别人相信你，首先就要显示出你的诚意，让人觉得你值得信任。

亲身感受

富兰克林·罗斯福第4次连任美国总统的时候，《先锋论坛》报的一位记者采访了他，问他对连任总统之事有何感想。

罗斯福笑而不答，而是请记者吃一片三明治。记者觉得这是很大的荣誉，很快就吃下去了。罗斯福又请他吃了一片。当他刚开口请总统谈谈时，总统又请他吃第三片三明治。记者受宠若惊，虽然肚子已饱，但他还是硬着头皮吃下去了。

记者正在抹嘴之时，只见罗斯福总统微笑着对他说：“请再吃一片吧！”

记者实在是吃不下去了，便向总统申明。

罗斯福总统笑着对他说：“现在不需要我再谈第4次连任的感想了吧？刚才您已经有了亲身的感受了。”

启示

有时交谈时无须说太多话，只需要清楚明白地表达个中意思。就如罗斯福总统让记者吃下4片三明治来体会自己连任总统的感受，真是风趣幽默。

车祸

一架拖车在高速公路上行驶，车上装着一只狗、一只猪、一匹马。

不久，拖车失控，翻倒在地，狗、猪、马和司机都被抛出拖车。一会儿，一个警察来了，他首先见到一只狗，然后摇摇头说：“脖子断了，太可怜了。”然后掏出枪把它杀死。接着，他见到一只猪，他发现猪的背骨碎了，又掏出枪把它杀了。接着，他又见到一匹马，它的四条腿骨都折断并露了出来，于是他摇了摇头把它又杀了。

这一切都被司机看到了。警察发现了司机，走过去问：“你觉得怎样了？”

司机勉强站起来说：“我感觉好

极了。”

启示

不经意的动作或语言可能会引起他人的误解。在人际交往中，为了避免这些误解，我们一要提高理解别人的能力，二要增加别人理解自己的可能性。

开介绍信

美国独立战争胜利后没多久，法国革命家沃尔涅赴美拜访华盛顿。沃尔涅为了获准周游美国各地，就请求华盛顿总统开一张介绍信。华盛顿想：不开吧，沃尔涅会不高兴；开吧，又叫我为难。于是，他在纸上写道：“沃尔涅不需要华盛顿的介绍信。”

启示

人际交往是一种制造双赢格局的艺术，无论遇到什么情况，都需要考虑各方，尤其是己方的利益。权衡利弊后，方可达到和谐。

自嘲解窘境

里根访问加拿大时，在一座城市发表演说。

在演说过程中，有一群举行反美示威的人不时打断他的演说。里根是作为客人到加拿大访问的，加拿大总理对这种无礼的举动感到非常尴尬。面对这种困境，里根反而面带笑容地对他说：“这种情况在美国是经常发生的，我想这些人一定是特意从美国来到贵国的，可能他们想使我有一种宾至如归的感觉。”

听到这话，尴尬的加拿大总理不禁笑了出来。

启示

自嘲，既解除了彼此间的尴尬，又显示出了自嘲的人豁达自信的人格魅力。

再次敬赠

一次，萧伯纳在一家旧书店翻看降价处理的书，却猛然看到了他的一本剧作集，而且该书的扉页上有他给一位朋友的亲笔题赠：“萧伯纳敬赠”的字样。他当即买下这本书，在题赠下写道：“萧伯纳再次敬赠”，然后将此书又寄回给那位朋友。

启示

那位朋友再次收到书，会非常感动。

只允许一人戴帽

英王查理二世和教友会教徒佩恩是一对很熟的朋友，可二人也经常发生冲突。按教友会的教义，佩恩在他世俗的上司面前可以拒绝脱帽。查理有一天注意到佩恩没有向他脱帽致敬，就摘下了自己的帽子向佩恩挥了几下。

佩恩惊讶地问他：“伙计，你为什么脱帽？”

查理回答说："伙计，按惯例，在这种地方，同一时刻只允许一个人戴帽子。"

启示

不动声色地提示对方应该注意什么，既表达了批评的意思，又不至于引起尴尬和不快。

会晤时的笑话

第二次世界大战期间，荷兰流亡政府在英国设立了总部。荷兰总理没怎么出过国，也几乎不会讲英语。在第一次会晤丘吉尔时，一见面，荷兰总理便伸出手，向他的英国盟友友好地说了声"再见"。

"先生，"丘吉尔说，"我希望所有的政治会议都这样简短扼要。"

启示

对别人的失误可以抱着宽容豁达的态度，一笑置之。让别人遭遇尴尬和难堪是人际交往中应忌讳的事情。

向不知趣的人"道歉"

英国诗人勃朗宁作起诗来没完没了，从不知厌倦。他十分憎恶无聊的应酬和闲扯。

在一次社交聚会上，一位先生很不知趣地就勃朗宁的作品向他提了许多问题。勃朗宁既看不出问题的价值，也不知道他到底有何用意，十分不耐烦，决定一走了之。于是，他很有礼貌地对那人说："请原谅，亲爱的先生，我独占了你那么多时间。"

启示

将别人的过错戴到自己的头上，从而巧妙地提出不满，这样既保持了自己的风度，又不会让对方面子受损。

"医嘱"

有位朋友非常乐于"布施"。当他知道朋友有困难时，便常常用别名、假名甚至匿名汇款，接济别人。

寄钱时，他把钱装在用过的药品盒里，并附上一份"医嘱"，上面写明"服法"："每次服一粒，急时服用。"

启示

存有一颗博爱之心，带着感激之心生活，其实是一种风骨和一种品位。

无一不晓

有一天，萧伯纳应邀参加一个丰盛的晚宴。席间，有一个青年在大文豪面前滔滔不绝地吹嘘自己的才华，好像自己天南海北样样通晓，大有不可一世的气概。

起初，萧伯纳缄口不言，洗耳恭听。后来，他越听越觉得不是滋味。最后，他终于忍不住了，便开口说道："年轻的朋友，只要我们两人联合起来，世界上的事情就无一不晓了。"

那人惊愕地说："未必如此吧！"

萧伯纳说："你是这样地精通世界万物，不过，尚有一点欠缺，就是不知夸夸其谈会使丰盛的佳肴也变得淡而无味，而我刚好知道这一点，咱俩合起来，岂不是无一不晓了吗？"

启示

对现代职场人士而言，拥有丰富的礼仪知识，以及能够在不同的场合应用不同的交际技巧，往往会令事业如鱼得水。

慈善事业

一天，萧伯纳应邀参加一个慈善团体的舞会。会上，他邀请一位身份普通的慈善团体女成员跳舞。这个女子不好意思地说："您怎么和我这样一个平凡的人跳舞呢？"

萧伯纳回答："这不是一件慈善事业吗？"

启示

萧伯纳先生不懂女人心。其实这个女子是希望他回答："噢，不，小姐，你是很平凡，可是平凡得很美丽！"，而萧伯纳的回答显然是说"你的确平凡，我是因为可怜你，所以对你进行施舍"。听到这样的回答，这位女子能高兴得起来吗？

相形显小

有一次，伊丽莎白女王巡幸到培根的府邸。由于女王生活在宫廷里，平时也多来往于达官显贵们奢侈华贵的住宅，当她看到简朴的大法官的宅第时，不禁惊叹道："你的住宅太小了啊！"

培根站在女王身边，端详了自己的房舍后，耸耸肩说："陛下，我的住宅其实还不错，只是因为陛下抬举我，光临寒舍，才使它显得小了。"

启示

事物都是相对的，比好的还有更好，比差的还有更差。主要是以一种什么样的心态去看。

不必再操心

伏尔泰曾经因为讥讽摄政王奥尔良公爵，被囚禁在巴士底监狱11个月之久。出狱后，吃够了苦头的哲学家知道此人冒犯不得，便去感谢摄政王的宽宏大量，请他不计前嫌。摄政王深知伏尔泰的影响，也急于同他化干戈为玉帛，于是两人都讲了许多恰到好处的抱歉之辞。

最后伏尔泰再一次表示感激说：“您真是助人为乐，为我解决了这么长时间的食宿问题，我再次向您表示感谢。可今后，您就不必再为这件事替我操心啦。”

启示

将别人对自己的冒犯说成是优待，反话正说，大家心照不宣、心知肚明，话说出来双方都有面子。

司机妙语

有一个戏剧作家很喜欢驾驶汽车。

一天，他一边开着汽车，一边和坐在旁边的司机谈起他新近构思的一个剧本来。突然，司机一句话也不说，就从兴致勃勃的作家手里夺过了方向盘。

“您怎么啦？”事出突然，作家感到惊讶。

“请原谅，”司机说，“你的剧本妙极了，我真不愿意让你在没写完之前就把命送掉。”

启示

既赞扬了对方，又恰到好处地提醒了对方。

终于兑现了

有一个朋友阿刚，长得一表人才，魅力十足。他人到中年，拥有一份成功的事业。

一次，一位女性好友来访，当谈到爱憎纠葛的时候，好友问阿刚夫人：

“你是怎样与你丈夫那众多的女性爱慕者和平共处的？”

阿刚夫人没有直接回答，而是讲了一则轶事。她说：“在我们结婚以后不久，有一位女演员拼命追求我丈夫，她威胁说，假如见不到他，她就要自杀，她就会心碎……”

“那么，她有没有心碎而死？”

“确实如此，她死于心脏病。不过那是在15年之后。”

启示

幽默的语言来自纯洁、真诚和宽容的心灵；心灵若是一尘不染，心胸则无限宽广。

救不会游泳的

窈窕淑女，君子好逑。有一次聚会上，一位男士坐在一个相貌平凡的才女和一位出名的美人中间，他的注意力明显地被后者的美貌吸引了。

才女不甘寂寞，打断他们的谈话说道：“先生，如果你、我和她同坐在一条船上，船要沉了，而你只能救一个人上岸，你会救谁呢？”

男士听了，站起身来，朝她深深一躬，回答说：“小姐，您无所不知，所以肯定会游泳。而我呢，自然应当救不会游泳的那一个。”

启示

毫无痕迹地化解了这个非常直接的问题，不违本心也不至于引起不快。

回归地球

有一次，一个生意朋友来我家拜访，并带了自己的儿子。我们谈话间，那个又调皮又壮得像牛犊的孩子，溜到我的卧室爬到我的床上去，站在上面又蹦又跳。我想：如果直截了当地请他下来，势必会使其父尴尬。于是，我思考了一会，平静地说道：“兄弟，让我们去请你的儿子回到地球上来吧。”

那个朋友立即心领神会：“好，我和他商量商量。”

启示

处理小孩的事情并不简单，搞不好就会得罪他的父母；况且小孩也并不是故意冒犯，只是调皮。所以，对他们提出要求是要讲究艺术的。

伊夫堡监狱

在《基督山伯爵》一书中，大仲马把法国的伊夫堡安排为囚禁邓蒂斯和他的难友法利亚长老的监狱。

该书出版后，无数好奇的读者纷纷来到这座阴森的古堡参观。古堡的看守人也煞有介事地向每个来访者介绍那两间当年囚禁邓蒂斯和法利亚的囚室。人们的好奇心得到了满足，而看守人则相应地拿到了一点小费。

一天，一位衣着体面的绅士来到伊夫堡。看守人照例把他带到囚室参观。当听完了例行的一番有声有色的独白之后，来访者问道：“那么说，你认识邓蒂斯的喽？”

“是的，先生，这孩子真够可怜的。您也知道，世道对他太不公正了，所以，有时候我就多给他一点食品，或者偷偷给他一小杯酒。”

“您真是一位好人。”绅士面带微笑地说，把一枚金币连同一张名片放在看守人手里，“请收下吧，这是你对我儿子的好心所应得的报酬。”绅士走了，看守人拿起名片一看，上面用漂亮的字体印着来访者的姓名：大仲马。

启示

不是一切虚假的东西都令人讨厌，也不是所有的谎话都有恶意。

如此肯定

波尔森是19世纪英国的一位著名学者，他精通古希腊文学艺术，在评论界享有盛誉。

有一次，年轻的诗人索锡向他请教对自己的作品有什么看法。

“你的作品肯定会有人读的，”他恳切地告诉索锡，“在莎士比亚和弥尔顿被人忘却以后——只要等到那时就行了。”

启示

当面评价别人是一种艺术。要恰到好处，还要说得有理有据。

英雄所见略同

有个朋友请瑞典作家斯特林堡看戏。这位朋友声称这戏是自己的新作。

戏开演之后，斯特林堡越看越不是滋味，他发现，这个戏从人物到情节，正是他从前想写而没来得及写出来的一个戏。不久前，他曾向这个朋友谈过他的构思。

戏散场后，这位朋友"谦虚"地征求斯特林堡的意见。斯特林堡平静地说："这正是我想要写的戏，看来，我们是英雄所见略同啊！"

启示

虽然有点剽窃之嫌，斯特林堡还是宽宏大度地稍做点拨，没有打击那位朋友。

有问必答

英国科学家达尔文在一次宴会上恰好和一位美貌的女士坐在一起。女士以戏谑的口吻说："达尔文先生，听说你断言，人类是猴子变来的，我也是猴子变的吗？"

达尔文彬彬有礼地答道："当然喽！不过，你不是一般的猴子变的，你是由长得非常迷人的猴子变的。"

启示

即便面对嘲笑，也要得体地应对，方可体现绅士风度。

丈夫是单身汉

"见到您很高兴，"教授对一个熟人漫不经心地说，"你的丈夫好吗？"

"可我还没有结婚……"

"噢，是吗？那就是说你的丈夫还是单身汉。"

启示

人际交往过程中，每个人几乎都有说错话的经历，只要能迅速作出补救措施，就能化险为夷。

装病

有一天，一位长得很丰满，穿得很漂亮的美丽太太来看望契诃夫。

她一坐下来，就装腔作势地说："人生多么无聊，一切都是灰色的：人啊，海啊，连花儿都是一样。在我看来什么都是灰色的，没有欲望。我的灵魂里充满了痛苦。这好像是一种病……"

契诃夫眯起眼睛望着面前的这位太太，说："的确，这是一种病。它还有一个拉丁文的名字：morbuspritvorlalis。"

这句拉丁文的意思是：装病。幸亏那位太太不懂拉丁文。

启示

"沟而不通"一定是坏事吗？不。人际交往也是一种双选活动，话不投机半句多，不过拒绝和表达不满也是一种艺术。

最优美的气喘

阿诺尔德是18世纪最著名的歌剧演员。但是，随着年龄的增长，她再也不能自如地运用她的嗓子了。尽管如此，她在舞台上的那种妩媚的姿态和迷人的身段，仍然吸引着大量的观众。

一次，意大利经济学家加利亚尼出席了她的音乐会。演出结束后，她向这位在音乐鉴赏方面也相当权威的观众询问自己唱得如何。加利亚尼说：“这是我一生中听到过的最优美的气喘。”

启示

肯定别人的优点，同时指出短处，这是一种交往中的真心诚意的体现。

剃去半边

法国大作家雨果正赶写一部作品，时间十分紧张，可是社交活动占去了他不少时间。一天，他想了个绝招：把自己的头发和胡须分别剃去半边。亲朋好友一来，他就指指自己的滑稽相，谢绝了社交约会。待须发长成原来的样子，他的大作也完成了。

启示

人际交往是一把双刃剑，离了它不好办事，花太多时间在上面又会影响正常工作。

有来有往

萧伯纳为庆贺自己的新剧本首演，特发电报邀请丘吉尔来看戏：“今天特为阁下预留戏票数张，敬请光临指教，并欢迎你带友人来，如果你还有朋友的话。”

丘吉尔立即复电：“鄙人因故不能参加首场公演，拟参加第二场公演，如果你的剧本能公演两场的话。”

启示

诚恳中带有一丝调侃，双方也是有来有往，旗鼓相当。

点播沉默

考夫曼晚年身体虚弱，长期卧床不起，靠听收音机解闷。一天晚上，电台的点播节目只放了被点播乐曲中的几小节就停止了，这让剧作家很恼火。于是，他拿起身边的电话，按照节目主持人报给听众的电话号码，给电台打了个电话。他说明自己是考夫曼后，主持人大为高兴，因为有这样的名人在收听自己主持的节目。

“先生，你想点播什么？我会立刻安排的。”

“沉默，我点播的是5分钟的沉默。”考夫曼对主持人和千千万万的听众说。

启示

如果考夫曼直接说“请你们继续播下去”，那么我想效果并不如这一句“我点播5分钟的沉默”这么震撼人心。

领带

著名作家马克·吐温曾经是斯托夫人的邻居。他比斯托夫人小24岁，对她很尊敬。他常到她那里去谈话，这已成为一种习惯。

一天，马克·吐温从斯托夫人那里回来，他妻子吃惊地问："你怎么不戴领带就去了？"

不戴领带是一种失礼。他的妻子怕斯托夫人见怪，为此闷闷不乐。

于是，马克·吐温赶快写了一封信，连同一条领带装在一个小盒里，送到斯托夫人那里去。信上是这样写的：

"斯托夫人：给您送去一条领带，请您看一下。我今天早晨在您那里谈了大约30分钟，请您不厌其烦地看它一下吧。希望您看过以后马上还给我，因为我只有这一条领带。"

启示

迟到永远比不到要好100倍。用如此幽默的行为来补偿自己的失礼，应该会起到很好的效果。

梳头的方式

艾森豪威尔是个秃头，汉弗莱也是个秃头。他们第一次会见时，艾森豪威尔对他说："乔治，我注意到你梳头的方式和我完全一样。"

启示

与人初次见面时，要道出对方与自己的相同之处，这样能使对方感觉平易近人。陌生人之间接触的前4分钟是至关重要的。第一次接触给他人留下的深刻印象很难被改变。

留影的用意

剧作家莫尔纳尔居住在维也纳的一家旅馆里。一天，他的一大批亲戚来看望他，并希望分享一点剧作家的巨大成功。事先，他们估计可能会受到冷遇，所以做好了思想准备。

但是，使他们感到吃惊的是，莫尔纳尔很热情地与他们打招呼，甚至还坚持要大家一起合影留念。可是照片印出来后，莫尔纳尔把照片交给旅馆的门卫，说："无论什么时候，你看见照片中除我之外的任何人想走进旅馆，都不要让他们进来。"

启示

拒绝也有多种方式，使用时要因人而异，最好能让人接受。

遗憾之事

勃拉姆斯和奥地利作曲家小约翰·斯特劳斯（《蓝色的多瑙河》的作者），彼此很是倾慕、钦佩。有一次，他俩在维也纳相遇，斯特劳斯把签名册递给勃拉姆斯，请他签名。

勃拉姆斯在空页上抄了几小节《蓝色的多瑙河》的乐曲，然后在下面写了一行字：遗憾的是，这并非勃拉姆斯的作品。

启示

这种行为有一丝调皮，更多的

是对同行的敬佩和仰慕。

再铺一张床

马克·吐温喜欢躺在床上读书或写作。有一天早晨，一个新闻记者来访问他。马克·吐温躺在床上，叫太太把这个人请到他的卧室里来，太太不满地说："难道你还不应该起来吗？你自己躺在床上，让人家站着，像什么话呢？"

他想了一会儿，说："我没有想到这一点，那你最好叫佣人再铺一张床吧！"

启示

有时候人的行为虽然不是很有礼貌，但能反映出真性情，所以别人也不会介意。

四封信

科学家戴辛有次交给著名影星凯瑟琳·赫本一个剧本，赫本看后便坐下来写信："亲爱的戴辛先生，承你送给我这样一部动人的剧本，我非常感谢。剧本很有趣，只是……"

写到这里她停了下来，不喜欢信里的虚伪口吻，于是另外铺开一张纸再写："亲爱的戴辛先生，我用心看了好几次，还是不明白这个乱糟糟的剧本说些什么……"她再次停笔，从头再写："戴辛先生，我从没见过这样无聊而又令人丧气的剧本……"

她认为自己说得太过火了，又改写为："亲爱的戴辛先生，承蒙眷顾，不胜感谢，可惜工作过忙，无暇抽身……"还是不行，为什么要扯谎呢？

后来她和朋友谈起这件事情，朋友问她最后是怎样决定的。她说："我把四封信装进一个信封，统统寄给他了。"

启示

虽然忠言逆耳，但只要你态度真诚，别人最终会接受，还会心存感激。

一块蛋糕

作曲家贾科莫和意大利音乐家、乐队指挥阿图尔是一对老搭档。每年圣诞节，贾科莫都要给他的朋友送一块蛋糕。

有一年圣诞节前夕，贾科莫同阿图尔吵了一架，因此想取消送给他的蛋糕，但为时已晚，蛋糕已经送出了。第二天，阿图尔收到贾科莫的电报："蛋糕错送了。"

他便随即复了份电报："蛋糕错吃了。"

启示

朋友之间产生误会时，双方都放不下面子而不愿去道歉，一件礼品便可能使他们冰释前嫌。

安装电话有妙法

一家小报的编辑搬到一所新住宅。他向电话公司要求安装电话，得到的答复是，三个月后才能安装。

第二天，他给电话公司的经理打了个电话："您的工作人员说，3个月以后才能给我安装电话。我觉得，他们向我提供了写文章的好题材。"

第三天，电话安上了。

启示

如果迫切的需求并没有起到良好效果，不如巧妙地轻轻击打一下对方的软肋，或许有意想不到的惊喜。

当众做"贼"

在一次丘吉尔招待高官显贵们的宴会上，发生了一件事。宴会气氛热烈，笑语喧哗。

宴会进行到一半的时候，礼宾司的一名官员走到丘吉尔身旁，对他耳语说，他看见某先生把一只银制的盐缸塞进了自己的口袋。听了这话，丘吉尔当众将一只银制的胡椒粉缸塞进了口袋，好像无人看见一样。

宴会结束时，丘吉尔悄悄走到那位拿了盐缸的先生旁边，轻声对他说："亲爱的，我们的所作所为都被别人看见了。哎，最好还是放回去吧，你说呢？"

启示

维护面子在商务和社交场合十分重要。在公众面前失态，诸如发火、喊叫、不耐烦之类的行为会让一个人在别人眼里颜面尽失。有些面子问题很容易理解，但处理起来就要微妙得多。

发明一条出路

某发明家不爱交际。在一次宴会中他想中途逃脱，回到实验室去。当他正在楼梯口徘徊时，遇见了主人。主人高兴地说："我们很荣幸你能光临，但你正愁眉不展，是又有什么新发明吗？"

发明家点点头说："是的，我现在正想发明一条出路。"

启示

委婉地提出暗示，这样才不至于打击别人的热情。

鼓掌

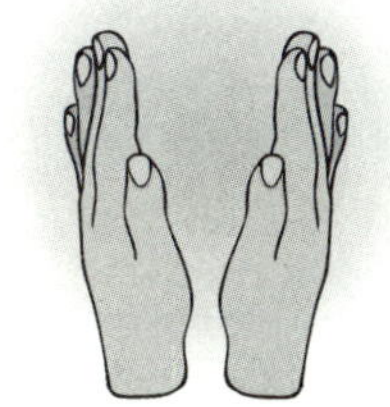

一个英国人到巴黎去做学术报告。当他演讲完的时候，下面的掌声稀稀拉拉，使他十分恼火。

不一会儿，有个法国人走上讲坛。英国人心里想："这回我要让你们懂得什么叫有礼貌！"于是，那个法国人每讲完一句，他就拼命地独自一个人鼓起掌来。

后来，坐在他身旁的一个法国人实在忍不住了，对他说："先生，我要是您的话，就绝不这样鼓掌了。要知道，台上那个人正在用法语翻译您刚才的那篇演讲报告呢！"

启示

交际场合切忌不懂装懂，否则，可能会失面子。

第五部分

THE FIFTH PART

思辨交流

妙答

在某个派对上，一男子的目光被一位漂亮的小姐吸引住了。于是他找了个机会对她说：“小姐，你太美丽了！”不料那小姐却说：“先生，可是遗憾得很，我不能用同样的话回答你。”那位男子倒是头脑灵敏，言辞犀利，只见他笑着说：“那没关系，你也可以像我一样说假话。”

启示

一句话便改变了赞美之意，转眼之间便到了另一个极端，足见语言的力量。

如果

一次，丘吉尔的政治对手阿斯特夫人对他说：“如果我是您夫人，我一定会在您的咖啡里放进毒药。”

丘吉尔听了，笑着说：“如果我是您丈夫，我一定会把这杯咖啡喝下去。”

启示

面对直接的攻击，反应灵活的人能够瞬间逆转形势。

借题发挥

美国五星上将马歇尔在他驻地的一次酒会后，请求一位小姐答应让他送她回家。这位小姐的家就在附近不远处，可是马歇尔开了一个多小时的车才把她送到家门口。

“你来这里不是很久吧？”她问，“你好像不太认识路似的。”

“我不敢这么说，如果我对这个地方不熟悉，我怎么能够开一个多小时的车，而一次也没有经过你家门口呢？”马歇尔微笑着说。

启示

换另一种说法，表达同样的意思，显示出了高超的语言表达的技巧。趁机不留痕迹地表达出对她的好感，让人不觉得唐突。

秃顶和臀部

美国剧作家康奈利，最突出的特征是他那“寸草不生”的秃头。有人认为这是智慧的象征，也有人取笑这一点。一天下午，在阿尔贡金饭店，一位流里流气的中年人用手摸了摸康奈利的秃顶，讨他便宜说：“我觉得，你的头顶摸上去就像我老婆的臀部那样光滑。”听完他的话，康奈利满脸狐疑地看了看他，然后他也用手摸了摸，回答说：“你说得一点不错，摸上去确实像摸你老婆的臀部一样。”

启示

毫不退让，针锋相对，尖锐地反击对方的嘲讽。

一语双关

有一次，福特在回答记者提问时说：“我是一辆福特，不是林肯。”

众所周知，林肯既是美国很伟大的总统的名字，又是一种名牌小汽车的名字；福特则是当时普通、廉价而大众化的汽车。福特说这句话，一是表示谦虚，二是为了标榜自己是大众喜欢的领袖级人物。

启示

把意思含蓄地表达出来，也是一种艺术，同时也包含着对听众想象力和理解力的信任。

远离谎言

有一次，著名的文艺评论家希尔伯特，不得不为一个朋友所著的书写一篇评论文章，他把评论文章写在一张纸的上方，把自己的签名写在最下方。在评论文章里和签名之间有一块很大的空白。

朋友问希尔伯特：“您留下这块空白是什么意思呢？”

希尔伯特说道：“我觉得诚实是一个人的美德。俗话说，人应该远离谎言。”

启示

指出对方作品中的缺陷，又让朋友保存了颜面。

我告诉过你

里根在白宫钢琴演奏会上讲话时，夫人南希不小心跌落台下，观众发出惊叫，但是南希却灵活地爬起来，在200多名宾客的热烈掌声中回到自己的座位上。正在讲话的里根看到夫人并没受伤，便说了一句俏皮话：“亲爱的，我告诉过你，只有在我没有获得掌声的时候，你才应这样表演。”

启示

思维流畅、敏捷的人能够针对某种意外情况在最短的时间里作出回应。

赤身裸体

罗马教皇的大使到法国时，未来的教皇约翰二十三世也应邀去法国出席盛宴。宴会上，一位穿着过分清凉的女士刚好是约翰二十三世的邻座，他只装作没有注意女士的穿着，甜食上来时，他挑了一只红苹果递给这位女士，而她却婉言谢绝了。“请品尝一下吧，夫人，”他劝道，“夏娃是在吃了禁果后才意识到自己是赤身裸体的。”

启示

应巧妙地暗示出别人的不妥行为。

站着演讲

马克·吐温一次外出做演讲，来到一个小城镇。

晚饭前，他先去一家理发店刮胡子。

“你是外地人吧？”理发师问。

“是的，”马克·吐温回答。“我

是头一次到这里来。"

"你来的正是时候，"理发师继续说。"今晚马克·吐温要来做演讲，我想你会去的，是吗？"

"噢，我也是这样想。"

"你搞到票了吗？"

"还没有。"

"票全都卖光了，你只有站着了。"

"真讨厌！"马克·吐温叹气着说，"我的运气真不好，每次那个家伙演讲时我都不得不站着。"

启示

故事反映出大作家既幽默风趣，又不张扬的性格。

上吊

有一次，一个又高又瘦的客人去拜访小说家赫维斯。客人看到赫维斯胖乎乎的模样，便说："如果我像您这么胖的话，我一定没有生活的勇气，非上吊不可！"

赫维斯笑着回答："我如果接受您的建议上吊的话，一定会用您当绳子的。"

启示

如此新颖独特的反驳，让人耳目一新，拍案叫绝。

跳舞

大诗人普希金年轻时喜欢跳舞。在一次舞会上，他邀请一位小姐跳舞。这位小姐傲慢地说："我不和小孩子跳舞！"普希金灵机一动，很有礼貌地鞠了一躬，微笑着说："对不起，亲爱的小姐，我不知道您正怀着孩子。"

启示

谈笑风生间，轻巧地将对方的嘲讽化解。

打瞌睡的人

友人约小仲马同去看戏。演出时，人们聚精会神地凝视着舞台，只有小仲马反转身来，面向观众，嘴里还不停地嘟噜着："一个，两个，三个……"

"您这是在干什么？"友人问。

"您的剧本正在上演，我在数有几个人正在打瞌睡，"小仲马答。

不久，小仲马的《茶花女》公演了，两人又一同去观看。这次，那个朋友也不停地回头寻找打瞌睡的人，找来找去，居然也被他找到了一个。

"亲爱的，您的《茶花女》的观众不是也有打瞌睡的吗？"

小仲马朝他朋友指的地方望了一下，一本正经地说："怎么，您不认识这个人吗？他正是上次看您的戏时睡着的人，想不到他至今还没有睡醒。"

启示

将问题产生的根源推到对方身上去，看他还如何挖苦。自然风趣的语言，虽不成逻辑却也能将问题敷衍过去。

尴尬的女王

一次，有位总统去拜访另一个国家的女王。女王与他同乘皇室的马车在首都巡游，马车由6匹纯种皇家牧马拉着。突然，其中一匹马放了一个很响的屁，臭味很快弥漫整个马车车厢。车厢里面的女王被这突如其来的情况搞得一脸尴尬。

“对于这件事我感到十分抱歉，”过了片刻，女王难为情地说，“你知道，即使作为女王，我也无法避免这样的事情发生。”

“噢，没关系，”总统若无其事地说，“不过，在你解释之前，我还以为是马……”

启示

在交流当中，要注意使用时语言不要出现歧义。

借鸭骑

客人来访，主人表面热情，实际冷淡。时间已到中午了，主人对客人装出一副为难的样子说：“真是抱歉！寒舍无鱼无肉，不敢款待先生！”客人看见后院有群鸡鸭在啄食，于是，他向主人借菜刀，说要杀掉自己骑来的骏马做菜。主人问他：“您如何回去呢？”客人答道：“你在鸡鸭中随便拣一只，给我骑去就行了。”

启示

表面表达出的意思是如此慷慨，愿意杀马做菜，实际上只是一种暗示：“你这儿有鸡有鸭，为何不杀来待客？”如此暗示，真是别出心裁。

吃冤家

大年三十，财主想用加点菜的办法，以平长工因长年累月受虐待而产生的怒气，但又不想多花钱。财主问长工们爱吃什么。

一个长工说：“素菜淡饭是亲家，鱼肉荤腥是冤家。”财主听了大喜。开饭的时候，财主把鸡、鸭、鱼、肉摆了好几碗，只烧了一大碗青菜，哪晓得，长工们大吃荤菜，不碰青菜。

财主急了，忙问：“你们不是说鱼肉荤腥是冤家吗？”

长工回答说：“是呀，不吃冤家，难道吃亲家不成！”

启示

中文词语的含义有时候是有多重的，一般人往往从字面理解，得出显而易见的含义，却不去思考里面的逻辑关系。

我不要命了

有一个员外宴请教书先生，上的全

是素菜，仅一盘豆腐算是好菜，教书先生就只吃豆腐。

员外问："你怎么不吃其他菜？"先生："豆腐是我的命。"员外牢记在心。没多久，员外又宴请教书先生，上的全是大鱼大肉，仅一盘豆腐是素菜，放在教书先生面前。这回，先生只吃鱼和肉，就是不动豆腐。元外问："先生，你说过豆腐是你的命，你怎么不吃呢？"先生说："今天见到大鱼大肉，我不要命了。"

启示

请相信语言的力量，还有，只要你够机智，什么样的话说出去都可以有另一句话来圆场。

加起来

一个50岁的女子，还打扮得花枝招展、妖娆美丽，就好像她还是个少女。在一次宴会上，女子碰上一位大作家，她就问："我说大作家啊，你觉得我看起来像几岁呢？"

大作家回答："这位女士，你的言谈天真活泼像14岁的女孩；举止轻盈妩媚，就像16岁的小女孩；而这一身有青春朝气的打扮，不超过20岁。"女子一听，高兴得差点拥抱这位大作家，她立刻提高声音问："那您能不能准确地说出我究竟有几岁呢？"

"哦，这个嘛，把我所说的那3个数字加起来就是了。"

启示

先扬后抑，才思敏捷的话能调动起他人的欢喜和忧愁。

喜欢酒窝

"他真是个十足的酒鬼。"女儿回娘家向母亲诉苦，"婚前装得滴酒不沾，婚后却天天醉倒。我现在总算明白当初他那句话的意思了。"

"他说什么来着？"

"他说，非常喜欢我的酒窝。"

启示

语言是神奇的，背后可能藏着另外的意义，真真假假难以辨认。

以借对借

邻居匹克屡次叫小孩来伏特家借醋，今天又来了。"我家晚上吃螃蟹，借点儿醋好吗？"

于是，伏特也吩咐小儿子到匹克家借东西："今天我家要吃醋，请借一些螃蟹好吗？"

启示

人生的智慧往往通过语言表达来体现。资源共享、有来有往，这样的处事之道通过这一句话显现了出来无疑。

水土

妻："想当年我的身材就是身材，

体格就是体格。正面山明水秀，侧面悬崖峭壁，背面则是柳暗花明，你说是吧？”

夫：“对！不过，你的水土保持做得很失败……”

启示

运用比喻，以及将环境领域的词语用来形容人的外貌，生动而有趣，形象而不失智慧。

晕车

交警抓住了一个肇事司机，司机摇摇晃晃地站在他面前。交警看着他的样子，摇摇头说：“又是一个酒后驾车的。”司机努力地站稳后，狡辩说：“不，我没有喝酒，只不过有点晕车而已。”

启示

辩解是人的天性，即使是醉了的人，也知道掩饰自己的不良行为。头脑不清醒，找个借口都是那么滑稽。

幼儿车票

一个歪戴着帽子，嘴里叼着烟卷的年轻人想在公共汽车上戏弄一下售票员：“我只买小孩票行吗，售票员？”

售票员瞧了一眼年轻人，说：“10块，谢谢。这里只论年龄，而不论智力付钱。”

启示

既然你想买小孩票，而你生理上已经是成人，那么就只有一个可能——你的心理年龄处于小孩状态。售票员反应迅速、简短有力地回击了对方的无聊之举。

君子之言

“您要向我借2万美元，施坦因先生。您能给我保证吗？”

“我的保证是君子之言。”

“好吧，我借给您，但是请您把那位君子带来我看看。”

启示

言下之意是：你不是君子，何来君子之言。直接表达出自己对他的不信任。

借钱的信

有个小伙子的钱花光了，便写信向他的伯父要钱。他想给他的伯父一个好印象，于是在信封背面写道：“实际上，我是多么后悔给你写这封信啊，我跟在邮递员后边，想把这封信追回来。”

他的伯父在回信中写道：“既然你是这样渴望收回这封信，你一定会高兴地知道我根本没收到它。”

启示

虚伪的言辞是很容易被人抓住把柄的，小伙子真是哑巴吃黄连，有苦说不出。而他的伯父并不点破，顺水推舟地拒绝了，这一举动充满了智慧。

9和6一个样

邻村一个农民向加布罗伕人借债。加布罗伕人同意借给他，但要9分利息。”

“你这简直是抢劫，”农民气愤地说，“上帝会惩罚你。”

“上帝从天上看，9和6一个样。”

启示

思维敏捷，反应灵活。虽然这个放高利贷的家伙令人憎恨，但拥有高超的思辨能力。

欠一个答复

布克去找他的邻居。

“基扎克，借我一点钱吧。”

“多少？”

“50卢布。”

邻居沉默了。布克等了很久，最后实在忍耐不住了，于是问道：“您为什么不回答？”

“很简单：我欠您一个答复比您欠我50个卢布合算多啦。”

启示

也许是最后被逼而说出来的一句内心话，但是也有可能是故意操纵的沉默的技巧。想出这样一个拒绝借钱的方法，令人叫绝。

妻子的信

汤姆是个有名的赖账鬼，酒店老板吃了他不少亏。一天，汤姆走进酒店，痛痛快快地付清了所有欠款，并且说：“老板，你昨天写给我的那封要钱的信太感人了，读后令我不能不动心，因此决定还你钱。请问你是怎样想出这么多精彩的句子的呢？”

老板告诉他：“不瞒你说，我妻子现在正在法国海滨度假，开销极大，常写信回来要我寄钱。我从她的信中摘了几段给你。”

启示

以柔克刚，有时候也许“以情动人”比“以理服人”更加有效。真正使他人理解你的难处，令其感同身受，或许事情就好办多了。

不致把衣服撑破

去产房看妻子分娩前，杰夫纽文斯基换上了一件绿色的外科手术医用外套，护士给杰夫纽文斯穿的这件衣服非常肥大。孩子出生后，杰夫纽文斯基幸福地笑着去护士站，迎面碰上了给他衣服的那位护士，“告诉我，他们为什么把衣服做得这么大？”杰夫纽文斯基问她。

“很简单，年轻人。”她笑着回答，“当你骄傲得膨胀起来时，不致把衣服撑破。”

启示

深切感受到对方现在的心情，风趣的回答既表达了自己对新生儿父亲的祝贺，又表达了对他喜悦之情的理解。

超速行驶

一辆快速行驶的汽车被警察拦住了。一位年轻女子坐在司机座上。

“你为什么要超速？”交通警察生气地问道。

驾驶汽车的女人细声细气地说：“我开车的技术很差，为了不撞到人，我才想尽快赶回家去。”

启示

不合理的事情经过一句话的解释就变成了一件充满好意的善事。

饭香与钱响

很久以前，一个小村子里有个穷人叫阿凡提。他在一家饭铺前摆摊卖货。一天，饭铺的老板对阿凡提说：“阿凡提，你天天在我的饭铺门前摆摊，天天闻着我饭铺里抓饭、烤包子的香味，你应该付我闻饭香味的钱。”

“难道闻饭的香味也要付钱吗？”阿凡提问。

“那当然，不仅抓饭、烤包子收钱，它们的香味也收钱。我们到村长那里说理去。”饭铺的老板说完，带着阿凡提来到了村长那里。

村长问阿凡提：“阿凡提，这个官司该怎么打呢？”

“是的，村长，我天天闻着他的饭香，直流口水不假。但是，这位老板天天听着我数钱的钱响，起了歹意这也不假。我早已用钱响抵消了他的饭香。”阿凡提回答道。

启示

在社会中，人都是互相依存的。既然我闻了你的饭香，那么你肯定听到了我的数钱声。思维严谨的人能够准确觅错、纠错，以批判的眼光观察事物。

只要您能坚持

有一位吝啬的人问牙医：“请问拔一颗牙要多少钱？”

“十块钱。”牙医回答。

“需要多长时间？”吝啬的人又问。

“大约喝一杯茶的工夫。”牙医回答。

“只喝一杯茶的工夫就要这么多钱。”吝啬的人小声说道。

“只要您能坚持，需要多长时间都可以。”牙医回答说。

启示

面对不合理的标准就要抓住对方说话的漏洞，有的放矢地进行反驳。

错把娘娘当皇上

皇上和刘淑妃在御花园里散步。皇上对陪同而来的太监小赵子说：“小赵子，现在你要做出一件无礼的事，然后你要向我道歉，可是你的道歉要比你的无礼之罪还要‘厉害’才行。”

小赵子稍稍想了片刻，然后走到披着面纱的刘淑妃身边，在她的大腿上狠狠地掐了一下，被掐痛的刘淑妃“哎哟哟”地喊叫起来，皇上狠狠地瞪了小赵子一眼，小赵子急忙道歉："对不起淑妃娘娘，请皇上也别生气，我错把娘娘当成皇上了！"

启示

敢冒犯娘娘已是大罪，错把娘娘当皇上更加不可饶恕。一语便化解了困境，人的思维真的很神奇。

我像只蜜蜂

小伙子在街上遇见了一位美丽的姑娘。姑娘走到那里，小伙子就跟到那里，姑娘发现后，停住脚步问："你是什么人？为什么老跟着我？"

"你真美，我喜欢你。"小伙子表白道。

"我有什么可吸引你的？"姑娘问。

"你就像一朵盛开的鲜花！"小伙子说。

"瞧你这个丑样，像个蜘蛛，谁稀罕你呢？"姑娘说。

"不，你说错了，我像只蜜蜂！"小伙子回答说。

启示

面对嘲讽，小伙子平静、风趣地加以纠正，这样自信的锲而不舍令人佩服。

猜猜看

某大学期末考试时，一位教授提了一个鸟笼子来到考场。那鸟笼子上面罩了一层黑布，只露了两条鸟腿在外面。

教授坐下来后，笑眯眯地对大家说："这就是今天的考试，只要你们猜出这里面的是什么鸟，然后写在试卷上面交上来的话，那你们就算过关了！"

同学们都愣住了，直直地瞪着鸟笼子，没有一个人回答得出来。这时候，一个学生交卷了。教授一看，上面什么也没有写，就连最基本的名字都没有写，教授气愤地说："你叫什么？"

那位学生推了推眼镜，拉起裤腿，问："你猜猜我是谁？"

启示

对于无理的刁难，不妨以牙还牙、以眼还眼。上述故事中，学生现学现用，巧妙地应付了老师的怪题。

独弦与独轮

意大利小提琴家帕格尼尼举办音乐会，演奏他独创的技巧C弦上的独奏曲。为了及时赶到剧场，他叫了一辆马车并问车夫要付多少钱。车夫说："10法郎，先生。""这也太贵了吧！""可是您只用一根弦拉琴，却也要收10法郎啊！"

"那好，"帕格尼尼欣然同意，"我付你10法郎，不过你也得用一个轮子把我送到剧场。"

启示

面对无理的要求，要敏锐而快速地作出反应，进行反驳。

难看的面孔

人们都知道林肯的容貌是很难看

的，他自己也知道这一点。

一次，他和道格拉斯进行辩论，道格拉斯说他是两面派。林肯答道："现在，让听众来评评看。要是我有另一副面孔的话，您认为我会戴这副这么难看的面孔吗？"

启示

林肯用自嘲式的反问驳斥了对方，显示出了强大的个性魅力。

女人胜于军队

有一次，一位法国将军对影星伊丽莎白·泰勒说："您知道吗？由于您的影响，法国妇女在服饰和化妆品上所花的钱，要比法国的军事预算多一倍！"

"这算什么！"泰勒满不在乎地笑道："您知道吗？她们所征服的男人，已大大超出法国军队的一倍。"

启示

出人意料的回答，能够非常好地阐明立场。

等一分钟

有一个人问上帝："伟大的上帝，在你的眼里，一千年的时间意味着什么？"

上帝回答道："只意味着一分钟罢了。"

"万能的上帝呀，在你的眼里，一万个金币又意味着什么呢？"

"仅仅意味着一点小钱罢了。"

"慈悲的上帝呀，那就请你赐我一点小钱吧！"

"好，可怜的人，那就请你稍等一分钟吧！"

启示

可以答应对方的无理要求，但是那是有条件的，而且是对方不可能接受的条件。这种迅速有效的反击，丝毫没让对方占到便宜。

理解不理解

有一次，著名的大科学家爱因斯坦和喜剧大师卓别林用相互通信的方式风趣地谈了起来。爱因斯坦给卓别林写信，赞美他说："全世界的人民都理解你的幽默、含蓄，你确实是一位伟大的艺术家！"

卓别林回信，也风趣地称赞爱因斯坦说："世界上只有很少的人能理解你的相对论，可你仍然是一位真正的伟大的科学家！"

启示

两人的交往中透露着真诚、友善、敬佩。同样拥有极大名气的两人虽不在同一领域，但依然能够愉快地交流。

开放皇家公园

奥地利皇帝决定将维也纳的皇家公园对公众开放。听到这一消息，有位贵族惊恐不安地叫道："如果连普通百姓也允许自由进出皇家公园，那我，还有和我一样的人，要到哪里去散步呢？"

皇帝说："照你这样说来，我只得到托钵僧的地窟（专门埋葬帝王的地方）里去散步喽。"

启示

以对方的逻辑方式引出荒谬的结论，来驳斥对方。

爱情公式

美国作家杰克·伦敦收到一位贵族小姐的求爱信："亲爱的杰克·伦敦，用你的美名加上我的高贵地位，再乘以万能的黄金，足以使我们建立起一个天堂所不能比拟的美满家庭。"

杰克·伦敦在回信中说："你列出的那道爱情公式，我看开平方才有意义，而我们两个的心就是它们的平方根；可是很遗憾，这个平方根开出来后得到的结果却是负数。"

启示

顺着别人的话，却能得出截然不同的结果。每个人计算爱情的公式不同，所产生的结果也可能会截然相反。

先打开和后打开

在纽约国际笔会第48届年会上，有人向中国著名作家陆文夫询问他对性文学的看法。

陆文夫幽默地答道："西方朋友接受一盒礼品时，往往当着别人的面就打开来看。而中国人恰恰相反，一般都要等客人离开以后才打开盒子。"

与会者发出会心的笑声。接着，会场上响起了雷鸣般的掌声。

启示

有趣的比喻可以有效应对敏感话题。

美好的事情

有一天傍晚，小周与爸爸在公园里散步。小周看到一对依偎在一起的情侣后，感慨地说："还有什么比一对青年男女更美好的呢？"

爸爸淡淡地答道："有，老夫老妻。"

启示

直接、坦率、心存感激地表达出自己的幸福美好。

只答一题

林肯读书的时候，有一次考试，老师问他："你愿意答一道难题，还是两道容易的题目？"

"答一道难题吧。"林肯很有把握地说。

"鸡蛋是怎么来的？"

"鸡生的。"

"鸡又是从哪里来的呢？"

"老师，这已经是第二道题了。"

启示

紧扣对方说话的漏洞，轻松风趣地回答了问题。

给别人一个机会

有一位妇人找到林肯总统，理直气壮地说："总统先生，你一定要授予我儿子上校军衔。我并不是要求你的恩赐，而是我们应该有这样的权利。我的祖父曾参加过雷新顿战役，我的叔父在布拉敦斯堡是唯一没有逃跑的人，而我的父亲又参加过纳奥林斯之战，我丈夫是在曼特莱战死的，所以……"

"夫人，你们一家三代为国服务，对国家的贡献实在够多了，我深表敬意。现在你能不能给别人一个为国效命的机会？"林肯接过话说。

启示

利用对方的理由反其道而行之，让人佩服。

擦谁的皮鞋

当总经理正在擦他自己的皮鞋时，一个中层经理向他走来。

"怎么，老总，您竟自己擦鞋？"

"是的。"老总回答，"您给谁擦鞋？"

启示

顺着话题，将难题推给了别人。

现在不用操心

老杨是一个信佛的人，他曾经虔诚地接受过佛教人士的教诲。由于这段经历，公司同事喜欢让他就道德问题发表看法，其中不乏一些不太礼貌的难题。

有一次，有个同事想戏弄一下老杨，就对他说："如果有人告诉你，你的女儿与别人有不正当的恋爱关系，你将做何感想？"

老杨回答说："我会大吃一惊，不知所措。"稍做停顿后他又加上一句："不过现在还不用操心，她刚刚7岁。"

启示

朴实、自信且强硬地反击对方，让对方戏弄自己的企图不能得逞，成功维护了自己的尊严。

当领导的滋味

有一次，老总在公司会见供应商之一也就是刚上任的赵总。两个老总个子都长得特别高，两个人站在一起，就像两根垂直竖起的炮管。

老总乐呵呵地说："想不到您个子比我还高。怎么样，当领导的滋味如何？"

"您说呢？"那位赵总反问道，"我感觉像吃了火药，成天总想放炮！"

启示

找到两人之间的共同话题，可以将关系自然而然地向前推进。

如何成为英雄

有一次，一位朋友问美国总统肯尼迪："您是怎样在第二次世界大战中成为英雄的？"肯尼迪想了一会儿，说："这可由不得我，是日本人炸沉了我的船。"

启示

言论反映出人的思维性格特色。肯尼迪的语言风趣，又不显得张扬。

同中见异

有一次，拳王阿里参加一次盛大宴会。席间，主人把一位钢琴家介绍给他，钢琴家幽默地说："我们是同行，都是以手谋生！"

阿里回答："你比我出色，因为你身上没有一个伤疤！"

启示

适当说说对方的好话，绝大多数时候能让他们感到高兴。拳王坦白而幽默的回答，丝毫没有比谁逊色。

柔和的话

我们老板有个坏习惯：喜欢骂脏话。不过，只要老板娘在场，她都会私下提示他，常劝他要注意些。

有一次，老板骂一位合作伙伴是"一堆臭马粪"。这位合作伙伴的夫人找老板娘评理，请老板娘"把老板的嘴刷干净些"。老板娘听了也不气，反而笑眯眯地说："您不知道，为了让他把话说得这么柔和，我花了多少工夫！"

启示

无论怎么样，在外人面前，一个团体都要一致对外；关起门来，才可以解决内部矛盾。这位老板娘思维敏捷，回答巧妙，不愧为一位贤内助。

让路

有一次，德国著名诗人歌德在公园里散步。在一条能让一个人通过的小道上，他遇到了一位自负且傲慢的批评家。两人越走越近。

"我是从来不给蠢货让路的！"批评家先开口道。

"我却正好相反！"歌德说完，笑着退到路旁。

启示

表面的意思是退让，实际上却是回骂了一句"你才是蠢货！"。简单的一句话，却恰到好处地对无礼者进行了回击。

保密

一天，罗斯福的一位好友前来拜访他，谈及海军在某海岛建立基地的事。"我只要你告诉我，"朋友说："我所听到的有关基地的传闻是否确有其事。”

这位朋友要打听的事，在当时不便公开。该如何不伤和气地拒绝好友呢？罗斯福望了望四周，然后压低嗓子向好友问：“你能对不便外传的事情保密吗？”

“能！”朋友急切地回答。“那么，”罗斯福微笑着说：“我也能。”

启示

朋友是朋友，公事是公事，两边都不能够有疏忽。有趣的回答让朋友理解了自己的为难之处。

心爱的小狗

一次，英国大文豪萧伯纳收到一位小姑娘的来信。信中说：您是我最佩服的作家。为了表达对您的敬仰之情，我打算以您的名字来命名我心爱的小狗，不知尊意如何？

萧伯纳不便拒绝这令人哭笑不得的好意，便回信道：亲爱的孩子，我十分赞同你的主意，但你最好和你的小狗商量一下。

启示

对待如此童稚而毫无恶意的请求，既不能直接说“不”伤了小孩的心，也不能赞同这种荒谬的想法，所以只有将决定权推给没有思想、不会说话的小狗。

真理的甘霖

克莱是位温和的蓄奴派领袖，在对待奴隶制问题上，他被人称为“伟大的妥协者”。

但有一次，他在演讲中观点略有变化。几个奴隶主想用嘘声压倒他的声音。

克莱则向听众们喊道：“绅士们，你们听到这些声音了吗？这就是真理的甘霖撒落在地狱的火焰上发出的声响！”

启示

巧用比喻来回击不满，有节制而不失风趣。

沉默和独身

斯坦顿是美国著名的女权运动活动家。在一次女权运动的会议上，一位已婚牧师指责斯坦顿夫人在公开场合发表演讲。他不满地说：“圣保罗提议妇女保持沉默，您为什么不遵从圣徒的想法呢？”

“圣保罗不也提议牧师应保持独身吗？您难道听话了吗？”斯坦顿夫人挖苦道。

启示

自身不正，无以服人。言辞激烈地来一句反攻，正中要害，效果非凡。

未占到便宜

老皮是公司的元老，说话做事经常很霸道，特别是对新来的员工。

一天，公司组织去戏院看戏。一位新员工坐在了老皮身边。老皮很不乐意，想冷落这位新员工，便说：“要不是我已经觉得太拥挤了，我倒是很愿意请您坐在我旁边。”

这位新员工很难堪，但他也不示弱。想到老皮在公司一向自以为是，便反唇相讥：“既然您从来就是一人占两个位子，怎么还会觉得太拥挤？”

启示

通过联想和想象对别人的行为进行夸张比喻或者拟物，反唇相讥，以达到成功辩驳的目的。

丘比特比我走得更快

公司业务主管小青因为远嫁他乡而离开了公司。老总对失去这位年轻而能干的业务精英而感到万分遗憾。联想到公司将要经过一个青黄不接的时期，他唏嘘不已。有一次，他当着众人的面说：“你们怎么就没有一个人能够赶上人家小青的业绩水平呢？”

有人对老总的态度不满，便反驳说：“小青离职前，您连一次奖赏承诺都不曾兑现过”。

老总对这一指责不以为然，他说：“谁说我不兑现了？我已经准备奖赏她了，不料，爱神丘比特比我走得更快。”

启示

将自己“不作为”的责任推给外部客观条件，有强词夺理的嫌疑。不过，巧妙的解释虽不至于让人信服，但也能一笑了之。

贵客多备一张椅子

拉布歇雷曾在圣彼得堡的英国使馆任职。有一次，一位傲慢的贵族来访，他要求立即会见大使。

“请坐，大使就会来的。”拉布歇雷说。

来访者对这么傲慢、没有客套的接待大为生气，说：“年轻人，你知道我是谁吗？”随即背出了一长串头衔。

“那么，请坐两张椅子。”拉布歇雷说。

启示

假装糊涂，故意将“尊贵”与椅子的数量演绎成正比的关系，不卑不亢，妙趣横生。

回避

英国首席法官威尔斯道貌岸然，在法庭上威严庄重，可私生活却很混乱。有一次，舆论传闻大法官和家里的一位女仆有染。一位热心的牧师决定跟他谈谈，希望他立志悔改，洁身自好。牧师的谈话躲躲闪闪，威尔斯也装聋作哑。牧师看出他有意回避，最后只得打开天窗说亮话了：“据说您的一位女仆怀孕了！”

大法官问：“那和我有什么关系？”

“但传闻说是阁下使她怀孕的。”

“那和你又有什么关系呢？”

启示

厚颜无耻，私生活混乱的威尔斯是该被谴责的，但他避重就轻、巧妙回避问题的话术，却可供借鉴。

下地狱后再说

英格兰大法官瑟洛和一个主教轮流执掌授予圣职候选人牧师职位并给予相当俸禄的大权。

有一次，在授予权该轮到谁的问题上，瑟洛和主教争执不下。最后，主教派他的秘书会见瑟洛。秘书转告了主教的问候之后说：“主教相信下一次的授予权该轮到他了。”瑟洛回答说：“也请你向主教大人转达我的问候，并告诉他，在他获得授予权以前，我要看到他下地狱。”

秘书的脸色一下子白了：“老爷，把这样的口信带给主教可是令人非常不愉快的。”

瑟洛思索了片刻，改口说：“你说得不错。那么，请你告诉主教大人，在他得到授予权以前，我要下地狱才行。”

启示

瑟洛换了个说法，而且意思截然不同：“他下地狱”和“我下地狱”。实际上，这两种说法都表达了他要不惜一切取胜的意思。据理力争，严词中并不妥协退让。

洗脸和信仰

英国政治家威尔克斯有一次跟一个罗马天主教教徒为宗教信仰问题争论了起来。天主教徒说：“在马丁·路德的宗教改革以前，你的信仰是什么？”

威尔克斯反问说：“你早上洗过脸了吗？”

天主教徒回答说洗过了之后，威尔克斯继续问道：“那么，请你告诉我，你在洗脸之前脸在什么地方？”

启示

有些问题也许并不适合正面回答。用生活中常见的情形来进行反问，不仅通俗易懂，而且更加加强了语言的力量。比喻往往是口舌争锋中的一个有力武器。

厕所也是俱乐部吗

史密斯惹怒了伦敦一个俱乐部的主顾们，因为他不是该剧俱乐部的成员，却经常在去会议院的途中停下来使用该俱乐部的卫生间。这使得对他没有好感的成员十分不快，他们要求管理人员制止这种“掠夺”。

一天，他又若无其事地走进了该俱乐部的卫生间，一个侍者马上跟了上去。侍者提醒史密斯注意该俱乐部有只对内部成员开放的规定。

“哦，”史密斯随口说道，“厕所也是俱乐部吗？”

启示

平淡的陈述句往往没有反问句所能表达的效果强烈。犀利的反问可以令对方瞠目结舌。

了解和亲昵

在阿拉曼战役前夕，丘吉尔召见了他的得力将领蒙哥马利将军。在谈话中，丘吉尔建议蒙哥马利研究一下逻辑。战场勇士蒙哥马利担心自己会陷入纠缠不清的逻辑命题中，便找了个借口推脱。他对丘吉尔说："首相先生，你知道，有这样一句谚语：'了解和亲昵会产生轻蔑'，也许我越是研究逻辑，便越会轻视它。"

丘吉尔手拿烟斗说："不过我要提醒你，没有一定程度的了解和亲昵，什么也不会产生出来的。"

启示

"了解和亲昵会产生轻蔑"这句话的确没错，不过前面最好加上"过多的"。"没有一定程度的了解和亲昵，什么也不会产生出来"也没错。所以，名人名言的引用要建立在全面理解语境的基础之上，否则就容易让人抓住漏洞。丘吉尔平静的反驳中有一丝深意，值得细细品味。

国王的荣誉

普鲁士国王把一直为他治病的名医齐默尔曼叫到床前，调侃道："先生，我想你把许多人送到另一个世界去了吧？"

"不，并不像陛下送的那么多。"医生回答说，"我还没有这么大的荣幸，接受这么多的荣誉。"

启示

医生在治病过程中把很多人送到另一个世界是难免的，却不是主观上要这样做的。国王却是整年穷兵黩武，百姓死伤无数，是主观上把更多的人送到了另一个世界。医生反应机敏，机智风趣，维护了自己的尊严。

让女士红了脸

约翰逊是英国多才多艺的文学家、语言家、新闻记者。他编的《英语语言词典》出版后，影响很大。一次，两位女士高度赞美了约翰逊编撰的词典之后，特别称赞他在词典中省略了好多下流话。

"哦！亲爱的，那么你们都已经找过这些词了？"约翰逊惊讶地说道。两位女士立刻红了脸，改换了话题。

启示

三思而行，也要三思而言。在开口之前想一想这话该不该说，说了有什么后果，否则就可能"偷鸡不成反蚀米"。约翰逊具备严谨的逻辑思维，能迅速点出语言中的漏洞。

把"死者"除名

英国作家拉迪亚德·吉卜林是1907年诺贝尔文学奖的得主。他看到自己所订阅的一家报纸上，错误地报道了他逝世的消息。不久，该报编辑收到一封吉卜林的亲笔信："我刚获悉我去世的消息，请别忘记把拉迪亚德·吉卜林的名字从你们的订户名册上划掉。"

启示

风趣幽默的提示，尽显文人气质。

变味的鸡蛋

《福尔摩斯探案集》的作者阿瑟·柯南道尔曾当过杂志编辑，每天要处理大量退稿。一天，他收到一封信，信上说："您退回我的小说，但我知道您并没有把小说读完，因为我故意把几张稿纸粘在了一起，您并没有把它们拆开。您这样做是很不好的。"

柯南道尔回信说："如果您用早餐时盘子里放着一只坏鸡蛋，您大可不必把它吃完才能证明这只鸡蛋变味了。"

启示

准确的比喻很有说服力。

虚构能力和写实能力

英国抒情诗人沃勒写过一首诗，赞美克伦威尔，被许多人认为是一首以政治为题材的杰作。沃勒后来又写了一首颂扬查理二世的诗，可这首诗被公认是糟糕之作。查理二世对此大为不快。诗人对他解释说："陛下，诗人的虚构能力远大于写实能力。"

启示

沃勒的言下之意是：我写的赞美克伦威尔的诗是虚构的，实际上他并不那样值得称赞；我写的关于您的诗是写实的，由于我的写实能力不够，您的很多值得赞颂的功德我还远远没有描述出来。一句幽默的话语轻松化解了不快。

木匠和绅士

英国诗人英瑞出身于一个木匠的家庭。他在上流社会中从不讳言自己的出身。

有个贵族子弟嫉妒他的才华，想在众人面前让他出洋相，就高声地问道："对不起，请问阁下的父亲是不是木匠？"

"不错，您说得很对。"诗人回答。

"那他为什么没把你培养成木匠？"

英瑞微笑着，很有礼貌地反问："对不起，那阁下的父亲想必是绅士了？"

"那当然！"这位贵族子弟傲气十足地回答。

"那他怎么没把你培养成绅士呢？"

启示

顺着对方的逻辑思路，先将对方捧起来，然后一句反问将对方打入谷底。勇敢机智地回击了对方的戏谑。故事同时表明，出身代表不了什么，能否成功关键还是在自己。

不值一块钱

在一个晚会上，萧伯纳正在专心地想着心事。坐在旁边的一个富翁不禁感到好奇，就问道："萧伯纳先生，我愿出1美元，来打听你在想些什么。"

萧伯纳回答说："我想的东西真的不值1美元。"

富翁更加好奇了："那么，你究竟在想什么呢？"

萧伯纳平静地答道："我在想着您啊！"

启示

世界上有很多东西是用钱买不到的，一个人把钱看的太重了，往往遗忘了本身价值的提升，"穷得只剩下钱"。故事中的萧伯纳巧设话语陷阱，来讽刺富翁的无聊之举。

报复记者

罗素于1920年到访中国，可到中国后生了一场大病，病后，他拒绝任何人的采访。一家对此很不满意的日本报刊散布了罗素已去世的谣言，虽交涉，他们仍不愿收回。

在回国的路上，罗素取道日本，这家报社又设法采访他。

作为报复，罗素让他的秘书给每个记者分发印好的字条，上面写着："由于罗素先生已死，他无法接受采访。"

启示

"既然我已经死了，为何你还要采访我？"每个人都应该遵守职业道德，不要做出出格的事。罗素这样幽默有趣的报复，是很有杀伤力的。

剽窃罪

沃德爵士出版了著名的传记小说《亨利四世》之后，差点招来杀身之祸，因为当时的伊丽莎白女王认为作者借古讽今，抨击了她的现行政策。

女王很快叫来了司法官员，建议以谋反罪对沃德提起诉讼。培根读过此书并了解作者的良苦用心，他站出来表示异议，为作者开脱。他说："我不敢说书里有谋反的证据，但毫无疑问，书中确有不少重罪的证据。"

"在什么地方？"女王急切地问。

"在他从塔西陀（古罗马历史学家）那里剽窃来的好多段落中，便可找到这类罪证。"培根认真地回答说。

启示

正话反说，培根很巧妙地替作者开脱了。

河面上的告示

维多利亚女王时代，英国剑桥的卡姆河只是一条被用作城区排水的排水沟。有一次，女王访问剑桥，在河上的一座桥上停了下来，对簇拥着她的剑桥大学要人说，河里漂着的废纸太多了。

哲学家休厄尔接话说："陛下，它们并不完全是废纸，它们的每一页上都写着告示，告知来访者这条河不适合游泳。"

启示

用幽默的语气，自然而然地暗示出自己的意见。

剩下谁呢

休谟去世前不久还出席过一次晚宴。宴会上一个客人抱怨世界充满了敌意，人跟人之间的对立太深了。休谟颇不以为然。“不，并非如你所说。”他语重心长地说，“你看，我以前写过能引起敌意的各种题目，如道德的、政治的、经济的，还有宗教的，可除了辉格党人、托利党人以及基督徒以外，我却没有任何敌人。”

启示

以自己的经验来说明问题，具有很强的说服力。

九泉下等你

一个边远省份的读者给伏尔泰写了一封洋洋洒洒的信，表示仰慕之情。

伏尔泰回了信，感谢他的深情厚谊。从那以后，每隔10多天，此人就给伏尔泰写封信。伏尔泰的回信越来越短，终于有一天，这位哲学家再也忍耐不住，回了一封仅一行字的信：“读者阁下，我已经死了。”

不料几天后，那读者又来信了，信封上写着：“谨呈在九泉之下的、伟大的伏尔泰先生。”

伏尔泰赶忙回信：“望眼欲穿，请您快来。”

启示

既然你坚持给“已在九泉之下”的伏尔泰写信，那么伏尔泰在极度厌烦之中只好说一句“我是在九泉之下，而且我真的是很盼望你也快点到这里来。”顺水推舟，巧妙应答。

错误的赞扬

性格放荡不羁并经常讥讽当时大人物的伏尔泰，有一天将一名同辈作家赞扬了一番。他的一位朋友当即指出：“听到您这样慷慨地赞扬这位先生，我真遗憾。要知道，这位先生在背后经常说您的不是。”

“这样看来，我们两个人都说错了。”伏尔泰说道。

启示

你以前说我的不是，是你错了；我以前对你的赞扬是我错了。简简单单的一句话，便把自己的尊严争了回来。

机会均等

古希腊时期有许许多多的智者和名人，其中很大的一部分是雄辩家和演说家。

狄摩西斯就是其中之一，和他匹敌的另一个雅典人是福西昂将军。他俩不仅才气相当、辩力相当，而且所持论点总是相左。因此，他们的交锋总能给人带来智慧的享受。

一次，两人争得不可开交，狄摩西斯批评福西昂说："无论何时，只要当雅典人怒火中烧时就会杀掉你。"

福西昂则说："可一旦他们头脑冷静时，就会对你绝不客气。"

启示

言外之意："雅典人怒火中烧时会杀掉我，这是愤怒时作出的不理智行为；而他们头脑冷静思考之后，就会杀掉你。"谁占到了上风显而易见。辩论中闪烁智慧的火花。

趣味不能相投

萧伯纳享誉世界后，美国电影巨头高德温想从萧伯纳那里把其戏剧的电影摄制权买下来。他找到了萧伯纳。

"您的戏剧艺术价值很高，但我想如果能把它们搬上银幕，全世界都会被您的艺术所陶醉。"这位电影巨头表示了对艺术的珍爱。

萧伯纳很高兴他这样想、这样做。但到后来，他俩在摄制权的价格上无法达成协议，最后以萧伯纳拒绝出卖摄制权而结束。萧伯纳说："问题很简单，高德温先生，您只对艺术感兴趣，而我只对钱感兴趣。"

启示

言语中暗示出两人之间的分歧。萧伯纳的话外之音其实是认为高德温对钱看得太重，而对艺术看得太轻。

给我多少试验费

有一次，萧伯纳因脊椎有问题，需要从脚跟上截一块骨头来补脊椎的缺损。手术做完以后，医生想多捞点手术费，便说："萧伯纳先生，这是我们从来没做过的新手术啊！"

萧伯纳笑道："这好极了，请问你打算付我多少试验费呢？"

启示

明白了对方的潜在含义，一语便扭转被动局面。

冲锋队员和画家

柏林旧西区李勃曼家隔壁的一幢别墅，成了一所冲锋队员的训练学校所在地。一天，一名冲锋队员隔着花园矮墙观看李勃曼作画。末了，那个冲锋队员说："教授先生，就一个犹太人而言，您画得真够像样的。"

李勃曼回敬道："就一个冲锋队员而言，您竟然还有不低的艺术理解力。"

启示

运用同样的句式和语气，丝毫不让地回敬了对方，非常机智。

丑角双薪

有一次，一个很傲慢的观众在演出的幕间休息时，走到俄国著名的马戏丑角杜罗夫身边讥讽地问道："丑角先生，观众非常欢迎您吧？"

"还好。"

"是不是想在马戏班中受到欢迎，丑角就必须具有一张愚蠢而丑陋的脸蛋呢？"

"确是如此，"杜罗夫说，"如果我能生一张您那样的脸蛋儿的话，准能拿到双薪！"

启示

言外之意：我是因为丑才受人欢迎，可是你比我丑一倍！如果我像你那么丑，按照你的理论，我就可以拿到双薪！"这场唇枪舌剑让人感觉到思维的神奇和智慧的光芒。

一样也沾不到边

斯塔尔夫人是著名的法国作家。她热衷于社会活动，能说会道。

有一次，她参加一位政治家举办的晚宴。她与漂亮的雷卡米尔夫人正好坐在一个年轻的纨绔公子的两旁。整个晚上，这位公子都兴奋异常，并得意地对人说："现在我正处于智慧和美貌之间。"

"的确不错，但你一样也沾不到边。"斯塔尔夫人斜着眼说。

启示

言外之意："我们的确是一个有美貌，一个有智慧，可是这些都跟你没有关系，你既没有美貌又没有智慧。"语言非常奇妙，可以在瞬间使人从高峰掉入谷底。

还未到吻的时候

在一次聚会中，法国神父米尼耶坐在一位长得特别迷人的姑娘旁边。一位先生问他是否有胆量吻她一下。

"当然不敢！"神父说，"她还没成为圣物。"

启示

神父答得既巧妙又符合身份。他能够时刻铭记自己的清规戒律，所以现在不能吻，这是符合身份的；如果她是圣物，他一定会吻她，这说明了神父并没有否定姑娘的迷人。

还要加上一条

在一次制订美国宪法的会议上，有位议员说："在宪法里要规定一条：常规部队任何时候都不得超过5000人。"

华盛顿平静地说："这位先生的建议的确很好。但我认为还要加上一条：侵略美国的外国军队，任何时候都不得超过3000人。"

启示

华盛顿并没有正面地说"不"，而是在为别人的提议做补充的同时实际上指出了对方提议的不合理之处，从而风趣地反驳了对方。强大的说服力使人信服。

回敬政治家

兰德斯是美国《太阳时报》的专栏女作家。在一次招待会上，一位相当体面的参议员向她走来，开玩笑说："你就是作家兰德斯吧，给我说个笑话吧！"

兰德斯毫不迟疑地答道："那好，你是政治家，给我说个谎吧！"

启示

作家是用来说笑话的，那么政治家就是用来说谎的。面对无礼的戏谑，要非常有力地进行回击。

一字一金

一个妒忌心强的人写了封信给海明威："我知道你现在的身价是一字一金。现在附上1美金，请你寄个样品来看看。"

海明威收下那1美金，回答了一个"谢"字。

启示

简短而恰到好处的回复，耐人寻味。

借宿

第二次世界大战期间，德军占领了巴黎。两个纳粹军官走进塞纳河畔的一家旅馆住宿。旅馆老板是一个热诚的爱国者，对纳粹十分厌恶。

纳粹军官傲慢地环视四周，说道："这个猪圈住一晚要多少钱？"

老板回敬道："一头猪100法郎，两头猪要200法郎。"

启示

既然是"猪圈"，那要来住宿的肯定就是"猪"啦！勇敢的回敬令对手有种自作自受的感觉。

来不及了

幽默作家班奇利在一篇文章中谦虚地谈到他花了15年时间才发现自己没有写作才能。结果一位读者来信："你现在改行还来得及。"

班奇利回信说："亲爱的，来不及了。我已无法放弃写作了，因为我太有名了。"

启示

敏捷的思维和幽默的语言结合在一起，相得益彰。

联想和说谎

有一位专门在细节的真实性上吹毛求疵的批评家，曾经指责马克·吐温说谎。

马克·吐温回敬道："假如您自己不会说谎，没有说谎的本事，对谎话是怎样说的一点知识都没有，您怎能判断我是说谎呢？只有在这方面经验丰富的人，才有权这样明目张胆地武断地说话。您没有这种经验，而且也不可能有。在这方面，您是一窍不通而又要充内行的人。"

启示

"假如您自己不会说谎，没有

说谎的本事，对谎话是怎样说的一点知识都没有，您怎能判断我是说谎呢？”堪称经典。一针见血地指出对方的话纯属无稽之谈。

如此角色

著名作家梁实秋擅长讲演，独具风格，给友人们留下了深刻的印象。他在大学任教期间，当时的校长刘真常请名人到校讲演。有一次，主讲人因故迟到，在座的师生都等得很不耐烦。

于是，刘真便请在座的梁实秋上台给同学们讲几句话。梁实秋本不愿充当这类角色，但无奈校长有令，只好以一副无奈的表情，慢吞吞地说：“过去演京戏，往往在正戏上演之前，找一个二三流的角色，上台来跳跳加官，以便让后台的主角有充分的时间准备。我现在就是奉命出来跳加官的。”这段话令全场哄堂大笑，驱散了师生们的不快。

启示

以京剧表演来比喻演讲，生动形象，且有自嘲之意，有效调动听众情绪。妙舌生花，让人佩服。

6个指头的天使

给教堂画壁画的画家把小天使画成了6个指头。

“您什么时候见过6个指头的天使？”牧师气愤地说。

“没见过，”画家回答，“但是您见过5个指头的天使吗？”

启示

大家都没见过的东西，说什么都是正确的。

马是什么东西

三个犯人在一起争得面红耳赤，都想证明自己最早来到监狱。

第一个说：“我来监狱时，火车还没有发明呢！”

第二个说：“我来时，人们还是骑马旅行哩。”

第三个问：“马是什么东西？”

启示

一句反问，夸张到了极致。

慢性毒药

伏尔泰的咖啡瘾很大，一生中喝了数量惊人的咖啡。有个好心人曾告诫他说：“别再喝这种饮料了，这是一种慢性毒药，你是在慢性自杀！”

“你说得很对，我想它的毒性一定是慢性的。”这位年迈的哲学家说，“要不然，为什么我已经喝了65年还没有死呢？”

启示

风趣的回答反映出伏尔泰豁达的性格。

没脸见人

约克是个出名的吝啬鬼。这天，他找杰西为他画幅画，可又不想付钱。杰西知道他的为人，决心治他一治。很快，杰西便把画画好了。

约克一看，诧异地问：“你怎么只画了背面？”

杰西回答说：“像你这样，哪里有脸见人？”

启示

一个人如果没脸见人，那么别人就只能看见他的背面。用怪异的行为吸引对方的注意，在对话的过程中对对方进行批评讽刺。

梦想变现实

大学生：“我常梦见我已经当上了教授。导师，我要怎样做，才能使梦想变成现实？”

导师：“少睡觉。”

启示

直接又风趣的回应令人忍俊不禁。

骗局

法律系正在进行答辩考试。

教授问一个学生：“请您告诉我，什么叫‘骗局’？”

学生想了半天，然后说：“教授，如果您判我这次考试不及格，这就叫‘骗局’。”

“为什么？”

“根据法典规定：骗局即利用对方在某些方面、某些情况的不了解，使对方受到一定程度的损失。”

启示

学生用出人意料的话语缓解了答不上来问题的尴尬。

襁褓中的孩子

一天，某人有意刁难瑞士大教育家彼斯塔洛齐，向他提出一个问题：“你能不能从襁褓中就看出，小孩长大以后会成为一个什么样的人？”

彼斯塔洛齐回答得很干脆：“这很简单。如果在襁褓中是个小姑娘，长大一定是个妇女；如果是个小男孩，长大就会是个男子汉。”

启示

巧妙地偷换概念可以帮助自己顺利解围。

双重人格

“我的委托人有双重人格，所以，法官先生，我请求您对他要宽容一些。”

“很好，我会考虑这一点。我要给他的每一种人格判5年刑。”

启示

顺水推舟，巧拒请求。

司机喝酒

一位汽车司机站在法庭上。

“我当时只是多喝了些酒，并没有

醉。指控书上说我喝醉了，是不对的。”

“正因为如此，”法官微笑着说：“我才没有判处你7天的监禁，而只判了你一个星期。”

启示

司机强词夺理，将“只多喝了些酒”和“醉了”分开，那么只有以牙还牙，宣称“7天”和“一个星期”也是不相同的。

跳过两次伞

爱德华应征入伍，成为一名伞兵。他还没有习惯坐飞机，上司就命令他跳伞——他只好跳了下去。

平安着陆后，他对上司说：“请您记住，我已经跳过两次伞了。”

“你明明只跳了一次！”

“不对！是两次：第一次和最后一次！”

上司听后，惊讶地说不出话来。

启示

强词夺理的辩解有时会让人瞠目结舌。

冷水和沸腾的水

有一次，法学家王宠惠在伦敦参加宴席。席间有位英国贵妇人问王宠惠：“听说贵国的男女都是凭媒妁之言，双方没经过恋爱就结成夫妻，那多别扭啊！像我们，都是经过长期的恋爱，彼此有深刻的了解后才结婚，这样多么美满！”

王宠惠笑着回答：“这好比两壶水，我们国家的夫妻好比是一壶冷水，放在炉子上逐渐热起来，到后来沸腾了。所以中国夫妻间的感情，起初很冷淡，而后慢慢就会好起来，因此很少有离婚事件。而你们就像一壶沸腾的水，结婚后就逐渐冷却下来。听说英国的离婚案件比较多，莫非就是这个原因吗？”

启示

比喻新颖独特，极具说服力。

血统

加拿大外交官郎宁在竞选省议员时，因幼年时吃过中国奶妈的奶水而受到政敌的攻击，说他身上一定有中国血统。郎宁反驳道：“你们是喝牛奶长大的，那身上一定有牛的血统了！”

启示

要强有力地反击对方无礼而愚蠢的攻击。

用腿签字

美国有位作家某次到一家杂志社去领取稿费。他的文章已经发表，可杂志社却一直拖欠稿费。出纳对他说：“真对不起，先生。支票已开好，但是经理还没有签字，您今天领不到钱。”

“早就该付的款，他为什么不签字呢？”作家有些不耐烦了。

“因为他摔伤了腿，躺在床上。”

“啊！我真希望他的腿早点好，因

为我想看着他是用哪条腿签字的！”

启示

直接回敬毫无道理的推脱。

思想太丰富了

埃梅是20世纪法国最著名的文学家之一。有一天，一名记者对埃梅抱怨说，现代社会阻碍了人类的自由发展。

“我不同意你这种说法，”埃梅温和地说，“我觉得我是完全自由的。”

“但是，毫无疑问，你得承认你的自由受到了限制。”

“这倒是的，”埃梅答道，“我不时发现我极大地受到词典的限制。”

启示

用一个实际例子风趣地解答了这个抽象且复杂的问题。

统计数字

大仲马的作品多曲折感人，而大仲马又有很多私生子，所以，讥讽他的人往往把他的作品比作他的私生子。

最使他头痛的是巴黎统计学会的秘书长李昂纳。这人是大仲马的朋友，每次举统计数字的例子，他总是说大仲马的情妇和私生子有多少。

有一年该统计学会开年会，大仲马估计李昂纳又要大放厥词，说他的坏话了。于是，他请求参加年会，并获得了批准。果然不出大仲马所料，李昂纳又以他的情妇和私生子的数量为例进行数字统计。

李昂纳报告完毕，大会主持人请大仲马致辞，一向不愿在大庭广众之下发表演讲的大仲马，这次却破例登台说：“所有统计数字都是撒谎的，包括有关本人的数字在内。”听众哄堂大笑。

启示

一句话否定了一切，简短风趣地化解了对方的说法。

最佳答案

有一次，法国的一家报纸进行了一次有奖问答，其中有这样一个题目：如果法国最大的博物馆卢浮宫失火了，情况只允许抢救出一幅画，你会抢救哪一幅？

在该报收到的成千上万份答卷中，贝尔纳以最佳答案获得该题的奖金。他的回答是：“我会抢救离出口最近的那幅画。”

启示

离现实最近的答案就是最好的答案。问得独特，答得巧妙。

避雷针与婴儿

美国物理学家富兰克林向人们展示他新发明的避雷针。一个阔太太问：“这东西有什么用呢？”

富兰克林回答道：“夫人，新生的

婴儿又有什么用呢？”

启示

避雷针就如新生的婴儿，看起来是没有用的，却有着无尽的潜力。直观的对比使人明白了新发明的意义所在。

不是洗澡堂

德国女数学家爱米，虽已获得博士学位，但仍无开课资格，因为她需要另写论文后，教授们才会讨论是否授予她讲师资格。

当时，一些男性对女性抱有很深的成见。著名数学家希尔伯特十分欣赏爱米的才能，他到处奔走，要求批准她成为哥廷根大学的第一名女讲师，但在讨论会上还是出现了争论。

一位教授激动地说：“怎么能让女人当讲师呢？如果让她当讲师，以后她就要成为教授，甚至进大学评议会。难道能允许一个女人进入大学最高的学术机构吗？”

另一位教授说：“当我们的战士从战场回到课堂，发现自己拜倒在女人脚下读书，会做何感想呢？”

希尔伯特站起来，坚定地批驳道：“先生们，候选人的性别绝不应成为反对她当讲师的理由。大学评议会毕竟不是洗澡堂！”

启示

运用一针见血的比喻和直接深刻的言语，对谬论进行了有力的反驳。

感觉相同

一天，爱因斯坦在冰上滑了一下，摔倒了。身边的人忙扶起他，说：“爱因斯坦先生，根据相对论的原理，你并没摔倒，对吗？只是地球在那时忽然倾斜了一下？”

爱因斯坦说：“先生，我同意你的说法，可这两种理论对我来说，感觉都是相同的。”

启示

面对意想不到的比较，要灵活地指出其中的相同之处。

关于上帝

爱迪生不仅在科学领域里发明了大量东西，还善于机智地回答记者们提出的各种古怪的问题。

一次，有个记者问他是否应该给一座正在修建的大教堂装个避雷针。他毫不犹豫地答道：“当然。因为上帝往往是粗心大意的嘛！”

记者又问他是怎样想象上帝的，爱迪生说：“先生，没有质量，没有重量，没有形状的东西是无法想象的！”

启示

以风趣的答案回答古怪的问题。

来不及考虑

爱迪生75岁时仍到实验室上班。有个记者问他：“爱迪生先生，你打算什么时候退休呢？”

爱迪生装出一副十分为难的样子，说：“糟糕，我活到现在还没来得及考虑这个问题呢！”

启示

这是一种非常模棱两可的回答，可以理解成“这可说不定，我也不知道。”也可以理解成“还早着呢，我现在还用不着考虑这个问题。”这样一来，可以回避比较敏感的核心问题。

巧妙的比喻

一天，有人问英国光学界权威富兰克林：“为什么一个物体在我们视膜上的像是倒立的，而我们都不会感到物体是倒立的呢？”

富兰克林想了一下，回答说：“当你两耳同时听到一个婴孩啼哭时，为什么马上能肯定啼哭的不是双胞胎呢？”

启示

巧用比喻会得到非常明显的效果。

鲸鲨与作家

马克·吐温收到一位初学写作的青年的来信。写信人对这样一个问题颇感兴趣：听说鱼骨里含有大量的磷，而磷可以补脑，那么要成为一个举世有名的大作家，就必须吃很多很多的鱼才行，不知道这种说法是否符合实际。他问马克·吐温：“您是否吃了很多很多的鱼，吃的又是哪种鱼呢？”

马克·吐温回信说：“看来，你得吃一条鲸鲨才成。”

启示

面对奇怪的问题，可以用幽默的方式回答。

情书和遗嘱

海明威住在美国某州时，适逢这个州竞选州长。有一个参加竞选的议员知道海明威很有声望，想请海明威替他写篇颂扬文章，帮他多拉一些选票；当他向海明威提出这一要求时，海明威一口答应翌日将派人送去。

第二天清早，议员高兴地收到了海明威派人送来的一封信，拆开来一看，里面竟是海明威的太太过去写给海明威的一封信。议员以为是海明威匆忙间弄错了，便把原件退回，顺便又写了一张便条请海明威帮忙。

不一会儿，海明威又派人送来第二封信，议员打开一看，里面竟是一张遗嘱，于是，议员就亲自找到海明威问个究竟。

海明威无可奈何地说：“我家里除了情书以外，只有遗嘱了。你还能叫我拿什么东西给你呢？”

启示

“我没有你要的东西，你也看见了，所以我没有办法帮你。”也只有洒脱的人会采取这样幽默的拒绝方式。

戴手套

马克·吐温在著名画家惠斯勒的画室参观时，伸手去摸了一幅油画。惠斯勒装做生气的样子喊道："当心！难道你看不出这幅画还没干吗？"

"啊，没关系，反正我戴着手套。"马克·吐温答道。

启示

假装糊涂，避开对方的锋芒，如此回答让人哭笑不得。

辨别假眼

美国有一位百万富翁的左眼坏了，他花了很多钱请人装了一只假眼。这只假眼装得真好，乍一看，谁也不会认为是假的。于是，这百万富翁十分得意，常常在人们面前夸耀自己。

有一次，他碰到马克·吐温，就问道："你猜我哪一只眼睛是假的？"

马克·吐温指着他的左眼说："这只是假的。"

百万富翁十分惊异，问："你怎么知道的？"

马克·吐温说："因为你这只眼睛里还有一点点慈悲。"

启示

看似平淡的回答中蕴含着强烈的讽刺。

以鸟喻人

音乐家西贝柳斯同一位批评家在公园散步。小鸟在枝头婉转地歌唱，批评家说："它们才是这世上最有才能的音乐家。"不一会儿，一只乌鸦飞来，西贝柳斯说："它才是最优秀的批评家。"

启示

两人用同样的逻辑针锋相对，妙趣横生。

在无赖和愚蠢中间

一天，谢里登从朋友处回来，走在伦敦的街上，迎面碰上了两个公爵。这两个人平时总爱挖苦这位作家出身的议员。

他俩很亲热地与谢里登打了招呼，其中一个拍拍他的肩膀说："喂，谢里登，我们正在争论你这个人是更无赖些还是更愚蠢些呢？"

"哦，"谢里登立即抓住他们中的一人说，"我相信我正处于这两者之间，这就是答案。"

启示

巧妙的回复帮助谢里登迅速挽回了面子。

不费神的阅读

德国作家库尔德·拉斯维茨在回答记者关于他最喜爱什么样的书籍的问题时说，他只读歌德的作品和庸俗的惊险小说。记者对这位大作家如此古怪的阅读趣味大惑不解。拉斯维茨进一步解释道：

“你知道，我是一名职业作家，总爱情不自禁地对所读的作品分析品评一番。这样做是很费神的。而读上述那两类书籍，则可以省去这种麻烦，让脑子完全休息。因为，歌德的作品太高超了，简直不容置评；而庸俗的惊险小说又太低劣了，根本不值一评！”

启示

观点奇特，却能够自圆其说。

反击旅行家

德国大诗人海涅是犹太人，常常为此遭到无理攻击。在一次晚会上，一个旅行家对他说：“我发现了一个小岛，这个岛上竟然没有犹太人和驴子！”

海涅不动声色地说：“看来，只有你我一起去那个岛上，才会弥补这个缺陷！”

启示

瞬间便有力地反击了对方，真是才思敏捷。

反守为攻

一次，但丁在参加教堂的仪式时，陷入了沉思，在举起圣餐时忘记跪下。

他的几个对头立刻跑到主教那里告状，说但丁有意亵渎神圣，要求予以严惩。在宗教统治的中世纪，这一罪名非同小可，更何况但丁还是个反教皇党人。

但丁被带到主教那里，他听过指控以后，辩解说：“主教大人，我想他们是在诬蔑。那些指控我的人如果像我一样，把眼睛和心灵都朝着上帝的话，他们就不会有心神东张西望了。很显然，在整个仪式中，他们都是心不在焉的。”

启示

换个角度阐述问题，一句话便能逆转形势。

帽子和脑袋

丹麦童话作家安徒生很俭朴，常常戴着破旧的帽子在街上行走。

有个路人嘲笑他：“你脑袋上边的那个玩意儿是什么？能算是帽子吗？”

安徒生回敬道：“你帽子下边的那个玩意儿是什么？能算是脑袋吗？”

启示

用很强的思辨能力进行反击，更胜一筹。

不弯腰鞠躬

一次，沙皇召见乌克兰伟大的诗人谢甫琴科。宫殿上，文武百官都向沙皇弯腰鞠躬，只有诗人凛然直立。沙皇大怒，说：“你为什么不向我弯腰鞠躬？”

诗人冷笑着说：“陛下要见我，我要是像他们一样弯腰鞠躬，你怎么看得清我呢？”

启示

诗人用巧妙的语言回击了不可一世的沙皇。

4个仆人

德国小说家、作曲家霍夫曼到柏林的一个新贵家做客。餐毕，主人领他参观豪华住宅。谈到仆人，这位暴发户漫不经心地说他一个人需要3个仆人服侍。谁料到，小说家说他单洗澡就有4个人来服侍：一个给他放好浴巾，一个负责试水温，还有一个检查水龙头。

“那么第4个呢？”暴发户迷惑不解地问。

“他是最关键的——他代我洗澡。”小说家说。

启示

真是妙语一出，便压倒了暴发户。

起誓

美军值班时不允许玩牌。但天黑后三个老兵——一个天主教徒、一个新教徒和一个无神论者——偷偷地玩起牌来。结果丢了弹药，被告到司令部。

天主教徒说：“我向圣母玛利亚起誓，我没玩牌！”

新教徒也向马丁·路德起誓，说他也没玩。

最后轮到无神论者了。他一时想不起该向谁起誓，便灵机一动，说：“将军，我一个人能玩牌吗？”

启示

一个人的智慧反映在是否能够随机应变的能力上面。无神论者充分利用了前面两个人的回答，反应迅速，急中生智。

乌云与蛤蟆

俄国著名寓言作家克雷洛夫长得很胖，又爱穿黑衣服。一次，一位贵族看到他在散步，便冲着他大叫：“你看，来了一朵乌云！”

“怪不得蛤蟆开始叫了！”克雷洛夫看着臃肿的贵族答道。

启示

信手拈来，讽刺更胜一筹。

我和我们

苏联诗人马雅可夫斯基15岁就参加了布尔什维克，对共产党有着深厚的感情，常常把“十月革命”亲切地抒写为“我的革命”。

有人刁难他，说道：“你啊，在诗中常常写我、我、我，难道还称得上是无产阶级集体主义的诗人吗？”

诗人幽默地反唇相讥：“向姑娘表白爱情的时候，你难道会说我们、我们、我们爱你吗？”

有一次，在朗诵会上，马雅可夫斯基朗诵自己的新作之后，收到一张纸条。纸条上说：

“马雅可夫斯基，您说您是一个集体主义者，可是您的诗里却总是我、我、我……这是为什么？”

马雅可夫斯基宣读了纸条上的内容后，说：“尼古拉二世却不然，他的讲话里总是我们、我们、我们……难道你以为他是一个集体主义者吗？”

启示

有理有据，用严密的逻辑思维赢得辩论。

肆无忌惮的政客

两位老战士在谈论一个参加竞选的政客。

“嘿，这个蛊惑者真是个小丑。”其中一位老战士说，“他宣称准备流尽最后一滴血，而实际上他十分珍惜每一滴血。”

“嘿，你为什么这样说呢！”第二个老战士提出了不同意见，“你没听见他说他在法国经常待在子弹最多的地方。确实是这样。”

“请说得具体些，他曾待在哪里？”

“中央军火库。”

启示

特意制造人思维的中断，从而突出幽默效果。

向议员“道歉”

有一次，在下议院里，谢里登和另一位议员争论起来，他对这位议员言不由衷的行为感到愤慨，并当面指责他是个骗子、说谎家。第二天，下议院议长要求谢里登向那位议员道歉，因为他的话带有侮辱性。谢里登回答说：“我是说过那位尊敬的议员先生是个说谎家，这一点儿不假，对此，我深表歉意。”

启示

换汤不换药，虽然加上了“我深表歉意”几个字，但是在重复了一遍曾经说过的话之后，似乎加重了指责的语气，起到了进一步肯定的作用。

马的即兴表演

德国明星昂扎曼恩在柏林剧院演出时，喜欢即兴发挥几句，害的跟他搭档的演员无所适从。因此，导演让他不要再搞什么即兴创作。第二天夜场，当他骑在马上出台时，马竟然在台上撒起尿来，引得观众捧腹大笑。

“你怎么忘了，”昂扎曼恩对马厉声喝道，“导演是不许我们即兴表演的。”

启示

将人与人之间的话语用在与马的沟通上，并且在不知不觉中传达了“马憋不住了，这并不是演出中的既定内容”这样做显示出了昂扎曼恩的即兴表演天分。

议员的脑子

某人听说进行某种手术可以使他得到一个新的脑子，于是他走进医院，问医生有什么样的脑子可供移植。

“这是一位出色的工程师的脑子，

每盎司500元。”

“还有什么？”

“这是一位律师的脑子，1000元一盎司。”

“还有什么？”

医生们面面相觑，示意他走到一个被遮住的容器前面。他们轻声说：“这是一位议员的脑子，每盎司要25万元。”

“啊！为什么这么贵？”那人惊呼道。

医生们对他说：“第一，这个脑子几乎没有被使用过；第二，你知道得有多少个议员才能凑齐一盎司的脑子吗？”

启示

看似平常的对话透露出强烈的讽刺意味。

音乐和流感

俄国作家赫尔岑在一次宴会上被轻佻的音乐弄得非常厌烦，便用手捂住耳朵。

主人解释说：“对不起，现在演奏的都是流行乐曲。”

赫尔岑反问道：“流行的乐曲就一定高尚吗？”

主人听了很吃惊：“不高尚的东西怎么能流行呢？”

赫尔岑笑了：“那么，流行性感冒也是高尚的了！”说罢，头也不回地走了。

启示

运用类比手法，瞬间抓住对方的破绽并进行反驳。

病人从不开口

亚桑密大夫在门诊值班时，一眼认出了患者是过去学医时的老同学。久别重逢，十分高兴。他们亲热地交谈起来。亚桑密大夫问：“你在做什么工作？”

老同学回答道：“我现在是兽医。”

大夫不解地笑着说：“兽医？你怎么干起兽医来了？太可惜啦，我才是真正的大夫……好啦，不谈这些了，你身体哪儿不舒服？”

兽医没有回答大夫的问话，只是哞哞叫了两声。大夫又问他一遍哪里不好受，兽医又哞哞叫了两声。

大夫不耐烦了，着急地说：“你不告诉我哪里不好受，我怎么给你看病？”

兽医微笑着说：“你看，当兽医容易吗？我的病人从来不对我讲它哪里不好受……”

启示

通过特殊的类比方式让朋友设身处地了解自己的感受。

吃掉国土

有一位军队长官下连队视察时，正碰上士兵吃午饭。

“你们连队伙食如何？”长官问。

“报告长官，米饭里泥土太多。”一个士兵回答。

“你们入伍是为了保卫国土，怎能挑剔伙食？”

“是的！可这样让我们天天吃掉国土，对吗？”士兵反问。

启示

有理有节地进行反驳，十分巧妙。

两头笨驴

某人想送他的儿子到学校念书。老师说：“我们可以收下他，只是你要交足20法郎的学杂费。”

“什么，20个法郎？这么多呀！我可以用它买一头驴了。”

老师说：“假如你真用20法郎去买驴，不让孩子上学，那将来你家就会有两头笨驴了。”

启示

运用假设手法，再加上通俗易懂的比喻，辩驳得失礼而不失理。

不怕您笑话

“您是演员吧？我是银行职员。说出来不怕您笑话，我已经有10年没去过剧院看戏了。”

“哪里哪里，”演员说，“我也有将近10年没去过银行了。”

启示

表面上是谦虚，实际上是互相藐视。

不同裁判

两名法学院的大学生在争论一个重要的问题：学习法典的时候可不可以抽烟。他们各执己见，相持不下，最后他们一起去问拉比。

“拉比，”一个学生先问，“在学习法典时能吸烟吗？”

拉比生气地说道：“不行！”

另一个学生走近拉比，说道：“他问得不对。是这样，拉比，当人们在抽烟的时候可以学习法典吗？”

“当然行！”拉比高兴地裁决道。

启示

同一个动作，换一个说法，似乎就有高尚和堕落之分。辩论中交织着思维的火花。

“草稿”

火车上，一个著名女作家同一个新教牧师讨论有关《圣经》的问题，牧师最后说：“不管怎样，您得承认上帝创造男人先于创造女人。”

“我不反对您的看法，我自己正是运用这种方法进行创作的。当我准备出书时，首先要打好草稿，然后进行加工，所以草稿总是比书早写出来。”

启示

女作家真是善于思辨，其潜台

词是：男人并不优于女人。

播音员

在20世纪60年代，在佛罗里达州无人驾驶宇宙飞船“双子座2号”的发射现场，有一个无线电台的实况广播员是在事先就把他的广播稿写好的。发射前的倒数刚一结束，广播员就念道：“宇宙飞船起飞了。巨人般的火箭腾空而起，升到了佛罗里达州的蔚蓝色的天空中，向大西洋上空飞去。火箭发出雷鸣般的吼声，震耳欲聋。”

当他抬头一看，发现火箭仍然一动不动地留在发射台上。他灵机一动，说：“突然，奇迹出现了，有四条长长的金属手臂伸出去抓住了火箭，把它拉回到发射台上！”

启示

灵机一动，自圆其说。

关于诗

马雅可夫斯基演讲刚结束，一位不怀好意者站出来说：“马雅可夫斯基，你的诗不能使人沸腾，不能使人燃烧，不能感染人。”

诗人笑着说：“我的诗不是火炉，不是烈火，不是鼠疫。”

台下立即掌声如雷。

启示

攻击得含蓄斯文，回敬得妙趣横生。

发展装甲部队

装甲兵司令在国会上极力主张大规模发展装甲部队。

“装甲就是一切。”他以这句话结束了自己的演说。

一位国会议员说：“将军阁下，难道您不知道恐龙灭绝就是因为装甲太重、头太小的缘故吗？”

启示

巧用一个有趣的对比来进行反驳。

机智的报幕员

“尊敬的女士们、先生们：下面我们将请在国际比赛中多次获奖的世界著名艺术家用小提琴为我们演奏几首美妙的乐曲。”报幕员对观众说。

“可我根本不是什么小提琴家，”艺术家不好意思地对报幕员说，“我是钢琴家。”

“女士们、先生们，”报幕员说，“不巧，小提琴家把小提琴忘在家里了，因此，他临时决定为大家演奏几支钢琴曲。这机会更难得，请大家鼓掌。”

启示

这个世界并不害怕失误，而是害怕失误之后想不到补救的方法。

第六部分

THE SIXTH PART

情绪管理

不能同路

一对夫妇吵架闹得很凶，后来，丈夫觉得后悔，就把妻子带到街上去看一辆马车，马车前的两匹马正拖着满载的车子艰难地行进。“为什么我们不能像那两匹马一样一齐拉车，共同走完人生？”丈夫轻声说。“我们不会那样的，”妻子说，“因为我们中有一头驴子！”

启示

学会控制自己的情绪，让暴躁的性情温和起来，携手共进。

睡不好

一个投资者对他的同事抱怨说：“股市变化无常，我不是夜不能寐就是经常做恶梦。”

“我倒总是睡得像个婴儿似的。”他的同事说。

“怎么说？”投资家问道。

“我每三四个小时就会醒来大哭一场！”同事说。

启示

即便是面对风云莫测的股市行情，也要保持一颗冷静的心。

路费

一对年轻夫妇吵架，妻子无法忍受，一边哭一边收拾行李打算回娘家。丈夫也很生气，扔给妻子一沓钞票，说：“给你路费！”妻子拿过来数了数，哭道：“才这么一点，只够买单程车票！”

启示

夫妻之间要互相谦让、相互理解、相互包容。

设身处地

一天，丈夫外出弄脏了白外衣，便借了朋友一件黑外衣穿回家。到了家门口时，看门的家犬狂吠不止，并试图扑向他。丈夫很生气，正想拿起一根木棒打它时，妻子出来说：“算了吧，别打它。”

“这条狗真可恶！”丈夫生气地说，“连我都认不出来。”

“亲爱的，你也设身处地为它想想，”妻子说，“假如有天这条白狗跑出去，变成一条黑狗回来，你认得出来吗？”

启示

聪明的妻子来了个小小的幽默便化解了丈夫的怒气。

机场服务小姐

某日在丹佛机场，一架联合航空班机因故停飞，机场柜台人员必须协助该班机的所有旅客转搭其他飞机。柜台前排满了办手续的人。

这时候有一名男子从排队的人群里一路挤到柜台前，将机票甩在柜台上并说：“我一定要上这架飞机，而且是头等舱！”

服务小姐很客气地回答说：“先生，我很乐意为你服务，但我要先替这些排在前面的人服务。”

此时，男子很不耐烦地说："你知道我是谁吗？"

只见这位柜台小姐从容地拿起麦克风广播道："各位旅客请注意：23号柜台前有一位先生不知道自己是谁，如果有哪位旅客能帮他辨识身份的话，烦请到联合航空23号柜台，谢谢！"此时排在后面的旅客都忍不住笑了出来。

启示

具备这么强的自我控制能力，真是令人佩服至极。

都弄错了

从纽约飞往日内瓦时，一个人老是纠缠和戏弄机上的空姐。尽管如此，空姐还是耐心地回答他提出的问题。突然，那讨厌的家伙对空姐说："你是我见过的耳朵最聋的人。"

空姐不动声色地回敬道："而你是我遇到的最可爱的先生。不过，也许我们都弄错了。"

启示

管理好自己的情绪，巧妙应对外界侵扰。

方法各异

产品销售会上，销售额极其令人沮丧，经理训斥销售员道："我已经受够听够了你们拙劣的工作水平。如果你们无法胜任这项工作，会有人替代你们，卖出这些你们每个人都应引以为荣的有价值的产品。"

然后，他对一名曾是足球运动员的新雇员说道："如果一支足球队赢不了，会怎么样？队员们都得被撤换掉，不是吗？！"

沉默了几秒钟后，这名前足球运动员回答道："实际上，先生，如果整个队伍都有麻烦的话，我们通常只是换个新教练。

启示

即使是面对苛刻的责难，也要控制好自己的情绪。只有迅速冷静下来，才能更快地想到对策。

同时起飞

一位年轻男子急匆匆冲进机场候机大厅，向服务小姐问道："八点半飞巴黎的班机起飞了吗？"

"是的，先生，10分钟前已经起飞了。"男人并不死心，继续问："可我是头等舱的乘客，没有优待吗？"

"是的，先生。"服务小姐不紧不

慢地说，“头等舱和经济舱同时起飞。”

启示

懂得管理情绪的人有着良好的素质，再加点幽默则更添魅力。

爱挑剔的人

玛丽在午餐时点了一份煎鸡蛋。她对女招待说：“蛋白要全熟，但是蛋黄要全生，还必须能流动。不要用太多的油去煎，加一点胡椒，少放点盐。特别注意：一定要乡下快活的母鸡生的新鲜蛋。”

“请问一句，”女招待非常温和地说，“那母鸡的名字叫珍珍，是否合您的心意？”

启示

如果对任何事物都要求过高，这样的生活一定并不快乐。

短兵相接

在加拿大纽芬兰岛附近海域，一艘美国军舰和加拿大人通过海上无线电进行了如下对话。

美方：为了避免相撞，请将你们的航向向北调整15度。完毕。

加方：为了避免相撞，我们要求你们将航向向南调整15度。完毕。

美方：这是一艘美国战舰的舰长在和你们通话，我再说一遍，请你们调整航向！

加方：重复，请你们调整航向。完毕。

美方：这里是航空母舰“林肯”号，美国大西洋舰队的第二大舰只。另有3艘巡洋舰、3艘驱逐舰和若干支援舰艇护航。请你们将航向向北调整15度，重复，是向北调整15度，否则我们将采取必要的手段，以保证“林肯”号的安全！

加方：这里是一座灯塔。完毕。

启示

交流过程中要注重倾听和理解。许多误会就是从缺乏沟通开始的。

苹果和屁股

一位年轻的女教师在黑板上画了一个苹果，问学生们：“同学们，这是什么？”

学生们回答：“老师，这是屁股。”

老师见学生们说下流话，很气愤，跑到校长办公室，说学生们骂她。

校长来了：“同学们，谁叫你们侮辱老师？有人还在黑板上画了一个屁股。这是谁干的？”

启示

怀着宽容的心去面对问题，别人开心，自己也很轻松。

坑人的激情

“摆脱你的抑郁情绪，”医生告诉他的病人，“让日常生活充满激情。怀着激情起床！怀着激情去上班！怀着激情去做每一件事！”

一个星期过后，病人又来了，而且比以前更加无精打采。医生忙问他有没有遵照医嘱。

“问题就在这儿。”病人回答，“我怀着激情起床，怀着激情吃早餐，怀着激情吻别妻子——结果上班迟到了两个小时，然后我就被解雇了。”

启示

生活中需要激情，但过犹不及。

车牌号

两辆小汽车一不小心撞到一起了，驾驶员都撸起袖子恶狠狠地下了车。

其中一个司机一边指着自己的车牌号，一边对另一个司机吼道：“瞧瞧我的牌号！00544（动动我试试）！”

那个司机不甘示弱地回答：“你瞧瞧我的牌号！44944（试试就试试）！”

启示

与其“动不动就试试”，不如相互退让一步，各自海阔天空。

长发少年

“你哪儿不舒服？”眼科医生问一个长发少年。

“医生，我视力有些不好。”

“是啊，我根本看不见你的眼睛。你去理发馆挂号吧，然后再到我这里来。”

启示

医生尤其需要心地仁慈，性格温和。

出诊

帕特先生请了一位医生到家里来给妻子看病，他把医生让进里屋，自己坐在门外等。

不久，医生探出头来问：“帕特先生，有起子吗？”

过了一会儿，医生又要钳子。后来，又要锤子。

帕特先生终于忍耐不住了：“大夫，我妻子到底得了什么病？”

医生说：“不知道，我的药箱还没有打开呢！”

启示

不经意的行为却给他人造成了极大的恐惧。

动情的老歌星

一天，年逾古稀的法国歌星莫里斯·谢瓦利耶在后台和喜剧演员菲尔·西尔弗聊天。恰在此时，一群漂亮的女演员叽叽喳喳地从他们身旁走过。谢瓦利耶看着她们，不禁发出慨叹：

“唉，要是我再老20岁就好了！”

“你的意思是再年轻20岁吧？”西尔弗问道。

“不，要是我再老20岁，这些年轻的姑娘就不会使我烦恼了。”谢瓦利耶动情地说。

启示

人不能消除各种感情，却可以很好地控制自己的情感。

飞机遇险前后

1951年，美国喜剧作家斯克尔顿和他的几个朋友乘飞机去欧洲观光，他本人还将在伦敦雅典娜剧院演出。

当他们飞越阿尔卑斯山时，飞机的3个引擎突然熄火。情势非常不妙，大多数乘客开始惴惴不安地祷告起来。当飞机很快地降低高度抵近山巅时，斯克尔顿扮演起他最好的剧目中的一个逗人角色，以分散乘客的注意力。但许多人仍一本正经地祈祷着。终于，驾驶员把飞机稳稳地停在了一片较为开阔的山坡上。乘客们像逃离了地狱般地欢呼起来，而斯克尔顿说："现在，女士们，先生们，20分钟前的坏习惯可以恢复了。"

启示

身处危机之中还能较好地调节自己的情绪，显示出良好的心理素质。

富翁的价值

英国哲学家、诗人贝恩斯在泰晤士河上看见一个富翁被人从河里救了起来。那个冒着生命危险营救富翁的穷人，竟只得到一个铜元的报酬。围观的人被这富翁的吝啬激怒了，要把他再扔到河里去。

这时，贝恩斯立即上前阻止，说："放了这位先生吧，他十分了解自己的价值！"

启示

将满腔愤怒转化成强烈的讽刺，饱含深意。

跟踪犯人

一位警官追问那位跟踪犯人却让犯人逃走的刑警："为什么会变成这个样子？"

"我一直跟踪着犯人，直至他进了一家电影院。可是，这部电影我上星期已经看过了。"

启示

工作和生活是两回事。那位刑警可能不知道自己正在工作。

计程付钱

一天，美国女喜剧演员卡罗尔·伯内特乘出租车外出，到达目的地后，当她下车时，大衣后摆不小心被车门钩住了。司机没有察觉，踩动油门，汽车徐徐前行，伯内特不得不跟着跑了几步。

一位行人见此情景，赶忙拦住了车。司机帮伯内特松开衣服，关切地问道："你没事吧？"

“还好，”伯内特气喘吁吁地说，“可是，我还要再付你多少车费呢？”

启示

身处意外之中还能有一分幽默，体现了宽大的心胸与良好的心理素质。

炉火与肝火

有一次，牛顿写信给洛克，毫不留情地批评了他的著作。

在收到洛克极为不满的信后，牛顿复信说：“我记得我给你写过信，但不记得信里对你的书说了些什么。请你把信抄给我，我将尽可能加以解释。”他抱歉地解释说：“由于我经常坐在炉火旁，所以不能控制自己的肝火。”

启示

理智一些，宽容一些，人也会轻松一些。

律师的自由

“骗人！”辩方律师向控方律师大喊。

“说谎！”控方律师向辩方律师大叫。

法官用小木槌猛敲一下，冷冷地说道：“现在双方律师表明了自己的身份，继续审案吧！”

启示

公堂之上大放厥词，真是有失体统。

买不起自己的画

毕加索的绘画才能得到世人的公认。其画作被收藏家们以高价收购。价格之高，令常人却步，连毕加索本人也买不起。

一天，一些好友来到法国南部毕加索家里做客时，发现墙上挂着的全是别人的作品，自己的倒一幅也没有。

“为什么，巴勃罗？”有人问，“你不喜欢自己的画？”

“不是，恰好相反，”画家说：“我非常喜欢，不过太贵了，我买不起。”

启示

面对自己无法改变的事实，可以无奈，但更要豁达。

如愿以偿

在美术馆里，一位男士边欣赏一幅油画，边坐下来夸赞道：“多么不凡的天才之作啊！”他悄声对站在旁边的画家说：“我真希望能够把这些奇异的色彩带回家。”

“你会如愿以偿的。”画家答道，“你正坐在我的调色板上。”

启示

风趣的言语反映了平静轻松的心情。

神秘的信

特德夫妇收到一封神秘的信，里面夹着两张粉红色的高档音乐会的票。

这是他们想买而没有买着的票，然而信里没留下只言片语。他俩怎么也猜不着谁会这样关心、热爱他们。

音乐会精彩极了，特德夫妇非常高兴。可当他们兴致勃勃地回家时，只见房门大开，钱财被洗劫一空。是谁给他们的信，自然不必问了。

启示

贪小便宜吃大亏，这样的事情层出不穷。

使水沸腾的人

司布真是英国著名的宗教界人士，他以自己的口才和文才俘获了大批的支持者，也使他在20岁时就成了一名著名的传教士。当然，他免不了成为舆论焦点，不过他都能淡然处之。

一次，他又被评判他功绩的众多争论者所包围。一位朋友开玩笑地说："我听说您又掉入了热水之中。"

"不止我一个人在热水中，"司布真说道，"其他人也都在热水中，我不过是那个使水沸腾的人。"

启示

虽然声名显赫，但内心依然淡泊。

谁的代表作

毕加索听说法西斯德国惨无人道地炸毁了西班牙城镇格尔尼卡。悲愤之余，他创作了著名的立体主义作品《格尔尼卡》。

在巴黎的毕加索艺术馆，毕加索站在门口，给每一个进入艺术馆的德国军人一张《格尔尼卡》复制品。德国军官问他："这是您的代表作吗？"

"不，"毕加索说："这是你们的代表作。"

启示

用自己独特的方式表达内心的悲愤。

物归原主

佛教创始人释迦牟尼经过多次的人生选择，终于在菩提树下顿悟，达到超我境界。与他得道的艰苦经历一样，他的传道也远非一帆风顺。

有一次，有个男子用肮脏的话谩骂释迦牟尼，打断了他的讲道。释迦牟尼等他骂完后问他："如果一个人送礼物给另一个人，被送礼人拒绝收下这份礼物，那么礼物该归谁呢？"

"当然应该归送礼的人了。"那名男子回答。

"好吧，"释迦牟尼说，"我拒绝接受你的脏话，现在把它归还给你吧。"

启示

心情丝毫不受外界影响，内心岿然不动，这便是大师的境界。

勋爵的伤

有一个英国勋爵，身体擦破了点皮，就去召请著名的外科医生塞缪尔·夏普。夏普给“病人”检查后，立即吩咐勋爵的仆人赶快跑到药房去取药。

勋爵听到这急促的吩咐后，脸都吓白了。他紧张万分地问外科医生：“我的伤口看来很危险吧？”

“是的，如果您的仆人不尽快跑的话，那么我担心……”

“担心什么？”

“我担心，在他回来之前，您的伤口就已经愈合了。”

启示

小题大做往往会令人哭笑不得。

站着死

约翰逊在西敏寺选了一块墓地，作为自己死后的归宿。但在他临死前，人们才发现那块墓地早就有人占据了。不过，在两个坟墓之间还有一小块空隙，可以立着放进一个人。家人把这个事实告诉了生命垂危的约翰逊。约翰逊说：“既然可以站着生，那么也可以站着死，让我站着长眠于地下吧！”于是，他死后，人们就把他以站立的姿势埋进了地下。

启示

有着淡泊、豁达、从容的心境。

坐在钢琴前

一天，某地的剧院里要举办鲁宾斯坦独奏音乐会。音乐会开始前，鲁宾斯坦站在剧院的大厅里，看着一大批观众涌进来听他的音乐会。

包厢的服务人员不知道他就是演奏家，还以为他是个买不到票的观众，就提醒他说：“真对不起，先生，今天已没有位置了。”

鲁宾斯坦温和地说：“那我坐在钢琴前行吗？”

启示

风趣的回答呈现出良好的心理状态。

坐在炸药桶上

普特南是美国独立战争时的重要将领之一。在某场战争期间，一位英国少将向普特南提出决斗。普特南知道对方的实力和经验，如果真打起来，自己取胜的机会很小。于是他邀请这位英国少将到他的帐篷里用另一种方式决斗。

两个人各坐在一个很小的炸药桶上，每个炸药桶里都有根烧得很慢的导火线，谁先移动身体就算输。在导火线燃烧时，英国少将显得极度不安，而普特南则悠然地抽着烟斗。

看到旁观者纷纷走出帐篷，少将再也坚持不住了，从小桶上跳了起来，承认自己输了。这时，普特南才对他说：“这桶里装的是洋葱，不是炸药。”

启示

心理承受能力是个人素质的一个重要方面，应重视对它的锻炼。

现身说法

在一次战斗中，正当伏波元帅准备挥师出击的时候，一颗子弹飞来，削去了他指向前方的那根指头，他马上又伸出另一根指头，并对部下说道："先生们，正如你们刚才看到的，这就叫指挥若定。"

启示

心性坚忍，意志坚定，这就是大将之风。

第七部分

THE SEVENTH PART

轻松生活

无字天书

老张身体不适，决定去看医生。医生诊断后，在处方单上潇洒地写了一个大大的“！”，然后交给护士小姐。

老张看到后，心想：“我以为不是大病，没想到竟这么严重，医生都打了叹号。”于是连忙向护士小姐询问。护士小姐平静地答道：“没什么，医生的意思是要打点滴。”

启示

生活中不缺乏乐趣，缺少的是乐观、轻松的心态。

不能怪我

布莱克喜爱猎熊，可偏偏视力又不大好，曾几次差点把人当成熊。这天，布莱克动身去猎熊前，朋友怕他故伎重演，就找了张白纸，写上“我不是熊”几个斗大的字，贴在自己的背上，可狩猎才开始不一会儿，布莱克就打中了这位朋友的帽子。

“难道你没看见我背后有字吗？”又气又怕的朋友喊道。

“看见了。”布莱克应道。他又凑近仔细看了看，然后连连道歉：“唉，实在对不起，我没有看清这句话里的那个‘不’字。”

启示

聪明反被聪明误，真让人始料未及。

荣幸

一位刚刚获得荣升的上校到前线视察他将要接管的部队。他走到队列中一位有点羞涩的士兵面前时停了下来，说：“小伙子，头抬高点，即使在大人物面前也要挺起胸来。让我们握握手，你可以写信给家人，说你同上校握过手了，他们一定会为此感到骄傲的。小伙子，你爸爸是干什么的？”

士兵说：“报告长官，我爸爸是将军。”

启示

过于自信、骄傲会让人出丑。

吱一声

语文课上，老师把一个在课堂上睡觉的同学叫醒，让他回答问题。该同学睡眼惺忪，啥也说不出。老师说：“你会不会呀？不会也吱一声啊！”

该同学：“吱。”

启示

在沟通之中对对方意思进行无伤大雅的曲解，可以为生活增添很多轻松快乐。

泼水节

某旅游团去云南玩，正好赶上傣族

的传统节日——泼水节。旅游团中的一名男子问当地人：“你们为什么要互相泼水啊？”当地人对他说：“在泼水节时，别人向你身上泼水是对你的一种祝福，泼得越多就越吉利。”那人听后，也加入泼水的队伍中。突然，这个人大骂起来：“是哪个混蛋朝我泼水啊？！”

旁人不高兴了：“泼水节就是要泼水啊！”

这个人激动地说：“他泼的是开水！”

启示

恶作剧能够带来欢声笑语，但是可能那只是对非当事人而言，如果是当事人，也许更多的是哭笑不得。

情书的有效期

在德国的邮费不断上涨的时期，某报刊登了一则名为《情书》的小品文：最亲爱的丽娜，如你所知，我爱你，而且狂热地、永远地、诚心诚意地爱着你。这一保证有效期一年，并可以视情况变化而延长，为了节省开支，我不再给你写信，吻你365次。你的贝恩尼。

启示

风趣幽默的情书，减量而不减质。

请检点一些

一个救生员向游泳者提出警告：“请你自重，不要在游泳池里面小便。”

游泳者：“很多人都在里面小便的啊。”

救生员：“没错，但是先生，只有你站在跳板上小便。”

启示

其实无论是在跳板上还是在泳池里小便，结果都是一样的。但是如果把这些心照不宣的事情当着众人做出来或说出来，就会成为笑料。

小数点

数学家同女朋友在公园散步。女朋友问他：“我满脸雀斑，你真的不介意？”

数学家温柔地回答：“绝对不！我生来最爱跟小数点打交道。”

启示

风趣又不失情趣的话语令爱情升温。

第二种语言

一户鼠患严重的人家，找来一只善于捕鼠的猫。猫的工作效率极高，成绩卓著。随着同伴不断减少，鼠辈们深感不安。它们不断商量对策，却还是一只只地落入猫口。终于，只剩下最后两只老鼠了，老鼠甲对老鼠乙说：“你趁他睡觉时偷溜出去，如果没事再叫我出去。”老鼠乙乖乖地出去了，过了没多久，洞外传来小小的声音：“没事了，快出来吧！”老鼠甲蹑手蹑脚地跑出去，没想到一踏出洞口，就被一只大掌抓住。只见那只猫恶狠狠地说：“现在你知道第二种语言的重要性了吧！”

启示

现实生活中多一门技术就是多一种生存手段。

第二志愿

刚生产的妻子，对丈夫表示歉意：“你想要个男孩，偏偏我生了个女孩，真对不起！”

丈夫吻了一下妻子，安慰说：“没关系，亲爱的。这是我的第二志愿。”

启示

好个风趣而感人的回答。

发现新大陆

平平指着桌上的石膏像问外公：“这是什么人？”外公说：“这个人叫哥伦布，他是第一个抵达美洲的欧洲人。当时的人们都说哥伦布发现了新大陆。外公说完，看见平平站在小凳上，手里拿着放大镜，正在世界地图前仔细地看着。

外公问：“平平，你在找什么呀？”

平平头也不回地说：“外公，我也想发现新大陆！”

启示

童言童语，天真可爱，这也许就是很多有小孩的家庭特别其乐融融的原因吧。

飞得快

天空中掠过一架喷气式战斗机，小鸟看到后很惊奇。

小鸟：“妈妈，那只鸟怎么飞得那么快？”

鸟妈妈：“你在屁股上点把火，也能飞得像它一样快！”

启示

运用这样通俗易懂的比喻来解释一个科技含量很高的事物，令人哑然失笑。

反应迟钝

公园里的长凳上，依偎着一对恋人。

男问：“我能吻你一下吗？”

女没回答。

男又问：“你能让我吻一下吗？”

女还是不答。

男火了：“咦，你聋了吗？”

女嚷道：“你死了吗？”

启示

男女之间因为思维方式的不一样造成的误会常常成为人们生活中的欢乐剂。

疯子的智慧

在一间疯人院里，一个病人在半夜和护士吵闹，坚持说他不是疯子。于是，医生就来对他进行测试。医生拿来了一个手电筒，往天空照。

医生对病人说："你看见了手电筒所发出的光柱吗？如果你不是疯子，就请你沿着手电筒的光柱爬上去。"

疯子郑重其事地说："医生，虽然我不是疯子，但我也不是笨蛋。如果我爬到一半你把手电筒关掉，我不是要掉下来吗？"

启示

不光是疯子，很多正常人在犯一些低级错误的时候也会使周围的人哄然大笑。

回家拿睡衣

一天，一个小伙子到女朋友家玩，临走时下起倾盆大雨，女朋友劝他留下过夜，然后她去准备被褥。等她准备就绪走出来时，男朋友却不见了。一个多小时后，全身被淋得像只落汤鸡似的小伙子回来了。女朋友吃惊地问："你到哪里去了？"

小伙子上气不接下气地回答："我……我回家拿睡衣去了。"

启示

紧抱思维定势的小伙子傻得可爱，让人又好气又好笑。

记忆深刻

母女二人去参观女儿男朋友的画展。母亲发现其中一幅裸体人像酷似女儿，便问道："你没有光着身子给他画吧？"

"没有，"女儿答道，"他是凭记忆画的。"

启示

不同年代的人之间肯定有代沟。父母眼里很重要的事情在儿女看来有可能不值一提。这种对比通常能够使生活更添色彩。

竟然没穿鞋

一个波兰人看到朋友穿了一双鳄鱼皮鞋，大为羡慕。得知鳄鱼皮鞋价钱昂贵，他便决定自己去猎杀一只鳄鱼。

他找到一个沼泽，跳下水去和一只鳄鱼恶斗许久，好不容易才把鳄鱼拖上岸，却大叹一口气道："浪费了那么多时间，这只鳄鱼竟然没穿鞋。"

启示

如果目标不对再多的努力都会白费。

舅舅

舅舅到家里来做客，小文却对妈妈说："妈妈，我要去动物园看猴子。"

妈妈立怒道："看什么猴子？你舅舅就在这儿，你还去什么动物园！"

启示

生活中有许多话都有歧义。我们在说话时要特别注意，以免引起误会。

具体一点

教授正在家忙着赶写一篇学术报告。“亲爱的，”他对妻子说：“我的铅笔放在哪儿了？”

“不正夹在你的耳朵上吗？”妻子回答。

“没看到我忙得要死，你就不能说得具体一点，铅笔究竟夹在哪只耳朵上？”教授有些生气了。

启示

夫妻之间的相处充满了情趣，一些小小的冲突中也体现了这一点。

电报单

一位年轻女人走进电报局，用颤抖的声音请求电报员给她一份电报单。她填写了一份，把它扔了；接着写了第二份，又扔了。她终于写好了第三份，投入窗口，请求加急发出。

女人走后，电报员对这三份电报产生了兴趣，于是把前两份从纸篓里拿了出来。

第一份写着：“全完了。不想再见到你。”

第二份写着：“别再打电话，别想见到我。”

第三份的内容是：“乘最近的一班火车快来，等候回音。”

启示

有时，转瞬之间就能作出截然不同的决定。

漫长的付款期

一个人走进信用社，为一张婴儿床交最后一笔分期支付的款项。

“谢谢，”经理说，“现在这孩子怎么样了？”

“哎，”这个人回答说，“我很好。”

启示

现在，不少人都热衷于贷款。贷款时，一定要量力而行，避免长时间负债。

内在美

一个小伙子打扮得非常时髦，去找女朋友。女朋友见他油头粉面，很是反感，于是不满地说：“我讨厌你这种徒有其表的美，喜欢内在的美。”

小伙子一听，急忙解开外衣扣，指着胸前绣有牡丹花的绿色绒衣，说：“你看，我里面也是很美的。”

启示

把“内在美”偷换概念，说成“里面衣服的美”，小伙子看来是在故意逗女朋友开心。

男孩

儿童用品商店送给每位顾客的孩子一个气球。一个男孩想要两个气球，店员说：“非常抱歉，我们只给每个孩子一个气球。你家里还有弟弟吗？”

男孩非常遗憾地说：“不，我没有

弟弟，但是我姐姐有个弟弟，我想给他领一个。”

启示

天真稚气的要求让人莞尔一笑，不忍拒绝。

第三个愿望

有一位女子因为她的丈夫很花心，所以常常一个人孤零零的。某天当她在海边散步时，无意间捡到一个瓶子。在好奇心的驱使下，她打开了瓶盖。伴随着一阵烟雾，从瓶子里冒出了一个精灵！

“我的主人，谢谢你救了我！我可以答应你三个愿望。但是，无论你许什么愿，你的配偶都会得到你愿望的两倍。”

女子想到长久受丈夫冷落，决定好好犒赏自己。“我的第一个愿是：我要1000万元！”话音刚落，1000万元马上出现眼前。高兴归高兴，她脑海中出现丈夫莫名其妙得到2000千万元的得意模样，心中有些不悦。

“我的第二个愿望是：拥有一座大别墅！”说完，别墅就出现了。女子想到丈夫此刻拥有了两座别墅，心里很不是滋味。

“主人，你的第三个愿望呢？”

她想了一会儿，脸上露出诡异的笑容，说：“请你把我吓个半死！”

启示

也许不少夫妻都曾经做过这么一个梦：自己得到了所有，而伴侣变得一无所有。

难分难舍

有一对情侣，男孩送女孩回家，到女孩家楼下时，两人依依不舍，便在女方家门口拥吻起来。不一会儿楼上的灯全亮了，咚咚咚，女孩的爸爸下来了。门开了，女孩爸爸脸色非常不好地说：“小子，你没经过我的同意和我女儿出去，还这么晚带她回来，还在门口做出这种举动，这些我都不和你计较。但是，请你不要压在门铃上好吗！”

启示

生活中一个不小心，就会从甜蜜掉入窘境，让你难堪。

你也属于我

一对夫妻吵得不可开交，互不相让。最后，丈夫恼火了：“你走吧，把属于你的东西都带走，不要再回来了。”

妻子无可奈何地收拾东西，最后提着一只旅行袋，把一只空麻包往丈夫身上一扔：“你钻进去。”

“干什么？”丈夫吃了一惊。

“你也属于我，我要把你也带走。”

启示

夫妻二人在斗嘴时流露出的真挚情感，就如甜言蜜语一样，让人难以忘怀。

谦虚

一日，小强打的外出，与司机师傅闲聊，顺便恭维了一句："你车开得挺好。"

司机师傅谦虚地说："开得不好，瞎开。"

女友画了一张漫画，小强恭维一句："这画画得挺好。"

女友谦虚地说："画得不好，瞎画。"

"你长得挺好看。"小强恶作剧般地接了一句。

"长得不好，瞎长。"女友非常谦虚地说。

启示

很多生活中的语言本身只是一种约定俗成，可是如果盲目按照程式说话，不灵活应变，有时候就会弄得啼笑皆非。

亲密无间

新婚之日，新娘深情地对新郎说："从今以后，咱俩别再说'我的'了，要说'我们的'。"新郎进浴室去洗澡，好一阵子还不见出来。新娘问道："你在干吗？"

"亲爱的，我在刮我们的胡子。"

启示

结婚意味着生活状态的改变。新人需要时间适应这种改变。

热心的尴尬

小王看到新来的漂亮小姐满脸疑惑地站在碎纸机前，于是热心地上前询问其是否需要帮忙。小姐道："啊，是的，这个东西怎么用呢？"

小王从小姐手中拿过纸来，放入碎纸机中，开始示范如何操作，但小姐仍然是满脸疑惑。于是小王又问："有什么不懂的吗？"

小姐道："是啊，到底复印件从哪儿出来呢？"

启示

没有问明白就鲁莽行事，本来要复印，却把原件给粉碎掉了，真是令人哭笑不得。

傻瓜

某人去动物园看猩猩，首先向猩猩敬礼，猩猩便模仿其敬礼；接着又向猩猩作揖，猩猩便也模仿其作揖。某人大喜，又向猩猩扒眼皮，不料猩并未模仿，而是打了他一巴掌。某人生气地质问饲养员，饲养员告诉他，在猩猩的语言里，扒眼皮是骂对方傻瓜的意思，所以猩猩要打他。某人大悟。次日，某人再去动物园，想要报复。他向猩猩敬礼，作揖，猩猩都跟着模仿，于是他拿出一根大棒子向自己头上打了一下，然后把棒子交给猩猩。不料猩猩这次又没有模仿，而是向他扒了扒眼皮！

启示

动物是有灵性的。面对动物，人并不见得就一定会处于上风。

老板

一个人走进药房，对胖老板说：“请给我一瓶脱蓖麻子油。”胖老板从里头搬出一个铝梯，架好后爬到上面的储藏间，打开门，拿起一大桶子油将玻璃瓶倒满，关上门，然后爬下铝梯将瓶子交给顾客。

这时，另一个客人走进药房，说：“老板，给我一瓶脱蓖麻子油。”胖老板望了望上头，又爬上铝梯，倒好油，然后气喘吁吁地把油交给顾客。

第3个人走进药房，胖老板问：“你也要一瓶脱蓖麻子油吗？”顾客摇头，胖老板说：“那，请你稍等一下！”胖老板爬上铝梯，关好储藏间的门，然后爬下梯子，把梯子收进屋里，然后轻松地说：“好了！现在你可以告诉我你要什么了！”

第3个顾客说：“老板，请给我半瓶脱蓖麻子油。”

启示

多倾听，少断言，可以为自己减少许多麻烦。

童言

一个小男孩随怀有身孕的母亲去妇产科诊室，母亲不时地捂着肚子呻吟，男孩惊恐地问：“妈妈，你怎么了？”

“你的弟弟踢我呢！”母亲解释说，“他越来越淘气了。”

小男孩说：“你为什么不吞下个玩具给他呢？”

启示

孩子的天真幼稚，能够给生活营造出一片轻松愉悦的氛围。

屠夫的账

一个刚做了爸爸的屠夫气愤地说：“简直是疯了！加上产科医生的诊费、住院费和护理费，这个孩子竟然要800元1公斤！”

启示

不少人习惯从自己熟悉的角度观察一切事物。屠夫爸爸的职业性语言真是憨得可爱。

万能电脑

一女子来到一家售卖万能电脑的商店。推销员对她说：“你可以提出任何问题，这部电脑将会给你正确答案。”

于是，那女子写下她的问题：我爸爸在哪里？推销员将这句话输入，一会儿答案便出来了：你爸爸在海边钓鱼。

“乱讲！”女子说，“我爸爸已经去世10年了。”

“电脑是不会出错的，”推销员坚定地说，“不如你再试试用别的方式问问。”

于是那女子再问：我妈妈的丈夫在哪里？电脑回答说："他去世10年了，但你爸爸在海边钓鱼。"

启示

生活中也许有很多你并不知道的事情，真相会令你大跌眼镜。

望远镜

有位太太打电话到警察局说："警官，这里有位男子裸露身体。"

警官说："女士，我们马上就到。"5分钟后，这位警官到达现场。

警官问："在哪里？女士！"

太太说："就在这里，警官。他依然我行我素，毫无羞耻地裸露着。"

警官问："到底在哪里？女士！我并未看到任何裸体男子。"

太太说："他在隔壁大楼的某个房间里，你必须使用望远镜才能看到他！"

启示

用望远镜偷窥别人是不道德的，这女子却大肆宣扬，让人误以为是她被人非礼。真是令人啼笑皆非。

喜欢的颜色

一位女孩考到驾驶执照后第一次上路，结果车在一个红绿灯处熄火了。由于是单行道，后方的车越来越多，但她的车始终打不着火。车越多，女孩就越紧张，车就越打不着。红绿灯由红灯转为绿灯，又由绿灯转为红灯。这时，一位警察来到那女孩的车边，很亲切地对她说："小姐，你还没等到你喜欢的颜色？"

启示

人与人之间应该多一点谅解。我们要多多体谅他人的难处。

夏之猫

冬天时，漫天风雪，天气很冷。明生问他母亲："妈！我们一个个都穿了许多衣服，还不见暖。为什么猫一件衣服也不穿，倒不会冻死呢？"

他母亲笑道："傻孩子，猫长了许多毛，相当于穿了很多衣服，哪里还会觉得冷呢？"

过了几个月，明生从学校放暑假回来。一天，他母亲忽然看见猫从书房里跳出来，不觉大嚷道："哎哟！猫身上的毛怎么都被剃光了？"

只见明生由房里抢出来说道："现在天气热得很，我们的皮衣，老早都收起来了。猫身上还披着这么厚的毛衣，我怕它热坏，所以我帮它把毛剃光了。"

启示

儿童对于事物的认知能力很强，可是也常常容易一知半解。浪漫童真的确为生活增添了许多欢笑和几丝无奈。

笑不出来

摄影师："你不要总是哭丧着脸，要面带笑容。"

顾客："我笑不出来呀！"

摄影师："想一想你的亲人或是美好事物，你就会笑的，比如说想想你的爱人吧！"

顾客："我刚刚离婚。"

摄影师："那你就想再婚吧！"

启示

引导和激励别人要巧妙得当。

陌生人

有个画家，一点生意也没有。有人劝他将他自己与妻子画成像，挂在门外做广告。画家依计而行。

有一天，他丈母娘来看望，指着画上的女人，问女婿道："这个女人是谁？"

"就是您的女儿。"

"她为什么和这个陌生人坐在一起？"

启示

母亲都认不出画中的女儿，可见画家的画技很低。画家应该努力提高自身能力，才会有顾客上门。

寻妻

百货公司里挤满了人。一个男子走到漂亮的女店员面前。

"先生，想买什么？"漂亮的女店员问。

"我想跟你谈几句话，可以吗？"

"我很忙，你想说什么？"

"什么都可以，因为我太太不见了，不过我一跟漂亮的小姐谈话，她马上就会出现的。"

启示

夫妻相处有诀窍，关键是要找到能开启对方心灵的那把钥匙。

活该

某富翁在别墅里举办音乐会。朋友和熟人都到齐后，女主人请著名男高音歌唱家唱一首抒情歌曲。

"我倒是很愿意，"歌唱家说，"可时间太晚了，我担心您的邻居会说我们影响他们的休息。"

"那更好！"女主人激动地叫道，"他们那是活该。昨天晚上，他们家的狗也在我家窗下嚎叫，不让我们睡觉……"

启示

将著名男高音歌唱家唱的抒情歌曲与邻居家狗的嚎叫相提并论，无心快语的人常常犯这种毛病。不知道周围有多少人在心里面暗自窃笑。

昨天的火车

一个推销员经常乘坐某趟列车。一次他正在抱怨火车的常常晚点，忽然在那时火车准时到达了，使他惊讶不已。

他立刻走到车务管理员面前说：“我要敬你一支雪茄祝贺你。这趟列车我坐了15年，这是我第一次准时坐上火车！”

那车务管理员说：“请收回雪茄吧，这是昨天的火车！”

启示

我们经常会被事物的表象所迷惑，尤其是这种表象符合我们的期待的时候。

踢球

一个足球迷兴致勃勃地对女朋友吹嘘说：“对足球，就要像对情人一样，要有缠的功夫。一双脚要能像牛皮糖一样粘在足球上，那就绝了。”

女朋友：“然后就一脚踢开。那才真叫绝呢。”

启示

运用比喻时，一定要恰当，否则会引起误会。

冰棍点不着

加拿大某地有个烟鬼多次决心戒烟，总不见成效。他一边无可奈何地嘀咕着，一边又掏出一支烟美美地抽了起来。同伴忠告说：“抽烟害处大，又费钱。不如在想抽烟时买两根奶油冰棍试试。”

他马上接着说：“我早试过了，可冰棍怎么也点不着！”

启示

人一旦养成某种坏习惯，是很难改正的。

警察与球迷

英国某球迷因没弄到球票，只得爬到球场外的电线杆上观看足球赛。看了一会儿，一位警察朝电线杆走来。球迷见状刚要下来，只见警察摆摆手问道：“进球没有？”

“一比零，我们领先。”球迷答道。

“好！你在那儿看吧，小心点儿，别摔下来。”警察说完，喜滋滋地走了。

球赛即将结束时，警察又走过来问：“几比几了？”

“一比二，客队赢了……”

没等球迷说完，警察瞪大了眼睛怒吼道：“那你还有心思看？还不赶快给我下来！”

球迷见状急忙往下爬，刚爬到一半就听到球场内欢声雷动，警察忙说：“快上去看看谁又进球了！”

启示

我们不能像故事中的英国警察那样，因为自己的爱好而忘记了职责。

感情储蓄

当吉尔在一所大学里做兼职银行出纳员时，一个漂亮的小伙子几乎每天都到她的窗口来。小伙子不是存款就是取钱。直到把一张纸条连同银行存折一起交给她时，她才明白小伙子是为了她才这样做的。纸条上写着："亲爱的吉尔，我一直在储蓄这个想法，期望能得到利息。如果星期五有空，你能把自己存在电影院里我边上的那个座位上吗？我把你可能另有约会的猜测记在账上了。如果真是这样，我将取出我的要求，把它安排在星期六。不论贴现率如何，做你的伴侣将是十分愉快的。我想你不会认为这个要求太过分吧？以后再同你核对。真诚的彼得。"

她无法抵制这诱人、新颖的追求方法。

启示

新颖独特的情书中饱含着一片真情，使人无法拒绝。

含蓄

小乔治亚得到一个小鼓作为生日礼物。

过了几天，爸爸下班刚回到家，妈妈便说："我想楼上那个邻居一定不喜欢听乔治亚敲鼓的声音，不过他说得很含蓄。"

"他怎么说？"爸爸问。

"今天下午，他送了一把小刀给乔治亚，并且还问他知不知道鼓里头有什么东西，以致能发出那样动听的声音。"

启示

人与人之间的相处是讲究艺术的，对别人的不满最好能够含蓄一点表达出来，这样不至于破坏和谐的关系。

顾全脸面的人

一位青年给刮胡刀生产厂家写了如下一封信："各位先生，在这封信里我给寄去10美元，购买你们大做广告宣传的刮胡刀一把，预先表示谢意。"附言："十分抱歉，忘了装10美元，但我完全相信，像你们这样注重信誉的厂家，同样也会把刮胡刀寄给我的。"

很快，青年接到了这样的回复："尊敬的先生，您寄来的订货信已收到，我们已及时回复，并立即寄给您刮胡刀一把，希望您能喜欢。"附言："在匆忙中忘了装刮胡刀，但我们毫不怀疑，像您这样顾全脸面的人，可以暂时不使用它。"

启示

故事中的青年想算计人却被人反算计。实际上，"像您这样顾全脸面的人，可以暂时不使用它"表达的意思应该是"像您这样不要脸的人，等你给我们汇了钱你再买刮胡刀吧"。

还要送回去

丈夫从托儿所把孩子领回家。妻子惊讶地说："亲爱的，这不是我们的孩子呀！”

丈夫仔细一看，果然不是。他镇静地对妻子说：“的确不是。不过也无所谓，反正星期一我们还要把孩子送回托儿所的。”

启示

错领孩子回来，却以一句“反正还要送回去”平静对待。这样的父亲会被人笑掉大牙的。

分公司

一个男人站在街角，双手各拿一顶帽子，等着别人布施。有位行人停下来往一顶帽子里扔了个硬币，然后问：“另一顶帽子是干什么用的？”

“最近生意做大了，”那人回答，“我决定开家分公司。”

启示

有自信是好的，但不能自信过头。

经验

“妈妈，我男朋友很爱我。”

“你是怎么知道的？”

“每当他拥抱我时，我都能听到他的心在怦怦跳。”

“傻女儿，要当心啊，当年你爹就是揣着一只怀表使我受骗的。”

启示

经验之谈能使人避免损失。

教堂

热恋中的男女最近发现了一个谈情说爱的好地方。这个地方不必花钱，也不用担心警察干扰，而且可以日以继夜的待在一起，这个地方就是教堂。

越来越多的情侣到教堂谈情说爱，使牧师们十分困扰。有一位牧师在教堂的入口处立了一块告示牌，告示牌上面写着：本教堂晚10点以后熄灯。

第二天，谈情说爱的人不见减少。牧师疑惑地看了看告示牌，发现上面多了一行小字：请放心，我们不需要灯光。

启示

要找到事物的关键点，才能准确地达到目的。

简捷的回电

一个苏格兰人去伦敦，想顺便探望一位老朋友，但却忘了他的住址。他赶快给家里的哥哥发了一份电报：“你知道托马斯的住址吗？”

哥哥立刻回了加急电报：“知道。”

启示

要明白对方的真正意思之后再行动。

精美图案

一位顾客向饭店老板抱怨道：“我

觉得汤太稀了。”

“是的，这我知道，”老板回答，“我们是想让客人们好好欣赏一下盘子上的精美图案。”

启示

有些人会为自己的不足寻找冠冕堂皇的理由。这样做会给他人留下不好的印象。

等鞋落地

一个穷乐师住在伦敦中心一间公寓里，每天，不是半夜就是将近凌晨才回到房间。回到房间后，疲惫的乐师总是往床沿一坐，脱下两只皮鞋咚咚地抛在地板上，喃喃地说声“谢天谢地”，倒头便睡。

住在他楼下的一个穷房客，每天半夜都要被这咚咚两声惊醒，房客实在受不住了，就向乐师诉苦，善良的乐师感到非常抱歉，答应以后脱鞋时尽量把鞋放在旧地毯上。

第二天快一点钟时，乐师从俱乐部回到房间，照旧往床沿一坐，脱下一只皮鞋，咚的一声抛到地板上，他正要脱第二只皮鞋时，忽然想起他答应过的事情，于是非常小心地把另一只皮鞋轻轻地放在地毯上，然后睡去了。

一个小时以后，他被一阵猛烈的敲门声惊醒。住在楼下的那个房客站在他的门口，结结巴巴地恳求道：“快，快，快扔另一只皮鞋吧，我足足等了一个小时了，等你扔了才能入睡。”

启示

人的期待一旦形成，便很难改变。

结账

一位顾客慢条斯理地在餐厅中用餐。当侍者把账单送上时，他摸了摸口袋，假装惊慌失措地说：“糟糕，我的钱包不见了。”

侍者面无表情地问：“真的吗？”接着，他把这个吃霸王餐男人带到门口，大声命令他蹲下，然后用力一脚，把他踢到门外。

这时，坐在另一张桌上的一个顾客，主动走到门口蹲下来，然后回头对侍者说：“结账。”

启示

现学现用也是一种本事。

“假如这是一枚炸弹”

一位海军将军在舰上散步。他为了考验正在值班的新兵在紧急情况下的应变能力，随手把戴着的帽子脱下放在甲板上，对着值班士兵说：“假如这是一枚炸弹，你该如何处理？”

那位值班士兵看了一下，一言不

发，一脚把那顶绣了金丝的将军帽踢下大海去。

启示

实操能力与表达能力同样重要。

苹果睡了

夜已经深了，4岁的弗兰茨躺在床上要妈妈给他削苹果吃。

“现在太晚了，孩子，苹果已经睡觉了。”

“不会的，妈妈。小苹果可能已经睡了，大苹果一定还没睡。”

启示

小孩十分擅长用自己的逻辑去思考、分析。

丢三落四

“姐姐，你为什么哭呢？”小安娜问。

“地理老师只给了我2分，”姐姐呜咽着，“我忘记阿拉斯加在什么地方了。”

“你总爱丢三落四，”小安娜说，“到现在你还没想起把它放在什么地方了吗？”

启示

用拟人的方法批评他人，既合理又容易让人接受。

座右铭

霍普金斯先生希望班上所有同学牢牢记住这句座右铭：“给别人的要多，自己得的要少。”

约翰急忙站起来，大声地附和道：“老师，我爸爸就是这样的人。”

“啊，约翰，乖孩子，你爸爸是干什么的呀？”

“拳击手！”约翰响亮地回答道。

启示

教育孩子，应把道理说得浅显易懂。

别问成绩

亨利的姑姑来到他家做客，姑姑见到亨利，对他说：“亨利，我想送一件礼物给你，让你高兴高兴！”

“太谢谢了！姑姑。”亨利回答。

“不过，给你礼物之前，我要问问你的考试成绩如何。”

“得了吧！”亨利说，“如果你是真心让我高兴，就别问我的成绩。”

启示

让别人高兴的最好方法就是给他想要的、说他想听的，同时不要提会让他不高兴的事。

不再叫“妈妈”

鲍比十分淘气，整天缠着妈妈要这要那，嘴里也不停地叫着：“妈妈，妈妈！”有时，妈妈被吵得不耐烦了，就对鲍比说：“你再叫一声‘妈妈’，我就把你扔出去！”

鲍比不再吭声了。

过了一会儿，妈妈把他抱到床上睡觉，鲍比又开口道：“太太，我能喝点饮料吗？”

启示

在对方不高兴的时候随机应变，用幽默的方法来让对方开心，可以顺利达到自己的目的。

同一只猫

“别嘉，”女教师说，“你写的《猫》那篇作文与你哥哥的作文怎么那样相似？”

“这不奇怪，”别嘉答道，“因为我们俩写的是同一只猫啊！”

启示

巧用概念，有时可以化解尴尬。

成绩通知单

“妈妈，你听，邻家的小幸子把成绩单上的‘1’改成了‘5’，他妈妈发现了，正在狠狠地骂她呢！”

“那孩子真不像话，你可不是那样的人，对吧？”

“我才不像她那么蠢呢！我只把‘1’改成了‘4’！”

启示

人一得意，就容易露出马脚。

虫妈妈接来了

4岁的马克走过来神气地让妈妈看他手上爬着的一条毛虫。妈妈一见毛虫就全身一颤，可她却随口说了句逗孩子玩的话：“马克，快把它弄到外面去吧，它妈妈一定在找它呢。”

马克转身走了出去。妈妈以为达到了目的，谁知马克一会儿又进来了，手上爬着两条毛虫。马克得意地对妈妈说：“看，我把它妈妈接来了。”

启示

纯真的小孩有时无法正确理解大人含蓄的话语之中真正包含的意思，往往弄出一个始料未及的结果。与人沟通一定要避免误会。

导盲犬

约翰正要过马路时，看到一个盲人正带着他的导盲犬也要过马路。绿灯时，那只狗不带它的主人过马路，却在它主人的裤子上尿尿。不料，那盲人却把手伸进口袋，拿了一片饼干给导盲犬。

约翰很惊讶，对盲人说：“如果那是我的狗，我一定会踢它的屁股。”

盲人非常镇静地回答说：“是啊，我是要踢它，但是我必须要先找到它的头。”

启示

冷静能够使人想出有效的策略。

父子斗智

父亲见小约翰拖着两条长鼻涕，就说：“约翰，去擦掉鼻涕，我给你两分钱。”

小约翰听了，连忙跑出去，不一会儿

回来，向父亲要钱。父亲说："我没钱，只是哄哄你的。"

父亲话音刚落，小约翰就笑嘻嘻地说："爸爸，我也是哄哄你的，我把鼻涕吸进去了，你看。"小约翰说罢便"哼"了一声，两条鼻涕又流下来了。

启示

哄骗孩子不是教育之道，为人父母也要讲信用。

矫枉过正

"海伦，难道你不感到害臊吗？"正在客厅里接待客人的母亲对小女儿说，"你下楼的脚步声这么重，很不礼貌。以后要轻轻地下来。"

一会儿，海伦再次出现在母亲面前。

"妈妈，这回听见我下楼的声音了吗？"

"没有，乖孩子，以后都应当这样。不过，这回你是怎么下来的呢？"

"我是从扶手上滑下来的。"

启示

小孩的行为应该得到正确的引导和指导。父母不应盲目斥责小孩。

治失眠

一名彪形大汉到医院去，向医生请教治疗失眠的方法。

"这很容易，"医生说，"你只不过有轻微的神经衰弱。晚上当你躺到床上时，就默念数字，从1数到10，循环数，便能够轻松入睡。注意：贵在坚持。"

一个星期后，这个大汉又来到医院。他显得比上次来时更疲惫。医生吃惊地问他怎么会弄到这般田地。

病人说："我坚持每天晚上一躺到床上就不断从1数到10，可是每次数到8，我就跳起来了。"

"为什么呢？"

"我的职业是拳击教练。"病人回答。

启示

职业因素对人有着巨大的影响力。

采访上帝

一个记者抢先向报社发回一条关于煤矿事故的报道，开头是这样写的："上帝看到这幅惨景后，落泪了。"

编辑回电："不要去管什么矿井了。立刻采访上帝。"

启示

媒体要懂得抓住最吸引人的东西来报道。

从卧室飞跑

法官问被告："您的妻子肯定地

说，您对待她很残酷，她没法跟您生活下去，您有什么要替自己辩解的吗？”

“这是借口。她硬要让一只山羊住在我们的卧室里。可以想象，卧室里的气味很大。我无法忍受。”

“难道您就不能打开窗子吗？”法官问。

“那怎么行？这样的话，我所有的鸽子都会从窗户飞出去的？”

启示

人与人之间贵在相互体谅、理解。

精确

某报社编辑部主任办事讲究精确，他也同样以此要求与他一起工作的同事们。一次，一位记者送给他一篇会议报道稿审阅，他接过稿后认真地读起来。当读到这样一个句子时他抬起了头。那句话是：“3999只眼睛注视着讲台上的演说者。”

“这纯粹是胡说八道！”主任生气了。

“这可不是胡说八道，先生，”记者解释说，“会议参加者中有一位只有一只眼睛。”

启示

生活中不要太过吹毛求疵，不要在小事儿上钻牛角尖。

电报

弟弟用筷子夹着一封电报送给姐姐：“您的电报。”

“为什么用筷子夹着？”

“我怕触电。”

启示

儿童想当然地认为电报里面有电，充分说明了他们对事物的认知能力在一步步的加强。认识事物不能只停留在表面，要真正理解其内涵。

毕加索的画

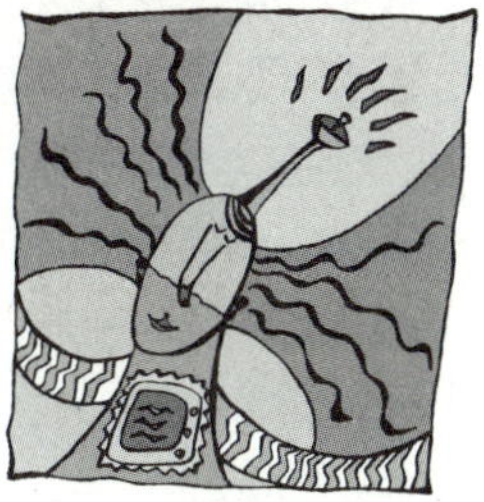

自从毕加索式的抽象画风行以来，许多人都以毕加索的学生自居。有一位画家举行了抽象画展，吸引了许多人。一位老太婆站在一幅画前，喃喃自语地说：“这究竟是在画什么呀？”

旁边有一位懂画的人说：“是画家的自画像。”

老太婆又问：“那右边的那一张呢？”

那人说：“是他太太。”

老太婆点头说：“希望他们别生孩子！”

启示

内行和外行的看法相差千里。如果你对一种事物一知半解，最好保持沉默，不然的话可能会贻笑大方。

电视病

有个年轻的妻子，她丈夫每晚连续看电视上的拳击节目，什么也不顾，她一气之下回到娘家。一进门，只见她父亲一个人坐在电视机前，也在看拳击节目。她问：“妈妈呢？”

她父亲头也没回，说：“回你外婆家去了。”

启示

同样的事情发生在女儿身上，也发生在了母亲身上。生活中很多情况是十分普遍，企业管理中也一样。

环境的钱已付过了

一个乡下人走进纽约的一家餐馆，要了一杯咖啡、一份丹麦点心，当他拿到账单时，不相信地盯着，“这是什么？”他问侍者，“咖啡和丹麦点心要10美元？一定是搞错了。”

“没错，”侍者答，“是10美元。”

“就咖啡和丹麦点心？”

“还有另外一些东西。”侍者向他解释，“例如，看到挂在墙上的那些艺术品了吗？它们值250万美元。我们的水晶吊灯是世界上最好的吊灯之一——值5万美元，地上的地毯值75万美元。总之，你不光得为饮料和食物付钱，还得为这个环境付钱。”

乡下人不情愿地付了款。“那就再来杯咖啡，来份丹麦点心吧。”他对侍者说，“别忘了——环境的钱我已经付过了。”

启示

有些时候，我们会为自己所忽视的东西付出代价。

百分之百

“医生，我恢复健康有多少把握呀？”卧床不起的病人问道。

“百分之百。”内科医生肯定地说：“病例记录表明，你患的这种病十有九亡。你是我治疗的第10个病人，前9人都死了，统计数字是不会出差错的，你一定会恢复健康。”

启示

人不能盲目乐观。

保留头发

一个头发稀疏的人去找医生，说：“您能不能给我点什么，使我保留我的头发呢？”

医生热心地说：“拿去吧。”说罢，递给他一个小塑料盒。

启示

面对力所不及的事情，不妨放宽心态。

电话催眠

医生深夜3点被电话铃吵醒。话筒里传来哀求的声音：“医生，我的失眠症又犯了，请问该怎么办？”

医生恼火地说：“抓紧话筒，听我给你唱一支催眠曲！”

启示

每个行业都有其辛苦之处。从业者要摆正心态，努力工作。

吹口哨

尼克和父亲坐火车外出。尼克在车上不时把头伸出窗外，父亲多次要他不要把头伸出去，尼克不听。这时，父亲迅速摘掉尼克的帽子，藏在身后，对他说：“看，你不听话，帽子飞走了。”尼克着急得哭了。父亲说：“好吧，吹声口哨，帽子就会回来。”尼克吹了声口哨，父亲迅速把帽子戴上。

“哎呀，这太妙了！”尼克快活地说着，一把摘下父亲的帽子扔出窗外。“现在该您吹口哨了，爸爸。”

启示

孩子对生活充满了好奇，要予以恰当的引导。

标本

一个叫罗伯特的美国渔民，把他捕到的最大的几条鱼做成标本挂在自己房间的墙上。每条鱼的下面都挂着一个小牌子，上面写道：“大鲤鱼。罗伯特·雷捕于银湖。”“鲶鱼。罗伯特·雷捕于埃赛斯河。”

妻子看到后，把罗伯特的大照片挂到墙上，下面也挂上了一个小牌子，写着：“罗伯特·雷。马丽·阿利丝·罗伯特捕于夫林特城。”

启示

幽默的效仿能够使人产生亲密感，让人感到生活的愉快和温馨。

吃了鸟的猫

“嘿，丹尼尔，”邻居女孩萨比娜一看见丹尼尔就气呼呼地告状：“你家的猫刚才把我的小黄雀吃了！”

“谢谢你告诉我，萨比娜，”丹尼尔很有礼貌地说：“这样，今天我就不给它喂晚餐了。”

启示

有些人习惯以自我为中心看待问题，这种自私的思维习惯不能有。

超车

一个人骑着骆驼走在沙漠中的公路上，见一辆轿车从后面开来，便将其拦下说道：“我觉得很热，想吹一下冷气，能否载我一程？”

“没什么问题啦，只是你的骆驼……”

“没问题，它会跟在你的车后的。”

车主半信半疑，以时速60公里开着。见骆驼很轻松地跟在后头，车主便将车速加至时速80公里，骆驼还是很悠哉地跑在车旁。此时车主想试试骆驼的能耐，便将车速加至时速120公里。“你的骆驼不要紧吧！我看到它伸出舌头了。”

"真的吗？伸向哪一边？"

"左边。"

"快把车子开向右边一点，它要从左边超车了。"

启示 人在特殊的环境中，也许能发挥出非凡的能力。

后到先买

一位妇女到市中心的百货商店买靴子。她看了颜色后又看式样，看了式样后又看光泽，挑挑拣拣，最后终于下定决心："售货员，请把我最先看过的那双靴子拿给我。"

"是哪一双？是不是红色的那双？"

"比红色的那双看得更早！"

"黄色的那双？"

"不，还要早！"

"哦，你要的是褐色绣花的？"见妇人点了点头，售货员抱歉地说，"它早在两小时前就被比您后到的一位顾客买走了。"

启示 对待事情虽然要慎重，却不能优柔寡断。若迟迟不能做出决定，别人就会占得先机。

长大要当探险家

"爸爸，我长大后要当一名北极探险家。"

"好极了，比尔。"

"可是我想立刻开始参加训练。"

"怎么训练？"

"请每天给我1元钱买冰激凌，这样我将来就能适应北极的寒冷天气了。"

启示 不少人都会为自己的欲望找一个冠冕堂皇的理由。

重大损失

村里有一个姑娘特别有钱。一个贫穷而诚实的小伙子，对她特别温柔。

一天傍晚，年轻人深情地对姑娘说："你好美，也好有钱。"

"是的，"她坦率地承认，"我身价100万美元。"

"你能嫁给我吗？"

"不能。"

"我就料到是这样。"

"那你又何必问呢？"

"我只不过是想体验一下，当一个人失去100万美元的时候是个啥滋味。"

启示 失去什么并不要紧，要紧的是在失去之中你得到了什么，比如体验、经历，那也许也是一种财富。要以积极的心态面对得失。

等待秋天

夫妇两人一起去参观美术展，当他们面对一张仅以几片树叶遮羞的裸体女像油画时，丈夫立刻目不转睛地盯着那幅画，看了半晌仍不想走开。

妻子揪住丈夫说道："喂！你是想站到秋天，待树叶落下才甘心吗？"

启示

批评是要讲究方式的。

愤怒的强盗

小商店的主人半夜里被一个强盗从床上拎了起来，强盗手持利刃，恶狠狠地威胁道："把钱都交出来！"

小老板委屈地说："实在没有办法，昨天晚上您的同行已经来把钱都拿走了。"

强盗气愤地吼道："你为什么不把门锁好？！"

启示

人在为自己利益着想的时候通常都忘了考虑常理。

当然

一个人养了只会说"当然"的鹦鹉，于是他决定把它卖掉。

"你的鹦鹉卖多少钱？"买主问。

"1000元。"卖主答。

"怎么这么贵？"

"我的鹦鹉很聪明！"

"鹦鹉，你聪明吗？"买主问。

"当然！"

买主于是买下了鹦鹉。等他发现这只鹦鹉只会说"当然"后，很生气地说："只有傻瓜才会花1000元买这样的鹦鹉。"

"当然！"鹦鹉回答。

启示

做生意时，要对产品和合作伙伴作深入的了解，不能只看表面。

付电话费

杰克逊生气地把杂志一扔，说："我真想知道，都是谁在编造这些耻笑我们苏格兰人如何吝啬的笑话。"

"那好说，你给这家杂志编辑部打个电话问问就行了。"旁边人给他出主意说。

"打电话？电话费谁给我付？"杰克逊生气地说。

启示

绝大多数人在关系到自己的切身利益时会权衡得失和价值。

老板娘

会计课上，老师提了几个问题，学生回答得很不理想，老师不高兴地说："什么都不会，将来毕业后如何胜任会计工作？更谈不上当老板了。"

不料，有个女生说："我可以当老板娘嘛。"全班哄堂大笑。

启示

对自己不严格要求，没有远大目标和理想，对自己的未来有不切实际的幻想，这是万万不行的。

门铃

一位老先生沿街缓慢地行走，看见一个小男孩正在够一个门铃，但门铃太高，怎么也够不到，心地善良的老先生停下来对小男孩说："我来帮助你按铃吧。"

于是他使劲按了几下那个门铃，大概整个房子里的人都听到铃声了。

然后，小男孩对老先生说："现在咱们逃走吧，快！"

老先生："……"

启示

没有了解清楚情况，贸然出手，好心却成了"帮凶"。遇到事情后要先了解真实情况再做决定。

军事演习

达芙妮小姐每天都要从乡下的别墅到城里去。这天，她在路上看到许多士兵和坦克、大炮、汽车。她不知道军队在演习。她开车来到一座桥头，一个军官规规矩矩地向她敬了个礼："小姐，你不能从这里经过。"

"为什么？"达芙妮小姐看着那座完好无损的桥问道。

"它在两小时前就已经被炸毁了。"

"那么我什么时候可以过去？"

"很抱歉，小姐！"军官严肃地回答，"我无法告诉你，我在3个小时前就阵亡了。"

启示

演习是很严肃的，不能当成一般的滑稽戏来看待。生活就是这样，你必须要用不同的态度去对待不同的事情。

看橄榄球赛

富有的格特太太一直住在乡下，她听说孙子上了大学，还参加了学校的橄榄球队，非常高兴。她知道打橄榄球是项运动，虽然这项运动她没看过，然而运动员强健的体魄她是想象得到的。

格特太太为了看孙子进了城。她到孙子的学校去，正赶上孙子参加球赛，于是就坐在看台上等着看比赛。可是比赛一开始，她就难过地哭了："原来宝贝孙子要和许多人拼命地抢一个球！你只要跟我说一声，要多少我会给你买多少啊！"

启示

只有会了解、会欣赏的人才能体会到某一项活动的魅力。不过，生活中因为有不同的人，有不同的爱好，所以才像一个万花筒，五彩缤纷。

看你敢不守住球门

一个加布罗沃足球队的教练指着球门的拦网对守门员说："你看见这网了没有？价钱可不便宜。你要是让球把它撞坏了，就要从你的工资里扣钱进行赔付！"

启示

有压力才有动力。没有压力，

生活就没有刺激和挑战了。

到外面玩

第一次乘飞机时，美津子的两个儿子兴奋不已。他们在走道上跑来跑去，差点撞翻了空姐手中的饮料。

美津子立刻责备两个儿子说：“别在这里胡闹，到外面去玩！”

启示

人的思维定势是很强大的。到了一个新的环境，人还会以旧的方式思考行动。

领带的问题

某人在沙漠中行进了大半天，口渴得直冒烟。在他快要走出沙漠时，遇到了一位推销员。后者劝他买一条领带。他说：“你行行好吧，我渴得连衬衣都想脱掉了，还买什么领带！”推销员讨了个没趣便走开了。这个可怜人总算在沙漠边上的一个小镇上找到了一家酒吧，他急不可待地要冲进去。于是他对门口的侍者说：“快给我点什么喝的吧！”他的喉咙都快干哑了。

“对不起，先生，不打领带者是不许进入的。”这个侍者很有礼貌地拒绝了他的要求。

启示

无论遇到什么事情，眼光都要放长远。要有先见之明。

录像

一个劫匪闯进银行后，递给会计员一张纸条，上面写着：“快把钱放在我的包里，不许动！”

会计把纸条读了一遍，很镇定地在上面添了一行字把它递了回去：“把你领带拉整齐，他们正在替你录像。”

启示

当真遇到紧急情况的时候，你能够处变不惊吗？是否能够把它当成一个游戏专心致志的想办法打赢它？

美人受难

丈夫喝酒时，总是一口喝下一杯，妻子很担心，便买回一只美人杯。这杯子斟满酒时，杯底就会出现美人，可是丈夫还是一口喝下一杯。妻子说：“别喝干，喝干了就见不着杯底的美人了。”

丈夫说：“我可不忍心让美人浸在酒中！”

启示

就算是有另外的诱惑，也很难让人改变习惯。

弄第二只

三个猎熊人在一间小屋过夜，他们都说自己是个好猎手。

第二天清早，其中一个人悄悄溜了出来，想立个头功。不久，他果然遇到一只硕大的饿熊。他吓得半晌不能动弹，接着把猎枪扔下，掉头就跑。熊在后面追，到了小屋门口，他腿一软跌倒了。熊冲上来，他一闪，熊扑了个空，冲进了屋子。此人的脑子倒转得快，见状立即把门从外面反锁起来，叫道："伙计们，这是我捉的第一只，你们去剥它的皮吧，我现在去捉第二只！"

启示

把烫手山芋扔给别人，危急之中仍不愿失掉面子，生活中很多这样的人。

朋友的箱子

一个先走进火车车厢的人坐了个座位，又把手提箱放在身旁占了个座位。跟在他后面上车的另一个人，见那个座位空着，便客气地问："先生，这是你的箱子吗？"

"啊，不，那是我朋友的。"先上车的那个人说，"瞧，她在月台上跟人说话哩。"

不一会儿，火车开了。后上车的那位乘客一把提起那只箱子扔出窗外，然后坐了下来。

"你这是干什么？"先上车的那个人急得大叫起来。

"你朋友没赶上车，"后上车的那位乘客笑着说，"可不能再让她把箱子也丢了。"

启示

看穿诡计，巧妙应对。另外，我们应该遵守公共秩序和公共道德。

奇怪的吩咐

一天，一个旅行者骑着马赶路时，天空下起雨来，浑身变得又湿又冷。后来他终于来到了县城的一家小客店。客店里挤满了人，旅行者无法接近火。于是，他把客店老板喊出来，吩咐道："拿点鱼去喂我的马。"

老板说："马并不吃鱼呀！"

旅行者接着说："不要紧，按我说的去做。"

客店中的人听到这奇怪的吩咐，都纷纷跑去看马吃鱼。这样，整个房里只剩下旅行者一个人，他在火旁边坐了下来。

当客店老板和那一群人回来时，老板说："你的马不吃鱼。"

旅行者答道："不要紧，把鱼给我，等我把衣服烤干了，再烤鱼来吃。"

启示

聪敏的人能用智慧轻松地解决困难。

乞丐的逻辑

一位雅典的商人每个月都要到伊斯坦布尔去一次。每次他都要给坐在火车站出口处的那个乞丐一些钱。可是这次，当这个乞丐一瘸一拐地向他的老位置走来时，商人很惊讶。

"老朋友，"商人说，"这是怎么回事？今天你瘸的是左腿，而一个月前是右腿。是不是我记错了？"

乞丐用沙哑的嗓门说："您没有记错，我的大施主！是我自己在琢磨，我总不能老是只磨一只鞋子吧。”

启示

每个人都有各自不同的思维方式。欺骗人的手段总会被识破，再好的理由也难以掩饰。

乞丐的怨言

一位好心男子常施舍钱给他家附近的一个乞丐。

有一天，乞丐对他说：“先生，我想请教你一个问题。两年前，你每次都给我10元钱；去年减为5元；到了今年，只有1元了。这是什么缘故呢？”

那人回答：“两年前我还是个单身汉，去年我结婚了，今年家里添了一个孩子。为了家用，我只好节省自己的花费。”

乞丐听了，生气地说：“你怎么可以拿我的钱去养活你的家人？”

启示

人不该有反客为主的荒谬逻辑，更不应有非分之想。

骑自行车

爸爸妈妈给小儿子买了部小自行车。孩子绕着房子高兴地骑着车。绕第一圈时，他喊：“妈妈，瞧，我不用手也能骑！”

绕第二圈时，他又喊，“妈妈，看，我不用脚也能骑车！”

绕第三圈时，他向妈妈报告的是：“妈妈，看，我的牙齿没啦！”

启示

只要没有挫折，人的胆子是会越来越大的，然而一旦碰上了挫折，就会栽大跟头。

起锚

一个醉鬼从饭店摇摇晃晃地走出来，对正在交谈的两个人说：“快！出租车快过来。”

“你搞错了，我是海军上校，他是海军大尉，都不是出租汽车司机。”

“那就赶快起锚！”

启示

将错就错的语言艺术。

前卫派画家

皮埃尔是聚集在巴黎蒙马特尔的肖像画家之一，他以前卫派画家自居。有一次，他在塞纳河畔开了一个画展。有个50多岁的妇人从旁边走过，见了他的画，说：“哎哟，瞧这画上的人，眼睛朝那边，鼻孔冲向天，嘴是三角形的！”

皮埃尔对老妇人说：“欢迎你来参观，太太，这正是我描绘的现代美呀！”

“哦——那太好了！小伙子，你结婚了吗？我把长得和这画像几乎一模一样的女儿嫁给你好吗？”

启示

在现实生活中，反映事实要真实，免得无法自圆其说。

巧识罪犯

法官问出庭作证的警察：“罪犯化装成女人，你是怎么认出来的？”

“很简单，他走过三家珠宝店和五家时装店，连瞧都没瞧一眼。”

启示

对不同的人的生活和行为习惯的熟悉和了解能够帮助人们解释很多事情。

倾诉

一天深夜，女主人接到一通电话。电话里的陌生女人说：“我恨透我的丈夫了！”

“你打错电话了。”女主人告诉她。

她好像没听见，仍滔滔不绝地说下去：“我一天到晚照顾5个孩子，他还以为我在享福。有时我想出去散散心，他都不肯，自己却天天晚上出去，说是有应酬，谁会相信！”

“对不起，”女主人打断她的话，“我不认识你。”

“你当然不认识我！”她说，“如果我把这些话对朋友讲，会弄得满城风雨。现在我说了出来，舒服多了，谢谢你！”说完，她挂了电话。

启示

人心里的压力和不快是需要宣泄的。

清醒的头脑

年轻人腼腆地对上司说：“经理，能不能请求您研究一下给我增加工资的问题呢？我不久前结婚了……”

“非常抱歉，我的孩子，”经理回答说，“但是，我们企业不能承担业余时间所发生的不幸事件。”

启示

企业需要人性化的管理。

情变势转

年轻的约翰在约会出游后，送玛丽到家门口，然后热情地说：“不和我吻别吗？”

玛丽矜持地说：“对不起，我和男孩子第一次约会，是不会同他接吻的。”

约翰锲而不舍地说：“那么，最后一次呢？”

启示

无论做什么事情都需要锲而不舍。

取长补短

未来的岳母：“我的女儿会唱歌，会弹琴，还会画画。她懂得植物学、动物学、法文、意大利文，她真是完美无缺。先生，你呢？”

未来的女婿：“我能够搞一点烹调，补补袜子。这样我和她就能取长补短了。”

启示

利用巧辩逆转不利局势。

劝母

有个母亲每天要到很远的地方去参拜神庙。一日正要出门，儿子莫依跪在母亲跟前，一个劲儿叫“妈妈”。母亲接连答应几次却不见他说什么，有些生气。

莫依站起来，对母亲说：“您天天跪在神佛前说‘请您保佑’，没完没了，难道神佛就不会生气吗？”

母亲听了莫依的话顿时醒悟，便不再去神庙了。

启示

制造出类比的情形，让对方设身处地地思考，就比较容易劝服对方。

让我也死一下

一个大热天，朱哈到朋友家里去做客。朋友端上了一大杯杏子露，并递给朱哈一把小小的精制的金调羹，自己则用了一把大铜调羹。两人开始舀杏子露吃。夏日酷暑，杏子露甜凉味美，朋友一舀就是一大块，每咽下一口都说一声：“啊，好喝死了！”

朱哈使劲地舀，每次只能舀到一点点，刚够舌头舔一舔的，心里很不痛快。他看到朋友的舒服劲，再也忍不住了，于是对朋友说：“请你给我换个大调羹，让我也死一下吧。”

启示

有时候，物品的价值和实用性并不成正比。

人命关天

医学院某班正在进行口试。教授问一学生某种药每次口服量是多少。

学生回答：“5克。”1分钟后，他发现自己答错了，应为5毫克，便急忙站起来说：“教授，允许我纠正吗？”

教授看了一下表，然后说：“不必了。由于服用过量的药物，病人已经不幸在30秒钟以前去世了！”

启示

人命关天的事不能有丝毫马虎。

如此报复

一个妇人到出售热带鱼的鱼店问店员：“你能够告诉我什么地方可以买到一条活鲨鱼吗？”

“一条活鲨鱼？”店员惊讶地反问道，“你要一条活的鲨鱼干什么？”

“邻家的猫老是到我的鱼池里偷吃金鱼，我要给它一点教训。”

启示

有些人或者是故意或者是无意之中表露出来的单纯的行为会给人以无穷乐趣。

三全其美

耐韦正在筹备他的公司创建50周年庆

祝活动。他对代理人说："庆祝活动应当引人注目，所有的职员都应当感到高兴，但不许花一分钱。这该怎么做？"

代理人说："那就请您上吊吧，这样既引人注目，又不用花钱，而且您的雇员将会感到非常高兴。"

启示

巧妙指出领导者在下属心中的地位，表达了下属们的情绪。

伤心的结尾

有三个人来到纽约度假。他们在一家高层宾馆的第45层订了一个套间。

傍晚，三人外出到剧院看戏。回到旅馆时已是深夜。

"真对不起，"旅馆服务员说："今晚我们所有的电梯都出了毛病。若诸位不打算徒步回房间，我们会想点办法，给你们在大厅找个安顿的地方。"

"太谢谢您了。我们不想在大厅里过夜。自己走上去就可以了。"

然后，一位同伴说："爬到45层楼，谈何容易。不过我知道怎样使之从难变易。一路上，我负责给你们讲笑话。安迪负责给咱们唱歌。彼得给咱们讲几个有趣的故事。"

于是，三人动身往上走。好不容易爬到第34层，大家疲惫不堪，决定先休息一下。

彼得说："现在我要讲一个令人伤心的故事：我们把房间的钥匙忘在一楼大厅啦……"

启示

做事之前一定要做好万全的准备，否则就很可能会前功尽弃。

上吊的绳子钱

某人对生活感到厌倦，决定上吊自杀。正当他双脚悬空，眼看待死的时候，恰好他家的仆人走来，剪断绳索，把他救了下来。

到了月底付工钱的时候，仆人接过钱一数，发现比他应得的数少了些，便问老板是怎么回事。不料老板却说："我扣了你一根绳子钱。我上吊用的好好的一根绳子让你给剪断了。我只能从你的工钱中扣下那根绳子钱了。"

启示

对自己的救命恩人不但没有感激还要扣下绳子钱，吝啬鬼如此好财不要命。

少见的情书

安妮收到未婚夫的来信，只见信上写着："亲爱的，我想念你！想念你那金色的鬈发，浅蓝色的眼睛，高高的颧骨，还有你左手上的伤疤以及1.65米的身高。"

安妮的朋友见了来信，说："这封情书确实少见！你的未婚夫是干什么的？"

"他在警察局里专门负责写寻人启事。"

启示

职业习惯影响着生活中的点点滴滴。

社会学家

一位女社会学家在非洲丛林中考察。她拿出照相机准备给一群正在嬉闹的土著儿童拍照。突然，那些孩子向她大声嚷嚷起来。女社会学家脸霎地红了，她赶忙向土著首领解释起来，说她忘了有些土著人是不让人照相的，因为他们认为那会摄走他们的灵魂。她又详细地向土著首领讲解起照相机的原理。土著首领几次想插话都找不到机会。最后，女社会学家感到还是解释不通时，才让土著首领说话。

土著首领笑着说："那些孩子嚷嚷是在告诉你，你忘了打开照相机的镜头盖。"

启示

做事情不能总是想当然，还得听听别人的意思。

什么也别说

气象专家多罗文被带到法庭上出庭作证。

法官："你的职业是什么？"

多罗文："预报天气形势，尊敬的法官。"

法官不满意地摇摇头说："我要警告你，在法庭上只允许你说已经发生的事情，除此之外，什么也不准说。"

启示

对合作伙伴职业的了解可以知道他的思维习惯，从而能够让其扬长避短，为我所用。

世界纪录

一位著名跳高运动员赛前因发高烧被送进了医院。医生给他量了量体温，看着体温计，摇了摇头说："嘀，40度。"

这位世界纪录保持者听了，情绪大振："那世界纪录是多少？"

启示

职业往往对一个人的思维习惯有着重大影响。在跳高方面一直冲击世界纪录的运动员，在发高烧时也习惯性地要冲破世界纪录。

谁的错

一群士兵决定下午去海边玩。其中一个人以为那里有换衣服的地方，所以没穿游泳裤就去了。可到了地方他才发现自己想错了，于是他急忙溜回车内换衣服。在他奋力往游泳衣里钻时，发现沙滩上有一个女的一直目不转睛地盯着他。这位士兵感到自己的隐私受到了侵犯，于是恼羞成怒地向那个女的走去。

"你总是这样看别人换衣服吗？"

"你总是这样在别人的车里换衣服

吗？”她反问。

启示

过于自信地盲目行动往往会出错。

谁来赔偿

萨沙从学校回来，兴致勃勃地说：“奶奶，今天我在学校运动会上打破了两项全校纪录。”

“天哪，那谁来负责赔偿人家！”

启示

因代沟而产生的误会有时会令人喷饭。

水能克火

一对夫妻外出旅游，二人刚上火车，妻子便嚷道：“天呐！我忘记拔掉熨斗的插头了。上帝保佑可别着火。”

“不会有危险的，”丈夫面无表情地答道，“我忘了关卫生间的水龙头了。”

启示

一对粗心人的生活让人啼笑皆非。

刚去过动物园

一位妇女抱着小孩站在银行的窗口前，那小孩正一边吃着面包，一边把面包从窗口塞给出纳员，出纳员微笑着摇了摇头。

“亲爱的，别这样。”孩子的母亲说。然后她又转身对出纳员说：“对不起，孩子刚去过动物园。”

启示

有些事情你可以不解释，有些话你可以不说，因为，有些话说出来就会伤人。

太复杂了

有一天，有一个人带着一条狗到唱片公司，他说他是这条狗的经纪人，并说这条狗会唱歌跳舞。老板不相信，就让小狗表演一次。当音乐响起，小狗便跟着音乐跳起了舞。老板目瞪口呆地看着小狗，心想这一次捡到摇钱树了，就赶快拿出合同希望与经纪人签约。忽然间，一条大狗冲了进来，把小狗衔走了。

老板问：“怎么回事？”

经纪人无奈地表示：“唉！那是它妈妈。它妈妈希望他儿子成为一条搜救犬。演艺圈太复杂了！”

启示

当孩子的专长与家长的期望不一致时，就会产生冲突。

后门

一位先生刚从银行里取出钱，突然着急地问工作人员：“这儿有后门吗？”

“你问后门干什么？”工作人员奇怪地反问。

那位先生说：“来不及啦，我太太从正门进来了。”

启示

家庭不和睦，夫妻异心，因为金钱起争执，如此家庭，有何乐趣？

谈鸡

有个大学哲学系毕业生学成返家，父亲做了满满一桌菜迎接他，鸡鸭鱼肉无所不包。吃饭时，父亲问儿子：“你在大学里学的什么？”

“哲学。”

“学这有什么用？”

儿子说：“学了哲学，看问题和别人就不一样。拿咱们桌子上的这只鸡来说。在普通人看来，它就是一只具体的鸡；但在我们学过哲学的人看来，是两只鸡——除了一只具体的鸡以外，还有一只是抽象的鸡。”

同坐一桌的妹妹听了，突然插嘴说：“那好，我和爸爸吃这只具体的鸡，你一个人去吃那只抽象的鸡好了。”

启示

对不同理解能力的人要谈不同层次的问题。

讨面包

霍加从阿克谢希尔回到自己的故乡。他饿极了，可是身上没带钱。他在集市上转来转去，看见面包房里刚从炉子里取出来的新鲜面包正在冒热气，令人欣喜的香味朝四面发散。他对坐在角落里的面包师说：“听我说，老爷爷，这是你的面包吗？”

面包师平静地回答：“是我的！”

霍加又焦急地问道：“难道说这些面包统统是你的吗？”

面包师说：“你干吗啰唆个没完？是的，这些都是我的。”

霍加殷勤地说：“那你为什么要看着呢？既然如此，那就吃呗！”

启示

巧用人称技巧有时可以为我们赢得另一个身份。

提示

一天晚上，一位少女和一位英俊的男雇工在一条僻静的乡村道路上并肩而行。雇工肩上背着一只大桶，一手提着一只肉鸡，另一手拿着一根拐杖，同时还牵着一头山羊。他俩走进了一条又长又静的黑巷。

“我不敢跟你在这里一起走，”少女说，“也许你想吻我哩！”

“我带着这么多的东西，怎么可能吻得到你呢？”男工说。

少女说：“假如你把拐杖插入泥中，将羊拴在上面而把鸡放在桶里呢？”

启示

人的心理和语言都是那么的奇妙，需要慢慢体会。

替补

“我妻子有时真像裁判员一样狠，”一位足球运动员说，“她昨天向我出示红牌并把我推下了床。”

“这算不了什么，”他的队友说，“我那位仅由于我的合理冲撞就把我赶出家门，并找了一名替补。”

启示

生活就如运动场，有被罚下场的时候，也可能有被别人替代的时候。

天使

儿子：“妈妈，天使是什么样的人？”

母亲：“长有翅膀，并能在天空飞的人就是天使。”

儿子：“真奇怪，昨天爸爸对女仆珍妮说：‘你是我的天使’，可是珍妮并不会飞呀！”

母亲：“今天我就要叫她飞走！”

启示

天真无邪的孩子是不能理解成人之间很多复杂的关系的。

贴邮票

一个外国男孩走进伦敦邮政大厦，一只手拿着一封信，另一只手拿着他早就买好的一张邮票。他把信和邮票一股脑儿交给那里的女职员。女职员说：“不，孩子，要你自己贴上邮票才行。”

男孩喃喃地说：“为什么要我把邮票贴在自己的身上呢？我要寄出的是这封信啊！”

启示

儿童对事物的认识水平有限，其在无意中闹出的笑话往往成为人们生活的调节剂。

听电话

当马文走进办公室时，他的同事们惊讶地发现他的两只耳朵缠满了绷带，于是围上来询问他发生了什么事。

“昨晚我在观看电视转播的棒球赛时，我妻子正好在旁边熨衣服，”马文说，“就在她离开的那一会儿，电话铃响了，我一边观看比赛，一边抓起那通着电的熨斗凑在耳边，结果……”

“可另一只耳朵是怎么回事呢？”一个女同事好奇地问。

“我刚挂掉电话，那家伙又打来了。”

启示

不注意吸取教训，人就可能连续犯同样的错误。

通情达理

因家中没有椅子，某人就对前来做客的朋友说：“你是经常在公共汽车上给别人让座位的人，自己找不到座位就更加不会计较了，是吗？”

启示

根据别人平时的行为来要求别

人以同样的方式对待自己，但场合不同，未免有点强人所难。

同理

某国一个小孩，燃放鞭炮误伤了眼睛，家长控告到法院，要求制造鞭炮的邻国制造商赔偿损失，法院传讯了邻国的制造商，可是商人过了两个月才到。

法官生气地责问：“你怎么现在才来？”

商人答道：“法官先生，我一接到传票就急忙驾着贵国制造的小汽车往这里赶，中途撞上了一棵树，我立即向当地法院控告了贵国的汽车制造商，判决书到现在才下来，厂家不承担因使用不当而引起的一切后果。我不服，又告到贵院来了。”

启示

以类比的方法说理，能够将道理说得更加清晰。

头发是单数的

脾气古怪的老人布先生，理发时总是百般挑剔，所有的理发师都受过他的埋怨。有次理发，他坚持要把头发从中间分界。

“我办不到。”理发师说。

“为什么办不到？”布先生喊道。

“因为您的头发是单数的。”

启示

轻松而幽默的语言，也许会化解人心中的戾气。

投桃报李

老约翰问他的未来女婿：“你和我的女儿结婚时，假如我给她一份丰盛的嫁妆，你有什么给我呢？”

“我给你一张收据！”

启示

避开问题的锋芒、假装糊涂能在交际中为自己创造一个避风的港湾。

唯一能回答出问题的人

皮特从学校回到家里，很骄傲地告诉父亲说：“爸爸，今天我是在学校里唯一能回答出问题的人。”

“我很想听听，老师是怎样问你的？”父亲高兴地问皮特。

“他问：‘谁把走廊上的玻璃打碎了？’”

启示

孩子就是孩子，他们会以某件事情的形式而感到骄傲，而不去思考事情的实质。

乌发原因

松本谦三生活得称心如意，看起来似乎比以前更年轻。确实，他那满头灰白的头发现在居然变成了一头乌发。他的朋友们对这事议论开了：这到底应归功于这新迁居的名古屋良好的气候，还是应归功于最近常吃的菌类食物的营养，一时间众说纷纭，莫衷一是。

然而，有一天，松本谦三回到住所

时，偶尔发现仆人正拿着他的头发刷子刷他的黑皮鞋。他顿时什么都明白了。

启示

人的健康快乐在很大程度上取决于心理因素。

500只鸭子

男老师对吵闹不休的女学生说："两个女人就能顶1000只鸭子。"

不久，老师的夫人来找老师，一个女学生赶忙去找那位男老师："老师，楼下有500只鸭子找您！"

启示

用别人刚说出的话来揶揄他，让人哭笑不得。

先用铅笔

医生的电话响了，一位先生在电话中惊慌地说："喂！喂！医生，请你到我家来一趟，我的小儿子不慎将我的微型钢笔吞下去了。"

"好吧，我马上到。"医生对那位万分紧张的父亲说。

"医生，在你来到之前，我应该怎么办？"

"你可以先用铅笔写字。"

启示

避重就轻的话语能够给别人一种镇定感。

试鞋

一位女明星走进鞋店，试了好几双鞋子都不合脚。老板亲自蹲下来替她量脚的尺寸。这位女明星有些近视，看见老板的秃头，以为自己的膝盖露了出来，便用裙子将它盖住。然而，她立即听到老板的一声吼叫："真是的，保险丝又断了！"

启示

错乱中的闹剧虽然使当事人感觉到尴尬，却给周围的人增添了笑料和乐趣。

修理电话

一位银行家总喜欢在顾客面前夸耀自己认识许多名人。一天早上，他看到一位陌生人走进办公室，立即拿起电话。

"是的，阁下，您早。您特别打电话给我，实在不敢当。什么？是今天吗？很抱歉，我已经跟某国大使有约，改天我会打电话过去，非常抱歉！"

放下电话的银行家面对来客说："请问贵姓？有何贵干？"

"我是电信局的。你们这儿早上电话不通，我是来修理的……"

启示

人生本来就挺累，何必如此做作？

虚惊一场

某人到银行去兑支票，刚刚跨进门，迎面遇上一个夹着大皮包的人。那人从旁闪过，向门口走去。后面有个保安紧紧跟了上去，一把逮住那人，夺过他的皮包，把他推到里面去了。

这位目击者吓破了胆，自言自语地说：“呀，我生平第一次差点儿遭劫！”他向银行职员进一步打听刚才抢劫银行的匪徒是怎样行劫的。职员笑了笑，说：“没那么严重。那只是我们对提前下班的职员实行的一种处分。”

启示

对事情小题大做，往往会引起别人的误会。

也在电话簿里

比尔开车在十字路口与另一辆汽车相撞，自己的车没怎么样，却把别人的车撞得不轻。比尔赶紧对被撞司机说：“对不起，这是我的失误，请打电话把你的修理费告诉我，我会赔你钱。”说完上车要走。

被撞司机：“那么，你的电话号码是多少？”

比尔：“在电话簿里。”

“可是，你的姓名呢？”司机大喊。

比尔头也没回：“也在电话簿里。”

启示

表面上热情诚恳地承认自己的过失，实际上却在逃避责任，希望别人永远不要来麻烦自己。这也算是人性的弱点吧。

一件外衣

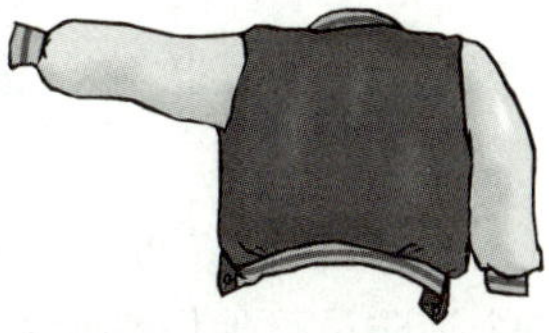

一位著名拳击手吃饭时脱下外衣，生怕有人偷，便找了张纸放在衣服上，写道：“这件外衣属于一位拳击手。他一会儿就回来！”

回来时，外衣不见了，那张纸条上多了一行字：“您的外衣被一名长跑运动员拿走了，他永远不回来了。”

启示

有些人认为自己已经足够强大，便无视自己的弱点。这样的人很容易吃大亏。

一只贵重的花瓶

艺术品商人问面试者：“你有工作经验吗？”

“有的！”

“如果你不小心打碎了一只贵重的花瓶，该怎么办？”

“我会把碎片重新粘好，等一位有钱的顾客光临时，把它放在一个恰当的地方，以便酿成新事故……”

“你被录用了。”

启示

善于为老板着想的人容易得到工作机会，聪明而善于动脑子的员工是受企业青睐的员工。不过要注意，不能耍小聪明。

英雄救美人

一个年轻美貌的女子，问一个消防员："为了救我，你一定费了不少气力吧？"

消防员："可不是嘛，我曾打退了3个消防员，他们都抢着来救你呢。"

启示

如果有恰当的激励，人就会释放出无限潜能。

鹦鹉

有一位爱鸟人士特别喜欢鹦鹉，有一天，他经过一间花鸟店，发现里面正在拍卖一只鹦鹉。他看那只鹦鹉毛色很好看，便决定要买。于是他喊道："我愿意出10元买下这只鹦鹉！"

接着有人喊价："我愿意出20元！"

爱鸟人士不愿把鹦鹉拱手让人，于是他又喊了30元，可是那个声音像在跟他作对，一直到那位爱鸟人士喊到200元时才停。

那人买到鹦鹉很高兴，可是他突然想到：我花了那么多钱才买到这鹦鹉，如果它不会说话那我不就亏大了吗？于是他就提着鸟笼去问老板："老板，这只鹦鹉会不会说话啊？"

接着他听到鹦鹉大叫："不会说话？你以为刚刚是谁在跟你喊价啊！"

启示

制造竞争态势以自抬身价是很多精明商人的招术。

预测孩子

一天，某国一众上层人物围着一名婴儿各抒己见。

国防部长："这孩子将来会当将军，你看他踢脚的动作就知道。"

财政部长："他将来会当银行家，你看他握拳的姿势就知道。"

总统："不对，他将来会当总统。你瞧他尿裤湿了还笑得出来的模样就知道了。"

启示

在生活之中的很多行为特征是饱含深意的，不同职业更有不同的行为特征。

在这儿别想跟我来那一套

一位已婚妇女有了外遇，每次她的情人来了，她就把9岁大的儿子关在橱子里头。有一天，这位太太听见车道上有车子的声音，就顺手也把她的情人关进橱子里。

在橱子里头，小男孩说："这里头真暗。"

"对啊！"这位男子回答。

"想不想买个棒球啊？"小男孩问道。

"不，谢了。"男子回答说。

"我认为你会想要买个棒球的。"这个小勒索鬼接着说。

男子衡量了一下自己的处境之后，

回答说："好吧！多少钱？"

"25元！"。

"25元！"男子惊讶地重复了一次，不过他还是付了钱，以免被发现。

接下来的那个星期，这位情人又来妇女的家，不久又听到车道上有车子的声音。妇女又一样地把儿子和情人一起关在橱子里。

"这里头真暗！"小男孩又开始了。

"对啊！"男子答道。

"想不想买个棒球手套啊？"小男孩问说。

男子知道自己占下风，就回答说："好吧！多少钱？"

"50元！"小男孩答道。交易轻松地完成了。

到了周末，小男孩的父亲说："嘿，儿子啊！去把你的棒球和手套拿来，咱们来玩接球。"

"不行啊，我把那些东西都卖了。"小男孩答道。

"你卖了多少钱啊？"父亲心想可能只是跟人家换了糖果之类的东西。

"75元！"小男孩答道。

"75元？简直是抢劫嘛！走，跟我到教堂去忏悔。"父亲拉着小男孩教训他说。

到了教堂，小男孩走进告解室，拉上帘子，坐定之后说："这里头真暗！"

神父回答说："在这儿别想跟我来那一套！"

启示

神父原来也有他生活中的另一面，也许这个世界并没有什么东西是绝对纯洁的。

找妈妈

5岁的约翰与妈妈在人群中走散。他哭着向人们打听："您看见一位妇女吗？她身边曾带着一个长得非常像我的小男孩。"

启示

逻辑思维的不够缜密往往反映出小孩的纯真可爱。

治疗失眠

有一对夫妇经营着牧场，由于过度操劳，丈夫患上了失眠症，常常整夜睡不着觉。于是妻子告诉他，睡不着觉时就躺在床上默默地数羊，便会慢慢地睡着。他试了试，发现不奏效。

"你准是太心急了，必须一心一意地数，并且数到1万才会有效。今晚你再试试。"

第二天早晨，丈夫恨恨地说："仍是一夜没睡着！我数完了1万只羊，剪了羊毛，梳刷妥当了，纺织成布，缝制成衣，运往美国，全都卖出去了，整笔买卖赚了321万元！"

启示

人的目标不同，生活中消除某些烦恼的"土方"并不适用于所有人。

艾子儿孙

艾子有个10岁的孙子，性情顽劣，艾子常常打他，孙子仍不悔改。因为是独生子，父亲恐他被打死，常常哭着请求艾子饶恕。艾子发怒，责打孙子更厉害。一天早晨，大雪飘落，孙子又在雪地上大玩雪球，还将雪球扔向路人。艾子便剥去他的衣服，让他跪在雪地上，孙子冻得瑟瑟发抖。儿子见状，也脱掉衣服跪在旁边。艾子惊问："你儿有错，应当受罚，你何苦这样呢？"

儿子哭道："你冻罚我儿，我也冻罚你儿。"艾子大笑，免去了对孙子的体罚。

启示

父母对儿女总是用心良苦，展现出可贵的亲情。

并非小事

乡里有个富翁家里订婚，一行人拿着盛放聘礼聘金的竹筐走过迂公门口。迂公夫妻站着观看，说："我们试着估估这聘金有多少？"

妻子说："我看约有200两银子。"

迂公说："我看是500两。"妻子说没有，迂公说一定有，争到后来竟相互吵骂殴打起来。

妻子说："我打不过你，就算300两吧。"

迂公还是责骂不已，邻居赶来劝解，迂公板着面孔说："还有200两不明不白，这难道是区区小事吗？"

启示

为别人的事操闲心不值，鸡毛蒜皮小事是计较不清的。

菜酒而已

某儒官要乘马出动迎候上司，碰巧有人来拜访，儒官关照妻子说："待以菜酒而已。"自己匆匆赶路去了。"

妻子想来想去也不懂"而已"是何物，就去询问家仆，大家一商量，认为"已"是"尾"字，正好家中有只大羊，就宰羊备酒待客。

儒官办完事回家听妻子一说，急得直叹气，竟为此事愁闷了好久。后来，每逢出门，儒官总要关照妻子："今天如再有客人来，只用'菜酒'，切不可再用'而已'。"

启示

生活中的语言应该尽量通俗简明，过于涩晦会造成误解。

跌倒不起

一个人走路，不小心跌倒在地，刚爬起身来又跌倒了，于是便长叹一声道："早知还要跌一跤，刚才不爬起来就好了。"

启示

不能害怕摔跟头，没有过去就没有未来，现在决定将来。

都很性急

某人一到面店就乱叫乱嚷：“怎么不拿面来？”

店主人端了一碗面，倒在桌面上：“你快吃，我要洗碗。”说着将碗拿走。

吃面的人怒冲冲回到家里对妻子说：“我今天气死了。”

妻子急忙收拾行装，说：“既然你死了，我就嫁人去了。”

妻子只嫁过去一夜，后夫就赶她走，她问是何缘故，他答道：“只怪你不马上给我生个儿子。”

启示

故事用极度夸张的手法说明了性急的坏处。

都瞎了眼

主人要装一副门闩，木匠却给装在门外。

主人责备说：“哪有把门闩装在门外的，你瞎了眼吗？”

木匠不服，说：“你才瞎了眼。”

主人问：“怎么说我瞎了眼？”

木匠说：“假使你眼睛明亮的话，就不会雇用我这个盲人了？”

启示

要从根源上杜绝错误。

夫人问姓

姓伍的官太太，依仗丈夫是县太爷，傲气十足。一天，一群下属官吏的老婆从她门前路过，她指着其中一个，轻蔑地问道：“你姓啥？”

这个女人恭敬地回答：“姓陆。”

官太太很不痛快，心想：“我丈夫比你丈夫官儿大，我只姓伍，你倒姓陆啦。”

接着，她又指着另一个女人问：“你姓啥？”

对方答道：“姓戚。”

官太太更不高兴了，气鼓鼓跑到丈夫那儿告状道：“我姓伍，她们偏说姓六、姓七；再问下去，说不定还有姓八、姓九、姓十的呢！她们不是存心要爬到我头上吗？！”

启示

太爱慕虚荣的人往往自找气受，自找苦吃。

腹中空虚

有个客人坐了很久，主人也没拿出一样吃的东西来款待。

客人就说：“从前萧何追韩信至一林下溪边。”

客人只讲了一句就停下了，主人急听下文，赶紧追问，客人又说：“看见清溪白石十分可爱，就交谈了很久。”

客人又停了下来，主人问客人说：“交谈后怎样了？”

客人说：“交谈很久，只能离去，

因为腹中空虚，无力多谈。”

启示

引用小故事来表达自己的意思，含蓄地提醒对方，这种方法既有效又不损人面子。

狗儿沐浴

农历三月三日，有客去拜访杨南峰。杨因洗浴未会客。客人以为他傲慢，很不高兴。农历六月六日，杨南峰去回访那位客人，客人也以洗浴为由未见。

俗传三月三日为浴佛日，六月六为浴狗日。杨在其壁上戏题打油诗：“君昔访我我洗浴，我今访君君洗浴。君访我时三月三，我访君时六月六。”

启示

宽容豁达一点，人会开心许多。

雇秋蝉好

有个富翁，对待仆人很刻薄，从不让他们吃饱穿暖。

一天，他在花园里饮酒吟诗，知了在树上鸣叫。仆人故意问：“老爷，树上是啥东西呀？”

主人不耐烦地答道：“这都不知道？秋蝉！”

问：“秋蝉吃什么？”

回答说：“餐风饮露。”

又问：“秋蝉要穿衣服吗？”

答：“用不着！”

仆人说：“那好，让秋蝉来侍候老爷，可比雇用我们省开销！”

启示

借用自然景物，一步一步地引导对方走进自己设定的“陷阱”之中，伺机讽刺，表达自己的观点。

井中短鱼

店主招待客人，每次吃饭总要做鱼，但就是只见头尾，很少有中间的部分。

客人问道：“店主啊，您的鱼都是从哪里弄来的呀？”

主人答：“都是池塘里养的。”

客人说：“恐怕是井中养的吧，不然这鱼怎么长得这么短？”

启示

旁敲侧击，十分幽默地表达不满。

酒瓶加帽

魏元孚官至太保（辅助国君的官），机敏善辩，喜欢酒，只是形体矮小，还秃头。晋简文帝很喜欢跟他在一起。

一次，晋简文帝在室内放了10瓶酒，瓶上都盖着帽子，然后引魏元孚进去，想看看魏元孚的窘相。魏进内室一

看，马上就笑着说："我兄弟辈怎么这样无礼，竟私自闯入君王住宅？还不早早回家去！"说完抱酒而归。

晋简文帝见他如此机灵，拍掌大笑。

启示

自我解嘲可以消除尴尬，机灵可以助人巧妙地摆脱困境。

免得散伙

邻居请苏东坡吃酒。桌上有一盘红烧黄雀，一共四只，有位客人一连吃了三只，才请苏东坡品尝剩下的一只。苏东坡说："还是你吃了吧，免得黄雀散伙。"

启示

朋友之间不开心的小事，完全可以用一句玩笑话一笑置之。

石有赤心

武则天喜欢吉利，很多人想方设法向她献上象征祥瑞的东西，讨她欢心，以便得到赏赐。

有一天，洛河边上一个居民，发现有块石头里面是红色的，立即献给女皇，说："这石头有赤心。"

侍郎官李昭德听了这牵强附会的话，驳斥道："这石头有赤心，其余的石头难道都想造反吗？"

启示

马屁拍多了就会拍在马蹄上，牵强附会的话语一击即破，闹出笑话。

释放虱子

宋代王荆公（王安石）不修边幅。一天上朝时，有只虱子在他胡须里窜来爬去，神宗皇帝看了它好几次，同僚也看见了。走出宫廷后，王荆公问同僚："今天皇上看了我好几次，为什么？"

同僚如实相告，荆公急忙捉住虱子。同僚忙说："请不要杀死它，最好说些好话奖励它。"

荆公问："说什么好话？"

一位学士说："这个虱子屡次游览宰相的胡须，还被皇上见过。若要讲起它的奇特遭遇，怎么可以杀死呢？对它的处置办法最好还是放了。"荆公听了大笑。

启示

游览过宰相胡须、被皇上见过的虱子都可以获得如此高的待遇，那么人呢？看来人也是一种天生趋炎附势的动物。

点金之指

有个神仙来到人间，他有点石成金的法术，想以此试验人心。他想找一个不贪财的人，帮助他升天成仙。可是到处都找不到，即使把再大的石头变成金子，人们还是嫌小。

后来碰到一个人，神仙指着一块石

头道："我把这个变成金子给你吧！"那人摇头不要。神仙以为他嫌小，又指着块大石头道："将这个变成金子给你吧！"那人还是摇头不要。神仙高兴地想：此人全无贪财之心，实在难得，可以帮助他成仙。于是问道："你大小金块都不要，想要什么？"那人伸出手指道："我什么都不要，只要老神仙将点石成金的指头，换在我手指上。"

启示

以自己的思维去揣度别人的心理，是不可靠的。在亲口听到别人真实的想法之后，才能明白对方的真正意图。

有尾惧诛

艾子云游天下，夜卧河边，听见水下有哭泣声。

那声音道："昨天龙王下令，水族动物中凡有尾巴的都斩首，我是龟呀，所以害怕杀头而哭泣，而你们蛤蟆又没有尾巴，为什么也跟着哭？"

另一个声音回答说："我今天幸而无尾，只是怕又追究起我做蝌蚪时带有尾巴的事呀！"

启示

如果曾经犯罪，不论过了多长时间都要被追究。只不过，故事中的"有尾巴"，确实难以算作罪行。

月偷一鸡

有个人每天偷邻居一只鸡。别人劝诫道："这不是君子应该有的行为。"

那人听后，说："我先少偷一些，改为每月偷一只，到明年再停止偷。"

启示

悔改分为主动和被动。主动悔改的人很快就能改过，被动悔改的人总是讨价还价，很难完全改过。

妙处难学

有个人对儿子说："你的一言一行，都要向老师学习。"儿子答应了。

一天，儿子陪老师吃饭。老师怎么吃，他就怎么吃；老师怎么喝，他就怎么喝；老师转身，他也转身。老师看着学生的模仿，不觉暗暗发笑，一笑，打了个喷嚏。学生也想打喷嚏，可怎么也打不出来。学生对老师深深鞠了一躬，内疚地说："老师的妙处，实在难学啊！"

启示

学习不是模仿，不能生搬硬套。

只有一瓶

某人十分嗜酒，去朋友家做客时喝了一瓶又一瓶，还嚷着要喝。主人笑道："我来讲个故事：有个客商贩卖瓷器，忽然撞见老虎张开血盆大口扑了过来，客商慌忙将一只瓷瓶投去，那虎不退，又投一瓶，又不退。一担瓷瓶只剩一个了，客商高声叫道：'畜生，你走也是这一瓶，不走也只是这一瓶！'"

启示

主人急中生智，巧妙赶人——

这就是最后一瓶酒了。

大南瓜与大煮锅

阿凡提来到乡下，那里的人向阿凡提吹嘘说："今年，我们这里的南瓜喜获丰收，一个比一个大，这么说吧，一辆马车都装不下一个大南瓜。"

"是吗？"阿凡提笑了笑说，"我们城里今年铁锅丰收，铁匠们打出了比房子还大的铁锅、铜锅。"

"哪儿有那么大的铁锅呀？"那些人问阿凡提。

"如果没有那么大的铁锅，怎么能煮熟你们那么大的南瓜呢？"阿凡提回答。

启示

不一定要直接戳穿别人的大话，将计就计，说一个比对方更大的大话，来衬托出对方的荒谬。

无头勇士

在一位将军的府上，几位指挥官聚在一起吹嘘自己如何勇敢。某指挥官首先说道："那场战役打得异常激烈，乱飞的箭矢比倾盆大雨还要密集。我们与敌人展开了白刃战，我奋勇拼杀，数以万计的刺刀、利剑向我刺来。激战之时，我发现自己的脑袋被砍掉了3/4，我用剩下的1/4脑袋继续浴血奋战，消灭了全部敌人，还俘虏了一个将军。"

当时，阿凡提也在场，他接过话题说道："的确，战争打红了眼什么都不顾了。您那次才被砍去3/4脑袋，我的脑袋被整个砍了下去。在地上滚了四五圈后，我把它拾起来别在腰上继续与敌人拼杀，足足杀死500人后我才走到战地医院治伤……"

启示

看来，浮夸是自古就有的不良习气！

没什么

有两个人请阿凡提断案。其中一位说道："阿凡提先生，他在路上正为如何扛起一麻袋重物而发愁的时候，正好遇见了我。他让我帮助他把那一麻袋重物扛到他肩上，我问他：'如果我帮你把这一麻袋重物扛到肩上，你将给我什么？'他说：'没什么。'我答应后，帮他把那一麻袋重物扛到了他的肩上。后来，我向他索要那个'没什么'，他百般抵赖，什么也不给我。请您主持公道，替我把那个'没什么'要回来。"

阿凡提听后，掀起铺在地上的毛毡的一角问他："你看毡子底下有什么东西？"

"没什么！"那人回答说。

"那就请你把这个'没什么'拿走吧！"阿凡提说道。

启示

以子之矛，攻子之盾，这是智者的思维。

前面也在下雨

一天，天气很闷热，怕热的阿凡提出来散步，盼望着下一场雨。过了一会儿，果然下起了雨。阿凡提舒心地在雨中慢腾腾地走着。

一位认识阿凡提的路人，边跑边催他说："阿凡提，还不快往前走，您没看到天在下雨吗？"

阿凡提不紧不慢地回答说："莫急，前面也在下雨。"

启示

有些人会用自己的喜好来揣摩他人，这样容易造成误解。

钱在哪儿呢

一天，阿凡提和妻子围着火炉一边取暖，一边闲聊，阿凡提问妻子："老婆，假如有一天我们有了很多钱，你准备怎么花呢？"

"我要买许许多多高贵华丽的服装，还要买很多金首饰和高级的香料，把自己打扮得像王后一样。"妻子说。

"哎呀，那不行，你这是挥霍浪费。"阿凡提说。

"那么，你会怎么花呢？"妻子反问。

"把钱藏起来，给我们的孩子留着。"阿凡提回答说。

"你这是十足的傻瓜行为，如果钱被老鼠吃光了呢？"妻子说。

二人意见不一，最后阿凡提发火了，打了妻子一耳光。受了委屈的妻子号啕大哭着说道："你才是十足的大傻瓜，钱还没有呢，就开始打我，说我挥霍浪费。"

"对，就是因为钱还没有，你就已经开始那样摆阔、挥霍浪费了，如果真有了钱，你还不知道会怎么样呢！"阿凡提说。

启示

为尚未确定和到来的事情争执是一种预警措施。现在的争执是为了梦想成真时的不争执。

昂贵的鸡蛋

国王突然光临了阿凡提经营的茶馆，他和5位随从每个人吃了一份油煎鸡蛋饼。

国王对阿凡提说："我们要继续赶路去打猎，我们应该付给你多少钱呢？"

"陛下，请您一共付给我1000枚金币吧。"阿凡提回答。

"怎么，你们这儿鸡蛋奇缺吗？为什么这么昂贵？"国王皱着眉头问道。

"陛下，不是鸡蛋昂贵，而是您的身价昂贵，如果您吃了这么便宜的油煎鸡蛋饼不就掉价了吗？"阿凡提回答道。

启示

原来物价是由客人的身价决定的呀！其实也有那么一点道理。许多有钱人总觉得买便宜的东西很丢脸，哪怕是种东西确实是他们需要的。

天生一对

一天，阿凡提想把他的毛驴卖掉。他把毛驴牵到巴扎交给了一位专门从事牲口买卖的经纪人，经纪人开始大吹特吹阿凡提的毛驴，并招呼人们快来买。

“这是一头比羊还老实、跑起来比马还快的毛驴。骑着它又稳当又舒坦，如果骑在它背上想喝一碗鲜美的热肉汤的话，决不会洒掉半滴，而保您不烫嘴。它力气很大，能赛过老黄牛……”他这么一吹，顾客们立刻围拢过来。驴的价码一涨，阿凡提心想：既然这头驴这么好，而且有这么多的优点，为何自己不买下呢？他想着，于是他拨开人群凑过去，喊道：“且慢，我开价50枚银币！”说完，他掏出50枚银币交给经纪人，把驴牵走了。

阿凡提回到家，把事情的经过一五一十地讲给了妻子。妻子听罢，也把自己早已准备好的一条“喜讯”眉飞色舞地告诉了阿凡提。

“今天我也做了一宗好买卖，快到晌午时，一位卖乳酪的人经过家门口，我把他叫住问他乳酪怎么卖。他说给半块银币就卖。后来，我把手指上的金戒指取下来塞到他手里，拿过乳酪就跑回了家。卖乳酪的人在门口站了好一会儿才走的。你看我的这笔买卖做得可以吧！”

“我们可真是天生一对。我在外面、你在家里做如此买卖，过不了多久我们肯定会富起来的。”阿凡提说道。

启示

做一件事，一定要有相关知识。否则，吃了大亏还会沾沾自喜，以为占了天大的便宜。

你真傻

某天，阿凡提的儿子对阿凡提说：“爸爸，昨夜我做了一个梦，梦见自己骑上了一匹骏马在狂奔。”

阿凡提打断儿子的话，说道：“你真傻，既然骑马，你就应该骑一匹千里马。还有，你把它骑回家来多好呀！”

启示

梦里的便宜都要占，这是人的天性。

忘记洗了

小阿凡提吃了一个没洗的苹果，感到肚子疼。于是，他拼命喝水，快把一桶水都喝光了。

阿凡提见了，奇怪地问他：“你为什么喝那么多水？”

“我刚才吃了一个苹果。”小阿凡提回答说。

“这和喝水有什么关系呢？”阿凡提又问。

“那是一个在地上捡的脏苹果，我忘记洗了。”小阿凡提回答说。

启示

事情在不同的阶段，解决的方法是不一样的。

不是丢了帽子就是丢了头

离阿凡提家不远的地方修筑了一条宽阔的大道，名为“国王大道”。

阿凡提很想体验一下这条崭新的大道，便沿着这条“国王大道”走了很长一段时间。走得困倦了，阿凡提便躺在路边睡着了。当他醒来时，发现头上的帽子被人偷去了。于是，他沿着大道往前走，希望能发现一点小偷的线索。

走了一阵，他发现前边走来一队人马。原来是国王卫队的一群士兵正押送着一个罪犯。出于好奇，他拦住他们，问他们去干什么。

“根据国王的命令，我们把他押赴刑场斩首。”卫队长说道。

“这个可怜的人犯了什么罪？”阿凡提问道。

“我们安排他在这条大道上当卫士，可他不忠于职守，睡着了。”卫队长回答。

“天呐，在这条大道上睡着后，不是丢了帽子就是丢了头，简直太可怕了。”说完，阿凡提赶紧往回家去了。

启示

人们都善于联想。“所有的坏事如果都发生在同一个地方，那么这个地方肯定有问题”。这就是联想带来的结论。

核桃与无花果

一天，阿凡提打算给国王送去一些核桃。知道国王不喜欢吃无花果的某人不怀好意地对阿凡提说：“国王陛下不喜欢吃核桃，你应该给国王送无花果。”阿凡提就听了这位朋友的话。

当阿凡提手提一篮熟透了的无花果去见国王时，国王大怒，下令叫手下人用无花果打阿凡提。

当每一个软绵绵的无花果打在阿凡提脸上时，阿凡提都会说一句：“托真主的福！”国王见了，奇怪地问他：“阿凡提，你挨了打还说托真主的福，这是什么意思？”

“尊敬的国王陛下，我原打算给您送来一篮子核桃，后来我听从了一位聪明朋友的建议，给您送来了这一篮无花果，如果我真的给您送来核桃的话，我的脑袋还不被一篮子核桃打烂了？”阿凡提回答说。

启示

即使在糟糕的情形下仍然想着更糟糕的情况，这就是乐观主义。

补上这一课

一位夫人领着她的小儿子，找到阿凡提说：“阿凡提，我这个孩子不好好学习，又没有礼貌，您看有什么办法没有？”

阿凡提想了想，对夫人说道：“夫人，我来吓唬吓唬他，也许有用。”夫人觉得有理，便答应了。

阿凡提走进里屋，反穿上一件羊皮袄，头顶一口黑锅，猛地从里屋冲到外屋，脸部抽动，凶神恶煞般地跳上跳下。

夫人没有心理准备，一下吓得晕了

过去。可小孩子却拍着手，高兴地嚷着："真好玩！真好玩！"夫人半天才醒来，问阿凡提："我是让你吓唬这个孩子，而不是我！"

"对呀夫人，正因为您小时候没受过这样的吓唬，您的儿子才这样胆大。等补上这一课后，您的下一个儿子就不这样了！"阿凡提回答说。

启示

母亲影响儿子，这是遗传的力量。

先学会游泳

一天，国王对阿凡提说："阿凡提，你的嘴巴很甜，就像抹了蜜，可你心里不一定对我很忠实。"

"不，陛下，您说的不对，我对您一向是很忠实的。"阿凡提说。

"那么就让我看一看你的实际行动。请你跳进这个深水池吧！"国王要求道。阿凡提听后，起身往外走。

"阿凡提，你上哪儿？"国王问。

"我先到渔民朋友那儿学会游泳，回来再跳吧！"阿凡提说道。

启示

不能为了证明自己，而付出自身无法承受的代价。

如此低头

阿凡提每次进王宫拜见国王时，都不向国王鞠躬。国王为了让阿凡提低头，叫人在宫门的门框上一半高的地方钉上了一块横铁板。

国王心想：这下你该低头进王宫了吧，于是下令叫阿凡提进宫。阿凡提来到宫门，一看便知道国王的用意。他稍稍沉思了片刻，转过身去，低下头来，后退着进了王宫。

国王一见，不得不从心里佩服阿凡提。

启示

绝不低头，低头也是向天低头。不愧是有骨气的人。

混合双打

老师问小明："如果你考试没有考好的话，你父母怎么惩罚你？"

小明："80分以下女子单打，70分以下男子单打，60分以下男女混合双打。"

启示

为人儿女也挺难的，虽然我们早就提倡不能对孩子体罚，可现实还是残酷的。

先让猫出来

马利尤斯给医生打电话：

"医生，请您赶快来！奥利弗刚刚吞下去一只活老鼠。"

“我就来。”医生对他说，“告诉奥利弗，先把嘴张开，前面放一块奶酪……”

几分钟后，医生到了。他发现马利尤斯在奥利弗跟前举着一块沙丁鱼。

“怎么？”医生说，“我刚才不是对你说要拿奶酪吗？你没有奶酪？”

“我有。但是，现在问题是先让猫出来。”

启示

事物都是联系的，所以千万要注意防微杜渐。因为连锁反应真的很可怕！

考试

有一对恋人是大学同学，经常一起开车上下学。

一天，风和日丽，他们开车出去兜风，误了上课时间。没想到，老师当天临时来了个小考。

“对不起，老师，我们迟到了，可不可以再给我们一次机会补考？因为我们的车半路上轮胎被扎了，所以耽误了上课。”老师想了一下，说：“好吧，我再给你们一次机会，如果这次你们答错了，这学期这科成绩就是不及格。”

于是老师把两人分开，每人发了一张纸，上面只有一道题：“请问汽车的哪个轮胎被扎了？”

启示

诚实是最可贵的品质。

拿错了

有个精神病人多年来总说他胃里有个啤酒瓶。当他患盲肠炎要到医院开刀时，外科医生和精神科医生商议，趁机消除他这个古怪的幻想。

他醒过来后，医生高举一个啤酒瓶对他说：“我们总算把它拿出来了。”

“你们拿错了！”病人尖声喊叫，“我肚子里的啤酒瓶不是这个牌子的！”

启示

对细节问题进行沟通是成功的关键。

中暑

一位医生对他的同事说：“劝病人用精神治疗法治病，有时也会起副作用。”

同事不解地问：“这是怎么回事呢？”

医生说：“上次我接待了一个神经衰弱患者。我劝他到气温高的地方去休养一段时间，他说经济能力不允许。我便让他在屋顶上画一个太阳，然后整天想象自己在炎热的太阳底下干活。”

“后来怎么了呢？”同事着急地问。

“唉！后来，他中暑了！”

启示

无论是精神疗法还是心理疗

法，都是意念性的东西。看来心理暗示还是有点用。

怎么取出来

飞机即将降落，空姐对乘客说：“为了使您的耳膜不被震破，请使用口香糖。”

飞机降落后，一位乘客对空姐说道：“您的方法真好，耳朵一点儿感觉都没有。”

空姐说：“是吗？那太好了”。

“但是，”乘客说道，“您能告诉我该怎样把口香糖从耳朵里拿出来吗？”

启示

沟通不良容易造成意外事故。

请速登机

某人发财后外出旅游，在庙里看见一尊镀金关公像，爱不释手，就花大钱把它买了下来。回程时坐飞机，为了表示恭敬，就给关公像专门买了一张机票。这个人坐上飞机后，把关公像在座位上安顿好。但是，飞机迟迟不起飞，大伙都去问空姐。空姐着急地说：有人买了票却没有上飞机，正在找呢！

过了一会儿，人们听见机场的大喇叭在呼唤：“关云长旅客，关云长旅客，请迅速登机！”

启示

特殊情况需要特殊关照、特殊处理。

改善记忆

一个打算报名上改善记忆力课程的女士，去学校领了一张申请表。表格上例行公事，要求报名者填写各种栏目，比如家庭地址、单位、电话号码等。

那位女士想了好一会儿，然后气愤地在表格上写道：我要是还记得住这些，干吗还要来报名呢？

启示

具体问题要具体分析，不能用同一种方法应对各种情况。

聋哑舞会

一个异乡人由他的朋友带着去参加聋哑医院举办的舞会。

“我用什么办法来邀请聋哑姑娘跳舞呢？”异乡人问。

“只要对她笑笑，再点点头就行了。”朋友告诉他。

于是，他挑选了一位漂亮的姑娘，对她微笑着点点头，就开始跳了起来。当他们跳完第四轮的时候，一个小伙子走了过来，对姑娘说：“亲爱的，你什么时候再和我跳啊？你已经一个小时没和我跳了！”

“我知道，亲爱的，只是我不知道怎样甩掉这个又聋又哑的家伙！”

启示

想当然会导致沟通不良，沟通不良又可能导致不愉快。

面试

杰克到一家酒吧应征警卫。酒吧经理问他：“你有没有经验？”

“当然！”他环视四周，看到一个醉醺醺的酒客走过，便马上把他抓了过来，接着一脚将他踢出门外。然后，他得意洋洋地问经理：“请问我现在能不能见总经理了？”

“那你恐怕要稍等他一下了，因为他刚才被你踢出去了。”

启示

做事时不要依据自己的经验想当然地进行判断。

考试的比喻

老师为了让学生认识各种考试的性质，作了个生动的比喻：“平时考像点心，百吃不厌；阶段考像正餐，定时定量；期考像满汉全席。一次就够……你们为什么不好好用功呢？”

学生说：“报告老师，我们正在减肥！”

启示

与人谈话时，不要自作聪明地作一些不恰当的比喻。

饮酒的坏处

演讲时，某医生想举例说明饮酒的坏处，便把两条小虫分别放在一个装着酒的瓶子和一个装着水的瓶子里。放在酒里的那条小虫很快就死了，而放在水里的那条还在挣扎。医生说：“你们看，这就是饮酒的害处。”

这时，一个酒徒大声喊道：”这就对了，喝酒者的肚子里是不会长这种虫子的！”

启示

举例不当，反被人抓住漏洞。这样不利于表达自己的观点。

馊主意

一个病人第一次去看医生。医生问：“关于你的病情，你来这儿之前请教过什么人吗？”

“只问过街角上那家药房的老板。”病人回答说。

这位医生最讨厌那些不是医生却常常给出医疗建议的人，于是他毫不掩饰地问道：“那个傻瓜给你出什么馊主意了？”

“他让我来找你。”

启示

要客观、谨慎地对他人进行评价。不要对人有偏见。

半醉

在酒吧里，鲍勃要了4杯酒。他的朋友亨利觉得奇怪：“鲍勃，你每天晚上从来只喝两杯酒，今天怎么要了4杯？”

鲍勃：“是啊，我自己觉得喝两杯已经很够了，可我老婆不满意。”

亨利：“她怎么不满意啦？”

鲍勃：“每天我一到家，她总是埋

怨我：‘真讨厌，又喝了个半醉！’”

启示

人总是往自己有利的方向去理解别人的话。

非洲野猪

生物老师正在台上连讲带比划地描述非洲野猪的长相，偶尔眼光一扫台下，竟发现多数学生在打瞌睡。见此情景，生物老师大为光火，呵斥道：“你们要看着我啊！不看我，你们怎么知道非洲野猪长什么样子？”

启示

不知是情急之下说错了还是故意拿自己开玩笑，反正学生的精神肯定被提起来了。

利息太低

数学课上，老师提出一个问题：“有人借出了5000元，每元利息一分，两年后，能收多少利息？”

全班学生纷纷运算，忙个不休，只有银行家的儿子端坐不动。

“你为什么不计算呢？”老师问他。

“对这样低的利息，我不感兴趣……”

启示

家庭环境对人有很大影响。

害羞的警官

一位女郎驾车时发现一辆警车紧跟着她，便把车停下，问那警车内的警官：“您要和我谈谈吗？”

“可是，”警官红着脸道，“我还没有下班哩。”

启示

工作时以自己的身份之便去干私事，是万万不可的。

奇迹

在一场激动人心的足球比赛中，一个球员左手的两个手指受伤较重。球赛结束后，他到一家诊所去治疗。

“医生，”他万分焦急地问，“我的手治愈后，能不能弹钢琴？”

“那准行！”医生向他保证。

“那么，这倒是个奇迹，医生。我以前从来不会弹。”

启示

“能”是指有潜力，而“会”是指有这个技能。这是两个概念。

新闻

主教前往纽约访问前，有人提醒他，到纽约后很有可能被报界拖入预设的陷阱，所以要格外小心。

在纽约机场，有记者一见面就问："主教大人，您想上夜总会吗？"

主教想支开这个问题，就笑着反问："纽约有夜总会吗？"

第二天早上，报纸头版赫然出现大标题："主教走下飞机后的第一个问题：'纽约有夜总会吗？'"

启示

想挑刺的人，会想方设法地找你的毛病。面对这样的人，要格外小心。

空话

在飞机上，一位男士纠缠着一位空姐，并向她求婚。空姐出于礼貌，不置可否地笑了笑，男士以为她答应了。

过了几天，男士找到空姐住处对她说："亲爱的，你不是答应嫁给我吗？"

"我在哪里说过这话？"

"在飞机上。"

"哦，在飞机上啊。我是空姐，说的当然是空话。"

启示

运用语言的技巧，可以化解尴尬。

虫子太傻

一位父亲正跟七岁的儿子讲睡懒觉的坏处，最后，他做结论说："记住，鸟儿只有起早，才能捉到虫子。"

儿子不服气："那么，早起的虫子不就太傻了吗？"

启示

儿子摆脱思维惯性：我只能做鸟儿，不能做虫子吗？

发抖

一只小北极熊问："爸爸，我是只100%的北极熊吗？"

"当然，"它的父亲说，"我的父母是100%的北极熊，所以我是100%的北极熊。你的外公外婆都是100%的北极熊，所以你妈妈也是100%的北极熊。理所当然的，你就是100%的北极熊。你问这干吗？"

小熊说，"因为，我正在发抖。"

启示

即使有先天的遗传优势，也要刻苦锻炼本领。

捡钱

一个小伙子无聊得很，他想："人家说捡到钱就兴高采烈，是真的吗？我也试试看！"

于是，他掏出自己的钱扔在地上，然后捡起来，可是仍然感到索然无味。

"再扔远点儿试试看吧。"他使劲一扔，钱滚进了阴沟。

他花了两个小时在阴沟里又是掏又是摸，终于把钱找到了。

"我明白了，这样才会兴高采烈！"

启示

费尽功夫得来的东西自然会令人兴高采烈。

始料未及

"你老摆弄它干什么？"父亲说着，从儿子手里夺过家校联系本，翻阅起来。老师的批语是这样写的："在课堂上射弹弓，往同学的衣袋里装虫子……请家长来谈一谈。"

"你在学校里净干这个，长大会成个什么人啊？"父亲向儿子猛吼。

"爸爸，这不是我的家校联系本，是我从您的旧箱子里找到的。"

启示

要求别人的事情自己应首先做到。

灵验的机器

约翰在机场候机，闲来无聊站到一台体重机上，荧屏上马上出现"你是约翰，体重87公斤，飞往纽约"的字样。

约翰十分惊奇，他10分钟以后戴着墨镜又站到这台机器上，荧屏上马上又显出"你是约翰，体重87公斤，飞往纽约"。

约翰更加感到神奇了，他跑进盥洗室刮掉胡子，换掉衣服又来到这机器前，荧屏上马上显出"你仍是约翰，你的体重仍是87公斤，你的飞机已于20分钟前飞走了。"

启示

不要被与目标无关的事情迷住双眼。不要因小失大。

最新消息

电视新闻播音员正在播报新闻，一张纸条被送到他面前。他拿起纸条习惯性地说："下面是本台刚刚收到的消息……"接着打开纸条读起来："伙计，你的门牙上还有一块菠菜叶……"

启示

特殊的情况请采取特殊的处理方式。

大胆小鬼

一个电闪雷鸣、暴雨倾盆的夏夜，年轻的母亲哄她的儿子上床睡觉。就在她准备关灯离开的时候，儿子用颤抖着声音问："妈妈，今天晚上你能在这里陪我睡觉吗？"

妈妈微笑着拥抱了一下儿子，安慰了他一会儿，回答说："不行，宝贝，妈妈要去爸爸的房间里睡觉。"

儿子不吭声了，过了一会儿，颤着声音骂道："那个大胆小鬼。"

启示

同理心是人与生俱来的共性。

羚羊与狮子

一只羚羊和一只狮子进入餐馆占了个靠窗的包厢。当侍者走来，羚羊说：“我需要一碗干草，一碟小萝卜。”

“你的朋友要什么？”

“什么也不要。”

“难道它不饿吗？”侍者问。

“如果它饿，”羚羊说，“我还能坐在这儿吗？”

启示

没有永恒的朋友，只有永恒的利益。狮子不饿的时候，羚羊和狮子或许能够成为朋友；狮子饿了的时候，大概羚羊无论如何也不肯坐在狮子旁边了。

改做别的菜

女士：“警察先生，一年前我丈夫上街去买土豆，从那以后再没回来，你说我该怎么办？”

警察：“嘿，我说你怎么就那么傻？你就别等他的土豆了，改做别的菜吧。”

启示

想推脱责任的人都喜欢王顾左右而言他。

能看多远

律师问证人：“你说事故发生的时候，你离出事地点100英尺。你可以告诉我，你能看清多远的东西？”

证人说：“早晨起来时，我可以清楚地看到太阳。据说太阳离地球是9300万英里。

启示

在某些特殊场合，用专业语言和规范化用语更能表达心中的想法。

蚂蚁郊游

毛毛还有许多功课没做完，就跑出去玩耍。

妈妈在院子的篱笆边找到了毛毛，见他正在看蚂蚁搬运食物。

妈妈教导毛毛：“毛毛，你看蚂蚁多勤劳。它们一天到晚做自己的事，从不浪费时间。”

毛毛说：“不过，妈妈，我每次到郊外游玩，总是遇到它们。”

启示

同样在一个地方，做的事情也许并不一样。你在郊外是去郊游，人家在郊外可是在工作呢。

记号

范妮是一位农庄主的女佣。

范妮的女主人有一个很值得她骄傲的大鸡棚，每天女主人都在鸡新下的蛋上注明下蛋的日期，这样人们就会知道鸡蛋是多么新鲜。

有一次，女主人要出门旅行。

“记着在每个新下的蛋上注明日期！”女主人说道。

“别担心，我会做好这件事的。”范妮回答道。

8天之后，女主人回来了，她首先直奔食品储藏室。

当她打开门看见那么多鸡蛋，便情不自禁地说：“太好了！”当她走近仔细看时，忽然脱口而出：“噢，上帝！”原来每个鸡蛋上都清楚地写着：“今天”“今天”……

启示

或许给范妮示范一下，她就不会出错了。也许范妮不知道这件事的意义并不是在上面做一个记号，而是标示日期。

但猫知道吗

有一位精神病患者总认为自己是老鼠，经过一段时间的治疗，在医生的帮助下终于康复了。

出院那天，这名患者刚刚走到门口，突然有一只猫出现在他的面前，令他害怕不已。

医生：“你现在已经好了，为什么还要怕猫？”

患者：“我知道我已经不是老鼠，但猫知道吗？”

启示

病人犯唯心主义了：难道你自己是什么是由你自己或者是别人的思维决定的吗？

难受

儿子：“当一个人心里难受时，别人就不应该再给他精神或肉体上的刺激，对吗？”

爸爸：“那当然。”

儿子：“那好，这次考试我有两门功课不及格，我现在心里很难受。”

启示

小孩也有保护自己的潜意识。

头发的名字

谈判开始前，张总掏出西服口袋里的梳子，十分认真梳理着他的头发，设法让稀疏的头发均匀地覆盖在脑袋上。李总见了，赞叹说：“你已经使梳头成为一门学科了，每一根头发都做了安排。”

“是啊，”张总苦笑着说，“过去它们只有一个总数，可现在它们各有自己的名字了。”

启示

物以稀为贵，嘲笑自己不如安慰自己。

影响睡眠

某教授是个和善而幽默的老头儿。班上有个学生叫杰克，每次上课，当教授的声音响起时，他便开始睡觉，直至下课准时醒来。

有一天他迟到了，教授亲切地对他

说："杰克，以后请不要迟到，这会影响你的正常睡眠。"

启示

有涵养的人通常都是在和风细雨之中给人一点警示。

挤奶

某人在牛奶厂找到一份工作，第一天上班，老板给了他一只桶和一条凳子让他去牛奶棚挤奶，他快乐地领命而去。

下班的时候，老板见他被溅了满身的牛奶，而且那条凳子的腿也断了，就问他："怎么样，这活挺难吗？"

他哭丧着脸答道："挤奶倒不难，难的是让牛坐到凳子上去。"

启示

让一个没有经过培训的人去工作就可能造成方法不当。

路牌

某游客看到前面的路上横了块路牌，上面写着："此路不通，请绕行。"他向前走了几步，看看道路并无异样，心想也许不过是个善意的玩笑，于是继续向前走去。

一会儿，一座断桥挡住了去路，他只好悻悻而归。走到路牌时，他看到路牌的背面写着："欢迎归来，你这个笨蛋！"

启示

不要对别人的提醒置若罔闻。

地球仪

教育局长到某校视察，看见教室里有个地球仪，便问学生甲："你说说看，这地球仪为何倾斜二十三度半？"

学生甲非常惊恐，答道："不是我弄的。"

此时，学生乙走进教室，局长再问。学生乙答道："我是刚来的，这事与我无关。"

局长疑惑地问教师这是怎么回事，教师满怀歉意地说："这确实不能怪他们，地球仪买来时，就已经是这样子了。"

校长见局长的脸色越来越难看，连忙上前解释："说来惭愧，因为学校经费有限，我们买的是地摊货。"

启示

如果一个人无知，那么是个人的问题；如果一群人无知，就说明这个集体出了大问题。

特别优待的地位

管家："华林切利先生，很遗憾，但我得说清楚，我同您的夫人不和。"

华林切利先生："怎么啦？她要求您太多了吧？"

管家："是的，先生。女主人忘记了我随时都有可能离开你们，因此她像指挥您一样指挥我。"

启示

将对方绑得紧紧的婚姻，是会出问题的。

退钱

空中跳伞造型学校的教员在上完第一节课后，询问学员是否有什么问题。

“我们每跳一次要交多少钱？”一个学员问。

“10美元。”教练回答。

另一学员显得有点紧张，站起来问：“如果在跳伞时打不开降落伞怎么办？”

“不要担心，如果打不开降落伞我们会把钱退给你。”教员答道。

启示

如果一切包括生命都能用钱买得到就好了。

海底穿行

一个吝啬鬼打算到美国去。他绞尽脑汁地想办法节省路费。最后，他央求一个开往美国的轮船船长带他去美国。船长答应在船上随便给他找个地方。就这样，没花多少钱，他便横渡了大西洋。当轮船抵达彼岸时，吝啬鬼突然发现有好几个从水底出来的潜水员正爬向岸边。吝啬鬼立刻后悔了，他不满地对船长说：“你应该把船票钱退给我！你为什么不事先告诉我，徒步从海底也可以来美国呢？”

启示

节俭是应该的，但是节俭过头变成吝啬，就不好了。

审美观不同

问：清朝与唐朝审美观念有何不同？

答：清朝美人如林黛玉——“美人上马马不知”，唐朝美人如杨贵妃——“美人上马马不支”。

启示

随着时代的发展，审美方式发生了巨大变化。

提高待遇

一位上岁数的演员对剧院经理说：“先生，我在这个剧院已经干了25年，我想，您是否可以考虑改善我的经济待遇？”

“没问题，今后凡是需要在台上吃东西的角色，我都让您演。”

启示

避重就轻是有些领导处理事情的惯用伎俩。

补考

老张去打针，发现好多人等在医院里。

老张等了很久，有点着急，就到打针室门口闲晃，正好听到里面说：“今天是你们实习的最后一天，大家来个考核！”

老张一听，吓了一跳：实习护士手法可没准，我还是躲一下吧！

他出去遛了一圈，回来发现医院里已经没人了，走近打针室，他听到里面的人说：“这些孩子呀，把病人搞得好痛苦呀！”

老张乐了，走进去说：“打针！”

里面一位老护士见他后，一笑，向里一喊：“刚才没及格的护士，出来补考！”

启示

自以为时机把握得很好，实则聪明反被聪明误。

又上错了车

一个人喝醉了酒，两次上错了公共汽车，第三次他总算上对了。车上的一位神父看到这人喝的醉醺醺的样子，便不以为然地在胸前画着十字说：“酒色是通往地狱之路！”

“怎么，难道我又上错车了？”

启示

对冥顽不灵的人来说，再多的警告也没用。

没有办法

7岁的小儿子把成绩报告单带回家，父母看后大失所望。晚饭后，父亲把儿子叫来，对他说：“看看这些分数，我们得想个办法。”

“没有办法可想啊，”儿子回答，“都是用墨水笔写的，擦不掉的。”

启示

表面现象的改变和事情本质的改变是不一样的，也许小孩子还不懂得。

为妈妈点歌

那天我在宿舍听广播，听到一个很小的女孩子给她的妈妈点歌。她说她的妈妈很辛苦，星期日也不能休息，要到书店买好多习题集给她做，于是她就想为她的妈妈点一首歌。

主持人一听，感动地说：“多懂事的孩子啊。请问你想为你的妈妈点什么歌？”小女孩用稚嫩的声音说：“我想点《女人何苦为难女人》。”

启示

父母的负担很重，孩子也不轻松，应互相体谅。

还少一题

周五化学课，老师布置作业。

“练习四，做5、7、9、11、16、19题。就做这些吧。”

忽听几个男生大喊：“老师，还少一个题。再布置一个吧。”

老师大喜，心想终于盼到学生们主动学习的一天，于是笑着说：“好

吧，加上22和27题吧。”

下课铃声响起，众男生向彩票投注站奔去，边跑边说：“咱老师真好，这下连特别号都有了。”

启示

小孩虽小但机灵，对可以借得到的资源也不客气，连老师都用上了。

杂志的作用

张博士在著名的儿童教育学杂志社担任心理顾问。

一日下午他下班返家，邻居林太太抓住他说：“今天我家那小捣蛋又不听话，多亏你的杂志帮了我一个大忙。”

张博士得意地问：“是哪一期的哪一篇呢？”

林太太摇摇头说：“我哪知道是哪一期啊！我随手将一本杂志卷了起来，结结实实地打了他一顿，看他还敢不敢捣蛋！

启示

很多东西都是有价值的，可是这种价值并没有被正确、合理、充分地利用。

该换姿势了

有一个人因为坏事做得太多了，死后被判下地狱接受酷刑，判官告诉他，有三种酷刑可以选择，第一种是放在滚烫的热水中，一直煮。那人说：“太可怕了，第二种呢？”

判官告诉他，第二种是把一个人的头、脚、手全部用绳子绑起来，然后五马分尸。

那个人看了，更害怕地说：“那第三种呢？”判官又带这个人去看第三种酷刑，那个人一看，看到一群人站在一个深及膝盖的粪池里，愉快地聊着天，那个人想，还好嘛，比前两个好多了，只是臭了一点。于是，他就跟判官说他选这一个。然后他就站进那个粪池里了，过了一会儿，判官过来跟大家说：“好了，午茶时间结束，现在马上换回头在下脚在上的姿势。”

启示

不要草率地决定一件大事，因为你现在可能还没有了解清楚里面的奥妙。

三天退货

小奇不喜欢父母为他新添的小妹妹。

“那你为什么不把她换成弟弟呢？”他的同学问。

“太晚了。当我发现她是女孩时，已经过了十几天了。要知道，商店里规定凡是东西用过三天，就不能退换的。”

启示

童言无忌。小孩子对事物的认识过程是逐步进展的。

吓飞鸟儿

明政是一个顽皮的小孩子。他最怕画画，尤其是怕画鸟儿。有一天，美术老师在黑板上画了一只鸟儿站在树枝上，给学生做范本。明政左画右画，总是画不像，看见同学们都交卷了，他也稀里糊涂地把画交了上去。

美术老师看了他这幅画，不觉把教鞭在讲台上一拍道："你画的鸟儿哪里去了？"

明政连忙答道："被你这一教鞭吓飞了。"

启示

教育小孩要因材施教，不能鲁莽行事。

狗项圈

一位贵妇来到动物交易店，为她的狮子狗买一个项圈。

售货员拿出最好的货物给她看，并问项圈的尺码。

"我一点也不知道。"妇人回答。

"那么您最好还是量一下您的狗的脖子，夫人！"售货员十分客气地建议。

"我办不到！"夫人惊愕地喊道，"我赠给狗项圈是祝贺它的生日的，这件事自然应当使狗感到意外。"

启示

给别人送生日礼物应该给对方惊喜是人人皆知的道理，现在连狗都享有这种待遇了。

算腰围

一位男士到超级商场为他的太太挑选一条裙子。

售货员问他："您太太的腰围是多少？"

"不知道。"男士回答。

"不过，"男士凝神了一会儿，又说："我家里有一台20英寸的彩电，我太太站在它前面时，正好把整个屏幕全给遮住了。"

启示

日常生活可以令人回忆和推想起很多东西。

打灯笼的蚊子

两个刚抵达纽约的苏格兰移民在旅馆过夜，他们整个晚上被蚊子搅得十分恼火。凯西对仙蒂说："仙蒂，用被子蒙住头，蚊子就咬不到我们了。"过了一会儿，仙蒂伸出头来呼吸新鲜空气，这时她看见了以前从未见过的萤火虫，于是她叫道："上帝啊，蒙住头也没有用，蚊子正打着灯笼找我们呢。"

启示

人类总是用已知的经验去判断未知的事物。

苏东坡

一日中午，苏东坡去拜访一位老和尚。老和尚正忙着做菜，刚把煮好的鱼端上桌，就听到小和尚禀报："苏东坡先生来访。”

和尚怕自己吃鱼的秘密暴露，情急生智，把鱼扣在一口磬中，便急忙出门迎接客人。两人同至禅房喝茶，苏东坡喝茶时，闻到阵阵鱼香，又见到桌上反扣的磬，心中便有数了。因为磬是和尚做佛事用的一种打击乐器，平日都是口朝上，今日反扣着，必有蹊跷。

这时，老和尚说：“居士今日光临，不知有何见教？”

苏东坡有意开老和尚玩笑，装出一本正经的样子说：“在下今日遇到一难题，特来向长老请教。”

老和尚连忙双手合十说：“阿弥陀佛，岂敢，岂敢。”

苏东坡笑了笑，说：“今日友人出了一对联，上联是“向阳门第春常在”，在下一时对不出下联，望长老赐教。”

老和尚不知是计，脱口而出：“居士才高八斗，学富五车，今日怎么有些健忘，这是一副老对联，下联是“积善人家庆有余”。”

苏东坡不由得哈哈大笑：“既然长老明示“磬（庆）有鱼（余）”，我就来大饱口福吧！”

启示

明人说暗语，比才比智。

与上帝决斗

大仲马4岁时父亲就去世了。

他母亲在父亲断气以后走出了房间，看到4岁的大仲马拖着一条很重的枪往台阶上爬。

“你要到哪儿去呀，我的孩子？”

“到天堂去！”

“哎呀，到天堂去干什么？”

“跟上帝决斗！他把我爸爸弄死了。”

启示

孝心可敬，勇气可嘉。

向老狗致意

一次，希特勒到剧院看戏。当戏中出现希特勒的字眼时，观众都要站立欢呼并报以热烈的掌声。这时，全场唯有希特勒一直是坐着的。

几次之后，他身旁的一个青年发现了这个情况。他悄悄地附在希特勒耳边说：“您真勇敢，要不是害怕，我也不会向那老狗致意的！”

启示

独裁者可以制造全民拥戴的景象，却控制不了每个人的内心。

该向谁道歉

大卫·克罗克特是美国边疆开发中的传奇人物，后来进入众议院。

有一天，克罗克特和朋友去华盛顿动物园参观。当他们走到猴山边上时，他指着其中一只猴子，说它的长相、举止很像一位国会议员。话刚说完，他就发现这位议员也在他身边观看。克罗克特笑着对他说：“我想应该向您道歉。不过，我不知道究竟该向您道歉，还是该向猴子道歉。”

启示

人后不论是非。在背后对别人的评论不当或不雅会让你付出代价。

照本宣科

主教爱德华·斯蒂林弗利特是一位德高望重的布道人。

一次，查理二世问他，为什么在别的地方都是即兴布道，而在宫中却每次都要照事先写好的内容宣读呢？

主教说：“在国王面前，我担心忘了要说的话，所以还是照本宣科为妙。”听后，国王很高兴。

主教见国王高兴，就壮起胆子问他：“你根本没必要敬畏任何人，可为何在众议院致辞时也要照本宣科呢？”

国王小声地说：“因为我对他们的要求以及向他们要的钱太多，所以我不好意思面对面地正视他们。”

启示

人的害怕分两种，一种是害怕自己犯错误；另一种是害怕别人发现自己的行径，从而受到指责和批评。

不以为耻

拉布歇雷是英国政治活动家和办报人。他在剑桥大学读书时，曾与一个当地妓女手挽手地在大街上散步。一次他被一位校监拦住了，对方诘问他的同伴是谁。“是我妹妹。”拉布歇雷随口说道。

“胡说！她是镇上臭名昭著的妓女。”校监说。

拉布歇雷显得伤心：“我知道，先生，但你当着我的面数落我家里人的不幸，也太不仁慈了吧！”

启示

行为出格又不敢承认，实在不是君子之举。

和狗看电影

丘吉尔有一只心爱的卷毛狗，名叫鲁弗斯。

一天晚上，丘吉尔在首相的乡间别墅里观看电影《雾都孤儿》。鲁弗斯像往日一样，在它主人的膝盖上占据了一个最好的位置。

当影片放到比尔·赛克斯为了摆脱警察的追踪，准备淹死他的狗时，丘吉尔用手捂住了鲁弗斯的双眼并说：“亲爱的，现在不许看了，等会儿我会告诉你后来发生的事。”

启示

悲惨的世界不是每个人都承受得了的，对于动物来说也一样。

金蝉脱壳

丘吉尔的父亲斯潘塞·丘吉尔公爵也是一位才华出众、政绩斐然的政治家和妙趣横生的幽默大师。

有一次，老丘吉尔在他的俱乐部楼上碰到一个惹人讨厌的家伙。此人缠住他，喋喋不休地说了一些废话，并对听者的不耐烦毫无反应。

老丘吉尔赶忙喊来了一位男仆，吩咐他说："你就待在这里听他说话，直到他说完才可以走。"说完，自己溜之大吉了。

启示

没必要把宝贵的时间浪费在无聊的闲谈上。

一条想象中的线

一次，某政客为了吹嘘自己的国家繁荣昌盛，虚张声势地说："一个空前的太平盛世已经出现在地平线上！"

"妙极了！"他的助手附和着说，"可空前的太平盛世真的已经出现在地平线上了吗？"

"毫无疑问，"政客说，"你知道词典里是怎么解释'地平线'的？地平线是一条想象中的线，一走近它，它就退远了。"

启示

用似是而非的概念表达自己的观点，能唬住一些人。

以一生报答

英国诗人、讽刺作家理查德·萨维奇在伦敦曾一度过着贫困潦倒的生活。由于缺乏食物，他病得很厉害。幸亏医生医术高明，才得以康复。

医生一次次送来催索诊费的账单，萨维奇都无法支付。最后，医生急了，亲自来到他的家里，对他说："你知道，你欠了我一条命。我希望你有所报答。"

"是的，"萨维奇说，"我欠你一条命，为了证明我对你的诊治不是无所报答，我将把我的一生奉献给你。"说着，萨维奇递给医生一本书：《理查德·萨维奇的一生》。

启示

这是偷换概念，一个人的一生怎可以用一本他的自传来代替？

喜鹊肉馅饼

乔纳森·斯威夫特是英国的讽刺作家。一次，他出外旅游，途经一家客店稍做休息。认出他来的女主人一心想取悦这位名人。

这位女主人过分热情地询问斯威夫特晚饭想吃点什么："想来点果肉馅饼吗？或者醋栗馅饼？或是李子馅饼、葡萄馅饼、樱桃馅饼……""除了叫喳喳的喜鹊肉馅饼外，什么都行，太太。"斯威夫特打断了她的话。

启示

"你话多如喜鹊！我要吃饭，而不是要听你叽叽喳喳地说话！"不要因喋喋不休而令客人反感，这是服务行业的人员特别需要注意的吧。

和福尔摩斯不相上下

有一次，英国作家柯南道尔在巴黎叫了一辆出租马车。他先把旅行包扔进了车里，然后爬了上去。还没有等他开口，赶车人就说："柯南道尔先生，您上哪里去？"

"你认识我？"作家有点诧异地问。

"不，我之前从来没有见过你。"

"那么你怎么知道我是柯南道尔呢？"

赶车人说："我在报纸上看到过柯南道尔在法国南部度假的消息。我看到你从马赛开来的一列火车上下来，注意到你的皮肤黝黑，这说明你在阳光充足的地方至少待了一个多星期。我又从你右手指上的墨水渍来推断，你肯定是一个作家；另外你还具有外科医生那种敏锐的目光并穿着英国式样的服装。我认为你肯定就是柯南道尔！"

柯南道尔大吃一惊说："既然你能从所有这些细微的观察中认出我来，那么你自己和福尔摩斯也不相上下了。"

"还有一个小小的事实。"赶车人说。

"什么事实？"

"旅行包上写有你的名字。"

启示

不要忽视普通大众的能力，福尔摩斯也不过是取材于现实。

劳动和运动

在一次宴会上，萧伯纳恰好与某纺织厂经理的太太坐邻座。"亲爱的萧伯纳先生，"这位身体肥胖、娇声娇气的阔太太问道："你是否知道哪种减肥药最有效？"萧伯纳注视了一下这位邻座，装出一副正经的神态，用手捋着长须答道："我倒是知道有一种药，但是，遗憾的是，我无论如何也翻译不出这个药名，因为劳动和运动这两个词，对您来说是地道的外国字。"

启示

劳动和运动是减肥的天然良药。可惜这对那些需要减肥的阔太太来说几乎是陌生的。

验明牧师正身

伏尔泰到了84岁高龄卧床不起等待死神降临的时候，一位牧师自作多情，走到他的床边，为他祈祷忏悔——这是为垂死者的一贯作业，但是，伏尔泰反而追根究底，盘问起牧师的身份来："牧师先生，是谁叫你来的？"

"伏尔泰先生，我是受上帝的差遣来为你祈祷忏悔的。"

"那么你拿证件给我看看，验明正身，以防假冒。"

启示

始终如一地秉持小心求证的科学精神，令人敬佩。

在艺术家的工作室

有一天，法国总统阿尔芒·法利埃访问了大雕塑家罗丹的工作室，看到屋子里到处都堆满了未完成的作品部件——头、手、脚、躯干。总统风趣地说：“天呐，这些人走路太不注意了。”

启示

明赞不如暗赞高明。

离婚的基本条件

玛丽走进律师事务所说：“我想了解一下，我是否具有离婚的基本条件。”

律师问：“你结婚了吗？”

玛丽：“当然结婚了。”

律师：“你已具备了离婚的基本条件。”

启示

婚姻自由已成为共识。所以结婚被认为是离婚的基本条件。

素描

伊戈尔第一次把女朋友带到家里。为了显示自己的才华，他把自己的几张素描拿出来让她欣赏。

“不错，这些素描和我弟弟画的水平不相上下。”女友说。

“你弟弟是画家吗？”

“不！他是小学三年级的学生。”

启示

显丑露拙不是件坏事，不过要有顶住打击的心理准备。

同行

一位律师对打字员口述给另一位律师的信。

“信的开头怎样写？”打字员问，“是‘尊敬的先生’吗？”

“‘尊敬的’？可他是一个十足的滑头和骗子，不能这样称呼。就称他‘亲爱的同行’吧！”

启示

讽刺有些律师是滑头和骗子，不值得尊敬。

童言无忌

自然老师问道：“我们从大自然认识到许多事实、许多例子，比如说：由于直觉的性能，一种动物不喜欢另一种动物，或者仇恨另一种动物：狗不喜欢猫，狐狸追捉母鸡，蜘蛛是苍蝇的敌人等等。有谁还能给我们举些例子呢？”

小安娜举手回答：“例如学生和老师……”

启示

不能让学生体会到学习的乐趣，真是教师的悲哀。

幽默太太

1948年杜威和杜鲁门竞选美国总统。民意测验中，杜威遥遥领先，胜券在握。他得意地问太太：“你就要跟美国总统同榻了，有何感受？”

太太答：“荣幸之至，简直等不

及了。”

出乎意料的是，这次选举杜威失败了。

太太说：“请问，是我到华盛顿去，还是杜鲁门到这里来？”

启示

不以丈夫的成功而大喜，不因丈夫的失败而沮丧。保持平和、乐观的生活态度，这的确是一名好妻子的素养。

找翻译

“法官，我坚决要求离婚。我同我妻子根本没有共同语言。”

“那没关系，你们可以一同去找个翻译嘛。”

启示

翻译可以帮助语言的沟通，却难以化解心灵的隔膜。

长颈鹿没有钥匙

老师在给学生讲解动物的特征，如骆驼的驼峰，大象的鼻子……小约翰呆呆地望着窗外。

“小约翰，你说长颈鹿为什么走不进这个房间？”老师问道。

“老师，因为长颈鹿没有钥匙。”

启示

儿童的想象力是丰富的，通常将事物拟人化，这种天性不应该被抹杀。

教导的结果

老师：“汤米，‘公马和母牛在草地上放牧’这个句子有错吗？”

汤米：“有。阴性名词永远应该放在第一位。”

启示

教育不应该僵化，而应该充分发挥孩子的想象力。

最后的“谢幕”

巴里穆尔出生于英国，几年后移居美国，并走上舞台，成为受观众欣赏的演员。他一生中谢幕的次数不可胜数，可最让人难以忘怀的“谢幕”却不是在舞台上。

1905年，巴里穆尔走完了他的人生之路。葬礼上，正当人们把他的棺材吊放进墓穴时，吊棺材的绳子突然扭了一下，棺材斜卡在墓穴沿上。当再次往下放时，绳子又扭了一下，人们不得不再一次把棺材吊起来。

见此情景，巴里穆尔的儿子莱昂纳尔用臂肘碰碰站在一旁的兄弟约翰，悄悄地说：“多像父亲啊，一次又一次地谢幕。”

启示

能够在自己的领域有所建树的人都具有令人佩服的敬业精神。

看守

一个在俄国被俘的德国士兵对犹太看守说："我们的威廉皇帝很了不起，他每周都到前线一次。"

犹太看守无动于衷地说："我们的尼古拉更了不起。他根本不需要走动，防线每周都在向他靠近。"

启示

人在困境，无论怎样缅怀辉煌历史都毫无价值；胜利在即，无论怎样说自己的挫折经历都是一种骄傲和豁达。

好大的胃口

欧内斯廷·舒曼·海因克，德国女低音歌唱家，是瓦格纳歌剧角色的优异扮演者。

她长得很胖，平时胃口极好，而她又毫不在乎别人给她冠以美食家的桂冠。

一天，另一个胃口很大的贪食者恩里科·卡鲁索走进一家饭店，抬头看见舒曼·海因克正埋头进餐。正当她要吃一块硕大的牛排时，卡鲁索走上前问道："舒曼，你一定不会单独把那份牛排吃下去吧？"

"不，不，当然不是单独吃，"歌唱家说完就咬了一口。卡鲁索以为还有他一份。还没等他坐下来，不料歌唱家接着说："单独吃没意思，我要就着土豆一块吃。"

启示

能够坚持自己的爱好，不惧他人的眼光，这是难能可贵的自信与豁达。

比富

在一列开往欧洲的火车上，同一车厢里坐着一个俄罗斯人、一个古巴人、一个美国商人和一个美国律师。

途中，俄罗斯人取出一瓶伏特加，逐个给大家斟酒，然后将剩下的半瓶往窗外一甩。

"你这样不是太浪费了吗？"美国商人惊奇地问。

"俄罗斯有的是伏特加，"俄罗斯人非常骄傲地说，"我们根本喝不完。"

过了一会儿，古巴人拿出几根哈瓦那雪茄分给同伴，他自己也点燃了一根，可没吸几口就把它扔出了窗外。

美国商人又奇怪地问："我想古巴的经济并不怎么景气，为何这么好的雪茄就给扔了呢？"

古巴人满不在乎地说："在古巴，我们有的是雪茄，怎么也抽不完。"

美国商人沉默了一会儿，突然站起来，抱起身边的律师，硬把他塞出了窗外。

启示

俄罗斯是伏特加多，古巴是雪茄多，美国是律师多，多得用不完，需要处理一部分了。

不偏不倚

一位美国法官对自己的挚友说：

"请你想象一下，我们这里营私舞弊泛滥到何等地步！前天，就在诉讼程序刚要开始时，被告的辩护律师塞给我1000美元。怎么能这样呢？过了一会儿，原告律师也硬塞给我1200美元。可我不是那种在诉讼程序中昧着良心偏袒一方的人。所以，为了做到完全无偏见，我又归还给原告律师200美元。"

启示

鹬蚌相争，渔翁得利。这位美国法官收受贿赂，却还装出不偏不倚的姿态，令人齿冷。

迟早

警察：你偷过东西吗？

小偷：时常。

警察：在哪里偷过？

小偷：各处。

警察：好吧，先把你关起来。

小偷：几时放我出去？

警察：迟早。

启示

不确切的回答表明其态度不积极，得到的也就是不确切的模糊回应。

药效相等

外科医生吩咐病人去药剂师处拿一瓶浓度为4%的麻醉剂溶液，准备给他动一次小手术。病人回来时，带了两瓶浓度为2%的麻醉剂溶液。病人告诉医生、药剂师说这两瓶溶液与一瓶浓度为4%的麻醉剂溶液效力相等。

外科医生听了甚为恼火，叫他把麻醉剂退还给药剂师。"你问他，假如他找不到一个20岁的女人，他是否要和两个10岁大的女孩结婚？"

启示

不是任何事都能够直接相加的，因为不同质量的东西在数量上面如何弥补都是无济于事的。

第八部分

THE EIGHTH PART

人生智慧

争论一个问题

三个人在争论一个问题：什么是世界上最古老的行业？

外科医师说："《圣经》上曾提到，夏娃是亚当身上的一根肋骨所造成的，所以，我这一行可算是最古老的行业。"

工程师说："不对，开天辟地时，地球上曾有过六天的大混乱，重建的工作靠的是工程师。"

政治家说："你们有没有想过，这场大混乱是谁造成的？"

启示

在人类历史的每一个阶段，随着分工的细化，各种各样的行业不断涌现。"经济基础决定上层建筑，上层建筑反作用于经济基础。"在经济变革要求政治变革的时候，混乱随之而产生。所以，政治家被认为是混乱的制造者。

最舒服的地方

尽管王宫豪华奢侈，应有尽有，但是国王却越来越觉得不舒服，心情极差，连早朝也不愿意上了。当大臣们了解了情况后，纷纷想办法、出主意，有的送上山珍海味，有的送上稀奇珍宝，有的还送上美女。然而，国王至多高兴一两天，就又感到不舒服了。

一天，一位大臣对国王说，他发现了一个让人舒服的地方。国王一听，十分高兴，要大臣马上就带他去。大臣摇头，告诉国王必须要第二天才能去，国王没有办法，只好焦急地等待。

第二天一早，大臣帮国王准备好了行装，带了很多的水上路了。马车在沙漠上慢慢地走着，走了快半天了，还没有到达舒服的地方，而国王口干舌燥，只能不停地喝水。后来，他要小便了，大臣对他说，不行，一小便，到了目的地也不会有舒服的感觉，国王只好忍着。到了下午，国王又向大臣提出要小便，大臣还是不同意。到了快要吃晚饭的时候，国王憋得脸都红了。于是，大臣对国王说，你可以下车小便了。国王飞快地下了车，小便完后，大叫一声："真舒服！"大臣对国王说："这就是最舒服的地方。"

启示

司空见惯的东西会令人厌烦；再美丽的东西，见多了，也觉得不过如此；处于再幸福的环境中，享受多了，也觉得毫无乐趣。幸福，是很想得到的东西经过长久的求索之后终于得到了，即使这个东西平时很平凡，你并不把它放在心上。

论文

兔子坐在山洞的洞口打字。狐狸跳到他的面前："我要吃了你！"兔子说："别忙，等我把学士论文打完！"

狐狸很奇怪："什么学士论文？"

"我的论文是《兔子为什么比狐狸更强大》。"兔子一本正经地说。

狐狸大笑起来："这太可笑了，你

怎么会比我强大！”

兔子仍然一本正经地说：“不信你跟我来，我证明给你看。”他把狐狸领进山洞，狐狸再也没有出来。

兔子继续在洞口打字。狼跳到他的面前：“我要吃了你！”兔子说：“别忙，让我把学士论文打完！题目是《兔子为什么比狼更强大》。”

狼大笑起来：“你怎么敢说自己比我强大！”

“真的，我可以证明！”兔子领着狼走进山洞，狼再也没有出来。

兔子继续在洞口把他的论文打完，然后拿着论文走进山洞，交给一头打着饱嗝的狮子。

启示

一个人的能力并不仅指他自己具备的技能。任何人在这个社会上都不是孤立存在的，相互合作在现代社会显得更为重要。所以，一个人的能力还包括它可以借用的力量。

爱慕虚荣

爱慕虚荣的查理夫妇一直都向往一种自命不凡、高人一等的生活方式。

这天，夫妇二人去参加一个上层人士举办的酒会，在漫无边际的闲聊中，话题转到了莫扎特。

“一个绝对的音乐天才！才华横溢，无人能及！”有人简练地评价道。

加入这种对名人品头论足，阳春白雪的讨论是查理夫人一生的梦想，于是，她不失时机却又故作轻描淡写地说道：“噢，我非常同意您的见解。我喜欢莫扎特这个人，也许你们不敢相信，今天早晨我还在21路车站和他聊了几句，他正要去音乐厅客串一场演出，上车之前他还礼貌地向我道了别，真是一个非常懂礼节的人。”查理夫人的话音一落，周围顿时安静了下来，大家都轻蔑地看着她。

查理觉得自己蒙受了巨大的耻辱，他走到查理夫人面前，略带愠怒地耳语道：“我们现在就走，快穿上你的外套，我们得赶快离开。”驾车回家的途中，查理一言不发。

“查理，你是不是生气了？”查理夫人打破了沉默。

“噢，是吗？你终于注意到了？”查理用嘲讽的口吻说道，“你今天让我丢尽了面子！你看见莫扎特坐21路车去音乐厅了？你这个自以为是的傻瓜！谁都知道21路车根本就不路过音乐厅！”

启示

爱慕虚荣又胸无点墨的人是可笑又可悲的。

住店

庞振坤和几个秀才进京赶考，经过一家饭店。饭店门外的牌子上写着“明天吃饭不要钱”。大家觉着很奇怪，又都跑累了，就一同住店歇息。

谁知第二天，店老板照样来要饭钱。庞振坤问：“牌子上不是写着‘明天吃饭不要钱’吗”？老板说：“是呀！写的是明天不要钱，今天怎么不要？”大家听了，才知道店老板玩的是骗人的把戏。

秀才们赶考回来，又路过这个饭店，大家说什么都不愿再来住了。庞振坤却说：“不妨再住上几天，饭钱我全包了。”大家相信庞振坤有主意，就都住下了。老板见来了这么多客人，便殷勤招待。

第二天，店老板来结账，庞振坤说：“急什么，我们还要住下去，明天再给吧！”过了一天又来结账，庞振坤还是那句话，老板也不敢逼着要。今天等明天，明天等后天，就这样，10多天过去了。

店老板终于沉不住气了。这天，他焦急地问庞振坤：“你总说明天给钱，何时才有个尽头呢？”庞振坤不紧不慢地说：“店门口不是写着‘明天吃饭不要钱’吗？我们就等着这一天哩！”

启示

明日复明日，明日何其多。以一个永不打算兑现的承诺回应另一个永不打算兑现的承诺，以其人之道还治其人之身，聪明！

双重调换

科长：“桌上那两封信都寄出了吗？”

工友：“都寄出了，但我把邮票贴错了，国内的贴了15元，国外的贴了2元。”

科长：“你真不细心，后来重贴过了没有？”

工友：“因邮票撕不下来，我就把里面的信互相调换了。”

启示

只有表面上改变，而不触及事物的本质及关键因素，是会出现问题的。

最后的报应

三个男人死后一同到了天堂门口。圣彼得在那里恭候他们：“欢迎各位有幸升入天堂。天堂太大，你们每位都需要有自己的交通工具，我这就发给你们。”

圣彼得对第一个男人说：“你一生荒淫无度，对你妻子极为不忠。好在晚年有所收敛，就只能给你一辆山地自行车了。”

圣彼得对第二个男人说：“你比上一位老实多了，也就只有为数不多的几次沾花惹草的行为，但你也只配拥有一辆低档小汽车。”

圣彼得对第三个男人说：“你是一位难得的好男人，你一生对你妻子忠心至诚，恩爱有加，真是不容易，是个模范丈夫。为此，我将发给你一辆罗尔斯超豪华轿车，作为你一生忠贞不渝的嘉奖。”

三人刚要离去，却见获得罗尔斯车的男人号啕大哭了起来。另两人大惑不解地问他：“你得了最好的车，难道还不满意呀！你哭啥？”

那人答道：“我刚刚瞧见我太太了，她正在那边用一块滑板！”

启示

事物都是相对而存在的，世界就是这样保持平衡的。一个人付出多了，就总有另一个人付出比较少；一个人得到的多了，就总有另一个人得到的比较少。

报以战栗

萧琛有辩才，梁武帝未称帝时与他交情很好。某日，武帝设宴，萧琛醉倒。梁武帝用枣投萧琛，萧琛便取了颗栗子掷武帝，正击中面部。武帝有些发怒，萧琛便解释说："陛下投臣以赤心，臣不敢报以战栗吗？"

启示

窘迫中见机智，危机中显智慧。明明是无意中冒犯，偏说是有意孝敬。辩才不愧为辩才！

井里没糟

王老太开了一家酒店，以卖酒为业。

有个道士常常吃了酒不付钱。后来，道士对她说："为了报答你，我给你掘口井吧！"掘完井，道士就离开了。谁知井水比酒的味道还要醇厚。从此，王老太就不再酿酒，只拿井水当酒卖。三年便赚了大钱。一天，道士忽然返回，问她道："酒好吗？"

王老太答道："好是好，只是没糟，不能养猪！"

道士笑了笑，题了一首诗在墙上："天高不算高，人心第一高，井水当酒卖，还说猪无糟！"道士走了，井里也不再出水了。

启示

人的欲望是无穷的，常常得寸进尺。努力通过自己的奋斗来索取自己想要的是正道，如果一味向别人索取，甚至贪得无厌，则总有一无所获的一天。

蠹虫

蠹虫吃书吃得肚饱胃满，便认为自己是世上最有学问的读书人了。

一天，它出外游玩，遇到蜣螂，蜣螂欺侮它；遇到蝇虎，蝇虎也欺侮它。蠹虫十分愤慨，问人道："我满肚子都是诗书，自认为是天下通儒，为什么欺侮我的人这样多？"

人笑道："你虽然自认为满肚子诗书，可是这些诗书并不能被你消化吸收，虽然很多，又有什么用呢？"

启示

资讯不等于知识。读书万卷，却不知所云，更不知应用，则读书等于不读书。

红白砒霜

有个先生好喝酒，仆人经常偷酒喝。先生辞退了此人，打定主意要选个连酒都不识的人。

一天，朋友介绍了个仆人来，先生指着黄酒问："这是什么？"

仆人说："是陈绍。"

先生想，连酒的别名都知道，定会喝酒，便没雇用他。

过几天，朋友又介绍，先生再考，仆人回答："花雕。"

先生暗惊这人连酒中佳品都知道，仍不用。

再过几天，又有人来，先生仍以黄酒考问，仆人摇头说不认识。又以烧酒考问，仆人也说不认识。先生便留下此人。

一日，先生出门嘱咐仆人说："墙上挂着火腿，院里养着肥鸡，要小心看守，不要丢了。柜子里有两个瓶子，一瓶是白砒霜，一瓶是红砒霜，千万动不得。若喝了会肠胃崩裂，毒发身亡。"

先生走后，仆人杀鸡切腿，煮熟后下酒，直吃得酩酊大醉。先生回来，一见鸡、酒、肉全无，仆人躺在地上，便一脚把他踢醒，追问东西哪里去了。

仆人哭诉说："先生走后，小人在馆内看住东西，忽然来了一只猫，把火腿叼跑了，我去追赶，又来了一条狗，把鸡撵到邻家去了。我看惹了祸，怕先生回来责怪，便不想活了，先喝白砒霜，老不发作，再喝红砒霜，还不能死，现在正头昏脑涨，躺在这里挣命呢。"

启示

人世间很多事是偷鸡不成反蚀把米，或者哑巴吃黄连有苦说不出。所谓先欺人者被人欺，先唬人者被人唬。

锅死了

一天，阿凡提跟一位邻居借了一口锅。用完后，阿凡提在锅里放了一口小锅还了回来。邻居一见，觉得占了便宜，很高兴，可又觉得奇怪，便问道："这口小锅是怎么回事？是利息吗？"

"不是。"阿凡提说："您借给我的是口怀孕的母锅，到我们家两天后就生了这口小锅，所以我把它们母子都给您还回来了。"

"往后用锅，您尽管来拿好了！"邻居高高兴兴地把两口锅收下了。过了几天，阿凡提又来借锅。邻居一听，马上把家里最大的一口锅借给了阿凡提。

过了很长时间，阿凡提仍没来还锅。邻居忍耐不住了，干脆到阿凡提家来讨要。

阿凡提愁容满面地诉起苦来："真是对不起，您那口锅刚到我们家两天就死去了。我想等40天祭祀完后给您去报丧呢。"

"喂，阿凡提，锅是生铁做的，它还能死吗？"邻居一听，又好气又好笑地问阿凡提。

"哎哟，我的好邻居，您既然相信锅能生儿子，怎么就不相信锅会死呢？"

启示

贪小便宜的人不经意间就会吃大亏。

国王寻找智慧

国王听说阿凡提非常有智慧，便把

他叫来问道："阿凡提，你的智慧是从哪里找来的？"

"通过艰苦的劳动找到的！"阿凡提回答说。

"智慧也能通过劳动找到吗？"国王问。

"对，通过艰苦的劳动定能找到智慧！"阿凡提回答。

"我现在就想多找一点智慧。"国王说。

"这个好办，请您拿上锄头跟我走，我会帮助您找到智慧的。"阿凡提胸有成竹地说。

国王心想：别人都说我缺少智慧，这回我一定得多找一些智慧把脑子装满，有可能的话再装上两箱子智慧带回王宫，留着给孩子们用。国王拿上一把锄头跟着阿凡提走，他们走了很长时间，来到一片戈壁滩上，阿凡提对国王说："国王陛下，请您脱下皇袍开始劳动吧！"

国王只好跟着阿凡提抡起锄头。干了一会儿，国王的手就起了血泡。国王受不了了，说："阿凡提，你说的智慧在哪里？我们怎么才能找到它？"

"别急，国王陛下，"阿凡提笑了笑说："我们就这样艰苦地把锄头抡到秋天，待把这片土地开垦出来，到了春天我们再把智慧种上，等到下一个秋天，我们就可以收获到一麻袋一麻袋的智慧。不然，我们上哪里去寻找智慧呀？"

"你说的这个智慧是粮食吧！"国王问。

阿凡提说："对，陛下，这只是寻找智慧的第一步。"

国王无奈，跟着阿凡提整整苦干了一年。到了秋天收完了丰收的粮食后，国王对阿凡提说："阿凡提，我感觉到粮食吃起来容易，可种起来就难了，你说我说的对吗？"

"非常正确，您现在找到了一条最重要的智慧。"阿凡提回答说。

启示

智慧的确是在劳动中产生的，平民阿凡提说出了社会学中的一个重要结论。在温室中长大、享受荣华富贵的人因为缺乏对生活的求索而缺乏智慧。

分鹅

阿凡提住在王宫时，一个人给国王送来一只烤鹅。国王把烤鹅交给阿凡提，说："阿凡提，请你把这只烤鹅公平地分给我们大家。"

阿凡提把烤鹅的脑袋割下来，送到国王跟前恭恭敬敬地说道："尊敬的陛下，您是一国之主，这鹅头理所当然属于您。"他说完，把鹅脖子割下来，送到王后跟前说："男人是头女人是脖子，这鹅脖子应属于尊贵的王后。"阿凡提把鹅腿又切下，递给王子说："这鹅腿应该由王子吃，因为王子是国王的继承人，从现在起就应该打下牢固的基础。"

阿凡提最后把鹅的双翅拉下来，分别交给国王的两个女儿，说道："女儿是属于别人的，早晚要飞。愿她们各自找到称心如意的郎君，远走高飞吧！"

然后，阿凡提拿起剩下的鹅身说道："陛下，仆人们吃这些剩下的就足够了。"

启示

好话留给那些不用饿肚子但需要面子和虚荣的人，真实的实惠留给大众。这就是各取所需。

凶兆

一天，国王的心情不太好，想去打猎散心，正当他离开王宫出发时，遇见了阿凡提。

"卫兵，别让我看见这个丧门星，用鞭子把他赶走！"国王对卫兵们喊道，"去打猎前遇见他是不吉利的！"

卫兵们照办了。可是这一天打猎非常成功，国王满载而归。国王后来把阿凡提叫来，说道："很抱歉，阿凡提，我原以为你是个凶兆，但事实表明并非如此。"

"您竟以为我是个不祥之兆！"阿凡提说道，"你看见了我，而获得了满载的猎物，可我看见了你，却挨了一顿鞭子。到底谁是个凶兆？"

启示

事情是双方面的。我对你有影响，你对我也有影响。国王认为阿凡提是凶兆可以打他一鞭子，阿凡提认为国王是凶兆，最多只能口头说说。因此，输和赢的分别就是手里有没有挥鞭子的权力。

我看你们还会说什么

一天，阿凡提骑在毛驴上，儿子跟在他旁边。路旁的一群农民见了，取笑道："你们瞧，大人骑在毛驴上，让小孩子在下边走，这不是罪过吗？"

阿凡提听了觉得有理，就自己跳下毛驴，让儿子骑上。又走了一会儿，父子俩又遇见了一群人，他们说道："喂，阿凡提，你这把年纪了，自己步行却让小老虎一样的儿子骑在毛驴上，真傻呀！"

阿凡提听后，觉得是不太合适，自己便骑在毛驴前面，让儿子骑在后面。又走了一会儿，前面走来一人，对他们说道："哎哟，你们父子二人可真狠心，一百多公斤的两个活人骑在一头毛驴上，不觉得害臊吗？这不会说话的畜牲真可怜呀！"

阿凡提听了，觉得他说的也没错。于是，他跳下毛驴，也让儿子跳下毛驴，二人一前一后赶着毛驴徒步而行。不久又有一个人走了过来，摇摇头说："哎呀，天下还有这么愚蠢的人，有驴不骑徒步走，骑驴很省力呀！"这么多的议论，把阿凡提搞糊涂了，他不知道该如何是好。于是，他和儿子一前一后地抬起毛驴，继续前行。

"我看你们还会说什么？"阿凡提边抬边喃喃自语道。

启示

是非黑白无定论，一个人有一个看法，一百个人就有一百个看法。没有人的看法能够取代你自己的看法，也没有人能够替你走。

如此打猎

在一个很古老的村庄里，有一位很老很有经验的老猎人，他每天出去都能收获很多。在村里有一个年轻人，一直都喜欢去打猎，可是每次都是空着手回来，于是他就问："老爷子，你是怎么打猎的呀？"

老爷子就告诉他："你看到山里的洞了吗？那里面就有很多猎物。"

年轻人就想：是不是见了洞就开枪，一定能打到猎物呀？

过了好久，老猎人在集市上又看到了年轻人，但是此时的年轻人已经是坐在轮椅上靠轮椅生活了。老猎人很吃惊，就问："小伙子，你怎么成这样儿了呀？"

年轻人告诉老猎人："我那天听你讲完了打猎经验，便去打猎。我看到了一个洞就向里面开枪，结果跑出来一列火车。"

启示

教条地挪用别人的经验，势必导致失败。

机遇

一位探险家在森林中看到一位农夫坐在树桩上抽烟斗，于是他上前打招呼说："您好，您在这里干什么呢？"

农夫回答："有一次我正要砍树，但就在这时风雨大作，刮倒了许多参天大树，这省了我不少力气。"

"您真幸运！"

"您可说对了。还有一次，在暴风雨中闪电把我准备焚烧的干草给点着了。"

"真是奇怪！现在您准备做什么？"

"我正等待一场地震，把土豆从地里翻出来。"

启示

好运之所以为好运，正因为它不常见。遇着了值得庆幸，没遇着也属正常。运气不是"公共汽车"，总是定点发车，定点到来。如果总是等着好运降临，期待侥幸，而缺乏个人生活的积极性，就是人生的悲哀。

接班

这天晚上下班，张强骑着摩托车往家赶。路过一座大桥的时候，无意中发现一个要饭的提着一个鼓鼓囊囊的破包走到桥下。张强想看看他到桥下干什么，就故意放慢了速度。只见那个要饭的来到一个桥洞里，东看看，西望望，然后拆下一块桥砖，从破包里一把一把往桥洞的一个大窟窿里装东西。装完了，又把砖放回原位。张强明白了，这个要饭的准是把一天要来的钱全存在这里了，这是他的私人银行！看到这一切后，张强就骑着摩托车走了。

第二天晚上下班，张强又看见了那个要饭的。与前一天一样，他还是往桥洞的大窟窿里放东西，放完了，看看四下无人，就上桥走了。张强心想，这家伙把钱放在这里，也不怕别人给拿走？

准是钱不多。

第三天，那个要饭的还跟以前一样，往桥洞里放完东西就走。张强的心里可痒痒了，这么多天了，那窟窿里得有多少钱呀？要不到桥底下看看去？

张强看那个要饭的走远了，就下了摩托车，把摩托车锁好，悄悄来到桥下。他仔细一看，发现桥洞子上有一块砖是活动的。他用手把那砖抠出来往里一摸，好家伙，里边满满当当一大堆纸币。张强的心怦怦直跳，看四下无人，就跑到摩托车上拿来自己的包，把那些钱都从大窟窿里掏出来往包里装。正装着，公路上传来一阵喇叭响，吓了张强一大跳，赶紧躲到桥洞深处。不一会儿，一辆摩托车从桥上开了过去。等没动静了，张强这才把洞里最后一张纸币放到包里，出了桥洞。

出来一看，他新买的那辆价值1000多元钱的摩托车没了！低头一看，地上有张纸条，捡起来一看，上面写着：谢谢哥们，我终于有接班的了。桥底下这大窟窿归你了，到时候还会有人给你送摩托车来。不过你可得看准，别弄个水货骑回家！

张强当时就瘫了。

启示

天下没有免费的午餐，盯上别人的钱财的同时请注意自己的钱财，否则可能得到了芝麻，反而被别人拿走了西瓜。

三个好朋友

有三个人是好朋友，他们分别是牧师、和尚及喇嘛。他们原本是一起长大的，只是因为经历了不同的成长过程，所以各自在不同的领域传播宗教。

这一天，三个朋友相约到湖上泛舟，同时各自谈论自己宗教的特点，有些互别苗头的意味。谈着谈着，船也划到了湖心，喇嘛忽然站起来说：“对了，我的车上有我与活佛的照片，我去拿给两位看！”说完便跳下船，以神乎其技的蜻蜓点水方式，轻松地走在湖面上，到了停在岸边的汽车上取出照片后，又以相同的方式回到船上。牧师在一旁看到这一幕之后，不禁对喇嘛的道行心生敬畏。

不一会儿，和尚也说道：“我的车上有上次和高僧的合照，且让我也去拿来给二位瞧瞧！”说完也跳下船，用与喇嘛相同的方式轻轻松松地走过湖面，到他停在岸边的汽车上取出照片后，再以同样的方式回到船上。

牧师在旁看了这一幕之后，也对和尚的功力产生景仰。他心里想：才几年不见，这两个家伙已练就如此高的道行，同样是神职人员，我不能丢面子。于是，他站起来说道：“我的车上有上次和教皇的合照，我去带来给二位看！”

说完，牧师跳下船去，只听扑通一声，他沉入湖中。狼狈地挣扎了一番后，牧师回到船上。他虔诚地祷告后，又一次跳下船，但还是沉入了湖中。他再度挣扎着向船游去。

正当他用残余的力气努力爬上船时，隐约听到和尚与喇嘛的对话："我们要不要告诉他那些石头的位置？"

启示

看问题不能只看表面。善于观察、善于思考才能发现事情的真相。

谁请客

格林夫妇二人清早收到一封信，并夹有两张《天鹅湖》的芭蕾舞剧票。信上写着："一位朋友寄剧票请你俩看戏，猜猜他是谁？"

夫妻俩对戏票的来历争论不休：一个说是他的朋友寄来的；一个说是她的朋友请客。结果，谁也说服不了谁，但两个人还是一起去看戏了。

深夜，夫妻俩高高兴兴地从剧院回来，一进门，发现家里被偷了，桌上放着一封信，格林打开一看，信上写着："现在你们知道是谁请你俩看戏了吧！"

启示

天上不会无缘无故地掉馅饼，好占小便宜的人容易失去大利益。

不同之处

有人问哲学家亚里士多德："你和平庸之人有什么不同？"

"他们活着是为了吃饭，而我吃饭是为了活着。"哲学家回答说。

启示

人活着是为了什么？只是为生存而疲于奔命，失去精神追求，这是庸人。人们应该把保留生命作为基础条件，进而从事对人类更为有益的工作，为人类创造出更多的精神财富。

成功的秘诀

一个爱说废话而不爱用功的青年，整天缠着大科学家爱因斯坦，要他公开成功的秘诀。

爱因斯坦厌烦了，便写了一个公式给他：A=x+y+z。爱因斯坦解释道："A代表成功，x代表艰苦的劳动，y代表正确的方法……"

"z代表什么？"青年迫不及待地问。

"代表少说废话。"爱因斯坦说。

启示

艰苦的劳动加上正确的方法再加少说废话等于成功，颇含哲理。实际上，成功没有什么诀窍，只不过是脚踏实地老老实实地去做而已。一个人总是问别人成功的诀窍，说明他想不劳而获或者少劳多获。这样的态度是不可能真正获得成功的。

大师妙语

文学大师钱钟书最怕被宣传，更不愿意在报刊上露面。一次，一位英国女士求见，钱先生执意谢绝，他回电话说："假如你吃了个鸡蛋觉得不错，何必要认识那个下蛋的母鸡呢？”

启示

把自己的作品比喻为鸡蛋，把自己比喻为下蛋的母鸡，可谓精辟独到。这种淡泊名利的生活态度、对艺术的执着精神同样令人敬佩的。

人与箱

苏联著名儿童文学作家盖达尔旅行时，有个小学生认出了他，抢着替他提皮箱。皮箱很破旧，学生问盖达尔：“先生是‘大名鼎鼎’的人，为什么用的皮箱却是‘随随便便’的？”

盖达尔说：“这样难道不好吗？如果皮箱是‘大名鼎鼎’的，我却是‘随随便便’的，那岂不更糟。”

启示

人的价值不是通过皮箱等身外之物来体现，一个人可以没有美丽的皮箱，却不可以没有美丽的灵魂和高尚的情操。

写交响乐

有个少年问莫扎特怎样写交响乐。

莫扎特回答道：“您写交响乐还太年轻，为什么不从写叙事曲开始呢？”

少年反驳道：“可是您开始写交响乐时才10岁呀！”

“对，”莫扎特回答道，“可那时候我没有问过谁交响乐该怎样写。”

启示

资质天定，禀赋各有差异。人的发展，不能以别人的经历为蓝本。

高明的医术

荷兰著名物理学家、化学家赫尔曼·约尔哈夫于1723年离开人世。人们在整理他的遗物时，发现他的案头上有一本加封的书。这本书看上去非常精致，封皮上写着：“唯一深奥的秘诀在于医术。”

大家如获至宝。很快，这本书原封不动地出现在拍卖市场上。这天，前来参加拍卖的人很多，大家事前对此书早有耳闻，所以此书起拍价很高，人们争先恐后地出价，拍卖价一抬再抬，而约尔哈夫的其他著作则被冷落一旁。最后，此书仍原封不动地以两万枚金币被一个富商买走。

买主兴致勃勃地将书带回家，急不可耐地将书启封，迅速地将书翻了一遍，结果令他大失所望。原来这本共有100页的书，居然99页全是白纸，只是在书的第一页留下了这位科学家的手迹：“注意保持头冷脚暖。这样，最知名的大夫也会变成穷光蛋。”

启示

最深奥的秘诀也就是最简单的道理。

时间与永恒

有一次，一个美国女记者采访爱因斯坦，问道：“依您看，时间和永恒有什么区别呢？”

爱因斯坦答道："亲爱的女士，如果我有时间给您解释它们之间的区别的话，那么，当你明白的时候，永恒就消失了！"

启示

时间和永恒之间的区别不是一句两句能说清的，即使说得清，大概也要花很长一段时间。爱因斯坦说话充满智慧。

无所不在

庞希特拉图是希腊有名的哲学家。

人们问他："真理在哪里？"

庞希特拉图说："还用说吗？真理无所不在。"

启示

真理无所不在，万物皆是有规律。要找出其中的规律不就是一个寻找真理的过程吗？

心和舌头

伊索曾当过奴隶。

一次，主人吩咐伊索宰一头羊，然后，用羊身上最可口的部位给他炒盘菜。过不多久，伊索给他端上一盘炒羊心和炒羊舌。

第二天，主人又吩咐伊索，叫他用羊身上最不可口的部位炒一盘菜。

过不多时，伊索端来的还是炒羊心和炒羊舌。

"这是怎么回事啊？"主人不解地问道。

"主人啊，"伊索语重心长地说，"如果心地正直、语言公道，心和舌便是世上最美好的东西；但若是用心险恶、语言龌龊，心和舌却是所有的人都厌恶的。"

启示

如果一个人心地正直、语言公道，便能被大家所喜爱。用心险恶、语言龌龊的人，是所有人都厌恶的。

幸福的秘诀

有一回，国王在宫廷里大谈人生哲学，有一个大臣顺着他的意思说："在这个世界上，人是这样的脆弱，而且终究不免一死，那么怎样才能获得较为持久的幸福？有没有什么秘诀？"

国王胸有成竹地回答："当然有，那就是只要在健康时把那些生病时不能做的事都做完，就会获得持久的幸福。"

启示

很多人在即将死去的时候感到遗憾，因为感觉自己好像有很多事情还没有完成，有很多心愿没有得到实现。对于人来说，如果要使自己能够含笑而去，也许最好的办法就是不虚度光阴，努力在有限的一生之中做完自己想做的事情。

一言不发

有个人在交际场合中一言不发，哲学家狄奥佛拉斯塔对他说：“如果你是一个傻瓜，那你的表现是最聪明的；如果你是一个聪明人，那你的表现便是最愚蠢的了。”

启示

如果自己没什么本事，那么藏愚隐拙比较好；如果自己有本事，那么隐忍沉默，毫无建树，无法得到别人的承认，同样也是愚蠢的行为。

意识

爱因斯坦的二儿子爱德华问：“爸爸，你究竟为什么成了著名人物呢？”

爱因斯坦听后，先是哈哈大笑，然后意味深长地说：“你瞧，甲壳虫在一个球面上爬行，可它意识不到它所走的路是弯的，而我却能意识到。”

启示

宏观把握的意识和能力是一个学者对于社会的价值所在。

张伯苓的婚姻解释

张伯苓是一位著名的教育家，毕生从事教育工作，在天津创办了南开大学，不但使该校成为学术重镇，而且培养了无数的英才，对国家的贡献极大。在一次毕业典礼上，张伯苓对学生讲话，幽默地拿狗皮膏、橡皮膏与气球来比喻三种不同的婚姻。他说：“你们毕业后，很快就要结婚。婚姻可分三种，第一种像狗皮膏，贴上去很麻烦，撕下来很困难，譬如老式婚姻；第二种像橡皮膏，贴上去与撕下来都容易，譬如新式婚姻；第三种像气球，飞到哪里，就算哪里，譬如影视界中某些人的儿戏婚姻。”

启示

对婚姻的态度表明了人们对人生、对工作、对事业的态度。有些呆板的老夫子一辈子从事一个工作，却没有任何成绩；有些年轻人心比天高，这里混混，那里混混，从来没有认真过；另外一些是比较现实的人，他们懂得珍惜眼前，但如果失去了也能够找到自己的路，不会怨天尤人。

哲学的责任

出生于俄国的美国哲学家科恩享誉美国哲学界和教育界，曾任纽约学院和芝加哥大学哲学教授。

一次，在他上完哲学导论课后，一名女学生向他抱怨：“科恩教授，听完您的课，我觉得您在我深信不疑的每一件事上都戳了一个孔，可又没有提供替代品来填补，我真有点无所适从了。”

“小姐，”科恩严肃地说，“你

该记得，大力神赫尔克里斯干过许多差事，他清洗了奥吉亚斯王的3000年未打扫的牛厩，难道非得再用什么把它填满吗？”

启示

哲学的意义在于洗涤人的心灵。

真的不知道

有一次，主人派伊索进城。半路上，他遇见一位法官。

法官严厉地盘问他：“你要去哪里？”

“不知道。”伊索回答说。法官起了疑心，派人把伊索关进了监狱。

法官办完事，又到监狱来审问伊索。

“法官先生，要知道，我讲的全是实话。”伊索说，“我确实不知道会进监狱。”

法官无可奈何，只好把他放了。

启示

当你的命运掌握在别人手里的时候，你的确不知道下一步你会怎么样。

智救故乡

古希腊哲学家阿那克西米尼出生于中亚的莱普沙克斯。他对故乡有深厚的感情。有一次，他跟随亚历山大大帝远征波斯，军队占领莱普沙克斯时，他急于想拯救他的故乡，使它免遭兵燹。

一天，他为此进谒国王。可亚历山大大帝早就知道他的来意，未等他开口便说：“我对天发誓，决不同意你的请求。”

“陛下，我请求您下令毁掉莱普沙克斯！”哲学家大声回答说。

莱普沙克斯终因他的智慧幸免于难。

启示

君子一言，驷马难追。人们已经当众说出口的话，总是容易被人们抓住把柄来利用。所以，请慎开尊口。

专业语言

1963年2月的一天，白宫举行了盛大的授奖仪式。为表彰著名的美国航空学家冯·卡门在火箭、航天等技术上作出的巨大贡献，美国政府决定授予他国家科学奖章。

当时的冯·卡门已有82岁，患有严重的关节炎。当他气喘吁吁地登上领奖台的最后一级台阶时，他踉跄了一下，差一点摔倒在地上。给他颁奖的肯尼迪总统忙跑过去扶住了他。冯·卡门对肯尼迪总统说：“谢谢总统先生，物体下跌时并不需要助推力，只有上升时才需要……”

启示

用物理学知识隐喻人生哲理，既显示了科学家的内涵，也显示了他值得尊敬的为人素养。

作案工具

警察抓到一个正在作案的罪犯。

罪犯："我没有罪。因为我只不过是被人利用的工具而已，而工具是没有罪的。比如说一个人用刀杀了人，罪过在人而不在刀。"

警察："你是说你是被人利用的工具吗？"

罪犯："是的！"

警察："那好，请给我走一趟！"

罪犯："为什么？我没有罪！"

警察："按照法律，作案工具是要被没收的。"

启示

作案工具没有罪，却是要被没收的。对专业领域的不专业理解或一知半解是造成语言逻辑不够缜密的原因之一。

音乐家的简历

匈牙利著名音乐家李斯特到西欧旅行时，到一家高级饭店投宿。面对这家饭店烦琐的登记手续，音乐家这样写下了自己的简历：

职业：音乐家

出生地：帕那萨斯

何处来：由迷惑之中来

到何处去：到真实之国去

帕那萨斯是希腊神话中太阳神和文艺女神的圣地。李斯特和饭店的侍者开了一个小小玩笑。

启示

每个人都有对自己人生的理解和诠释，然而知道自己要做什么，要达到什么境界并以此为傲坚持做自己的人却不多。

聪明人

政治家对哲学家说："聪明人真是难找啊！"

哲学家不动声色地说："是啊，因为只有聪明人才能了解和发现聪明人。"

启示

只有伯乐才能找到千里马。所谓物以类聚，人以群分，聪明人自然愿意和聪明人在一块儿。明君选的通常是贤人，而庸君通常选的都是庸人。

肚子疼医眼睛

一个印度人对内科医生说他肚子疼。

"你今天吃什么了？"医生问。

"吃了点野果。"

医生二话没说，就取出一盒药，给病人往眼睛上滴。

"我肚子疼，你怎么治我的眼睛？"

"我治你的眼睛，是为了让你下一

次能够看清自己吃的东西。”

启示

事物都是相关联的。人们用“头痛医脚”来讽刺看不清问题本质，胡乱采取行动的行为。实际上“头痛医脚”这可能并没有什么错。就像肚子疼医眼睛，是因为眼睛看不清楚而导致的吃食错误从而引发的肚子疼。

智慧与财富

富翁：“为什么学者常登富翁之门，而富翁却很少登学者的家门？”

学者：“这是因为学者懂得财富的价值，而富翁却不懂得知识的价值。”

启示

学者懂得财富的价值，富翁却不懂得知识的价值。因此结果也可能变为：学者因为有知识而变得富有，而富翁却因为没有知识而失去财富。

感慨

“真是不可思议！”上了年纪的哲学家感叹道：“当我还是20岁那个年龄时，我想的只是爱。可现在，我爱的只是想了。”

启示

年少的时候，人们对世界充满幻想，满脑子都是浪漫的事情。随着年纪的增大、经历的增长，对世界的思考越来越深，人们会发出感慨：思想对于人类来说是最重要的。

记者春秋

巴黎晚报的主笔拉扎雷夫，有一次对一群大学生讲到他的经验时说：“一位新闻记者前半生把时间花在报道一些他们不能了解的事情上，而后半生则是花在隐瞒一些他了解得太透彻的事实上。”

启示

经历可以改变很多东西，其中包括行事方式，以及人生的目标。

决斗

著名的法国微生物学家巴斯德正在实验室里做实验。

一名不速之客闯进来，对他说某伯爵准备与他决斗。

巴斯德轻蔑地笑着说：“按照惯例，我有权选择决斗的武器，这里是两只烧杯，一只装着卡介苗菌，另一只装着清水。我的对手可以随便选一杯喝掉，剩下的归我来喝。”

启示

随着社会分工越来越精细，每个人擅长的领域越来越难以跨越，因此要善于扬长避短。

乐观与悲观

教授：“你能说出乐观主义者与悲观主义者的区别吗？”

大学生：“能，先生。二人共饮一瓶酒，喝去一半时，乐观主义者说‘还有半瓶’，而悲观主义者说‘没了半瓶’，对吗？”

启示

乐观与悲观是一种思维习惯，乐观主义者总往好的方向想，悲观主义者总往坏的方向想。

延长生命

一位男子被告知只有6个月可活了，他非常着急。

“医生，”他问，“我还有什么努力可做的吗？”

“有啊，”医生回答，“首先，把你的所有财产分给穷人；其次，搬到又冷又潮的林间小屋去住；最后，再娶一个拉扯着9个幼小孩子的女人。”

“这能使我的生命延长吗？”

“不，但这能使这6个月成为你一生中最漫长的6个月。”

启示

漫长不仅是一个时间概念，更是一个心理上的概念。也许物理时间并不长，而人却因急切的心情而感觉时间非常漫长。

中篇　企业管理篇

第一部分

THE FIRST PART

激励管理

完美的借口

一个正在办派对的女人要她的老公提着水桶到沙滩上去捡一些蜗牛。满心不愿的丈夫答应了妻子。没想到，这位丈夫却在沙滩上邂逅了一位美丽的女郎。

隔天一早，他从女郎家里醒来时就惊呼："完了！我老婆的派对！"他拾起所有衣物，以最快的速度把它们穿上，拿起水桶冲向家里，由于他跑得太快，快到家的时候，不小心弄翻了水桶，弄得家门口都是蜗牛。此时，怒气冲冲地老婆出来了，他赶忙回头望着蜗牛道："加油啊！兄弟们，咱们就快到啦！

启示

蜗牛一直都是被人们用来做激励一种小动物，虽然爬得慢，可是仍然坚定前行。试问人世间有多少人可以跟蜗牛一样，能够一直保持自己既定的方向而不出轨的呢？

修水管

小明养了一只很聪明的鹦鹉，什么话多说几次给它听，它就会了。

有一天早上，小明打电话给水电行，请水电师傅来修水管，然后就出去买早餐了。他刚出去，水电师傅就来了，这时只有鹦鹉在家。

水电师傅敲敲门，门里传来一声："谁啊？"水电师傅回答："修水管的！"门里又传来一声："谁啊？"水电师傅又说："修水管的！"门里又问："谁啊？"就这样，"谁啊？""修水管的！""谁啊？""修水管的！"这样的对答重复了几十次，最后水电师傅气得昏倒在门口。这时，小明回来了，看到门口倒了一个人就问"谁啊？"门里的鹦鹉回答："修水管的！"

启示

无数次重复简单的动作，或许就能成功。

本能反应

布朗夫妇同他们的孩子们住在伦敦附近的一所小房子里，有时布朗先生下班回家很晚，当他的妻子和孩子们睡着时，他就用自己的钥匙打开房子的前门，悄悄地走进屋子。

有一天夜晚，当他很晚回家时，却把钥匙丢了，于是他只好走近房子按门铃，可是屋内没有动静。他再次按铃，房内仍然没有动静。布朗先生只好敲打卧室的窗户，向他妻子大声叫喊，她也没醒。最后他停下来，想了片刻，然后像小孩一样说："妈妈！我要上厕所！"他说得很轻，不过布朗太太马上就醒了。

启示

管理就是让别人为你做事的学问。对于不同的情况和不同的人，要让他们为你做事情，必须找到能够触动他们神经的那根弦。

心知肚明

一位放假中的空姐搭乘波音公司的飞机，准备到欧洲去度假。飞机经过暴风雨地带时，摇晃的非常厉害。她的旁边坐着的一位男士紧张地抓着前面的椅背，脸色苍白又不断地冒冷汗，眼睛紧盯着窗外大力摇摆的机翼。

这位空姐就试着告诉这位男士，她有很多年的飞行经验，经历过很多不寻常的航程，同时她也告诉他，一切都在机长的掌控下，没什么好担心的。

“小姐，”他回答，“我是波音的工程师，当初在设计时，这架飞机的机翼是不能承受这种幅度的摇摆的。”

启示

面对一个对内幕了解得清清楚楚的人，常规的激励往往无济于事。这个时候你是否能够另辟蹊径？

示范教育

大火已熄灭，消防人员开始收拾工具。旁观的一位母亲对孩子说：“看见了吗？他们玩完之后，就会把玩具收拾好。”

启示

激励是一种随时随地的行为，善于抓住每一个现实机会引导员工行为朝正向发展是一种良好习惯。

狐狸吃葡萄

有一只狐狸来到一个葡萄架下，看见葡萄藤上结了很多串葡萄，于是就使劲儿往上跳，想咬下一串来。

葡萄架很高，狐狸第一次试跳没有咬到葡萄。它想，这串葡萄不好，瞧它长的那个样子，外面看着挺好，里面肯定是去年的陈馅。

狐狸瞄准另外一串葡萄跳了上去，可惜这一次又没扑着。狐狸想，这串葡萄也不好，肯定使用过化肥，绝对不是绿色食品，要不然就是注水葡萄。幸亏没吃着，吃了我还得去医院看病。

第三次试跳狐狸依然没有成功。这时，不知从哪传来了稀稀拉拉的掌声，原来是树上落着几只前来看热闹的乌鸦。狐狸只好向它们鞠躬还礼，表示感谢。

狐狸有点累儿了，蹲下来呼哧呼哧地喘气。它心想，这时候要是有个教练递给我一瓶矿泉水，再给我讲讲动作要领，布置一下战术，那该有多好啊！一生能有几回搏？让我最后再跳一次，我就不信跳不过这个葡萄架。狐狸转动着狡猾的眼睛，四下寻找，终于找到了一根长竹竿。狐狸抓住竹竿，后退了几步，举手向周围示意，请乌鸦们给予掌声鼓励。

狐狸持竿快步向葡萄藤奔去，竹竿头准确地插入了地面，竹竿将狐狸高高荡起，然后是漂亮的抛竿动作，自由下坠，狐狸成功地跃过了高高的葡萄架，安全地落在了松软的草地上。

这时候，一只年轻的母乌鸦从树上飞了下来，向狐狸献上了一束野花。狐狸手捧着野花，心情非常激动，多少年的期盼，多少的努力，终于迎来了这胜利的时光！

但是狐狸很快就冷静下来了，心想：葡萄在哪呢？我这不是白跳了吗！

启示

在工作的过程之中，自我激励和外部激励都是重要的，然而，更重要的是工作的结果。团队喝彩是一种氛围，这种氛围始终是围绕团队绩效的目标而建立和存在的。

真正的敌人

酷热的夏天，中士领着一队新兵在进行刺杀训练。士兵们个个无精打采。

中士不得不下令暂停，向士兵们训话：

“你们听着，这些稻草人就是你们真正的敌人。它们烧掉了你们的房子，杀害了你们的父母，抢走了你们的姐妹，偷走了你们的钱财，并且喝光了你们家里的威士忌！”

中士刚刚说完，一个士兵端着步枪，瞪着血红的眼睛，冲着中士大声问道：

“中士，请你告诉我，是哪一个喝光了我们的威士忌？”

启示

正如情景领导理论所阐述的，领导不同的人要用不同的艺术。同样，对不同的人的激励也需要不同的艺术。在激励之前，你要弄清楚他们最在乎的是什么。

勇敢者

某富商在家举办宴会，席间他指着大厅中央的池子，对所有嘉宾说：“谁要是能从池子这头游到对岸，我就把我的女儿和我所有的家产全给他。”

众人听了心里都痒痒的，可他们往池子里一看，都吓了一跳。原来里面养了几只大鳄鱼，正虎视眈眈地望着众人呢！这时候谁也没有勇气了。

正犹豫间，只听见扑通一声，有人已经拼命地在池子里游了起来。好在他的运气还不错，几分钟后便上了岸。

众人连忙跑过去向他祝贺，并问他为什么那么勇敢？

只见此人满脸怒气，上气不接下气地说：“我现在只想知道，刚才是谁把我推到池子里面去的？”

启示

人在面对压力和恶劣环境的时候会表现出令人吃惊的潜力。所以，在一个人胆怯的时候，不妨推他一把。古语有云：破釜沉舟，百万秦关终属楚。

进步的原因

小汤姆十分好玩，在班上学习成绩一直排在最后，父母用尽了许多方式：请家教、让同学帮助，但都没用。最后父母决定把孩子转进私立小学。那不是普通的私立小学，而是一所天主教学校。

开学的第一天，小家伙开始向着陌生世界的冒险。那天放学回来后，他走过父母面前，径自回房把门关起来。刻苦学习了两个小时，出来吃个饭就又直接回到楼上，认真地做功课直到就寝。

一天又一天过去了，汤姆每天都是这样用功学习。有一天，汤姆走进家门，把成绩单丢在餐桌上，又径自回房做功课。他父母亲打开成绩单，让他们惊奇的是，数学成绩居然是A。他们惊喜万分地冲上儿子的房间，为他的进步激动不已并问他原因。

“是那些修女吗？”爸爸问。

“不是。”儿子回答。

“是课前的祷告吗？”妈妈问。

“不是。”

“是教科书、老师、还是课程安排？”爸爸问。

“不，不是。”

“喔！那么，是什么原因呢？”妈妈问。

“进学校的第一天，我看见一个人被钉在加号上面。我一下子就明白了：他们是玩真的。”

启示

让他们知道你是玩真的，无论是制度，还是口头的奖惩。如果要达到激励的目的，就必须让他们知道你不是在开玩笑。

酗酒和胜仗

林肯在南北战争时期有个得力的军事干将格兰特。格兰特屡战屡胜，威名大振。有人想排挤他，便跑到林肯那里告状：“应当把这家伙免职，他总是酗酒。”

“他喝的是什么酒？”林肯问。

“威士忌。”来人忙答。

“太好了，马上送给前线每一位将军一桶威士忌，很快我们就能听到他们打胜仗的消息了！”

启示

衡量事情孰重孰轻，要根据员工的需要和喜好实施奖励性激励。

他真病了吗

在一个炎热的夏天，一位上了年纪的男子昏倒在街头。一群人立刻围了上去。

“给这个可怜的人一杯白兰地吧。”一位女士建议。

“给他一点治心脏病的药。”另外一个人说。

“不，还是给他一些白兰地。”那位女士坚持说。

“还是叫一辆救护车吧。”有人叫道。

“一杯白兰地。”

这时地上的那个人坐了起来，嚷着：“都闭嘴，就照那位好心的太太说的去做！”

启示

萝卜青菜各有所爱，人各有爱好，所以激励也应有常规的思维和做法之外的途径。

真正的勇气

三名海军上将谈论起什么是真正的勇气。

德国将军叫来一名水兵，对他说：“你看见那根100米高的旗杆了吗？我希望你爬到顶端，举手敬礼，然后跳下来！”

德国水兵立即跑到旗杆前，迅速爬上顶端，漂亮地敬个礼，然后跳了下来。

“呵，真出色！”美国将军称赞道。接着他叫来一名美国水兵命令道：“看见那根200米高的旗杆了吗？我要你爬到顶端，敬礼两次，然后跳下来！”

美国水兵出色地执行了命令。

“啊，先生们，这真是一次难忘的表演。”英国将军说，“但是我现在要告诉你们，我们皇家海军对勇气的理解。”

他命令一名英国水兵：“我要你攀上那根300米高的旗杆顶端，敬礼三次，然后跳下来！”

“什么，要我去干这种事？您一定神经错乱了！”英国水兵瞪大眼睛叫了起来。

“瞧，先生们，”英国将军得意地说，“这才是真正的勇气！”

启示

敢于做别人所不敢做的事情就是勇敢，这种气质就叫勇气。要使员工的积极性得到充分的发挥，就必须让他们在一定范围内拥有自己的判断力和自主思维。

勇敢的病人

有个胆小的人去诊所拔牙，医生为了让他镇定下来，递给他一杯威士忌。他一饮而尽，接着又干了一杯。

“好了，”医生说，“现在你有勇气了吧？”

“对啦，”这病人嚷道，“我倒要看看，有谁敢来碰我的牙！”

启示

对员工的激励是为了提高他们的积极性和工作效率，在此过程中，要避免激励的负面效果——员工过度膨胀的自负会使他们走向与公司利益相反的另一面。

快乐的小白兔

有一只小白兔快乐地奔跑在森林中，在路上它碰到一只正在买醉的长颈鹿。小白兔对长颈鹿说：“长颈鹿，你为什么要做伤害自己的事呢？看看这片森林多么美好，让我们一起在大自然中奔跑吧！”长颈鹿看看手中的酒杯，看看小白兔，于是把酒杯向身后一扔，跟着小白兔在森林中奔跑。

后来它们遇到一只正在准备喝酒的

大象。小白兔对大象说："大象大象，你为什么要做伤害自己的事呢？看看这片森林多么美好，让我们一起在大自然中奔跑吧！"大象看看酒瓶，看看小白兔，于是把酒瓶向身后一扔，跟着小白兔和长颈鹿在森林中奔跑。

后来它们遇到一只正在暴饮暴食的狮子。小白兔对狮子说："狮子狮子，你为什么要做伤害自己的事呢？看看这片森林多么美好，让我们一起在大自然中奔跑吧！"

狮子看看食物，看看小白兔，于是把食物向身后一扔，冲过去把小白兔狠揍了一顿。

大象和长颈鹿吓得直发抖："你为什么要打小白兔呢？它这么好心，关心我们的健康，又叫我们接近大自然。"

狮子生气地说："这个臭兔子，每次酗酒之后就拉着我在森林里乱跑。"

启示

作为一名引导者，改变他人最有效的手段莫过于以身作则与言行一致了。

不需要骗了

政客对妻子说："你应该祝贺我，我被选上了！""你不是在骗我吧？""不，亲爱的，现在已经不需要了！"

启示

激励有时候要运用善意的谎言或者美丽的畅想。

惩一儆百

两位英国法官夜间在街上骑自行车。因为车上没有灯，他们被警察抓住了，案子被移送法院审理。开庭前，两人约好，互相审判对方的案子。

第一位法官认了罪，被罚了1英镑。第二位法官也认了罪，但却被罚了100英镑。这一来可气坏了第二位法官，他大声说："太不公平吧！法律面前不是人人平等的吗？"

"我知道，"第一位同僚说，"但是这类案件实在太多了。本案已是今天的第二件，不得不惩一儆百。"

启示

激励中的奖惩措施是随着时势变化而调整的，一切均源于公司利益的需要。

指挥官和他的士兵

在一次军事演习中，一位指挥官的吉普车陷进了泥里。他看见附近几个士兵正懒洋洋地坐在地上，便叫他们来帮忙。

"很抱歉，长官，我们已经阵亡了，什么也不能干。"

指挥官转向他的司机："赶快从这些死尸里拖两具出来填到轮子底下，好让我们快点上路。"

士兵们马上从地上跳了起来。

启示

逆水行舟，不进则退。进有奖，退则罚。适当的惩戒措施就如加在员工身上的松紧带，确保员工的状态在一定的“安全范围”之内。

聪明药

一个人问道：“大夫，你能开给我一些可以变聪明的药吗？”医生开了些药，要他下星期再来。

一星期后，这人又问：“大夫，我觉得自己没有比以前变得聪明。”医生又开了同样的药，并要他下星期再来。

一星期过去后，这人对大夫说：“我知道我自己没有变得更聪明，你该不会是拿了些糖丸来骗我是药吧。”

医生笑着答道：“你已经变得聪明些了。”

启示

说一堆大道理，不如让人自己在行动中告诉他自己。

丢背包

新兵不慎把背包丢了，中尉严厉地批评道：“我要关你5天禁闭！除此之外，还要从你的津贴中把背包钱扣除。”

“长官，您是说，要我赔那个背包？”

“是的，多亏你丢的只是个背包而不是坦克！”

“现在我总算明白了，海军舰长为什么总要宣誓说要与战舰共存亡了。”

启示

强化责任意识和建立、完善责任制度是激励管理的重要内容。

队列不齐

士兵们听着军官发号施令在广场上来回操练已经一个小时了，他们又累又热，十分恼火。

他们正朝着一座大楼齐步走，忽然意识到，军官没有留下足够的时间下达向后转或立定的口令，所以他们马上要撞墙了。士兵们高兴地微笑着，因为走在前排的每一个人都同时决定一直往前走。当他们一个接一个地撞到墙上时，都发出了很大的声响。

可是他们还来不及笑出声，军官就喊道：“如果你们确实排成一直行的话，你们撞到墙上时我就会只听到一个声音！”

启示

对一个团队的有效激励是与严格的执行标准分不开的。

对付造谣者的妙法

有一天，马雅可夫斯基在路上见到有个头戴小帽的女人，把许多人集在她的周围，用各种各样最荒谬的谣言来诬蔑、中伤布尔什维克。马雅可夫斯基很生气，当即用有力的双手分开人群，直扑到这个女人跟前说："抓住她，她昨天把我的钱袋偷跑了！"

那女人惊慌失措，含糊地嘟哝着："你搞错了吧？"

"没有，没有，正是你偷了我25卢布。"

围着那女人的人们开始讥笑她，四散走开了。人们走光以后，那女人一把眼泪一把鼻涕地对马雅可夫斯基说："我的上帝，你瞧瞧我吧，我可真的是第一回看见你呀！"

马雅可夫斯基答道："可不是吗？你这才头一回见到一个布尔什维克，却大肆中伤起布尔什维克们来了……"

启示

将人的情绪打击到极度低落时，然后对其进行教育。这样进行激励，可以收到非同寻常的效果。

皇帝的奖赏

罗马人喜欢看斗兽。一天，斗兽场出现一头大公牛，斗牛士连刺100枪都没刺中。这天皇帝正好在场，便命人奖给斗牛士一个花环。大家感到莫名其妙，皇帝说："你们看，连刺100枪却刺不中这么个庞然大物也的确是怪不容易的！"

启示

反话正说，变众所周知的、理所应当的惩罚为出人意料的奖励，饱含浓厚的讽刺意味，反而能收到意外的刺激性激励效果。

将军与士兵

克里茨将军到前线视察，他刚到前线，敌方狙击手射出的子弹就打掉了他制服上的一颗纽扣。将军大惊失色，扑倒在地。而随他而来的官兵们却无动于衷。

将军生气了，他对离他最近的一名士兵嚷道："你为什么没想到去把这该死的狙击手消灭掉呢？"

"报告将军阁下，"士兵说，"因为我担心敌人会换上一个枪法更准的狙击手。"

启示

畏惧心理是员工被动、缺乏积极意向的障碍因素之一，如何在这个时候激励员工，就仁者见仁智者见智了。

警告堂兄

法国国王路易十五的堂兄沙罗莱是个恶贯满盈的怪人。他喜欢看他的车夫撞倒路上的修士，于是就命令他去撞任何一个可能撞到的修士。他还喜欢看人从高处下跌的姿势。有一次，他竟命令车夫开枪击落了一个正在屋顶上铺瓦片的人。

路易十五原谅了这位堂兄，但对他说："你必须清楚，我同样也会原谅任何向你开枪的人。"

启示

激励一个人，就要让他清楚地知道两方面的可能后果：你这样做了，你会如何；你不这样做，你又会怎样。

宽心

周末挨了两夜牙痛，星期天一大清早我便去看牙医，谁知有个美貌女郎比我还糟。她不慎跌倒，碰掉两只门牙，焦灼得不断发抖。

牙科医生尽量使她安心，说道：“我给你补好以后大概可以维持20年，以后还可以照样再做一副。你的容貌绝对不会受损，而且不会痛。”可是任凭他怎么安慰都没有用，女郎依然非常紧张，我想他得给她使用镇静剂了。

只见牙医俯下身去在她耳边说：“就是他吻你，也不会察觉。”

她立即放松下来，因为她终于听到了真正能使她安心的话。

启示

话能说到别人的心坎上的时候，你的激励就成功了一半。

两个艺术家

卓伏柯瑟夫是古希腊艺术家，一次，他画的一串葡萄逼真极了，引来了四面八方的飞鸟争相啄食。另一个艺术家巴拉西说：“我要尽量超过你！”

不久，他就把自己的画拿到卓伏柯瑟夫面前。卓伏柯瑟夫只是想看巴拉西手中的画，着急地喊道：“快点拿开画上的布帘，我想看看你的画！”

“可我画的就是布帘呀！”

“你超过了我！”卓伏柯瑟夫说，“我欺骗的仅仅是飞鸟，而你欺骗的是艺术家！”

启示

赞美是激励方式中最简单而有效的方法之一。

回头

古罗马人是尚武的民族，战士们以身前受伤为荣，后背受伤为耻。一次，有位士兵当着皇帝的面炫耀自己脸上的伤疤，皇帝对他说：“我明白了，这一定是逃命时回头向后看时受的伤。”

启示

论功行奖是古来就有的激励手段，要求有严格而细致的衡量标准。

请再往后退

以演莎剧闻名的英国演员兼剧院经理特里在一次排练时，觉得没有达到预期的效果。他叫一名年轻的男演员向后退几步，这位演员退了几步。但不一会儿特里又终止了排练：“请再后退一点。”这位演员又照办了，排练继续进行。特里第三次终止了排练，“还要向后退！”他命令道。

“再往后退，我就要退到后台去了。”这位演员抗议道。

“对，这就对了。”特里说。

启示

麦肯锡在人员激励方面很著名的“UP OR OUT”原则向来就是一种有效的激励方法：做得好就上台，做不好就下课。

求知

一个青年问苏格拉底：“怎样才能获得知识？”苏格拉底将这个青年带到海里，海水淹没了年轻人，他奋力挣扎才将头探出水面。苏格拉底问：“你在水里最大的愿望是什么？”

“当然是呼吸新鲜空气！”

“对！学习就得使上这股劲儿。”

启示

将事情的重要性形象化、夸张化地凸现出来是有效激励的重要步骤和方法。

上尉

上尉在军营门口迎接刚刚来到的新兵。

“亲爱的小伙子们，欢迎你们的到来。从现在起，你们就是真正的军人了。军队就是你们的家。在这里，你们就像在自己的家里一样。”

听完这番话，一个新兵一屁股坐到地上，卷好一支烟抽了起来。

上尉：“喂，你怎么坐在地上？”

新兵：“我在家就喜欢坐在地上抽烟。”

上尉想了想，对他说：“你说得对极了，我的孩子。这就是你的家了，抽完烟，立刻去餐厅帮你大哥洗盘子吧！”

启示

对于职员的小错的纠正是激励的重要内容，需讲求艺术。

小钉子

枯燥无味的军队生活使老兵伊凡十分思念家乡。

有一天，伊凡鼓起勇气来到连长办公室，对连长说：“最近我视力减退，请批准我退伍吧！”

连长说：“伊凡，我记得你的眼睛一直很好呀。”

伊凡打量了一下房子，突然心生一计。他指了指天花板，问：“您可看见天花板上有颗小钉子？”

“是有一颗呀！”连长说。

“瞧，”伊凡说，“您看得清清楚楚，可我就是看不见！”

启示

有效激励需要洞察和理解员工的真实内心。

休假证

两个水兵在营外酗酒，掉进河里。回营后，司令官把他们大骂一顿，并收回了他们的休假证。司令官说等他们的证件干了之后，自然会还给他们。

他们等了整整一星期，才敢再到司令官的办公室。敲门之后，他们往里面一看，发觉司令官不在里面，但休假证却在他办公桌上的一盆水里浸着。

启示

有效激励需要主管能够说话算话，对人员的承诺要及时兑现。

学习的动力

被称为“几何学之父”的古希腊数学家欧几里得对他的学生们循循善诱，不厌其烦；然而，当学生对学习产生动摇时，他也会用辛辣的讽刺来鞭挞他们。

一天，欧几里得在课堂上给学生讲解几何第一定理，讲着讲着，他发现一个学生在底下坐不住，一会儿和旁边的学生说说话，一会儿又在桌下做小动作。欧几里得有意停顿了一下，用目光示意这位学生注意听讲，没想到这位学生却突然站了起来，问道：“请问，学习几何究竟有什么实际好处？”

欧几里得听罢，沉默了一会儿，转身吩咐一旁的佣人：“拿一点儿钱来给这位先生，看来，没有钱他是不肯学习的。”

启示

激励技巧之一：用辛辣的讽刺来鞭挞意志动摇的人。

医嘱

医生对病人说：“您得多走动走动。”

“我是10公里长跑全国冠军。”

“听我的，您会成为世界冠军的！”

启示

激励就是给人一个愿景和希望。

这下真实了

演员们正在剧院里进行排练，导演多次指出一个青年女演员的缺点，青年女演员扮演的角色是一位被抛弃的女子。

“您的全部表演是虚伪的、不真实的，请您原谅我说得太直率，您必须把全部身心投入这个角色中，去体会她的心情。您自己设想一下吧，如果您的恋人抛弃了您，您会怎样呢？”

“我会马上找另外一个。”

启示

笼统的套话不能起到激励的作用，反而可能会带来反效果。

治梦游症

一天，马克·吐温听见好多人在谈论梦游症。其中有一个是远近闻名的梦游症患者。

马克·吐温说：“我有办法治疗梦游症。”

那位患者十分高兴地恳求道：“先生，请您帮我治疗一下好吗？”

马克·吐温说：“那太简单了，你买上一盒图钉，睡前撒在床边的地上，准能治好你的梦游症。”

启示

置之死地而后生是有效改变现状的策略。利用外界或自己把这种压力施加到自己身上也成为激励自己达到目标的杀手锏。

注意观察

德国著名内科医生约翰·舍莱恩不但有着高超的医术，他的启发式教学方法同样受人称颂。

在一次实习课上，他给大学生们讲述："作为一个医生应该具备两种品质：第一，不苛求清洁；第二，要有敏锐的观察力。一些老医生在诊断糖尿病时，往往会亲口尝一尝病人尿液的味道。"

说完，舍莱恩给同学们进行了示范——把一根手指浸入盛有尿液的小杯子里，然后伸到嘴里舔了舔。做完这个动作后，舍莱恩问学生们："谁来试一试？"

一名勤奋的学生照样尝了尝尿液的味道。

舍莱恩摇摇头对他说："同学，您的确不是洁癖，这很好，但是，你没有观察力。您并没有发现，刚才我把中指浸入小杯子里，而舔的却是无名指。"

启示

让人们对失败经历深刻铭记，也可以有效激励人们走向正面行动。

最好的作品

大仲马曾和一个女裁缝生下一个男孩，他就是《茶花女》的作者小仲马。

1852年，小仲马的话剧《茶花女》一经初演，便受到观众的热烈欢迎。他打电报给当时流亡在布鲁塞尔的大仲马说："巨大，巨大的成功！就像我看到你的一部作品初演所获得的成功一样……"

对于儿子在文学上的巨大成就，大仲马自愧不如；他既有父亲的高兴，又有同行的妒忌，他风趣地回答道："我最好的作品就是你，我亲爱的孩子！"

启示

激励的技巧是"赞美并表示以之为荣"。

唱准为止

一位美国歌唱家在拉斯卡拉首次演出，他唱的第一个咏叹调获得了热烈的掌声。听众喊道："再来一遍！"于是，他唱了第二遍。而听众又要求他再唱一次，接着他唱了第三遍、第四遍……最后累得精疲力竭。他气喘吁吁地问道："我这个咏叹调得唱多少遍呢？"听众中有人告诉他说："直到你唱准为止！"

启示

严格考核与训练直到符合要求，这一过程本身也是充满激励的。

爱情与牛排

美国影星盖博因为参演电影《飘》而名噪一时。有一次，他在谈到自己的演技时说：“当我第一次拍摄爱情镜头时，导演命令我表演出情人热恋时那种强烈的渴望之情，我无论如何努力都难以进入角色。这时，导演启发我：‘在你的生活中你最渴望得到的是什么？在你的脑中竭力想象它吧！’那时，我饥饿万分，于是就在脑海中想象一块鲜嫩、美味扑鼻的牛排。这种办法还真灵啊！由此，我竟意外地成功了。从那以后，我就一直这么做。”

启示

良性的自我（外界）暗示可以有效激励人们越过重重难关，达到目标。

手术前

外科医生准备给出纳员做手术。为了减轻病人的痛苦，他劝出纳员不妨读读数。于是出纳员读道：“95，96，97，98，99，100元……”

启示

“三百六十行，句句不离本行”，激励不同的人，所要利用的“媒介”也不一样。

修改的功效

约翰是一名教写作的老师，他发现很难使学生相信修改文章的必要性。对他们来说，草稿即是定稿。最后，约翰在办公室门上贴上一张大标语，通过这一方法使好多学生养成了修改文章的习惯。标语上写的是：

“哦，这很难，你知道。我决定不了是否自杀，你知道。”莎士比亚（《哈姆雷特》第三场第一幕，草稿。）

“生，还是死，问题就在这里。”（定稿。）

启示

成功者的案例能够有效激起人员的志气。

妄加评论

一位艺术批评家正在谈论一幅画：

“请看这幅油画。你们可以看到，画家的技术还不够熟练，他缺乏技术和感知。树木不成形，而且歪歪扭扭的，草也没有根。云像贴在画布上的纸片。你们瞧这里，他为了引人注意，竟要了一个花招，画了一只苍蝇。当然，我并不反对画苍蝇，假如画家把它画得更精确些，就能使它真正像一只苍蝇。而画里的苍蝇看起来像一团污泥，没有任何典型特征。”

正在这时，苍蝇被批评家的饶舌弄烦了，张开翅膀，飞走了。

启示

在激励管理中，对人毫无依据

的妄加评论不仅会大大挫伤其积极性，也会使激励者本身丧失权威。

一词之师

帕特卡上语文补习课，教师留作业要求每人写一篇小记叙文，他坐在桌前抓耳挠腮写不下去。瓦西里见状问他：“瞧你愁眉苦脸的样子，什么事啊？”

“老师要求我们写一篇文章，主题是‘昨天我干了什么’。”

“那你干了什么呢？”

“又喝酒了。”

“你太死心眼儿了，改一个词不就行啦——凡遇上‘喝酒’这个词，你一律改成‘读书’。”

帕特卡顿开茅塞，下笔一气呵成：

“早晨我一起床就读了半本书，想了想，索性把后半本也读了。可是，还想读，于是又去买了一本。回来的路上，遇上瓦西里。我一瞧他的眼睛，就知道他也读了不少书。”

启示

举一反三，工作方法上的有效激励。

先悲后喜

一名中士对部下的士兵说：“喂，听着，小伙子们，我有两句话要对你们说：第一句是悲剧性的；第二句是喜剧性的，说出来准叫你们大吃一惊。现在听好了，第一句：‘你们必须把车上的那些袋子统统灌满沙子；’第二句：‘这些沙子都是有用的。’”

启示

“先打一巴掌再给你揉揉”大概是很多主管在日常激励中常用的“伎俩”。

小偷本领

在众人谴责的目光中，一撬锁作案的惯偷被绑赴刑场。临刑之前，走到他跟前的神父对他说：“我的孩子，为你深重的罪恶忏悔吧！否则，天堂的大门对你将是关闭的。”

“没关系，天下没有我打不开的门。”

启示

激励不仅需要有门路，而且也要找准开门的钥匙。

永远看不见你了

青年时代的林肯在圣加蒙加入民兵。上校指挥官是一个矮个子，身高只有4英尺多一点儿，而林肯的身材特别高大，大大超过指挥官。由于林肯自己觉得身材高，他习惯于垂着头、弯着腰走路。上校看见他那弯腰驼背的姿势十分生气，把他找来训斥一顿。

“听着，”上校大声喊道：“把头高高地抬起来，你这家伙！”

“遵命。”林肯恭敬地回答。

“还要再抬高点。”上校说。

“是不是要我永远这个样子？”林肯问道。

“当然啦，你这家伙，这还用问吗？”上校生气地说。

“对不起，上校，”林肯面带愁容地说，“那么只好与你说再见了，因为我永远看不见你了！”

启示

激励是有标准可遵循的，不过这个标准要有实际可操作性，更要符合个体的特点。

第二部分

THE SECOND PART

团队建设

新闻车里的电话

1963年，美国总统肯尼迪在达拉斯被暗杀，合众社的梅里曼·史密斯和美联社的杰克·贝尔都在总统车队的一辆车中。当枪声响起时，史密斯抓住汽车里唯一的一部电话机不放，一直不停地口述他的稿件。在汽车开往医院的途中，贝尔用拳头把史密斯打得鼻青脸肿，结果还是没能使史密斯放弃电话。从那时起，随总统旅行的新闻车里就安了两部电话——一部给合众社，一部给美联社。

启示

团队内部也会有矛盾，如果实在没法协调，那么就只有实行利益分离。

脚的权利

身体四肢，各司其职，这是自然规律。一天，耳、目、口、鼻召开五官大会，发布宣言："我们位置最高，何等尊贵，而脚，位置最低，我们要约法三章，不能与它相处太密切，称兄道弟的。"大家都很赞成。脚听了，也不与它们计较。

过了几天，有人宴请，口非常想去，以一饱口福，但脚不肯走，口没有办法，只好作罢。又过了几天，耳想听听鸟叫，眼想看看风景，而脚也不肯走，耳目也无可奈何。大家便商量改变原来的决议。但鼻不肯，说："脚虽然能制服你们，可我对它没有什么要求，它能拿我怎么办呢？"脚听了，便一直走到肮脏的厕所前，长久站着不动。污臭的气味扑鼻直入，令人恶心。肠和胃大声埋怨道："它们在那里闹意见，却苦了我们！"

启示

团队里面的每一个成员都是有用的，所以团队成员应该互相尊重，互相合作，而不应相互排斥。

世界杯后的意大利

在世界杯上，意大利队惨败而归，国内舆论哗然。传言，某黑社会团伙因赌球赔了钱，要杀害国家队全体成员。本来胆子就小的皮耶罗尤其害怕，于是把自己装扮成金发美女逃出酒店。他看到街边有一个老乞丐婆，就给了她100欧元，并问她："你知道我是谁吗？"老乞丐婆连头都没抬："皮耶罗。"

皮耶罗大惊，急忙跑回酒店，又把自己装扮成一个黑发老太太，回来再次给了老乞丐婆100欧元："知道我是谁吗？""皮耶罗呀！"老乞丐婆仍然一下子就说出了答案。

皮耶罗这次是真的感到恐惧了，他又拿出1000欧元，对老乞丐婆说："你如果告诉我，你怎么看出来的，这钱将都是你的。"老乞丐婆懒懒地抬起头，接过钱低声说道："嘘！小声点儿，我是你的队友维耶里。"

启示

一个团队里的成员，彼此熟悉和了解，就算改头换面也同样认得出来。

分工

老李坐在家门口乘凉，看着高速公路从村里的田里穿过，十分气派。一会儿他看见开过来一辆车，在路边停下，下来一个人，在路边挖了一个坑，然后回到车里。过了一会儿，车上下来另一个人，把坑又填上了。车子向前走了一段距离，第一个人又下来挖了个坑。过一会儿，又是第二个人把坑填上，就这样，车子每走一段，就重复一次挖坑、休息、填坑……老李十分迷惑。他忍不住跑过去问道：“你们在做什么？”

两个工人回答道：“我们三个在进行一项绿化高速公路的工作，今天负责栽树的那人病了！”

启示

分工与合作是团队的重要表现，然而，光有分工，每个人都只顾完成自己的那一项任务，没有全局观念和操纵全局的能力，整个工作流水线就会“断流”。

夫妻分工

托穆对他的朋友说：“皮尔，我们家里是分工合作，我管几件事，我太太她也管几件事。”

“托穆，那你分管什么事？”

“我管孩子和女佣。”

“那你太太呢？”

“她管钱和我呗！”

启示

分工合作、领导与被领导都是团队的要素之一。

推脱

克劳斯和迪特在工地上工作。

克劳斯很懒，收工后不愿把篮子拿走，就在篮子上面贴了个字条：“迪特，请把篮子提走，我把它忘了。”

迪特看到篮子后，也在篮子上贴了个字条：“克劳斯，你自己把它提走吧，我没看见它。”

启示

团队内部责任各有分配，如果相互推脱责任，就无法完成团队任务。

自寻烦恼

有一次，歌德和贝多芬并肩散步，过往的行人们不断地向他们致意问好。次数一多，歌德就不耐烦这频频地还礼了，不免大发牢骚。

贝多芬笑着劝慰他说：“阁下，您用不着烦恼，也许他们是在向我致意呢。”

启示

团队提倡主人翁精神，可是也排斥以自我为中心的行为。

不要嘉奖

新兵尼基森把落水的连长救上了岸。

“谢谢，尼基森，明天我要在整个连队面前宣布对你的嘉奖。”

“不，我求求您千万别这样做，长官。这样他们会把我关禁闭的。”

启示

团队的内部存在利益矛盾，公平和务实是减少这种不良因素的基础。

尝出来了

巴顿将军为了显示他对部下生活福利的关心，搞了一次参观士兵食堂的突然袭击。在食堂里，他看见两个士兵站在一个大汤锅前。“让我尝尝这汤。”他命令道。

“可是，将军……”

“没什么‘可是’，给我勺子！”巴顿拿过勺子喝了一大口，怒斥道，“太不像话了，怎么能给战士喝这个？这简直就是刷锅水！”

“我正想告诉您这是刷锅水，没想到您已经尝出来了。”士兵答道。

启示

一个完美的团队往往追求整体的进步，也往往追求上下级之间的沟通与关怀。

处理酒鬼闹事

汤姆警官每次在处理酒鬼闹事时，总是挑上最瘦小的警察作伴。

别人很奇怪：“你们得和酒鬼干一场呢！”

“对呀，如果有两个警察抓你，其中一个比另一个瘦小，你先揍哪一个呢？”

启示

团队里面的本质关系就是人与人之间的配合。如何配合，如何达到双（多）赢是每一个团队成员需要考虑的因素，这也决定了他们对团队的满意程度。

导演说戏

导演对演员说：“下一组镜头是这样的：在你身后大约50米处，一头狮子朝你奔来，最后只差两步的距离险些扑倒你。”

“我的上帝！”演员说，“您跟狮子也讲清楚了吗？”

启示

团队沟通是必要的，沟通不良可能会造成惨重损失。

登记

马克·吐温有一天来到一个小城市，他想找一家旅馆过夜。旅馆的前台职员请他将名字写到旅客登记簿上。

马克·吐温先看了一下登记簿，他发现很多旅客都是这样登记的，比如：拜特福公爵和他的仆人……

这位著名的作家于是也挥笔写道：

"马克·吐温和他的箱子。"

启示

每个人都不是孤立存在的个体，总是不时地归属于某个"团队"。

夫唱妇随

有人问英国经济学家悉尼·韦布的妻子比阿特里，为什么对一些当代重大问题，韦布家的观点是如此的一致。这位跟丈夫合作写了许多对英国社会主义思想发展有深远影响的著作的妻子解释说："在结婚时我们就商量好了，在重大问题上要意见一致。悉尼决定我们怎样投票，我则确定什么是重大问题。"

启示

团队的精神：默契的分工与合作。

告密

乐团指挥在音乐会结束后收到了某观众的一张条子，上面写道："我并不是告密者，先生。但良心使我不得不向您反映这一情况。在整个演出期间，我发现坐在大鼓旁边的那个家伙太懒了，他只是当您注视他的时候，才装模作样地挥几下鼓槌。"

启示

良性团队要注意减少甚至杜绝滥竽充数的现象。

官兵有别

视察军舰的海军上将和舰上士兵闲谈。他问水兵汤姆："如果有士兵失足落水，你怎么办？"

汤姆立刻答道："我会立刻发警报并抛个救生圈给他。"

"如果是个军官落水，譬如说我呢？"海军上将继续问。

汤姆迟疑了一下，然后答道："我坚信你们自我解决问题的能力比士兵强。"

启示

团队成员之间互助是团队精神的表现，这种精神也应该表现在上级与下级之间。

合唱

一位观众看完演出后，拿着节目单去找剧院负责人，问他："你们的节目单上明明写的是'混声合唱'，可合唱队里只有男的，是怎么回事？"

"不错，因为他们之中只有一半会唱，另一半不会唱——是来混的！"

启示

滥竽充数会使团队的效率大大降低。

和人一样

“我发明了一种机器人，简直和人一模一样。”一位发明家对同事夸耀道。

“它从不出错吗？”同事问。

“不。当它犯了错误时，会把责任推到其他机器人的身上。”

启示

在一个良性团队里面不应存在推卸责任的现象。

画肖像

一个有钱的寡妇要一个画家为她已故的丈夫画一幅肖像。

“好的，”画家说：“您有他的照片吗？”

“唉，没有。我正是因为没有照片才请您画一幅肖像的。”

“那么，太太，我怎么画肖像呢？”

“你怎么去画与我不相干，这是你的事。至于我，我只能告诉你：他的眼睛是灰色的，头发是黑色的，嘴上有一撮小胡子，而且整天微笑着。”

“好吧！”画家无奈地说。

一个月后，他来到这个寡妇家中，把画成的肖像拿出来放在壁龛上。这个寡妇注视了片刻之后惊叫道：“哦，他的变化可真大啊！”

启示

团队内部沟通不良势必造成团队绩效低下。

空白家信

年轻的士兵收到了一封家乡来信，当他拆开信封，从里面取出的却是一张白纸。

“这是怎么回事呢？”朋友问。

“事情是这样的，”士兵说，“在我离开家乡时我同未婚妻吵了一架，从那以后，我们一直谁都不跟谁讲话。”

启示

没有沟通和交流的团队称不上真正的团队。

将军的照片

劳森中将出任北爱尔兰总司令后，下属请他给他们一张照片，好让卫兵认得他的相貌，在他出入司令部时无须受到查问。劳森很快交出一张照片。不过，这张照片不是正面像，而是从高处往下照的，只能看到他的将军帽顶和金色肩章。

下属拿着照片，有些迷惑不解。

“你们看我，”劳森解释说，“大概也只是要看这个样子。”

启示

团队工作需要认准的是各自的职权、责任，而不是其他私人的东西。

警署轶事

一个人走进美国一间警署对警长说：“警长先生，昨天我曾到这里报告失窃一件贵重的珠宝，可是今天早上我们发现东西并没有丢，所以请你们不必再查缉了。”

警长皱着眉头说：“哎呀，你为什么不早一点来告诉我们？今天早上我们已经把贼抓到了，而且法官已判了他的罪呢！”

启示

沟通的及时性和沟通的透明度都将影响团队的工作绩效。

魔一般的心灵感应

为了集中注意力，同时感受到乐曲的微妙境界，当代著名指挥家卡拉扬和小提琴演奏家朱尔斯坦在指挥和演奏时，都有闭眼的习惯。

这两位天才的音乐家配合得非常默契，人们甚至认为他们有着魔一般的心灵感应。他俩的第一次合作演出是在瑞士的卢塞恩。这次演出打动了无数观众。后来，当人们问起朱尔斯坦为什么要闭眼时，他说：“我们彼此看不见更好，这并不会出错，音乐不需要眼睛，要的是彼此的心领神会。整个演出我只睁过一次眼睛，看见卡拉扬正闭着眼睛指挥，我赶忙又闭上眼睛，生怕破坏了整个气氛。”

启示

默契的团队里面，成员之间不一定什么都看得清清楚楚，但是能够做到心灵的感应。

那位先生弄错了

作家大仲马为人慷慨，即使破了产，仍然最厌恶吝啬。有一天，从旅馆出来，大仲马看见一个百万富翁正给存衣处的管衣人一个硬币。

作家涨红了脸，递给管衣人一张100法郎的纸钞。

“对不起，先生，我想您弄错了！”管衣人将钱又递了回来。

“不，我的朋友，”大仲马指着那个百万富翁说道，“是那位先生弄错了。”

启示

团队成员间标准不一致、意见不统一，得利的是第三方。

我没有枪

一次有个国王在检阅部队时向士兵提出这样一个问题：“假如我亲自命令你们向我开枪，你们服不服从我的命令？”

所有的士兵都回答：“服从，因为军人以服从为天职，既是命令就要绝对服从。”

但只有一个士兵说：“我不开枪。”

国王听了大为高兴，并夸奖了这个士兵。

“好啊！我的孩子，至少我看到有一个士兵把国王的生命看得高于军人的天职。”

后来他问这个士兵为什么不开枪。

士兵说：“因为我没有枪，我是一个司号兵。”

启示

规章制度比领导自身更重要，推行法治比人治更容易团结团队成员。

我受够了

教官向队员下达口令：

“向右转！向左转！向右转！齐步走！”

其中一个队员走出队列。

“你到哪里去？”教官问他。

“我已经受够了，你简直不知道该怎样才好，不到几分钟你就改变了许多次主意。”

启示

通过团队沟通保持信息畅通，保证成员清楚地知道任务的意图和意义。

谢绝

美国作曲家盖什文是个很谦逊的人。他闻名遐迩，可是他仍然想跟意大利作曲家威尔第学作曲。他远渡重洋，到欧洲去拜访威尔第。威尔第见到盖什文后，虚心地谢绝说：“你已经是第一流的盖什文了，何苦还要成为第二流的威尔第呢？”

启示

团队成员之间保持谦逊，坚持互相学习是一种非常有益的精神。

也算演讲

美国发明家莱特兄弟是一对很善于思索，又刻苦钻研的好兄弟，可是他们却是一对最不善于交际的难兄难弟，他们最讨厌的就是演讲。有一次在某场宴会上，酒过三巡，主持人便请大莱特发表演说。

“这一定是弄错了吧！”大莱特期期艾艾地说，“演说是归舍弟负责的。”

主持者转向小莱特。于是小莱特便站起来说道：“谢谢诸位，家兄刚才已经演讲过了。”

启示

团队成员互相扶持和保持意见一致是非常重要的。

头发

一次，奥地利著名作曲家斯特劳斯去美国演出，大为轰动。

他身材很高，仪表非凡，特别是他的弯曲长发，很引人注目。一位美国妇女想办法得到了一束斯特劳斯的长发，当作珍品保存起来。消息传开，人们纷纷向他索取头发，作为纪念，一时竟成了斯特劳斯的“头发热”。好心的斯特劳斯一一满足了他们的要求。因此有些人为他担心。斯特劳斯离开美国时，许多人前来送行。他挥着帽子向人们告别时，人们看到他的卷曲长发还好好地长在头上，只是他来美国时带来的一条长毛狗，变成了短毛狗。

启示

信息不对称造成误会，沟通不良会闹出笑话。

蘑菇和雨伞

有一次，大仲马到德国一家餐馆吃饭。他想尝一尝有名的德国蘑菇，但服务员听不懂他的法语。他灵机一动，就在纸上画了一只蘑菇，交给那位服务员。服务员一看，恍然大悟，飞奔离去。

大仲马拈须微笑，自得其乐。他想："我的画虽不如我的文字传神，但总算有两下子，他准能明白！"

一刻钟后，那位服务员气喘吁吁地回来，手里拿了一把雨伞对大仲马说："先生，你需要的东西，我给你找来了！"

启示

没有沟通力就没有执行力，没有执行力就没有竞争力。沟通不良造成的误会可大可小。

贩卖笔杆

有一次，雨果出国旅行到了边境，宪兵要检查登记，就问他："姓名？"

"雨果。"

"干什么的？"

"写东西的。"

"以什么谋生？"

"笔杆子。"

于是宪兵就在登记簿上写道："姓名：雨果；职业：贩卖笔杆。"

启示

认知范围的不同很可能造成沟通不良、执行不力。

退票

在歌剧第一幕演出中间，一位观众离开了剧场并要求退票。

"您不喜欢看歌剧吗？"售票员问。

"不，我很喜欢。"

"您的座位不好？"

"座位也很好。"

"那您怎么不看了呢？"

"没有其他观众和我在一起，坐在这么大的剧场里我觉得有点害怕。"

启示

人天生具有社会性，需要团队归属感。

第三部分

THE THIRD PART

人力资源

轧狗还是轧人

一位先生考驾照。口试时，主考官问：“当你看到一只狗和一个人在车前时，你是轧狗还是轧人？”

那位先生不假思索地回答：“当然是轧狗了。”

主考官摇摇头说：“你下次再来考试吧。”

那位先生很不服气：“我不轧狗，难道轧人吗？”

主考官大声训斥道：“你应该刹车！”

启示

应时刻记住自己的职责，应该时刻保持自己的专业精神。

一等兵

从前有个一等兵，他在第一次世界大战期间服役时可谓尽心尽职。您别以为他是一个战争狂，他更喜欢待在家里，坐在屋前那棵椴树下的长椅上养神。不过，那时他还得作为卡车司机在东部前线服役。有一天，他开着自己那辆带贝布顶篷的卡车艰难地行驶在沃尔豪前线那被融雪浸泡的异常泥泞的道路上。

卡车已经两次陷进深深的泥浆之中。到了第三次，一等兵一直担心的事情终于发生了，汽车滑进泥坑，直陷到车轴处。

正在这时，随着一阵响亮的汽车喇叭声，一队轿车从右边驶过。看到这辆陷入困境的卡车，车队立即停了下来。一位身着红色佩带的将军从8辆汽车的头一辆中走了出来并招手，示意一等兵过去。

“遇到麻烦了？”

“是的，将军先生。”

“车陷住了？”

“陷在泥坑里了，将军先生。”

这位大官仔细地观察了一下不幸的汽车。这时，他想起新颁发的一项命令要求加强官兵之间的战友情。于是他决定身体力行给大家做个榜样。

“注意了，”他拍拍手用命令的口气高声叫喊着，“全体下车！军官先生们过来！我们让一等兵先生重新跑起来！干活吧，先生们！”

从8辆汽车里钻出整整一个司令部的军官，少校、上尉、中尉和少尉，一个个穿着整洁的军服。他们同将军一起埋头猛干起来，又堆又拉，又打又抬。就这样干了10多分钟，汽车才从泥坑中爬出来停在道上准备上路。

您可想象当这些军官穿着满是泥污的军服钻进汽车时，他们的样子是何等的狼狈，他们在心里又是怎样地诅咒这命令。将军留在最后，正为自己的善举而洋洋自得。他又走到一等兵面前。

“对我们还满意吗？”

“是的，将军先生。”

“让我看看，您在车上装了些什么？”

将军拉开篷布，他看见，在车厢里坐着整整18个一等兵。

启示

人力资源部门需要对本企业的人力资源状况有充分的了解，在此基础上应该进行人力资源的发掘与充分利用。

叫爸爸

有一个人买了一只鹦鹉。

他每天回家都逗鹦鹉说："叫爸爸！"

可是鹦鹉只会唧唧叫。两个星期过去了，鹦鹉还是不会叫爸爸。

那人很生气地掐住鹦鹉的脖子大吼："叫爸爸！叫爸爸！"但鹦鹉还是只会唧唧叫。

那个人骂道："你跟一只彩色的鸡有什么不一样呢？"

第二天，他便将鹦鹉关到鸡笼子里去了。

没过多久，就听鸡笼传出一阵吵嚷的声音。那个人赶快打开鸡笼一看，只见那鹦鹉正掐住一只鸡的脖子大叫："叫爸爸！叫爸爸！"

启示

人员强化培训的效果非常明显。员工进行强化培训，不仅能够使员工的工作技能得到提升，同时也使他们更快地融入企业文化。

闻气识文

张科长写出的文章总是不着边际，空话连篇；李科长的文章往往白字成串，词不达意，两人谁也不服气谁。

这天，听说一位双目失明的小学老校长只用鼻子闻闻就能辨别出文章的优劣，于是两人一道去找他品评。

为了试试老校长是否真有功夫，张科长先拿出一本《红楼梦》给他闻。老校长稍稍一闻，便说："一股脂粉之气，此乃《红楼梦》也。"二人暗暗称奇，李科长又拿出一本《三国演义》。老校长说："书中暗藏刀兵之气，此乃《三国演义》也。"

两人又把自己的文章交给老校长。老校长闻闻张科长的文章，说："泔水缸里冒泡儿，又酸又臭，令人作呕！"然后闻闻李科长的文章，又说："城门楼上击鼓，扑通扑通，狗屁不通！"

启示

人力资源管理者需要有识别人才真伪的能力。

招聘

某公司招聘，一位高才生去应聘。老板问："你有什么要求？"那人说："一个月薪水10万元，一年有一个月公费出国，公司给我租房子。"

老板说："我一个月给你薪水20万元，一年有两个月让你公费出国，还有，公司送你一栋房子。"

那人惊讶不已："这该不会是跟我开玩笑吧？"老板说："是你先跟我开玩笑的。

启示

招聘者与应聘者，双方均须从

实际出发，衡量自身价值与价格。

整整一小时

布朗先生上班整整迟到了一小时，他衣衫不整，浑身青紫，一只胳膊上还打着绷带。他的老板怒火冲天。

“现在已经10点了，”老板咆哮着，“你9点钟就应该来的。到底发生了什么事？”

“对不起，”布朗先生解释道，“我从3层楼的窗户里摔下去了。”

“难道那也要用整整一个小时吗？”

启示

人力资源管理既要对员工实施督促，也要对员工进行关怀。

高兴太早

一男青年将被征入伍，军队医院眼科医生给他做视力检查，青年边接受检查边表示自己是个近视眼。

检查完毕，医生说：“是的，你说得对，是近视眼。”

青年听到这句话非常高兴。“尊敬的医生，那么我可以免服兵役了？”

医生摇摇头说：“不，你可以参加肉搏战。”

启示

人力资源的充分发掘和充分利用是人力资源课题的重要部分，人力资源的浪费是企业最大的浪费。

军事家庭

杰克是个典型的军人，他的家庭也有浓厚的军事色彩。

例如，厨房门口写着“食堂”，客厅门口写着“会议室”，儿子的卧室写着“男兵宿舍”，女儿的卧室写着“女兵宿舍”。客人们想夫妻的卧室一定挂着司令部的牌子。出人意料的是，牌子上写着“新兵培养中心”。

启示

管理的最重要部分实际上是管人，管理者的职责不仅是决策和制定规则，更是培养人才。

招聘广告

美国宪法中规定禁止任何形式的歧视，包括性别、年龄、种族、宗教等等。一家公司有一个职位只想雇用男性员工，但又怕遭到妇女团体的控告，因此贴出这么一个征才广告：“征员工一名，条件是必须在上班时间打赤膊而不会影响到周围其他同仁的工作效率和情绪。”

启示

人力资源工作中的工作分析与工作设计以及职务说明书、招聘表单的填写等都需要实事求是的智慧。

大事和小事

妻子：“亲爱的，要让我们今后的生活甜甜蜜蜜，以后所有的大事都由你来决定，而所有的小事都听我的安排，怎么样？”

丈夫：“那么，具体讲哪些小事听你的安排呢？”

妻子：“我决定应该申请什么样的工作，应该住在什么样的房子里，应该买什么样的家具，应该到哪里度假，以及诸如此类的事。”

丈夫：“那么哪些大事由我来决定呢？”

妻子：“你决定谁来当首相，我国是否应该增加对贫穷国家的援助，我们对原子弹应该采取什么样的态度，等等。”

启示

人力资源职责的规定须符合实际需要，按职责定岗位。

画谜

爱好杯中之物的职员连续两天未上班，经理留下“7954”四个数字在他的办公桌上。职员回来，不明就里，就去请教秘书小姐。她说：“经理说你‘吃酒误事’。”

职员在数字后面画了一只蝉送回经理。经理笑笑：“孺子可教也。”

过了些时日，职员故态复萌。经理在“蝉”的尾部加了一道白烟后交给他。

职员又去请教秘书小姐。她说：“上次经理说你‘吃酒误事’，你说‘知了’，现在醉酒如故，经理骂你‘知了’个屁。”

启示

上级对下级的批评指正要及时，更要讲究艺术。

人才难得

老板杰克到警察局报案：“有个骗子冒充我的推销员，在镇上赚了10万美元！这比所有的雇员在客户身上赚到的钱还要多得多。你们一定要找到他！”

“我们会抓住他，把他关进监狱的！”

“关起来干什么？我要聘用他！”

启示

现代社会经常上演人才争夺战，而有才者必有用武之地。

突出的特征

一天，很多人来应聘某银行出纳员的职位，结果出人意料，银行经理竟雇佣了一个斜眼歪鼻、招风耳朵的丑八怪。有人问经理为何做这种选择，经理微笑着答道：“因为他有突出的面貌特征，如果他携款潜逃，我们极容易在通缉令上写明这点。”

启示

职位分析与设计要仔细思量、别出心裁。

职位空缺

经理：“不，我们不能雇你了，这里已经有许多工人了，他们的名字连我也登记不完。”

求职者：“那不是还缺一个人？你就安排我这份工作：专门为你登记工人的名字。”

启示

根据公司运营需要确定职位和人员职责，并准备好随时调整。

工资

一位企业界巨头正在镜头前侃侃而谈：“我始终坚持这一理论：工资是工作中最无足轻重的部分。全心全意地工作，把你的才能发挥到极点所带来的快乐远比金钱大。”

“你在向自己证实了这一理论之后就发财了吗？”记者问。

“不，在向为我工作的人们证实这一理论之后我就发财了。”

启示

老板和员工的思维是不一样的，人力资源工作者站在两者之间，离哪一边近一点就是利益取舍的问题了。

换块手表

华盛顿是美国的第一任总统。他有一个年轻的秘书，一天早晨，这位秘书来迟了，他发现华盛顿正在等候着，感到很内疚，便说他的表出了毛病。

华盛顿平静地回答：“恐怕你得换一块表了，否则我就要换一位秘书了。”

启示

绩效考核和指正改进是人力资源管理的重要内容。

专家请假

一天，某公司的一位专家，去找领导要求请假一周，可是他垂头丧气地从领导办公室里走出来，同事们问他原因，他说：“我请假一周，他却只同意给我3天。我说3天不够。他说：‘你是个能干的专家，别人需要7天办的事，你只要3天就能办好了’。”

启示

人力资源激励需要技巧，也需要人文关怀。

不好意思

公司经理指示在每人的工资袋里夹一张说明：“您的工资数是您的个人秘密，请不要泄露给任何人。”一位初来的职员数了数工资，皱着眉头在签名处写了一句话：“我决不会向任何人泄露，因为我和您一样，不好意思将这种收入讲出去。”

启示

薪酬设计如何让员工感觉到满意？看来不但是数目的问题，还是技巧的问题。

没工夫长个

汤姆是个个头很小而又害羞的孩子。他是办公室的勤杂工，累死累活，一星期也只能挣到6美元。一天，他终于鼓足勇气，去找老板要求加工钱。老板说："你是个诚实的孩子，不是懒骨头，你想加多少？"汤姆回答说："我想一星期加4美元，不多吧？"哎呀，你这么点大的个儿也要10美元一星期？"老板说。汤姆回答说："我知道，就我的年龄来说，我的个儿是太小了，但把实话跟您说了吧，自从我到这里来工作，就忙得没工夫长个儿了。"

启示

企业应该建立起比较公平的薪酬制度，按照绩效确定薪酬。

假期开始

一名芝加哥的职员从美国东部给他的经理打电话："我被耽搁在这了。我们正处在飓风中心，飞机停飞，火车与汽车停开，高速公路也被水淹了。我怎么办呢？""从今天起开始你的两周假期。"

启示

要善用人力资源，达到公司成本的最小化，绩效的最大化。

好好干

一个大老板一天心血来潮，巡视他的一家工厂。看着看着，他瞧见一个员工正埋着头努力地工作着。

他走过去拍拍员工的肩膀说道："好好干吧！我以前也和你一样。"

员工抬起头来，笑一笑，也伸手拍拍大老板的肩膀，说："你也好好干吧！我以前也和你一样。"

启示

通过远景引导实施人力资源激励是一种有效的方法。

经理

我的一个朋友老李最近被单位提拔，当上了经理。老李很是得意，专门请我们几个朋友吃饭，并向我们通报了这个消息。我们都调侃老李，都什么年代了，现在到处都是经理，一片树叶落下来也能砸到三个经理。同事老张说得更直接："你家楼下的小吃店里每天早晨卖包子的那位也是经理。"

老李很是不服气，当场拨了一个电话到那家小吃店。接电话的是位小姐，老李开口就说："我找你们包子铺的经理说话。"电话那头的小姐说："请问您要找肉包部经理还是菜包部经理？"

启示

工作岗位设计是随着工作的细化，根据企业需要而确定的。

兼职

某人打电话给路灯管理所，说有一盏路灯坏了。"修理它不会很麻烦，"他说，"因为我只要一踢灯柱，灯就亮了。"管理所职员回答："很难确定什么时候能派人去修理，但如果你能每晚把灯踢亮，我们可以让你在管理所兼职，并免费提供一双皮鞋。”

启示

管理失职，也是管理不当。人力资源成本的节约应该深入人心。

绿人球员

美国一支著名橄榄球队的教练因有严重的种族歧视而地位不稳，他决定用自己的方式来解决这个问题。他把他的队员叫到一起，然后对他们说：“从现在开始，我们队中没有白人球员和黑人球员之分，在我眼里只有绿人球员（队衣是绿色的）。好了，现在开始训练，浅绿色的队员站这边，深绿色的队员站那边。”

启示

人力资源管理是管人的工作。不同的员工自然会有不同的待遇，但是注意决定员工待遇的应是能力和贡献，不能是性别、肤色、出身等。

服务态度

有一天，有个订机票的客户很不满女服务员的态度。于是这位客户打电话给该公司的总经理抱怨。

客户：“总经理啊，你们的服务员态度很差啊！”

总经理：“应该不会吧。”

客户：“不然你自己假装是客户，打电话去不就知道了？”

总经理觉得这样也好，于是就打去了。果然，那位服务员的态度真的很差。总经理生气了。

总经理：“你知不知道我是谁啊？你敢这样讲话！”

服务员：“我怎么会知道啊？”

总经理：“全公司大大小小的事都是我在管，我是你们公司的总经理！”

服务员：“哦！原来你是总经理哦！那你知不知道我是谁？”

总经理：“不知道！”

服务员：“还好不知道。”

于是服务员赶紧把电话挂了。

启示

人力资源管理要制订比较完善的考核制度以统筹实现员工的全面改进。

医生与野鸭

一天，一群医生到一个度假胜地去过周末，那里素来以数目众多的野鸭而闻名，于是他们决定带上一把猎枪打些野味尝尝鲜。安营扎寨后，他们便开始了有趣的打猎活动。因为只有一把猎枪，他们便轮流使用，一人一次。

内科医生首先得到了猎枪，不一会儿，一只大鸟飞过来，他端起枪瞄准，但是直到那只鸟飞走，他也没有开枪。“对不起，各位，”他放下枪，抱歉地说，“以我现在的经验，我没法确定它就是一只野鸭而不是一只兔子或别的什么，因为没有其他科医生的辅助诊断，所以我不能妄下断语。”

于是他把枪交到了妇产科医生的手中。过了一会儿，又有另一只鸟飞过来了，可是妇产科医生也没有开枪。“对不起，”他说，“显而易见，刚才的那只野鸭是雌性，而在没有给它做过B超诊断确定它是否怀孕之前，我是绝对不会扣动扳机的，”他顿了一下，“杀一只野鸭可能不算什么，可是杀一只怀孕的母野鸭，你们得让我先考虑一下。”于是他把枪给了儿科医生。

又一只鸟飞过了，儿科医生竟然也没有开枪。“据我观察，”他说，“刚才飞过的那只野鸭年龄应该在一周岁左右，此时正是生长发育的黄金时期，如果假以时日，再配以充足合理的营养，不多久，它的身高、体重、智力等都会有很大的增长。我以为，到那时再打也不迟。”于是他把枪接着往下传。

眼科科医生没开枪，他声称这是因为那只鸟的飞行轨迹飘忽不定而致使他无法瞄准。他还十分确定地说这种情况肯定是由于那只鸟的左眼轻度散光、右眼严重弱视造成的。

皮肤科医生说，他要打的那只野鸭的毛发有所改变，“是种非常罕见的病例，”他说，“我认为最好留做活体检查。”

精神科医生说他放走的那只野鸭正处在一种极度亢奋的状态，“这与人类归家时的心理状态有很多相似之处，”他说，“所以我要跟着它顺藤摸瓜，找出大批野鸭的老巢。”然后他就跟着那只野鸭跑了。顺便说一句，后来他失踪了，谁也没找到他。

启示

做一个工作做久了，人们往往形成了思维习惯，养成了职业病。不过，要防止员工出现像卓别林演的《摩登时代》里面的那种生活机械化现象。对人力资源来说，那是悲哀的。

妇产科医生

一个职员迟到了，经理不满地问：“你怎么迟到了！”职员说：“我妻子为了生孩子，折腾了一宿！”经理信了。

过了三个星期，职员又以同一理由迟到，经理问：“你妻子是一只母兔子吗？”职员说：“她是妇产科医生。”

启示

信息沟通影响人力资源管理质量。沟通不良就会引起猜忌、怀疑。

面试好难

（一）

考官：你有男朋友吗？

应聘者：有。

考官：他在本地吗？

应聘者：不，他在外地。

考官：对不起，我公司不能用你。

应聘者：为什么？

考官：你不会安心在这里长期工作的，另外，本公司也不希望因为你而使长途电话费大幅度增加。

（二）

考官：你有女朋友吗？

应聘者：没有。

考官：你追过女孩吗？

应聘者：追过，可是没追上。

考官：你工作后准备再追女孩吗？

应聘者：先努力工作，暂时不考虑个人问题。

考官：对不起，本公司不能用你。

应聘者：为什么？

考官：你公关能力欠佳，且缺乏自信。

（三）

考官：　你有女朋友吗？

应聘者：有。

考官：她漂亮吗？

应聘者：不算漂亮。

考官：对不起，我们不能用你。

应聘者：难道女朋友不漂亮也会影响贵公司的形象？

考官：那倒不会。不过，本公司是经营艺术品的，你的审美能力似乎不适合本公司的业务需求。

（四）

考官：你有女朋友吗？

应聘者：有。

考官：她漂亮吗？

应聘者：很漂亮。

考官：她是你的初恋吗？

应聘者：是的。

考官：对不起，我们不能用你。因为你缺乏不断追求的进取心。

（五）

考官：你有女朋友吗？

应聘者：有。

考官：她是你的初恋吗？

应聘者：不是，以前还谈过几个。

考官：对不起，我们不能用你。因为你很快就会跳槽。

（六）

考官：你有男朋友吗？

应聘者：有。

考官：他很有钱吗？

应聘者：不是。

考官：对不起，我们不能用你。因为你的工作要和钱打交道，我担心你经不起诱惑。

（七）

考官：你有男朋友吗？

应聘者：有。

考官：他很有钱吗？

应聘者：是的，他有一家自己的公司。

考官：对不起，你男朋友的公司都不用你，我们就更不能用你了。

应聘者：可是，他的公司里没有适合我的职位呀！

考官：你是学什么专业的？

应聘者：秘书。

考官：对不起，我们还是不能用你。漂亮姑娘会影响我们经理工作的。

应聘者：可是，我并不漂亮呀！

考官：那就更不行了。如果你长得不漂亮，经理不会对你有兴趣的。

启示

现代企业人力资源管理面临着许多新问题，在细节处理上更是需要谨小慎微。

一视同仁

某银行专门雇佣已婚妇女做职员，但是有的怀孕了却迟迟不愿辞职。因此，银行定下规定：女职员面向墙壁，如果腹部触及墙壁，即应辞职。一位怀孕的太太认为这项规定只用于女职员，太不公平，向劳动局提出申诉。劳动局决定男女职员应一样适用这项规定。结果，这家银行少了这位太太和三位经理。

启示

公司规章制度应一视同仁。

印象最深之处

会见完所有的面试者之后，主考官写下对每个人的印象。

对第一个，他写道：稍显拘束但口齿伶俐。

对第二个，他写道：思维敏捷但自信不足。

印象最深的第三个却怎么也想不起来该写哪些东西了，最后主考官终于想起来了，写道：发型很美。

启示

招聘专员对面试者进行打分应及时、客观、有据可依。

合适的工作

经理：“真拿琼斯没办法！我曾安排他在三个柜台工作，可他一天到晚总是打瞌睡。”

老板：“让他去卖睡衣，并在他的身上挂块牌子，写上‘我们的睡衣质量是何等优异，以致卖睡衣的人都不能保持清醒’！”

启示

没有无用的人，只有不会用人的人。

最新规定

某公司人力部门发布了全新的请假政策，全文如下。

鉴于公司诸位同仁缺席情况日渐严重，现公司人力资源部规定全新请假政策，立即生效。

（1）病假：不准！

我们相信，既然您有体力去看医生，您就有力气来上班。

（2）辞职：不准！

员工的辞职会给公司人力资源部门造成麻烦。

（3）婚假：不准！

实际上公司并不鼓励你结婚：①作为一名公司管理人员，应该是一个足够冷静的人，不应该做出这种冲动的决定；②结婚会使员工不必要地丧失过多的精力。

（4）产假：不准！

产假是耽误工时的一大主要因素，我们认为作为一名高素质的员工不应该在生孩子这类小事上耽误宝贵时间。为了提高员工效率，公司医疗福利小组已经开始提供克隆服务，三级以上经理可以安排供应商代为生产。

（5）丧假：不成理由！

您的出席既不能够让死者起死回生，也不能给予生者任何好处。

（6）长假（如动手术等事假）：此类请假我们不再批准！

各位同仁请杜绝动手术的想法只要您是本公司正式合同员工，您就不应该私自去除身体上的任何部分，本公司雇佣的是你的全部。若私自将您的一部分去除，则会违反与触及公司当初所任聘的相关合同规定。

（7）死亡：这是唯一的正当理由！

但您必须在三个星期前通知HR，因为交接工作是您的职责之一。

另：根据报表统计，各位同仁花费过多的时间于洗手间内！从今天起，请大家按各自名字字母的顺序轮流使用洗手间。例如：

名字的字母开头是“A”的，可在8：00到8：15使用洗手间；名字的字母开头是“B”的，可在8：15到8：30使用洗手间。

如此依序轮流下去，万一您不慎错过自己的使用时段，只能挨到明天您所拥有的时段时方可使用。

敬请遵守，切勿自毁！

启示

揭示了人性化管理与公司效益的矛盾，以及人力资源管理“软”与“硬”的矛盾。

2+2=?

一个工程师、一个物理学家和一个律师同时去面试，竞争总裁一职。工程师最先进去，当被问最后一个问题“2+2=？”时，工程师到外面又量又算，忙乎了一阵后回到房间说答案是“4”。

第二个进去的是物理学家，面对同样的问题，物理学家从房间出来，直奔图书馆，在进行大量的研究并咨询了国家标准局后，他也宣布答案是“4”。

最后进去的是律师，在回答这个问题时，他先起身把房间所有的窗帘拉上，拉开门看看外面是否有人，检查一下电话，看是否被窃听，然后反问道：“你们想让它等于几？”

启示

每个人因为以往从业经历的不同都有着不同的工作习惯。

业务员和经理

有一个美国人因为生意上赚了钱，就想要去加拿大打猎，于是他来到了一家狩猎中心，向狩猎中心的主人租了一只猎犬，他问这只猎犬叫什么名字，狩猎中心的主人告诉他说，这只猎犬的名字叫“业务员”，因为这只名叫“业务员”的狗会叫，会跑，而且看到猎物穷追不舍，绝不放弃。几天下来，这个美国人真的大有所获，非常高兴地回家了。

过了几年，这个美国人又在生意上赚了钱，又想到加拿大打猎，于是他又来到了这家狩猎中心，向狩猎中心的主人要求要租那只叫“业务员”的狗，但是狩猎中心的主人告诉他说，这只叫“业务员”的狗，因为业绩太好了，已经升任“经理”，现在它只会在角落叫而已，其他什么都不干。

启示

人力资源管理中的提升制度如果运用不当会造成资源的浪费，而员工自身则应该有终身学习的意识。

物超所值

“我只是想做一份办公室文员的工作，你一定让我在简历上写‘有海外留学经历和会修理小汽车’这两条，有必要吗？”

“为了尽快得到工作，你要让你未来的老板有一种物超所值的感觉。”

启示

人力资源也是一种商品，有价值和价格，可以买卖。

奶妈

夫妇两人想为孩子找一名奶妈，便来到了一家中介所。丈夫说：“要一个年轻漂亮的，有高高的鼻子，皮肤一定要很有弹性并且奶要多。”妻子则申明：“一定要个比我还要胖并且不能太聪明的。”两人争执起来，中介只好劝说两人先回家，过几天会把符合两人要求的奶妈介绍到家。两天后的早上，中介所牵来了一头母猪。

启示

职务要求须合理，要考虑实际状况。

应聘门卫

一个身材瘦弱的男子去应征做门卫。老板打量了一会儿说：“我们需要一个以小人之心度君子之腹的家伙，他要有强烈的疑心病，要有锐利的目光，高度的警觉心，机警过人的听觉，还应有雄壮的身材，杀气腾腾的个性，易怒、凶暴，谁惹了他，他会马上变成恶魔般的人物。”

“让我老婆来试试吧。”男子小声地说。

启示

职务要求须具体明了，能够正确体现岗位职责。

遭遇

第一家公司

老板：小张，今天工作忙不忙？

小张：不忙。

下班时老板对小张说：你明天不用来了。

小张：为什么？

老板：因为你不能多为公司干事，所以才会不忙，公司要你何用？

第二家公司

老板：小张，今天工作忙不忙？

小张：很忙。

下班时老板对小张说：你明天不用

来了。

小张：为什么？

老板：因为你做事没有条理性，所以才会整天瞎忙，公司要你何用？

第三家公司

老板：小张，今天工作忙不忙？

小张：还行。

下班时老板对小张说：你明天不用来了。

小张：为什么？

老板：因为你做事不理性，所以才会有什么“还行”不“还行”的，公司要你何用？

第四家公司

老板：小张，今天工作忙不忙？

小张：刚忙完。

下班时老板对小张说：你明天不用来了。

小张：为什么？

老板：因为你做事效率太低，做完就不能检查一下吗？公司要你何用？

第五家公司

老板：小张，今天工作忙不忙？

小张：有些做完了，也检查过了，现在在做其他事。

下班时老板对小张说：你明天不用来了。

小张：为什么？

老板：因为你做事缺乏系统性，有些事不会一起做吗？公司要你何用？

第六家公司

老板：小张，今天工作忙不忙？

小张：我的工作都做完了，正在帮别人做。

下班时老板对小张说：你明天不用来了。

小张：为什么？

老板：因为你做事没有打算，你不会自己规划一下明天要做的事么？公司要你何用？

第七家公司

老板：小张，今天工作忙不忙？

小张：今天的工作做完了，明天的工作也做完了。

下班时老板对小张说：你明天不用来了。

小张：为什么？

老板：因为你做事不考虑整体，你不会帮同事分忧解劳吗？公司要你何用？

第八家公司

老板：小张，今天工作忙不忙？

小张：今天的和明天的工作都做完了，现在在帮同事的忙。

下班时老板对小张说：你明天不用来了。

小张：为什么？

老板：因为你太爱出风头，你的帮忙很可能造成其他人的懒惰或压力，公司要你何用？

第九家公司

老板：小张，今天工作忙不忙？

小张：等一下，我思考一下再回答你。

下班时老板对小张说：你明天不用来了。

小张：为什么？

老板：你目中无人，我问你话你竟然搪塞我，公司要你何用？

第十家公司

老板：小张，今天工作忙不忙？

小张：我……我……不……不知道该……该怎么……回答你。

下班时老板对小张说：你明天不用来了。

小张：为什么？

老板：因为你连做事忙不忙都不知道，公司要你何用？

第十一家公司

老板：小张，今天工作忙不忙？

小张：去你的，老子辞职了！

老板：嘿！有个性，我们公司就不放你走！

启示

对员工的要求与考核应该是有依据和标准可循的。

找到长期工作

一位青年做事总是毛手毛脚，所以老是失业。这一次，他又找到一份工作，是替一家古董店干活。才上班的第一天，他就不小心把店里的一只较昂贵的玻璃瓶摔碎了。老板很生气：“这只瓶子的价钱我会在你每个月的工资内扣。”这位青年一听，松了口气说：“谢天谢地，我终于找到了一份比较长期的工作了。”

启示

以防止工作失误为主，事后惩罚只是其次。

只要工资

一个姑娘走进一家大公司的经理部，问：“你们要女秘书吗？”

“我们倒很愿意录用您，小姐，可是眼下公司效益不佳，没活儿干啊。”

“有没有活儿干我倒不计较，只要有工资就行！”

启示

立场不同，考虑不同。企业招聘需要按照工作需要实行。

电信招工

电信考官：“你能为了企业更多地奉献自己吗？”

应聘者：“不能。”

电信考官：“对不起……”

应聘者：“但是我能让消费者更多地奉献自己。”

电信考官：“好的，你被录取了。”

启示

人力资源招聘需要招的是能够为企业创造利益的人。

前后有别

某酒店即将开业，正在招聘工作人员。

考官：“如果你是门卫，将如何辨别进出人员？”

考生：“在酒店开业以前，我将盘问衣冠楚楚的人；酒店开业以后，我将盘问衣衫褴褛的人。”

考官："好！如果你是公关小姐，将如何向你所接待的领导汇报工作？"

考生："若是精明能干的领导，我会将成绩缩小10%进行汇报，留有余地；若是不懂业务的糊涂领导，我会将成绩夸大10%汇报。"

她被录用了。

启示

招聘的人应该对工作职责有比较充分和深刻的认识。

专业的程度

初级客服：

客户来电劈头大骂："你娘的！"

客服员被骂哭了。

中级客服：

客户来电劈头大骂："你娘的！"

客服员："这位先生请息怒，有什么可以为您服务的吗？"

高级客服：

客户来电劈头大骂："你娘的！"

客服员："家母身体很好，谢谢您的关心。"

专业客服：

客户来电劈头大骂："你娘的！"

客服员："家母身体很好，谢谢您的关心。那，你娘的？"

启示

人力资源人员专业水平不等，因此也应有不同的职级、待遇。

训练之道

从前有个刚入伍不久的士兵，由于不习惯晚上睡觉挨蚊子的咬，就跑到连长那里说："连长，我受不了。为什么你不怕蚊子咬啊？"连长说："小鬼，慢慢来嘛，会习惯的，我是过来人，以前我经常喂蚊子，把它们喂得饱饱的，它们就不咬了。"

启示

刚换工作的员工有一个适应的阶段。公司应该激励新员工思考如何解决问题，鼓励他们不要退缩。

招聘程序员

一条狗在街上闲逛，看见橱窗里有一张告示："招聘程序员。会编程，有团队精神，至少精通两种语言。均等机会。"

那条狗就进去申请，但是被拒绝了。

"我不能雇一条狗在公司里做事。"经理说。

狗不服气，指着告示上"均等机会"几个字抗议。

经理没法，叹了口气，不屑地问道："你会编程吗？"

那条狗默默地走到电脑前，编了个程序，运行准确。

"你有团队精神吗？"经理问。

那条狗掉头看了看门外，一大群野狗在外面虎视眈眈。

"我真的不能雇狗做这份工作。"经理气急败坏地说，"就算会编程、有团队精神，但是我需要的雇员至少要能精通两种语言。”

那条狗抬头看着经理吠叫：“喵——噢——”

启示

人力资源招聘应该遵循择优录取的原则。

并非都来听布道

施莱艾尔马赫是德国哲学家和神学家，他的神职工作做得尤其出色。

有人称颂他和他的布道具有少有的广泛性，他的教义宣讲能吸引社会各个阶层的广大听众，不仅有学生，还有妇女和各级官员。对此，施莱艾尔马赫解释说：“我的听众确实由学生、妇女和官员组成，学生们来是为了听我讲道，女人们来是为了看学生，而官员们来则是为了看女人。”

启示

企业里面的人在一起工作，然而各自所怀的目的是不一样的。

不想再当总统

柯立芝总统在任期快要结束时，发表了有名的声明：“我不打算再干这个行当了。”

记者们觉得话里有话，缠住他不放，想让他解释一下为什么不想再当总统了。

实在没有办法，柯立芝把一位记者拉到一边对他说：“因为总统没有提升的机会。”

启示

“没有提升的机会”，连总统都不想干下去了，这说明晋升制度是影响员工积极性的重要因素。

不知道到什么地方去了

18世纪西班牙杰出画家戈雅疾恶如仇、爱憎分明。有一次，国王查理四世把戈雅召去，对他说：“你是我国最好的画家，只有你才配给王室贵胄画像。今天找你来，是要你为我画一张全家像。画好了，我重重地奖赏你。”戈雅想了想，同意了。

这幅国王的全家像画好后，戈雅特地送给国王过目。国王一看，吃了一惊，因为他全家14人中很多人没有手——戈雅在像中只画了6只手。

国王气冲冲地问他：“这些人的手呢？”

戈雅说：“我也不知道到什么地方去了。”

国王硬要戈雅添上，戈雅坚决不肯。因为他认为那些王子王孙都是白吃饭的人，只有嘴，没有手。

启示

一个职位要产生一个职位的效益，企业里面不允许有白吃饭不干活的人。

参军

德让去报名参军。在征兵办事处，

负责人问："你希望去哪个兵种服务呢？"

"我想到军舰上服务。"

"很好。我们把您安排在潜水艇上，怎么样？"

"那可不行，先生。"

"为什么？"

"因为我平时有个习惯，睡觉时总要开窗户。"

启示

根据人的性格特征、特长和习惯安排合适的岗位。

辞工

"汉斯，你为什么辞去了军火厂的工作？"

"他们算得太精确了。上次在装火药的时候，火药爆炸了，我被炸上半空，6秒钟后才掉下来。厂长却扣了我的工资，说我在那6秒钟里没干活。"

启示

企业对员工的斤斤计较势必会引起员工对企业的斤斤计较。

从未用过的心脏

约翰逊嘲笑共和党政敌说：

"有一位老人需要做心脏移植手术。有三颗心脏可供选择，一颗是18岁运动员的，第二颗的19岁舞蹈家的，第三颗是75岁银行家的。病人询问银行家的政见，得知他是一位共和党人。了解这一点后，病人选择了银行家的心脏。

移植手术相当成功。人们问他为什么他宁愿选择75岁老人的心脏，而不选择充满生气的年轻人心脏，他说：'我需要一颗从未被使用过的心脏'。"

启示

企业人力资源的工作就是要保证企业里面人人都用"心"工作。

弹不了的曲子

奥地利作曲家莫扎特是海顿的学生。有一次他和老师打赌，说他能写一首老师弹不了的曲子。

海顿自然不相信。莫扎特用了不到5分钟，就匆匆地把曲子写完，送到海顿的面前。

"这是什么呀？"海顿弹奏了一会儿后惊呼起来，"我的两只手分别弹向钢琴的两端时，怎么会有一个音符突然出现在键盘的当中呢？这是任何人也弹不了的曲子。"

莫扎特微笑着在钢琴前坐下，当弹到那个音符的时候，他弯下身来，用鼻子弹出了那个音符。

启示

江山代有才人出。只要肯动脑筋，就能完成困难的事业。企业需要这样的人。

等出名以后

一个初出茅庐的作家请卓别林看他写的一个电影脚本，他问意见如何。卓别林仔细翻阅了他的作品后，摇了摇头说："等你和我一样出名的时候你才能写这样的东西，而现在，你要写得特别好才行。"

启示

从普通到卓越的提升需要付出足够多的努力，同时需要有足够好的表现。

残疾士兵

F国贼盗四起，社会一片混乱。一天，最高统治者在警卫的护卫下来到金库，看到门口站着一个残疾士兵，颇为奇怪："怎么，难道可以把金库交给一个这样的人去掌管吗？"

"请您放心，这里戒备森严，绝对不会丢失东西的。"金库负责人答道。

"那为什么让这个家伙站在这里呢？"

"只要他站在这里，他就不可能再到别处去偷盗了。"

启示

什么岗位安排什么样的人。人才的配置要讲究艺术。

上帝管理的土地

一位农民要下一块河水已经干枯的小河谷。这片荒地覆盖着石块，杂草丛生，到处坑坑洼洼。他每天去那里辛勤耕耘。他不断劳作，最后荒地变成了花园。为此他深感骄傲和幸福。某个星期日的早晨，他操劳一番后，前去邀请部长先生，问他是否乐意看看他的花园。

那位部长来后，视察了一番。他看到瓜果累累，就说："呀！上帝肯定为这片土地祝福过。"他看到玉米丰收，又说："哎呀！上帝确实为这些玉米祝福过。"接着又说："天哪！上帝和你在这片土地上竟取得了这么大的成绩呀！"这位农民忍不住说："可尊敬的先生，我真希望你能看到过上帝独自管理这片土地时，这里是什么模样。"

启示

表扬和激励的对象应该清晰明了，才能起到真正的效果。

儿子会做政客

威尔逊先生决定做个小试验，想看看儿子长大后会成为什么样的人。他在桌上放了三样东西：一张10元的钞票——代表银行家；一本崭新的《圣经》——代表教士；还有一瓶威士忌——代表闲人。然后，他躲在窗帘后面偷看。

儿子吹着口哨进来后，看见了桌上的东西。他连忙四下张望，确定室内无人后，先把钱对着亮处照了照，然后翻了翻新《圣经》，接着打开瓶塞闻了一下，随即敏捷地一把抄起三样东西，把钱塞进口袋，把酒瓶掖在胳肢窝下，两手捧住《圣经》，吹着口哨走了。

威尔逊不禁惊呼："天哪！他要做政客了！"

启示

人的性格从小就可以看出端

倪。性格决定了一个人的人生道路和职业选择。

二等兵

有个二等兵决定退伍，对长官诉说了自己的想法。

长官问他："你结婚了没有？"

二等兵说："还没有，长官，但已经订婚了。"

"依我看，你没有必要结婚了。"长官想要改变二等兵的主意，"部队就是你的妻子。她给你衣服穿，给你提供食物和房屋，把你的身体养得这样棒，而且还时时陪伴着你。你还有什么要求呢？"

"想要离婚，长官！"

启示

人力资源管理不能忽视人性的需要，而应该遵循人性的规律。

第一卓别林

卓别林以他的讽刺喜剧艺术名震影坛。很多人争相模仿他。某公司特别举办了一次模仿比赛，看看谁模仿得最像卓别林，并请了一些研究卓别林的专家担任裁判。

卓别林听到这个消息，也赶来参加比赛。但是评判结果是，他屈居第二。

发奖的那一天，公司邀请真卓别林前来讲话。卓别林回信说："世界上只有一个卓别林，那就是我。为难的是，应该尊重评论家的意见，我既被评为第二名，还是请第一名'卓别林'讲话吧。"

启示

人力资源是可以比较和模仿的。

符合征兵要求

一位青年来到医院进行征兵体格检查。医生对他说："脱下你的外衣和衬衫，把皮带松开，坐在那张椅子上。"

青年按照吩咐做了一切。医生注视了他一会儿，说："行了。"

"医生，你还没给我体检呢！"青年说。

"没必要了。"医生和颜悦色地说，"我叫你脱下外衣和衬衫，你能听见，说明你听力正常；你能看见我指的椅子，说明你的视力不错；你能敏捷地脱下衣服，坐在椅子上，说明你没什么疾病；你能正确无误地按照我的吩咐去做，说明你的理解能力很强。你的身体完全符合征兵要求。"

启示

人力资源选人、育人、用人都需要从细微处识人。

给养紧缺

在征兵办公室的体格检查站里，一年轻人因害怕参军，便对老大夫谎称自己体格差，既不能吃，不能喝，也不能睡。

"好极了！"老大夫握着年轻人的手说，"当前我们的部队给养紧缺，正需要像你这样的士兵。”

启示

根据企业实际需要制定职务要求。

观诊

电报发明者摩尔斯，在发明电报前是个出名的画家。一次，他邀请一位医生朋友来参观他的画室，当这位朋友看到一幅垂死者的画像时，反复仔细观察。摩尔斯乐了，问：“怎样，有何评价？”

医生表情肯定地说：“这人患的是疟疾。”

启示

职业人员应该朝专业方向发展，通过员工职业生涯规划培养出高度专业的人才。

皇帝的妙语

罗马皇帝下令把一个性情顽劣的年轻侍从赶出宫廷。年轻人苦苦哀求皇帝宽恕他，并发誓悔过自新。可皇帝主意已定，仍让他回家。

“我怎么回家去呢？我怎么向我父亲交代呢？”年轻人说。

“跟你父亲说，你不喜欢我就行了。”皇帝给他出主意说。

启示

解雇员工是一个麻烦事，须讲究艺术。

记忆力好

打靶时，排长发现一个新兵的视力很差，生气地说：“像你这样的视力怎么能入伍呢？”

“排长，因为我的记忆力好！”

“凭记忆力就能打死敌人吗？”

“不是，我是说，我把视力测试表都背下来了。”

启示

谨防招聘作弊是有效选人的操作难点。

舰长

海军司令视察一艘造好的舰艇。当他走到水手舱时，舰长告诉他，这是50名水手的舱房。

海军司令大吃一惊：“难道50个人就住在这么小的地方？”

舰长连忙解释道：“不是50个人，是50个水手。”

启示

尊重员工是人力资源管理的基本原则。企业最起码要把员工当人看待。

开皇家学会的玩笑

英国植物学家、作家希尔因为未能被批准加入皇家学会，一直耿耿于怀。有一次，他给学会寄来一封信，信中他编造了一例神奇的病例：一名水手从桅杆上摔下来，跌断了一条腿。医生用绷带替他扎牢后，给他用焦油冷浸，效果奇好，3天内他的腿就恢复如初了。这一案例引起学会认真的讨论。谁知不久学会又收到希尔的来信，说他写封信时忘了说明那条断腿是木头做的。

启示

沟通不良会浪费人力资源，降低企业效率。

空军越过雷区

战斗即将结束，一位空军军官去指挥部开会，商讨最后的军事行动。当汽车接近斯特摩尔时，一块禁止通行的木牌截住了他，上面写道："道路封锁——有地雷。"一位宪兵正在那里执勤，他冲着空军军官的汽车喊："对不起，你不能通过，前方是雷区。"

空军军官走下车子，希望宪兵为他另指一条路。这时，宪兵显然注意到他的军衔，于是他后退一步说："非常抱歉，先生，我不知道您是空军。对您来说，通过这里是万无一失的。"

启示

没有必要的设备支持，再强的人力资源也有做不成事情的时候。

理论的成败与国籍

20世纪30年代，爱因斯坦有一次在巴黎大学演讲时说："如果我的相对论被证实了，德国会宣布我是个德国人，法国会称我是世界公民。但是，如果我的理论被证明是错的，那么，法国会强调我是个德国人，而德国会说我是个犹太人。"

启示

人力资源的争夺是具有功利性的。

妙退英王

爱尔兰作家萧伯纳成名之后，门庭若市，使他疲于应付。

一天，英王乔治六世前去访问这位文豪。寒暄之后，出于兴趣爱好和文化修养的悬殊，两人很快就陷入了沉默。

萧伯纳看英王还没有离去的意思，便慢慢从口袋里掏出怀表，然后一个劲地盯着表看，直到英王不得不告辞。

事后，有人问他喜不喜欢乔治六世，萧伯纳微微一笑，幽默地答道："当然，在他告辞的时候，确实使我高兴了一下。"

启示

物以类聚，人以群分，这也是人力资源配置的问题。

怒砸雕像

意大利文艺复兴时期的雕塑家多那太罗创作了浮雕《佛罗伦萨的圣米凯莱》和青铜像《大卫》后，名声大振。威尼斯的绅士们委托他给雇佣兵队长加塔梅拉塔塑一座马的雕像，并一再催促他尽快完成。多那太罗对此很是恼火，他拿起锤子一锤把快要塑成的雕像的头砸个粉碎。绅士们拿起锤子对着他的脑袋，要用同样的方法报复他，多那太罗毫不畏惧，说：“我可以重塑加塔梅拉塔的头像。只要你们也能重塑我的头脑，我倒很情愿让你们砸。”

启示

人才无价，人脑无价。

拍苍蝇

在一次会议中，卓别林一直在用手驱赶围绕他头部飞来飞去的苍蝇。后来，他找到一把苍蝇拍，拍了几次，都没有拍着。最后，一只苍蝇停留在他的面前，卓别林拿起拍子，准备狠狠地出击。突然，他不拍了，而是死死地盯住那只苍蝇。有人问他：“你为什么不打死这只苍蝇呀？”

他耸耸肩说：“它不是刚才给我捣乱的那只苍蝇！”

启示

每个人都要承担自己的责任，也应该对自己所做的事情负责。

乞丐也应有休假的权利

贝尔纳脾气不好，可心地十分善良。曾有个老乞丐摸透了贝尔纳的脾气，每天在某一时间就守在贝尔纳的门口，每次都能如愿以偿。

贝尔纳实在受不了，可又无法拒绝施舍。终于有一天，贝尔纳从钱包里掏出来的不是往常的小额银币，而是一张大额钞票，老乞丐惊喜得不敢相信。

贝尔纳把钞票放到老乞丐的帽子里，对他说：“我明天去诺曼底，要在那里待两个月，这钱是预付给你两个月用的，你也有休假的权利。”

启示

连乞丐都有休假的权利，企业激励是否也应该包括休假制度呢？

丘吉尔

当丘吉尔在下议院前走出出租汽车时，对司机说：“我要在这里大约待一个钟头，你等我一下吧。”“那可不行。”司机回答说，“我一定要赶回家去，好在收音机上听丘吉尔的演说。”

下台的首相一听这话大为惊喜，便重重地赏了司机一笔可观的小费。“我想了一下，”司机见钱眼开，便改口说，“还是在这里等着送你回去吧，管他什么丘吉尔！”

启示

薪酬激励的确有巨大的作用。

人比狗穷

英国喜剧大师卓别林曾编导了一部喜剧影片，内容是西方国家想要打通宇宙间的道路，决定买一只狗发射到其他星体上去试验。卓别林扮演的主人公听到这个消息后，连忙跑去要求说：“我愿意代替狗去试验。”别人问他的理由。他说："因为我比狗更便宜，同时我比狗还穷呀！"

启示

人力价格与价值的偏离在市场中会经常看到。

入伍者

有两个小伙子自愿到海军服役。征兵官问："你们会游泳吗？"

其中一个小伙子对他的伙伴说："我说得没错吧？他们连舰艇都还没有呢！"

启示

人力资源招聘的要求包括在可能的特殊情况之下对人的能力的要求。

绅士是什么东西

富兰克林的仆人问富兰克林："主人，绅士是什么东西？"

富兰克林回答说："这是一种生物，是一个能吃、能喝、会睡觉可是什么也不做的有生命的东西。"

过了一会儿，仆人跑到富兰克林身边说："主人，我现在知道绅士是个什么东西了。人们在工作，马在干活，牛也在劳动，唯有猪只知道吃、睡，别的什么都不干。毫无疑问，猪便是绅士了。"

启示

企业需要的是真正能干活、出成绩的人。

谁最吝啬

"你说，世界上谁最吝啬？"

"当然是数学家。"

"为什么？"

"他们毫厘必争！"

启示

每个长时间从事一个职业的人都可能养成一些具有职业特征的行为习惯。这样的行为习惯表现的越明显，他们的专业性就越强。

图案设计在哪里

巴黎广告公司招聘美术设计师，要求应聘者寄来3件得意的近作：1幅素描、1幅写生和1幅图案设计。

几天后，公司收到大雕塑家罗丹的应聘信，但里面只有1幅素描和1幅写生。怎么会缺1幅图案呢？大家纳闷起来。

就在这时，有人发现信封里面还有一张纸条，上面写着："我的图案设计是信封上的伪造邮票。"

启示

招聘过程中脱颖而出的人往往有别出心裁的表现。

外貌和智慧

有一位著名女舞蹈家给萧伯纳写了一封热情洋溢的信。信中说，如果他俩结婚，对后代和优生学都是件好事。她着重指出："将来，生个孩子有你那样的智慧和我这样的外貌，该有多么美妙！”

萧伯纳在回信中表示不能接受这番好意，他说：“那个孩子如果只有我这样的外貌和你那样的智慧，就糟透了。”

启示

人力资源的配置最好的效果应该是优势互补，最坏的后果是劣势相滋。

“无才”偏要高价

斯特拉芬斯基是一位出生于俄国的美国作曲家，一生创作了大量的为美国人所熟知的乐曲。

一次，有位电影制片人出价4000美元邀请斯特拉芬斯基为好莱坞的一部电影配乐，被他当面拒绝，理由是钱太少了。

制片人争辩道，另有一位作曲家也以同样的价为一部新片谱了曲。

作曲家说：“他有才呀！我没有才，干起来就要吃力得多。”

启示

人因不同的才能而有不同的价值。

先学游泳

上尉向新兵训话：“小伙子们，从现在起，你们要记住这一条：我命令你们一直往前走，即使是走到海边也不能停步。”

“是，长官，”一个新兵说，“我马上出发。”

“到什么地方去？”

“去学游泳！”

启示

服从形成执行力，需要各种技能作支撑。

选举

富兰克林在谈到规定只有固定收入的富人才能被选进议会的《选举法》时说：“为了当一名议员，我得拥有30美元。假定我有一头驴值30美元，我就被选为议员；过了一年，那驴死了，我就不能当议员了。请问，到底谁是议员——我，还是驴？！”

启示

合理的资格规定是选取合适人才的基础。

有毒的土豆

法国寓言家拉封丹每天早晨习惯食用一个土豆。

有一天，他把一个滚烫的土豆放在饭厅的壁炉上凉一凉，随后就离开了房间。可是，等他回来时，那个土豆不见了。有个佣人曾经在饭厅里走过，拉封丹猜到发生了什么事情。

于是，他叫喊起来：“啊！我的上帝！谁吃了我放在壁炉上的那个土豆？”

“不是我。”那个佣人回答说。

“那太好了。”

“为什么这样说？”

“因为我在土豆里放了一点砒霜，是为了毒死老鼠的。”

“啊，我的上帝！砒霜！我中毒了！”

“放心吧，孩子，这是我略施小计，为的是知道事情的真相。”

启示

管人就是管人心，诚实是第一要求。

在脸上

“你们4个还抓不住一个罪犯？简直是饭桶！”警察向部下发火。

“长官，我们并没有白追，我们把他的指纹带回来了。”

“在哪里？”

“在我们脸上。”

启示

一个职员，才能低一点可以原谅。如果没有责任心，那就没有什么好说的了。

只是让我跟他睡觉

一天，美国喜剧演员格劳乔·马克斯穿着老式的破烂衣服在加利福尼亚自己的花园里干活。一位贵妇人看见他，停下脚步，想知道是否可以叫这位园丁到她家去干活。

“园丁，”她招呼道，“这家主妇付给你多少报酬？”

“我不收钱，”格劳乔闻声抬起头回答说，“这家主妇只是让我跟她睡觉。”

启示

有些人是雇佣不到的，虽然他们很优秀。

猪偷钱包

一位外交官早听说某国的小偷厉害，一次上街，他兜里揣个空钱包，钱包里装一小纸条，上面写着一行小字：“偷钱包的是猪！”他想，这下定能把小偷戏弄一番。在街上转了一圈，他小心备至，未发现小偷的踪影，好生失望，心想：“什么偷技高明，也只是徒有虚名而已。”

回到家里，他掏出空钱包，拿出纸条正欲撕碎，却发现原来的字已被涂改成“大爷今天偷了猪的钱包！”

启示

山外青山楼外楼，一山更比一山高。人才也是如此。

作曲家的塑像

西班牙小提琴家和作曲家萨拉萨蒂，听说有几位崇拜他的阔佬要为他立一座塑像。萨拉萨蒂向别人打听：“建这座塑像要花多少钱？”人们告诉他，大约要10000比塞塔。作曲家十分吃惊，说“干脆我自己站在基座上好了，只要5000比塞塔就行。”

启示

精神价值创造者与物质利益创造者一样具有价值。

谁能考我呢?

有人问美国大学问家葛特里奇，为什么他这样一位伟大的学者却从未获得博士学位。他回答：“谁能考我呢？亲爱的先生！”

启示

考核体系的最高层由谁来考？如何考？这是个问题。

手比脑袋重要

医院里的电梯刚要关门，一位外科大夫和一位内科大夫冲上去赶电梯。外科大夫把头伸过去夹在两扇门之间，而不是用手撑开门。内科大夫对他的同事说：“你不觉得把头夹在门里是一种很奇怪的让电梯停下来的办法吗？”

“不奇怪，”外科大夫说道。“我的手要留下来做手术。”

启示

每一种职业都有各自的“设备”“工具”要求。

摆水果摊

某国城防司令来检阅军队时，问一名中尉：“前排的士兵为什么都那么高大、漂亮，而所有矮小、丑陋的士兵都在后排呢？”

中尉毕恭毕敬地行了个军礼：“司令阁下，我原来是摆水果摊的，我总喜欢把味美色鲜的水果摆在前面，把干瘪不中看的摆在后面。”

启示

职业经历会使人养成一些思维、行为习惯。

语法学家

有人问语法学家威廉·萨费尔，他是怎样成为文字权威的。萨费尔答道：“情况是这样的：在20世纪60年代编撰过一本政治辞典，还当了30多年的职业作家，另外我的第一首诗是我8岁时躺在床上作的。除此之外，我并没有干过什么了不起的事。”

启示

职业经验的日积月累构成了职业成就。

只需识字

作家应征入伍，班长问：“你念过小学吗？”

他答：“念过。我还念过中学，而且在大学取得了三个学位，还有……”

班长点点头，高举一枚印章在纸上

印下了两字："识字"。

启示

按职位需要选人，而不是按人填职位。选最合适的人，而不是最好的人。

有问题的支票

诗人："这世界太不公平了。"

朋友："您为什么要这样说？"

诗人："举个例子来说吧，如果有个银行家写了一首有问题的诗，人们都会认为这是件无所谓的事。可是，如果有个诗人写了一张有问题的支票，那可就了不得了！"

启示

人因职业特长不同有不同的际遇。

演员生涯

美国一位文艺评论家曾说，演员生涯可用观众的三句话来概括：

"他是谁？"

"就是他！"

"天哪！他还活着！"

启示

任何职业的生涯规划都要经历三个阶段：成长期、高峰期、衰退期。

正在游泳

在军事演习的时候，上校在一座桥上设了一块牌子，上面写着："桥已被炸毁。"上校在指挥部里通过望远镜，看到一群步兵仍毫无顾忌地从桥上过了河。上校十分生气，乘着吉普车来到桥边，准备狠狠训斥那些士兵。

到了河边，上校吃惊地看到，一个士兵手里举着的牌子上写着："我们正在游泳！"

启示

信赖员工、与员工保持沟通是实现高效工作的必要条件。

一套乐谱

贝多芬逝世后，恰鲁比尼成为欧洲的音乐巨子。

有一次，一位时髦派音乐家带了一套乐谱去见他，伪称乐曲是大音乐家曼哈所写。恰鲁比尼仔细审视一遍后，斩钉截铁地说："这肯定不是曼哈写的，实在太美了！"

那位来访者又说："那么，如果告诉你这是我写的，你会相信吗？"

恰鲁比尼笑笑说："不，你还不能写得这样好呢！"

启示

了解人力资源状况是顺利开展人力资源管理工作的基础。

兽医的保证

有个人养了条狗，夜里经常狂叫，吵得他睡不着。他觉得狗生病了，便带着它去看兽医。兽医看了看说："它耳

朵痛，你让它把这片药吃下去就好了。”说着，递给他一片药。

这个人让狗把药吃了，可是，狗还是照样在夜里狂叫。他又跑去找兽医。

“我再给你三片药，”兽医说，“一片给狗吃，另外两片你自己把它吃掉。这样，你和狗总有一个会睡着的。”

启示

企业管理出现问题，不是员工自己有问题，就是人力资源的管理有问题，二者必占其一。解决问题要对症下药。

书籍是最好的朋友

语文老师问道：“为什么我们说书籍是我们最好的朋友呢？”

学生回答道：“当我们对它感到乏味、厌烦的时候，我们就可以不看，把它搁下，无论搁多久，它都不会生气的。”

启示

顺从与尽责是成为好员工的基本条件之一。

经验之谈

战斗结束后，将军十分称赞地对一个士兵说：“安德森，在整个战斗中，你好像一直紧紧地跟在我的身旁。”

“是的，将军！”安德森回答说，“上前线的时候，父亲告诉我：‘打仗的时候，你要紧紧地跟着那些将军们，因为他们很少受伤，甚至根本不会受伤。’”

“你父亲是干什么的？”

“他是个老兵。”

启示

善于分析和体察员工的动机是做好人力资源工作的技巧之一。

为什么不能抽烟

中士：“为什么士兵在战地兵营里走动时不能抽烟？”

新兵：“您问得对，中士先生！为什么不能？”

启示

员工不能盲目服从规章制度，而是要在明白规章制度真正意义的基础上，自觉维护规章制度。

王位和医生

国王在动身去征服别的国家之前，对一位学者说：“如果我能平安从战场上回来，我就放弃王位，永远从事医生这个高尚的职业。”

“唉，尊敬的国王陛下，可您脑子里现在充满了杀人的念头！”

启示

不同的职业需要不同的意念

支撑。

新式机器

在第一天值勤的时候，一个士兵被派到厨房来，中士递给他一把刀，命令他削一大堆土豆。

“喂，中士，”士兵奇怪地问，“在我们这个技术发达的年代，部队里一定有削土豆的机器吧。”

“当然，”中士回答，“你正好就是那个机器。”

启示

即使在机器大行其道的今天，人力仍是占主导地位的生产力量。

牙医的感慨

某牙科医生开诊的第一天，来看病的大多是儿童，因此最难的事情是让他们张大嘴巴。谢天谢地，最后的那位病人是个成人。

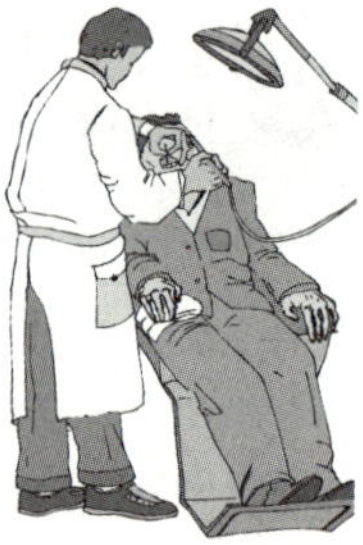

“欢迎你，”牙医在开始检查时对病人说。“给张着大嘴巴的人看病真是太棒了。”

启示

主动自觉的员工比那些总让人操心的员工更受人欢迎。

稀有的品质

哈博太太：“大夫，我丈夫的状况使我很担心。他的智力出现了一种怪毛病。有时，我跟他谈了好几个钟头，可是突然发现，他一点儿也没听进去。”

医生：“太太，这不是病。您丈夫真幸运，他具有男人最稀有的品质之一。”

启示

用非正常手段对待非正常的人为干扰。

一切都是多余的

年轻的士兵在家信中写道：

“亲爱的妈妈：20年来您一直教我要我早睡早起，按时吃三餐，现在看来这一切都是多余的。在部队里，所有这一切我仅用了两天时间就学会了。”

启示

压力与实际操练往往比大道理有用。

小汤米的作文

作文课上，老师让小学生们写一篇作文，题目是《我的狗》，要求不得少于150个字。

小汤米想了一会儿，开始写道：“我有一条狗，我叫它波比。我喜欢这条狗，它全身的毛都是黑色的，只有头颈处是白色的……”汤米停下笔来，数了数，字数还差得远。他搔搔头皮，考虑了几分钟，继续写道：“我每天带波比去公园里散步，天下雨我就不带它出门了。”他看了看，字数还是远远不够。汤米叹了口气，又写道：“我经常给波比洗澡。它喜欢洗澡，我也喜欢给它洗澡。”他停下笔来，一数，字数还不够，急得直搔头皮，一会儿看看天花板，一会儿看看黑板。汤米想了想，又继续写道：“波比喜欢吃糖，我经常给它喂糖，可是有时候家里没糖了，我就不给他……”小汤米绞尽脑汁，再也想不出什么来了。他搁下笔，停顿了很长时间，脑子里突然闪过一个念头。于是他微笑着，飞快地写道：“当我想叫波比过来时，我就喊道：‘波比！’如果它不来，我就再叫：‘波比，波比，波比！’如果它还不来，我就使劲儿叫：‘波比，波比，波比，波比！’”写到这里，小汤米数了一下，似乎还差两个字。他毫不犹豫地在卷末自己签名处又加了一个“波比”，正好凑够150个字。小汤米松了口气，交了卷，吹着口哨回家了。

启示

敷衍与勉为其难的工作态度是不可取的。

遵守诺言

科佩是法国一位著名诗人，曾被选为法兰西院士。

有一次，一位不太出名的作家的妻子跑来找科佩，请他在法兰西学院选举院士时帮她丈夫一次忙。她说：“只要有你的一票，他一定会被选上的。如果他选不上，一定会去寻短见的。”

科佩答应了她的要求，投了她丈夫一票，但此人并未选上。

几个月后，法兰西学院又要补充一个名额了。那位太太又来找科佩，请他再次鼎力相助。

“呵，不，”科佩回答说：“我遵守了自己的诺言，但他却没有遵守。因此，我能再帮忙了。”

启示

如果管理者不能很好地履行诺言，那么他们就很难得到员工的信任。

治愈率大大提高

某医生开诊以来，治愈率很低，第一年只有20%。“庸医”的名声传出去了，前来就诊的人大大减少。第二年全年只有两个病人来看病，一个治愈了，另一个医治无效，不幸殒命。

按规定，医生要向主管部门提交一份年终总结。他想了一下，在总结中写道：“由于自己注意钻研业务，医疗技术不断提高，病人的治愈率从去年的20%上升到今年的50%，只有一人死亡。”

启示

人力资源考核的内容需要实事求是，具体而细化。

第四部分

THE FOURTH PART

经营管理

董事局决议

董事局会议开了一天，董事们围绕“所有员工在工作时不得饮酒”议案，展开了激烈争论。最后，还是通过了这个“禁酒令”。这时，董事们一起举杯祝贺这个英明决定获得通过。

启示

经营管理不仅是决策，更是执行。

枯燥有价

一个山区小部落的人编得一手好草席，在全国市场上可以卖很高的价。于是，一家美国公司的代表前往该部落，试图做一笔交易。他对部落首领声称，他的公司愿意订购几千条草席。

经过慎重考虑，部落首领意外地宣布，大量订购的每条草席的单价要比少量订购的单价高。

“为什么？”美国人问。

“因为反复做同样一件东西令人感到非常枯燥。”部落首领回答道。

启示

手工操作与规模生产的配合结果不一定符合市场规则。

合同风险

老板：“积压200条夏季男裤，我该怎么办？”

代理人：“寄到外省去。”

老板：“那里现在也不会有人买。”

代理人：“我们给顾主们寄10条一包的样品，发货单上写8条，假装我们搞错了，但价格仍按10条算。这样一来，顾主就会高兴，以为占了便宜，就会把货留下。”

老板觉得这个主意很妙，货包和发货单寄出去了——3天后，老板对代理人大声吼道：“蠢货，你瞧，你可把我们给坑了！没有一个顾主把货留下的，而且只给我们退回来8条裤子！”

启示

商场如战场，尔虞我诈，智高一筹者胜。

大智若愚

一天，卖鸦人挑了两个大篮子在肩上，每个篮子里有一只黑鸡。他装出呆笨的样子在城里走着，叫道：“卖乌鸦，你要买一只大乌鸦吗？”大家想：他把鸡当鸦卖，一定是个呆子。有一个人看见了，以为可以照鸦的价钱买一只黑鸡，占很大的便宜。于是他对卖鸦人说：“你的乌鸦值多少钱？”这卖鸦人答道：“每只五角。”于是这人给他五角钱，正要从篮子上面拿那只大鸡，这卖鸦人把钱放进衣袋后说道：“不是那个，乌鸦在这里面！”他拿了一只鸦出来说道：“你难道连鸡与鸦都分不出来吗？”

启示

便宜没好货，好货不便宜。天上掉馅饼的事不会发生。

倒霉的病人

有一个牙科医生，第一次给病人拔牙，非常紧张。他刚把臼齿拔下来，不料手一抖，没有夹住，于是，牙齿掉进了病人的喉咙。“非常抱歉，”医生说，“你的病已不在我的职责范围内，你应该去找喉科医生。当这个病人找到喉科医生时，他的牙齿掉得更深了，喉科医生给他做了检查。“非常抱歉，”医生说，“你的病已不在我的职责范围内，你应该去找胃病专家。”胃病专家用X光为病人检查后说：“非常抱歉，牙齿已掉到你的肠子里了，你应该去找肠病专家。”肠病专家同样做了X光检查后说：“非常抱歉，牙齿已不在肠子里，它肯定掉到更深的地方了，你应该去找肛门科医生。”最后，病人趴在肛门科医生的检查台上，摆出一个屁股朝天的姿势，医生用内窥镜检查了一番，然后吃惊地叫道：“天啊！你的这里长了颗牙齿，应该去找牙科医生。”

启示

相互推卸责任是企业经营管理的“恶性肿瘤”。

写字板

现在办公室里流行挂白色写字板，而且大多数是带磁性的那种，纸放上去，用一个磁性圆钉往上一按，便固定住了。一楼公司办公室的写字板上总是贴满各式各样的通知、告示、海报以及“明天不放假，照常上班”之类的纸条。我们主任看多了，觉得我们部门也应该挂一个这玩意。

很快，设计部新添了一个写字板，挂在正对门的墙上，有什么设计任务就贴在上面。

上周三，我把刚做完的工程计划书往上贴时，正好碰到同事小吴，他看了看我贴好的计划书，说：“贴歪了，重贴一下吧！”一旁正在埋头上网的主任突然抬起头说：“就这样吧，这才能显出我们设计部忙，连把纸贴正的时间都没有。”

启示

重形式、弄虚作假是许多企业经营管理中的不良现象。

唯一的乞丐

一群犹太人站在巷子里，每人都在为自己祝福，有的想成为富翁，有的想娶富翁的女儿，有的祝愿妻子能生个小孩。在这群人中间有一个乞丐，他也喃喃地对天祈祷着什么。

“喂！”有人问他，“您为自己祈祷什么呀？”

“我祝愿自己是这座城市里唯一的乞丐。”

启示

能聚拢财富的人毕竟是少数，踏实造就梦想，另辟蹊径也是个好办法。

如此收费

“对不起，夫人，为您的孩子拔牙，我们要收取20美元。”

“20美元！为什么？不是说只要4美元吗？”

“是的，”牙医回答说：“但是这孩子大喊大叫，把另外4个病人吓跑了。”

启示

成本提高，价格自然就会上升。

我在美国国税局工作

从前有个年轻人，他对自己的力气信心十足，并愿出1000美元和别人打赌。他能把一只柠檬内的汁全部挤出，如果有人还能挤出一滴来，那人将赢得这笔钱。

包括举重运动员、卡车司机在内的许多人都试过了，可惜没有一个人成功。一天，一个瘦小的男人走来并低声说：“我愿打这个赌。”

在场的人哈哈大笑，但年轻人同意了。他抓起一只柠檬挤了挤，然后递给小个子男人。

这个瘦弱的男人用手紧握着柠檬，出人意料地挤出了6滴柠檬汁。

在人们的欢呼声中，年轻人支付了1000美元，并问这个男人：“你从事什么职业？是举重运动员还是其他什么？”

男子回答说：“我在美国国税局工作。”

启示

利润就像浸水的海绵，总是可以挤出一点来。税收也一样。

节省

节能委员会召开会议，商讨如何才能更加有效地节省能源。一位委员站起来表达了自己的建议：“我认为，我们可以首先在丧葬方面进行改革。我建议今后死者不必再使用棺材，完全可以用塑料袋来代替，如此一来便可以节省木材。”他的发言获得全场热烈的掌声。另一位委员接着说道：“除了以塑料袋代替棺材外，尸体今后不必横着放，完全可以竖着放，如此可以节省土地。”会场上掌声雷动。第三位委员迫不及待地补充道：“除了把尸体装在塑料袋中，竖着埋以外，还可以让尸体的一半埋在地下，另一半露出地面，如此可以节省立墓碑的费用。”他的发言获得全场最为热烈的掌声。

启示

对于经营管理者来说，节省能源就是节省成本，就是赢得更多利润，但凡事过犹不及，要在合理的范围内节省能源。

餐费自付

某地犯罪率急剧降低。各界几番研

究之后，终于查明了原因。原来该地各看守所和监狱贴出了这样的布告：从今日开始，凡因犯罪或嫌疑进入本处的人，自行负担餐费。

启示

经济性奖罚是有效的调控手段。

发财之道

一个流浪汉站在街道的拐角处，两只手里各拿着一顶帽子，等待施舍。这时一个过路人把一枚硬币丢进了一顶帽子中，问流浪汉：“你的另一顶帽子用来干什么呀？”“近来我的生意很不景气。”流浪汉说，“所以我决定开一个分公司。”

启示

市场经济意识深入人心，拓展生财来源是共识。

立竿见影

有位犹太老人乘火车，一个傲慢的俄国军官坐在他的正对面。

俄国军官看了看正在吃青鱼的犹太人，得意洋洋地问：“为什么大家都说犹太人很聪明？”

“这是由于青鱼头的缘故，”犹太人说。

“你说青鱼头是什么意思？”

“我们是吃整个青鱼，也就是说连头都吃了。”

“我懂了。你能卖给我两个青鱼头吗？”

“非常愿意。要两个卢布。”犹太人回答。

军官虽然觉得很恶心，还是一下把两个青鱼头都咽了下去，突然他叫起来：“你骗我，你卖的青鱼头根本没这么贵。”

犹太人满意地点点头，“你看，马上起作用了。”

启示

商品意识和营销手段的高明是决定经营胜败的因素。

电脑的威慑

一位推销员卖了一部电脑给一家出版公司。几个月后，他满怀信心地再去那家公司拜访，却看到电脑原封未动，心中感到十分惊奇。便问道：“是有什么不对吗？”“一点也没有，”总编辑说，“产量增加，效率提高！”

“究竟是怎么回事？”“每天早晨，我都警告职员说，假如你们不刻苦工作，加倍努力，那部机器就会取代你们！”

启示

将设备、工具运用在不同的地方，对经营效率有不同的影响。

信守合同

一个加布罗沃人在一家银行的门口

摆摊卖煮玉米，他的玉米十分新鲜，前来买的主顾很多，因此不久便积攒下了一笔相当可观的财产。他的一个熟人听到这消息后，专门跑来，想从他那里借一笔钱去做买卖。卖玉米的对那个熟人说道："太对不起了，这事本不成问题，我的朋友。不过当年我开始在这里设摊的时候，便跟这家银行订下合同：彼此决不搞残酷的商业竞争。也就是说，银行不卖煮玉米，我也决不经营贷款业务，我怎能不信守合同呢？"

启示

重信守义应该成为商场的基本规则。

便衣警犬

王太太在报纸上看到有优良品种的警犬出售，于是便寄出支票购买。

数日后，她发现送来的竟是瘦弱的杂种犬。王太太不禁生气地打电话去骂登广告的人。

"这是哪门子的警犬，一点都不像。"

对方辩解道："你也看不出来，对不对？坦白跟你说好了，其实它是一只便衣警犬，很善于伪装！"

启示

在企业经营中，应该尽力做到产品"你有我新，你新我奇"。

不同的公司

传统公司：

你有两头母牛。

你卖掉一头，买了一头公牛。

你的牛群增长，经济效益增加。

最后你卖掉它们，然后靠这些收入退休。

美国公司：

你有两头母牛。

你卖掉一头，强制剩下的一头生产出4头母牛的奶量。

当母牛累死的时候，你感到非常惊讶。

法国公司：

你有两头母牛。

你继续罢工，因为你要3头母牛。

日本公司：

你有两头母牛。

你重新设计了它们，结果它们是平常的十分之一大小，却能生产出20倍的奶。

然后你创建卡通母牛形象，名叫Cowkimon，再卖到全世界。

德国公司：

你有两头母牛。

你的工程师改进它们，它们能活100年，一个月才吃一次，还能自己给自己挤奶。

启示

机遇对于每个商人都是平等的，关键是看你自己怎么经营。

改行

一个小偷看见他的同伙在阅读《时装》杂志，惊奇地问："怎么，要改行做时装？"

"我在研究今年的时装口袋到底会

缝在什么地方。”

启示

无论从事哪一行，都需要了解最新的行业资讯。

闹钟

一位顾客对售货员说：“我想买一只好闹钟，您这里有吗？”

“先生，您想买的那种闹钟，我店刚进的货。瞧！就是这种闹钟，首先它会响，如果您醒不了，它就会鸣汽笛并传来炮声。如果您还醒不了，它就会给您喷一束凉水，然后它就会打电话给您的上司，说您生病了。”

启示

产品设计需要周全地考虑消费者的需求。

彼此彼此

砖瓦厂厂长与食品厂厂长在企业家联谊会上邂逅。

砖瓦厂厂长说：“听说贵厂做的饼干比我们的砖头还硬，能否介绍一点经验？”

“不敢不敢！”食品厂厂长急忙摆手，“我正想到贵厂取经去呢！我早听说贵厂出的红砖比我们厂的桃酥还酥哩！”

启示

产品质量是企业形象的外在表现形式。

洗手间改造方案

办公面积日渐紧张，老板向全公司征集解决方案（当然是在不增加租金的前提下）。应者踊跃、竞争激烈，最后一份方案脱颖而出。出乎意料，这份方案并非来自空间感强的设计部，也不是出自足智多谋的策划部，倒是从未写过方案的办公室力拔头筹。

该方案要点如下：

主旨：以最低成本增加办公面积。

解决办法：将洗手间数量由五个缩减到两个，另外三个可改造成库房或小办公室。

理论依据：改造后我公司将有两个洗手间，共计两个蹲位。公司现有员工64人（董事长、总经理有专用洗手间，不计在内），平均每个蹲位每天要接待32人。研究结果显示，一个正常的成年人，每天在工作时间内只需上两次洗手间，每次不超过三分钟，故每个洗手间的实际占用时间为3.2小时，也就是说还有4个多小时处于闲置状态。综上所述，将洗手间减少到两个完全可行。

相应效益：洗手间数量减少，使用难度增加，公司至少还有以下两方面好

处：一方面可增加工作时间，另一方面员工考虑到上洗手间的难度，饮水时会有所顾忌，减少饮水量，降低公司管理成本。

可能出现的问题：经过科学论证，两个蹲位完全可以为64人提供服务，但因为生理周期的缘故，难免发生撞车现象。

对策：公司可发行“如厕卡”，分金卡、银卡、铜卡三个级别。金卡发放对象为经理级，银卡为主管级，铜卡为员工级。经理每天可领取4张如厕卡，主管可领3张，员工只能领2张。当两人或三人同时需用洗手间时，金卡优先，银卡次之，铜卡再次。当几人同时使用一种卡时，愿一次使用两张卡者优先，否则视具体情况协商处理。该卡当日有效，过期作废，允许转让，不得挂失。建议董事长或总经理在卡上签字，以防假冒。

总经理对此方案的批示如下：方案很好地解决了问题，又节约了开支，可将卡名改为“洗手卡”。至于防伪，由办公室主任签名即可。

启示

经营管理是需要节约成本，然而弄到锱铢必较的地步是没有必要的。

微软的清洁工

有一个没有工作的人到微软去找一份清洁工的工作。在经过面试和实际操作（扫扫厕所等）以后，人事部门告诉他被录取了，向他要电子邮件地址，用来寄录取通知和其他文件。

他说：“我没有计算机，更别提电子邮件地址了。”

人事部门告诉他：“对微软来说，没有电子邮件的人等于不存在的人，所以微软不能用他。”

他很失望地离开微软，口袋里只有10美元。

他只好到便利商店去买了10公斤的土豆，挨家挨户地转手卖出。

两个小时后，他卖光了，获利了100%。

他又做了好几次生意，赚了很多钱。

他发现这样可以挣钱养活自己。

于是，他认真地做起这种生意来，一些运气加上努力，他的生意越做越大，还买了车及增加人手。5年内，他建立了一个很大的“挨家挨户”的贩售公司，提供人们只要在自家门口就可以买到新鲜蔬果的服务。

他考虑到为家人规划未来，于是计划买一份保险。

签约时，业务员向他要电子邮件地址。

他再次说出：“我没有计算机，更别提电子邮件地址了。”

业务员很惊讶：“您有这样一个大公司，却没有电子邮件。想想看如果你有计算机和电子邮件可以做多少事！”

他说：“我会成为微软的清洁工。”

启示

三百六十行，行行有利润，行行出状元。不必为此设限，卡死自己。

300万美元

美国太空总署正对将送往金星的人面试，只有一个人能去而且可能无法再回地球了。

第一个应征者是一位工程师。被询问想得到多少报酬时，他回答："100万美元我要把钱捐给我的母校。"

下一个应征者是一位医生，也被问了同一个问题，他的要求是200万美元。"我要留100万美元给我的家人，另外100万美元则作为医学上的研究基金。"

当第三个应征者——一位英文老师——被问想要多少报酬时，他小声地在面试者的耳边说，"300万美元。100万美元给我的家人，100万美元做教学基金，100万美元给你。"

启示

无论在政坛还是在企业界，权力寻租都是普遍存在的。

办公室写真

有一家公司，淘汰了一批落后的设备。

董事会里有人说："这些设备不能扔，应该找个地方放起来。"于是专门为这批设备修建了一间仓库。

董事会里有人说："防火防盗不是小事，要找个看门人。"

于是公司找了个看门人看管仓库。

董事会里有人说："看门人没有约束，玩忽职守怎么办？"

于是又派了两个人过去，成立了计划部，一个人负责下达任务，一个人负责制订计划。

董事会里有人说："我们必须随时了解工作的绩效。"

于是又派了两个人过去，成立了监督部，一个人负责绩效考核，一个人负责写总结报告。

董事会里有人说："不能搞平均主义，收入应拉开差距。"

于是又派了两个人过去，成立了财务部，一个人负责计算工时，一个人负责发放工资。

董事会说："管理没有层次，出了岔子谁负责？"

于是又派了4个人过去，成立了管理部：一个人负责计划部工作，一个人负责监督部工作，一个人负责财务部工作，一个总经理。管理部总经理对董事会负责。

董事会上有人说："去年仓库的管理成本为35万元，这个数字太大了，你们一周内必须想出解决办法。"

于是，一周之后，看门人被解雇了……

启示

机构臃肿，人浮于事是管理的软肋。

入口

经营时装店的莎娜夫人最近十分烦恼，因为左侧的花店开始转向经营时装，不光铺面比自己的大，而且竞争者还打出一个气人的招牌——“这里的买卖最划算！”

一波未平，一波又起，莎娜夫人心中的一口闷气还未消干净，时装店右侧的花店也开始做起时装生意来，而且也打出一个在莎娜夫人看来是很刺眼的标语——“这里的价格最便宜！”。

苦思冥想了好几天，吃不好睡不香的莎娜夫人终于想出了对策——在自己的时装店门口正上方挂了个大大的牌子——“入口”。

启示

商战就是智慧战。

动物园管理员

有一天，一个人在家的后花园的树上发现有一只大猩猩。他赶紧给动物园打了电话。过了一会儿，动物园派人来了。这人带来一条特别凶悍的狗，另外还有一根棍子，外加一个特大型的手铐，一把手枪。

来到了后花园，动物园派来的人对主人说：“我先拿着棍子上去，把它揍下来，接着这只训练有素的狗就会扑上去一顿狂咬，趁大猩猩用双手保护自己的时候，你就用手铐把它铐起来……”主人：“手枪用来干什么的呀？”“啊，万一我先掉下来，你赶紧把狗给我打死。”

启示

工作流程设计的周密与否决定产品是否合格。

绝食男子

伦敦某大街一个杂技团表演节目：《关在箱子里的绝食男子》。新闻记者采访绝食男子，问道：“你为什么要演这个节目？”那男人回答：“为了混口饭吃！

启示

经营管理，利益第一。

矛盾

某公司为业务员外出使用方便，决定买些笔记本电脑。但为免失窃，老板决定将其固定在桌上。

启示

先进的工具遇到落后的头脑，就变成了无用的摆设。

袋鼠与笼子

有一天，动物园的管理员突然发现园里的袋鼠跑出来了，于是开会讨论。大家一致认为这是笼子的高度过低造成的。所以他们决定将笼子的高度由原来的10米加高到20米。结果第二天，他们发现袋鼠还是跑到外面来了，所以他们又决定再将高度加高到30米。没想到隔天居然又看到袋鼠全跑到外面，于是管理员们大为紧张，决定一不做二不休，将笼子的高度加高到100米。

一天，长颈鹿和几只袋鼠在闲聊。“你们说，这些人会不会继续加高你们的笼子？”长颈鹿问。

"很难说，"袋鼠说，"如果他们再继续忘记关门的话！"

启示

关键的一环出了差错，在其他环节再怎么采取措施，都是没用的。

感谢帮助盘点

一位爱挑剔的太太从百货商店一开门就进来了。她从这个柜台走向那个柜台，选了这件商品又挑那件商品，始终未买到中意的东西。直到商店关门，她才向出口走去，这时，一位手拿鲜花的人向她走来，对她说：

"夫人，本店经理让我代他向您表示谢意，请接受这束鲜花。"

"可这是为什么呢？"太太吃惊地说，"要知道，我可是什么都没买呀！"

"可您使我们商店在不关门的情况下完成了盘点。"

启示

对顾客怀有感恩之心，是赢得顾客忠诚的绝招之一。

好马

有一匹马，只要对它说"我的妈呀"，它就会以非常快的速度飞奔，但只要你对它说一声"我的天呀"，它便会骤然停下。一个商人看上了这匹马，便将其买了下来。

他说了一句"我的妈呀"，那匹马飞一般地跑了起来，果然飞奔如野。没多久，他们便驶入了距城中心30多公里的山中。商人忽见前方有一悬崖绝壁，想停住这千里马，但忘记了使马停住的口令——"我的地呀""我的祖宗呀"，就是忘了"我的天呀"。

在千钧一发之际，他终于说出了"我的天呀"。马在离悬崖只剩几厘米处停下了。商人松了口气，感慨地说了声"我的妈呀"。

启示

越神奇的工具出起错来越可怕。

鲸鱼肉

一名公司职员刚领到薪水，就带着太太上一家豪华餐馆吃了一顿。餐毕，餐馆服务员来结账。看过账单，公司职员问："怎么一杯酒要这么多钱？"

"本店一杯酒也按一瓶酒计价，其他项目也是这样。"

太太闻此言后脸色一下子变得惨白。公司职员吓坏了，忙问："怎么回事？"

"刚才我吃了一块鲸鱼肉！"

启示

要留住客户就要有合理的价格标准。

尊重不够

新提拔的经理觉得从员工对他不够尊重，一天，经理戴上一枚上面写着：

"我是头儿！"的自制徽章，在办公室神气地来回巡视。中午吃完饭后，经理回到办公室，看见桌上留着一张字条，上面写着："你的妻子来过电话，说让你记着下班后把徽章带回去给她。"

启示

领导要以德服人、"以才能服人"。

足球比赛

某公司的销售部和研发部每年年底都要举行一次足球比赛。在今年的比赛中，研发部把销售部毫不留情地"修理"了一顿。为了挽回一点面子，销售部在公司的公告栏张贴了一张海报：在本年度所有比赛中，销售部以仅输一场比赛的骄人战绩喜获年度亚军，在此表示热烈祝贺！非常遗憾的是，研发部惨淡经营，在本年度所有比赛中仅胜一场。

启示

文字游戏会给经营管理带来混乱。

愤怒的狗

当服装店经理吃完午餐回来时，他发现店员的手包上了绷带，没等他开问，店员告诉了他一个非常好的消息。

"猜猜看发生什么事了，经理！"店员说，"我终于把那套一直积压在店里的难看透顶的西装卖出去了！"

"是那件糟糕透了的，粉红带蓝条的双排扣套装吗？"

"就是那件。"

"太棒了！"经理叫道，"我一直以为我们无法处理掉那件怪物西装了，那是我们进的最难看的东西了。噢，对了，你的手怎么了？怎么缠上了绷带？"

"没什么大事，"店员说，"当我把那件西装卖给那个家伙以后，他的导盲犬扑上来狠狠地咬了我一口。"

启示

童叟无欺应该成为经营者的座右铭。

不同价格的待遇

比尔急着要寄一封重要的文件。他到了邮局，冲向柜台，上气不接下气地对邮局工作人员说："我这封信必须立即寄出！"

工作人员把信称了一下说："邮费要98元。"

他找了自己身上的钱说："我钱不够！"

接着，工作人员按了几个按钮，又说："56元！"

比尔说："对不起！还是不够。"

工作人员叹了口气，说："你到底有多少钱？"

比尔说："23元！"

听了这句话，工作人员转头向一个同事喊道："汤姆，准备鸽子！"

启示

垄断市场产生垄断价格。

银行小姐

银行员工陈小姐的座位被排在入口处，常常有人问东问西。久而久之，陈小姐不胜其烦。有一天，她突然想到一个妙计：在办公桌上放了一个“此处非询问处”的牌子。

结果，以后来办事的人，都先问陈小姐：“请问询问处在哪里？”

启示

客户服务质量的提升是企业经营水平的体现。

岗位重复

效率专家在办公室到处巡视，他问一个办事员道：“你在做什么？”

“刚闲下来，没有事。”办事员回答。

专家走到另一位员工的办公桌前问：“你在做什么？”

“现在没有事。”

“啊哈！”专家一面叫，一面在笔记簿上记下：岗位重复。

启示

不能仅从表面对一个企业的经营状况妄下结论。

带奖的罚单

小苏去车站送人，吐了一口痰，恰巧被一位戴红袖章的老太太逮个正着：“随地吐痰，罚款10元。”小苏连忙问道：“前一段时间随地吐痰才罚两元啊！”老太太撕下罚单说：“现在不一样了。你看这罚单上印有号码，每周二开奖，大奖1000元呀！你可要把单子收好。”

启示

道德市场化和道德商品化同样令人心痛。

人性

在即将到达目的地的客机上，旅客们往往会在飞机停稳之前就离开座位站立起来。这样很容易给飞机的安全着陆带来危险。

一位空中小姐曾巧妙地避免了上述情况的发生。她通过机上广播向旅客们说：“女士们先生们，在客机着陆之后，我们需要进行一次清洁工作。如有哪位旅客志愿协助我们，请在到达机场之前站立起来。”

在飞机到达机场停稳及安全信号灯熄灭之前，没有一位旅客离开座位。

启示

利用人性达到有效管理的目的是一种艺术。

携手合作

据说在比利时，当你闯红灯后，警察并不对你大声训斥，而是默不作声地挽起你的手臂，与你一起在路口等待指示行人通行的绿灯亮起，然后与你一起穿过马路。如此身体力行的携手合作，将重复20次。

启示

培训、指导和督促比起强迫与惩罚来，是更有效的管理手段。

跑电

旅客在客房里打开电扇的时候，手被电了一下，他吃惊地叫起来："服务员，这个电扇跑电，快派人修理一下吧！"服务员听了不屑一顾地说道："嚷什么？跑点儿电有什么关系，又不找你付电费。"

启示

从运营中的细节之处可以看出企业经营管理的规范性。

等另一位顾客

霍克斯先生来到一间海滨酒店，点了一份菜后便坐下来欣赏海边风景。时间过去许久了，霍克斯先生的菜却还没有上来。他叫住侍者，生气地问："我要的菜怎么还没有来？"侍者回答："您要的是半只鸡，我们是不可能为您一个人杀一只鸡的，因而只有等另外一位要半只鸡的顾客了！"

启示

经营管理应该注重灵活性，才能在市场上立足。

"卫生厨房"

餐后，一位顾客把饭店老板叫了来。

"先生，您的厨房很卫生啊！"

"多谢您的夸奖。但是，我请教一下，您不曾参观过我的厨房，怎么会知道那里很卫生呢？"

"很简单，我刚在这儿吃的一切都有一股肥皂味。"

启示

质量管理不过关势必引来顾客的不满。

酒吧看书

三个学生一起去酒吧，想以喝啤酒来表示自己是成年人了。女招待叫他们先出示身份证。其中两人还没有到法定的成人年龄，他俩只好伸手到衣袋里左摸摸，右摸摸，说："我们忘了带身份证了，请问，学校里的借书证管不管用？"女招待笑了笑，对管餐柜的招待叫道：来一瓶啤酒，两册图书！"

启示

优秀的客服人员往往是善解人意的。

卖啤酒的窍门

一个顾客在酒店喝啤酒。他喝完第二杯之后，转身问酒店老板："你们这里一星期能卖掉多少桶啤酒？""35桶。"老板得意洋洋地回答说。"那么，"顾客说，"我倒想出了一个能使你每星期卖掉70桶啤酒的办法。”老板很惊讶，急忙问道：“什么办法？”“这很简单，你只要将每个杯子里的啤酒装满就行。”

启示

店家缺斤短两，顾客就不会再上门。

正是时候

年老的布朗先生的听力愈来愈差了，他走到经理面前踌躇地说：“经理先生，我感到不久我就会被解雇，因为我听不清楚顾客对我说了些什么。”“胡说！我正要调你到意见台去。”经理说。

启示

听不清顾客的声音，企业经营就不会有所改进。

明智的决策

一位太太买了一块地皮，可是没过多久就被大水淹了，她要求房地产公司退钱，但公司不答应，双方为此争执不下。于是，公司开了一个紧急会议，专门讨论该不该退钱的问题。公司的职员七嘴八舌，有的说为了公司的信誉应该退钱，有的说不应该退钱，公司少做这么一笔生意太可惜了。老板绞尽脑汁，终于想出了一个两全其美的办法：“最明智的决策就是买一艘汽艇给她！”

启示

客户补偿是一个需要足够智慧来处理的问题。

急诊须知

某家医院规定，医生、护士下午5点半下班。在这家医院的门诊部门口挂着一个指示牌，告诉人们医生下班以后在哪里可以看急诊。指示牌用很长的篇幅列举了各种细则，包括在哪里能找到看护，怎样和看护联系，看护来之前需要做些什么等等。指示牌的最后一段写着：如果你有时间把这个细则读完，那么你的病就不是急病，明天上班后再来吧。

启示

随时随地给客户创造方便，才能兴旺发达。

杀火鸡

一个主顾的欠款拖得时间太长了，老裁缝决定亲自登门去讨债。当他来到那个主顾家时，正赶上那人在宰杀一只肥大的火鸡。

“先生，”老裁缝开门见山，“您还不还给我那笔欠款呢？”

“我确实没有钱，请再等一等。”

“没有钱？那您怎么还宰杀火鸡呢？”

“您别误会，这是因为我实在拿不出东西喂它了……”

启示

赊账、欠款是企业经营管理中的棘手问题。

相信谁

一天，一个朋友来找霍德亚借驴。

霍德亚说："我已经把驴借给别人了。"他刚说完，驴就叫起来了。"霍德亚，我听见驴叫了，它就在圈里。"朋友说。霍德亚冲着他的朋友，高傲地说："如一个人相信驴的话胜过相信我的话，那他就不配向人借任何东西。"

启示

做事先做人。

借书

某人到他朋友家里，想借本书。

"很遗憾，"那位朋友说，"我从不借书给别人。"

"为什么？"

"因为借书的人从来不还书。"

"您很肯定吗？"

"绝对肯定。这是经验之谈啊！我的全部藏书都是这么弄来的。"

启示

以小人之心度君子之腹往往也是一种同理心。

发货单

我和丈夫开了一家小店。再过几个月我们的女儿辛蒂就要出嫁了，但是结婚的钱还没凑够。一个周末，辛蒂来帮我们准备了一些发货单并分发给顾客。很快，订货单像潮水般涌来，就连一些顽固的欠债者也准备把拖欠已久的钱还给我们。丈夫和我既兴奋又奇怪，于是拿了一张辛蒂印的发货单仔细研究。原来在发货单的末尾，我们的女儿添上了一行字："请尽快订货付款，否则我的父母筹不够钱，我的婚礼就无法如期举行了！"

启示

生意场也是人情场。

不走运的狮子

一只小狮子进了一个小动物园。它身旁的笼子里关着一只疲惫的老狮子。老狮子成天除了躺着睡觉什么也不干。"狮子怎么能这个样子！"小狮子自言自语道。于是它向游人吼，奋力想冲破笼子的铁栏杆。这时，饲养员带来一大块肉，扔进老狮子的笼子里头，然后给小狮子一袋坚果和两只香蕉。

"我真不明白这是为什么。"小狮子十分惊讶地对老狮子说，"我像个真正的狮子，而你除了躺着却什么也不干，结果你却能吃肉！""喔，是这么回事。"老狮子好心地告诉它，"这个小动物园养不起两只狮子，所以在他们的名册上，你是一只猴子。"

启示

一流的企业拥有一流的人才。

树上办保险

美国一家保险公司别出心裁地在一棵大树上办理保险业务。该公司认为，投保者若能爬上大树，就证明他的健康状况良好，这样的人投保人寿险，对公司有利。

启示

经营靠别出心裁出成效。

针锋相对

旅馆顾客问经理："每天的水果钱是怎么回事？我们碰也没碰过那些水果。"

"但是每天都有水果放在你房间里。你们不吃，不能怪我们。"

"我明白了，"那人说着从账单上减去150元。

"你在干什么？"经理着急地叫道。

"这150元是你吻我太太的费用。"

"你说什么？我并没有吻过尊夫人。"

那人回答："可是她每天都在那里啊！"

启示

不合理的收费标准肯定会遭到顾客的质疑。

控制经济

英、美、日、法四国首脑同乘一架飞机去开首脑峰会。

英国首相晃了晃手中的英镑："我保证有能力控制英国的经济。"

美国总统晃了晃手中的美元："我保证有能力控制美元使用国的经济。"

日本首相晃了晃手中的日元："我保证有能力控制东南亚的经济。"

法国总统和德国总统晃了晃手中的欧元："我保证有能力控制欧洲的经济。"

飞机驾驶员抓住操纵杆："我保证有能力控制世界的经济。"

启示

控制力不是空谈出来的，特别是决策者，更应脚踏实地。

雕塑

游客："为什么那座雕像的姿势那么难看？"

导游："我们本想雕塑一位伟人骑马的英姿，但是，到了塑马的时候，经费不够了。"

启示

经营中的计划与预算工作非常重要。

照做

一名空军飞行员有一个非常漂亮的妻子。每天早上，飞行员离开家去飞机场，1小时后，他的妻子就带着一条纯白围巾到海滨去散步。飞行员驾驶的飞机每天都从海滨经过，当妻子看到丈夫的飞机时，就把白围巾高举起摇晃着，丈夫看见后，便会把飞机的左翼或右翼降低一下，降左翼的意思是说：我今天非常忙，不能回家；降右翼的意思是说：8小时后，我将把你抱在怀里。

有一天，飞行员驾驶飞机，与飞行编队一起经过海滨，当他看见妻子后，就把右翼降了一下。飞行编队中其余8架飞机不知这样做有什么含义，但也都照样将右翼降了一下。

启示

习惯很容易成为规范。

简洁

谁都不喜欢含糊不清的文章，军事命令尤其要简单明了。在向埃及的远征中，拿破仑下达过一个只有一句命令：“让驴子和学者走在队伍中间。”这句话成了拿破仑爱护学者的名言。

启示

管理性指令传达应简洁明了。

节省靶纸

某人入伍后已经打了三次靶。第四次打靶，班长发给他靶纸时，他说：“我不要了。”

“为什么？”

“你还是让我用原来的二号靶台就行了。”

“那也得贴靶纸呀！”

“不用贴，原来那张靶纸一个洞也没有！”

启示

过度节省成本会降低效率。

绝密文件

办公室里，一位平日只知涂抹口红的女秘书，将一份刚打印好的文件交给将军。将军看了这份错误百出的文件后，说：“小姐，我知道我曾经吩咐过这是一份绝密文件，但我万万没有想到你竟如此谨慎，居然瞧也不瞧，闭着眼睛把它打了出来。”

启示

工作能力可以低一点，但是如果工作态度也不好，那就不可原谅了。

开尔文爵士

当英国热力学家开尔文爵士年老时，常抱怨时间过得太快：

“一分一秒是太短促了，我们需要长一些的时间量度。”

他无法调节时间，只能加快工作、整天忙碌。他计划中的工作够搞两个世纪，而他的难题是这无法在一辈子中完成的。他永远在工作，马不停蹄——直到他养的那只名叫“钩嘴博士”的鹦鹉，用它尖利的叫声对他嚷道：“开尔文爵士！开尔文爵士！闭嘴！闭嘴！”

启示

工作计划的制订要考虑实际情况，切合实际。

三个问题

腓特烈大帝拥有一支巨人卫队。由于卫兵的个子极高，要想找到同样高大的人补充卫队是很困难的，况且腓特烈大帝还立下规矩：不会德语的人不能进入巨人卫队。这样一来，负责挑选卫兵的侍卫长就更加难办了，他有时只好选择一些个子够高但不会说德语的人，教他们一些德语，以便回答国王的简单提问。

腓特烈大帝经常检阅守卫城堡的士兵，他每次都要向受阅的卫兵问这样三个问题：“你多大年纪？你到我的卫队多久了？”“你对这里的伙食和生活条件是否都是满意的？”

侍卫长按照国王提问的顺序，告诉不会讲德语的新兵应该怎样回答这三个问题。

一天，国王同一个新兵谈话时，把问题的顺序换了一下。他首先问：“你到我的卫队多久了？”

那个年轻的卫兵立即答道：“报告陛下，20年。”

腓特烈十分惊讶，接着问：“那么你多大年纪？”

“报告陛下，6个月。”

国王听后非常生气，问道：“到底我们两个谁是傻瓜？”

卫兵很有礼貌地回答：“报告陛下，都是。”

启示

企业管理当中严禁欺下瞒上行为。

扫帚柄

1861年，一位得克萨斯州居民离家前去参加南军，投入美国内战。

临行前，他对邻居说自己很快就会回来，这场战争不会费力，“因为我们能用扫帚柄揍扁那些北方佬。”两年后，他才重返故里，少了一条腿。邻居向这位神情悲惨、衣衫褴褛的伤兵询问到底发生了什么事：“你不是说过战争不会费力，你们能用扫帚柄揍扁北方佬吗？”

“我们当然能，”这位南军士兵回答，“但是麻烦在于北方佬不用扫帚柄打仗。”

启示

竞争者之间拼的是先进装备、财力和实力。

安眠药

一位值班护士走进病房，见一名病人睡得正香，连忙上前把他推醒：“快起来，快起来！”

病人揉揉眼睛问：“什么事？”

“你忘了吃安眠药！”

启示

企业经营是为了获得利润，中间的一切都是手段。

文学老师

我们的英国文学课的老师对我们极为严厉，但我们最怕的却是他分发考卷的方式。他发考卷的方式因考分高低而不同。

考分最高的试卷他就举在头顶上发给学生。次一些的就放在桌子上让学生来取；再次一些的就放在膝盖上让学生来取；再差一些的就放在地板上让学生取回。这次期末的试卷在这样分发后仍有三名考生未拿到卷子，他们便问老师，他们的卷子哪里去了。

老师回答说：“半夜时你们再到教

室来，我挖个坑把卷子埋在讲台下。”

启示

管理要严格，方法要正确。

灭火对象

有位太太的丈夫生了病，她不会使用体温表，但她还是给丈夫量了体温，并给医生打了电话：“医生，请快来，我丈夫的体温达到了63度！”

医生说：“尊敬的太太，我已经无能为力了，把他送消防队吧！”

启示

没有经过培训的员工会给企业带来较大的成本浪费。

儿科医生

有个母亲凌晨3点起身给儿子喂奶。奶的配方有两种：一种是用一半炼乳掺一半水调和而成；另一种是直接从罐头里倒出来喂就行了。她半睡半醒地错把炼乳一点水也没掺就倒进奶瓶喂孩子。直到她的儿子几乎吸了3盎司以后，她才发觉自己搞错了。她慌忙打电话给一位儿科医生。医生虽被黎明前的铃声从梦中惊醒，仍没有失去幽默感。“没什么要紧的，”医生说，“再给孩子灌3盎司的水，摇一摇就行了。”

启示

问题都是可以解决的，重要的是关键时刻要冷静。

音乐的慰藉

出身贫寒的德国作曲家勃拉姆斯年轻时受到李斯特和舒曼的关注和帮助。他一生扑在音乐上，勤奋地工作。他父亲不善理财，花钱轻率，因此经常入不敷出。为了帮助家庭，他把挣来的钱都拿了出来，但总是杯水车薪，于事无补。

有一次，勃拉姆斯离家外出前，对父亲说：“要是你遇到了不顺心的事，我觉得最好的慰藉是音乐。那时，请你翻翻我那本旧的《索尔钢琴练习曲》，也许你会消除烦恼的。”

父亲并不懂他话里的含义，也没当回事。不过没几天，他手头就又拮据了。这时，他想起了儿子的话，便找来了那本曲谱，看能找到什么慰藉。谁知，翻开一看，里面竟夹着几张可救燃眉之急的钞票。

启示

收支有数，合理安排方能长久经营。

纪念加薪

“杜朗，你怎么在上班时间喝酒？”

“对不起，老板，这是纪念我最后一次加薪20周年。”

启示

薪酬设计是薪酬激励机制中的重要一环，是员工士气的重要影响因素。

第五部分

THE FIFTH PART

市场营销

推销

一个推销员因为有犯罪嫌疑被带到警察局里审问。半小时后，3个警员从审问室里走出来。

局长："怎么样，问出点什么了？"

警员："不行，我们什么都问不出，可是他已经向我们推销了3台抽油烟机，2台冰箱和4个电吹风了。"

启示

优秀的推销员时刻都在推销产品。

吸取教训

"你们这个饭店从来不放牙签吗？"

"我们以前放过几次，但客人们太令人失望了，他们用完了从不放回去。"

启示

产品需要带给顾客一些附带的好处，这是避免不了的。

职业心理

一位穿迷你裙的小姐走进洗衣店，年轻的老板立刻直直地看着她。这位小姐笑盈盈地对他说："年轻人，做你自己的事吧！"

老板说："说老实话，小姐，我是关心本店的名誉。裙子不是我们店洗缩水的吧？"

启示

关心顾客对产品的满意度，是成功的必要前提。

乖巧

一位妇女走进一家鞋店，试穿了十几双鞋子，没有找到一双合脚的。店员对她说："太太，您的一只脚比另一只大。"

这位妇女走出鞋店，没有买任何东西。在下一家鞋店里，她同样没有找到合适的鞋子。最后，笑眯眯的店员解释道："太太，您知道您的一只脚比另一只小吗？"

这位妇女当即在这家鞋店买了两双新鞋。

启示

营销是一种智慧，也讲求语言的技巧。

不该疏忽

一位推销员疲惫不堪地敲开街角的饮食店，要了杯酒，刚尝了一口，顿时愣住了："这不是一杯白开水吗？"

店主也吃了一惊："糟糕，我忘记掺酒了。"

启示

弄虚作假坑骗顾客的销售行为为人所不齿。

便宜的大衣

有一位时髦女子走进一家皮货店，问售货员："有较便宜的皮大衣吗？"

"有的。"售货员回答，"袋鼠皮大衣比较便宜。"

"为什么呢？"女顾客问道。

"哦，因为我们可以省下做口袋的材料和工钱啊！"

启示

根据材料特点设计产品才能有效节约成本和增加利润。

温泉浴

一位风湿病患者问经理："这里的泉水是否对身体有好处？洗温泉浴会减轻我的病痛吗？"

"我举个例子，"经理说，"去年夏天来了个老头儿，身体僵硬得要坐轮椅。他在这里住了1个月，没付账就骑自行车溜了！"

启示

销售过程中需要给予顾客足够的购买理由。

伤心的调查

一个商人爱上了夜总会的一个女招待，雇用私家侦探去查她的行踪。侦探交给他一份调查报告：这位年轻女士声誉极佳。她的过去可谓毫无瑕疵。她有许多在社会上有地位的朋友，但她最近与一位人格有问题的商人交往甚密，这是她唯一遭人议论之处。

启示

市场的调查分析是十分必要的。

分量不够

一位妇女匆匆走进一家商店。

"5分钟前，我的儿子到您的商店买了一磅果酱，可是分量不够。这个怎么解释？"

售货员非常有礼貌地答道："请你回家称称您的儿子……"

这位妇人笑着走了。

启示

高效的客户服务技巧=语言技巧+建设性建议。

一样一半

一家餐馆以卖兔肉驰名。客人叫了一碗兔肉，品尝后觉得味道有异，就喊堂倌过来。"这是兔肉吗？"客人问。"是的，地道的兔肉。""怎么酸溜溜的，好像马肉的味道呢？""先生，不瞒你说，掺了点儿马肉。"堂倌赔笑道。"一点儿？"客人又尝了一口，摇头说："恐怕不止吧，到底多少？""一样一半。一匹马配一只兔子。"

启示

粗制滥造、假冒伪劣的产品最终是无法欺骗顾客的。

绝对不可能

一个绅士去喝咖啡，刚喝两口，就发现杯子里有只苍蝇。

“喂，侍者，”绅士叫道：“咖啡里有苍蝇。”

“苍蝇？那绝对不可能！”侍者说：“老实对您说，在给您端上来之前，我把所有的苍蝇全拣出来了！”

启示

卫生是产品质量极其重要的指标，尤其是食品类。

成功秘诀

顾客：“你搞入户推销的成功经验是什么？”

推销员：“每个家庭主妇开门后，我的第一句话是：‘小姑娘，你妈妈在家吗？’”

启示

大智若愚是推销的妙方。

有新情况

旅馆经理对全体侍者命令道：“今天，对每一个顾客都要客客气气，要热情对待。”

“怎么回事？要来重要人物？”一名侍者轻声问道。

“不是，”经理说，“因为今天的米饭烧煳了。”

启示

服务态度在一定程度上可以弥补产品质量的不足。

省料的裁缝

有一个人买了衣料去找裁缝，裁缝看了一眼，说衣料不够。他只好另找对门的裁缝，很快就谈妥了。

几天后，他去取货，看到裁缝的儿子穿着一件用他的衣料做的衣服，于是便问：“怎么回事？对面的那人说衣料不够，而您却还能省下来给小孩儿做衣服？”

“这太简单了，”裁缝一笑，“我只有一个宝贝儿子，而他有3个呢！”

启示

从工作中给自己捞好处的商家很难有回头客。

如此鸡汤

顾客喝了一口汤，立即叫来服务生：“你尝尝这鸡汤，一点鲜味也没有！”

服务生微笑着回答：“这是用小小鸡煮的汤。”

顾客感到费解：“什么是小小鸡？”

服务生说：“鸡蛋。”

启示

产品、服务质量不过关，是留不住客户的。

三个建筑师

三个建筑师在比谁造的楼房高。第

一个建筑师跑到自己所建的高楼顶层往下扔了一块砖头，过了30分钟听到砖头落地的声音，然后对另外的两个建筑师说：“看到没？很高吧。”

第二个建筑师跑到他造的高楼的顶层，往下扔了一堆垃圾，过了1个小时才听到落地的声音。

随后，第三个建筑师请另外的两个建筑师到他造的高楼上去吃饭。饭毕，他从楼上扔下一袋苹果，但是过了几小时都没有听见声音。

第三个建筑师说：“由于楼层太高，苹果在落地前已经腐烂了。”

启示

推销产品过于夸张就显得荒唐。

推销牙刷

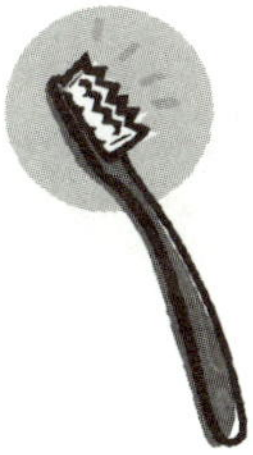

推销员向一位女士推销牙刷：“你只要接上电源，把这个牙刷伸进嘴里，完全不用动手就能刷牙。价钱稍贵了些，但方便极了。”推销员说得天花乱坠，女士有点动心了，但还嫌贵。

推销员毫不犹豫地取出了另外一只牙刷，它与前一把牙刷完全一样，他又对女士说：“这把牙刷也是自动的，它不但便宜，而且不用电。刷牙时，你只需把牙刷放进嘴里，不停地摆动头就行了！”

启示

产品要多样化。推销时可以将产品功效用适当夸张的方式表现出来。

验钞大赛

某日，验钞机生产厂家协会举行验钞大赛，举办者收集了各式各样的假钞。很多验钞机在检验的过程中都有一两次失败，将假钞验成了真钱。只有×厂生产的验钞机独占鳌头，全部检验正确，风光一时，获得大宗定货。

比赛完毕后，有人跟×厂厂长请教秘诀。答曰：“我在来之前就把验钞机的程序设定为所有钞票全部以假钞处理！”

启示

做生意需要动脑子，但投机取巧只能获得一时的利润，而没有长久的竞争力。

毒药比补药贵

顾客从药店买药刚出来，药店伙计就急匆匆地追了上来。

伙计：“对不起，您要的是补药，我错给您毒药。”

顾客：“你怎么这么马虎，差点出了大事！”

伙计：“可不是，老板知道后肯定会骂我，毒药可比补药贵一倍呢。”

启示

把挣钱看得比顾客的生命还重要，是会受到惩罚的。

狗眼

一个带狗的男子气势汹汹地对宠物

商店的老板说："你把这条狗卖给我看门，昨天晚上小偷进我家偷了我300元，可这条狗连吭都没有吭一声。"

老板立即回答道："这条狗以前的主人是千万富翁，这300元它根本不放在眼里。"

启示

不同的产品有不同的定位，适合别人的东西，不一定适合你。

醒酒的东西

"我想我是喝多了，"老米对餐馆招待说，"给我拿点醒酒的东西来吧！"

"好的，"招待说，"我这就去拿账单！"

启示

收款让人喜，付款让人醒。

三根头发

有一个人只有三根头发，一天他到一家非常有名的发型设计店内准备做个造型。

店员："请问你要设计什么样的发型呢？"

顾客："我没什么意见，你拿主意好了。"

店员："那我帮你绑辫子。"

在绑辫子的过程中不小心掉了一根头发。

店员："先生，有一根头发掉了，怎么办呢？"

顾客："哦，不要紧；那请你帮我梳个中分好了。"

在梳中分的过程中，又掉了一根头发。

店员："先生，又掉了一根头发。"

顾客："那算了，我披头散发的回去好了。"

启示

即使遇到奇特的客户，也要保持正常的服务态度。

作用

一名主妇指着柜台上的美容用品问中年老板："这玩意儿到底有啥用？"

老板理直气壮地叫来一位年轻售货员："妈，让这位太太瞧瞧您的皮肤！"

启示

示范性销售方法=强有力的推销。

牛油

"我要买一磅牛油，要跟上次买的一模一样，我妈妈说，要是跟上次的不一样，就不要买。"

商店老板高兴地说："我荣幸地听到顾客对本店的牛油有这样好的印象。"

"不是这样，我家来了很多朋友要吃茶点，妈妈正设法使他们下次不敢再来。"

启示

要想人不知，除非己莫为。产品质量不佳，会令顾客印象深刻。

修理意见

一天，有个上班族将自己的小汽车开到修理店，对修理工说："我的汽车每次转弯都会发出嘭的一声闷响，请你检查一下，下班后我来取。"说完便匆匆走了。

傍晚，那个上班族来取车时，拿到了一张修理单，上面打印着：修理费——0元，修理意见——请勿将保龄球放在后备厢内。

启示

在服务客户的过程当中，给客户最实用的建议会比较容易取得客户的信任。

斗鼠

诺沃提尼先生住在旅馆里。

"服务员，夜里我醒来的时候，看见两只老鼠在房子里打架，这真是岂有此理。"

"先生，您以为您花36欧元来住旅馆，我们就会为您举办西班牙斗牛？"

启示

不承认甚至美化产品的瑕疵，是商家的大忌。

改变初衷

某君退休后回乡闲居。他想卖掉自己居住的旧宅，另买一间更好的住宅，但过了许久，一直未能如愿。后来，他决定请房产经纪人帮忙。

房产经纪人立即把这座旧宅刊出广告。几天以后，某君在一本印刷精美的杂志上看到一幅分外诱人的照片。拍摄的正是他的旧宅。并附有一段关于其花园的真实描写。读罢广告，他马上给房产经纪人打电话，告诉他说："对不起，我最终决定不卖这座旧宅了。看了你在杂志上登的广告，我方才发觉它正是我想住一辈子的房子。"

启示

营销广告的策划需要凸显产品的优点和顾客通过这些优点可以得到的利益。

保鞋广告

民国时期，某君因生活不安定，便创办了一个保鞋会。他在报上登了这样一则广告："读者只需邮寄五角钱至本会，便可学得皮鞋耐用之法。"于是他接到邮件2756封。他一一回复道："步子迈大些。"

启示

只要是人们需要的东西，就有可能成为商品，即使是细微的产品或服务，亦可有利可图。

狗的暗示

皮货商琼来到公爵的宅邸。他看见有只大黄狗躺在门口一动不动，于是站住想了想，转身便走。

“喂，先生，”门房看见他后忙喊道，“我们的狗是从不咬人的，您为什么要走呢？”“我想，”琼转过身来，慢吞吞地说，“狗既然不冲我叫，这说明它早已对我这样的商人的胡子和卷发习以为常了。这就意味着其他的商人常来这里……既然这样，我还有什么生意可做呢？”

启示

商人要善于总结经验，经验就是财富。

事与愿违

一天，一位女士走进一家帽子商店。老板微笑着说：“早安，夫人。”

“早安。”那位女士回答道，“你们橱窗里有一顶镶有红花蓝叶的帽子。请你把那顶帽子拿出来。”

老板说：“好的，夫人，我很愿意为您效劳。”女士们通常总要先看许多帽子。然后才选定一顶，弄得老板疲于应付。“好。”他想：“我一定要很快地把这顶帽子卖掉——它在橱窗里放了很长时间了。

“夫人，您希望把帽子放在盒子里还是戴着走？”他问道。

“我不想买，我只希望你把那顶帽子从橱窗里拿出来。我常常经过你的商店，不喜欢看见那里放着丑陋的东西。”

启示

客户请求并不一定等于客户购买意愿，不过可以将他们看作一种有益的建议。

服务之道

百货公司自动答录机：

“如果您想预订或付款，请按5。如果您想表达不满，请按6459834822955392。祝您愉快。”

启示

什么是有利于企业的，就提供方便；什么是不利于企业而又不得不做的，就设立障碍。

甜

一对恋人到餐馆用餐，两人目不转睛地对看着，竟忘了点菜，最后还是小伙子先开了口：“你真甜，我真想吃你一口。”“我也想吃你一口。”姑娘说。

站在桌旁的服务员咳嗽了一声，问道：“那你们喝点什么呢？”

启示

恰当选择时机，有效介入销售正题。

美人效应

罗马一家自助餐厅的老板想出了一个赚小费的妙计。他请一位非常漂亮的姑娘坐在柜台边收钱，以便使男客们神魂颠倒，慷慨解囊。谁知那位姑娘上班后没过几天，就对老板说："我想我不如以前漂亮了。"

老板忙问："这是怎么回事呢？"

"现在，所有的男客都在柜台边反复地数找给他们的零钱。"

启示

顾客心理分析不当会使销售效果适得其反。

生财之道

几乎没什么人到白玫瑰餐厅吃饭，老板不知如何是好。餐厅里饭菜物美价廉，可是好像就是没有人愿意来吃。

后来他采取了措施改变了这一状况，几个星期以来，他的餐厅总是坐满了人。每当一位先生带着一位女士进来，侍者就给他们每人一份印刷精美的菜单，两份菜单外表看来完全一样，但内容却大不相同。侍者给男人的那份菜单上是每份、每瓶啤酒的正常价格，而他给女士们的那份菜单上的价格要高得多。当男人从容地点了一份又一份菜，要了一种又一种酒的时候，女士会觉得他比实际上要慷慨得多。

启示

充分考虑并照顾客户心理和需求，是生财之道。

抵押

顾客："对不起，这顿餐钱我付不了，因为我忘了带钱。"

餐馆老板："没关系，请把你的尊姓大名写在墙上，你下次来时再付就好了。"

顾客："这可不行，别人都会瞧见我的名字的。"

餐馆老板："把你身上的大衣脱下来挂到墙上，不就可以遮住了吗？"

启示

欠款的处理是一个风险消解的过程。

忘了切两半

好佳到一家常去的餐馆进餐。煎肉片端上来后，好佳翻来覆去只找到一块肉，便问："我以前来这里吃煎肉片，你们都给两块，今天怎么只有一块？"

"啊，对不起。厨师粗心大意，忘了把肉切成两片了。"

启示

要想维系顾客，产品就要有统一的品质。

如此诚意

托尼第一天到牛奶公司上班，干活非常卖力气。

可是没过一会儿，经理就气冲冲地朝他大喊大叫起来："托尼，早上你往牛奶里掺水了？你怎么能这么干呢！"

托尼战战兢兢地回答："我这不是照您的吩咐做的吗？"

经理怒不可遏："我说的是先倒上水，再往里掺牛奶，这样我们才能问心无愧地对顾客说没往牛奶里掺水，懂吗？”

启示

做生意要童叟无欺，不能想方设法欺瞒顾客。

睡衣新产品

百货商店里出售一款方格的睡衣，方格里有数字。

顾客很奇怪：“这是为什么？”

女售货员说：“这是新产品，很方便。如果夜里跳蚤咬你，你就可以对妻子讲：‘玛丽，请你在第17号方格里抓一下。’”

启示

产品推陈出新，提供与众不同的便利，无疑会得到营销上的成功。

超级推销

百货公司经理查核新售货员的工作情况。

问：“你今天有几个顾客？”

答：“一个。”

“只有一个吗？卖了多少钱的货物呢？”

答：“5.8万美元。”

经理大为惊奇，要售货员详细解释。售货员说：“我先卖给他一枚钓钩，接着卖给他钓竿和钓丝。再问他打算去哪里钓鱼，他说要到南方海岸去。我说有艘小船才方便，于是他买了那艘6米长的小汽艇。我又说他的汽车也许拖不动汽艇，于是我带他去汽车部，卖给他一辆大车。”

经理喜出望外，问道：“那人来买一枚钓钩，你竟能向他推销掉那么多东西。你太厉害了！”

售货员答道：“不。他老婆偏头痛，他其实是来为她买一瓶阿司匹林的。我听他那么说，便告诉他：‘这个周末你可以自由自在的了。你为什么不去钓鱼呢？’”

启示

优秀的推销员善于举一反三。

特价优惠

某航空公司正在推行特价优惠活动，如果太太跟先生一起乘坐商务舱，先生只需要为太太付半价的机票钱。该公司的顾客服务部门希望得知顾客对此活动的反应，于是就寄出一些问卷调查给商人的太太们。不过收到的回函几乎都是：我几时跟我先生一起坐过飞机？

启示

销售策略的制订应该建立在实际调查结果之上。

解放鞋

张大伯在地摊上买了一双解放鞋，刚穿了两天就露出了脚趾。他拿着破鞋气冲冲地找摊主理论：“你卖的解放鞋的质量怎么这样差？肯定是假的！”

摊主翻着白眼说：“它把你的脚

趾从黑暗里解放出来，还不好吗？”

启示

销售人员应该站在顾客的立场上考虑问题方能让顾客满意。

大象的假牙

在工艺商品店里，一名妇女在质问经理：“在上个星期，你们卖给我的这个象牙盒是假的，我请人鉴定过了，它根本不是用象牙做的！”

“请原谅，夫人。在科技如此发达的今天，这件事也不是不可能的。我想，或许那头大象曾经成功地镶过一只假牙……”

启示

在科技如此发达的今天，任何东西的造假都成为可能，这是市场不规范的表现之一。

一磅糖

某食品店收到顾客退回的一磅糖，并附有一张纸条，上面写道：“作为食用，含沙太多；盖房子吧，沙子不够。”

启示

并不是每一个客户都能够艺术而含蓄地告诉你你的产品不行，所以要做好随时接受客户批评的准备。

十年

一个顾客对画家说：“你的这幅画虽稍贵了点，不过我仍准备把它买下来。”

画家说：“你要买的东西并不贵，你知道我为它整整花了十年的时间。”

“十年？不可能！”

“真是十年！我花了两天把它画完，其余的时间就等着把它卖掉。”

启示

产品生产出来，没有销售出去，工作也就还没有完成。

物美价廉

有一位听力受损的顾客进商店买助听器，售货员给他介绍道：“我们这里应有尽有，从几角钱一只到上百元一只的助听器都有，任您挑选。”

“能不能介绍得再详细一点。”顾客问。

“当然可以，”售货员回答，“上百元的助听器可以自动调节音量。几角钱的助听器只是一根导线加一只耳机，物美价廉。”

“这么简单的构造，真的能助听吗？”

“能！效果很好，”售货员说，“只要您一塞上它，别人就会对您大声嚷嚷的。”

启示

产品设计是根据顾客需要以及购买力来决定的。

看房

楼盘推销员对购房者小胡介绍本楼盘的五大优点：绿化率过半，现场人气旺盛，入住率达80%，距市中心一箭之遥，其他方面与国际接轨。小胡将信将疑，决定亲自去现场看看。他花了3个小时，倒了数趟公交车才找到该楼盘，发现这里的围墙内杂草丛生，绿色确实超过一半；不少拾荒者身背竹篓，手拿大钳在荒草中游荡寻觅，人气旺盛一点不假；房内大小老鼠走东窜西，老鼠的入住率至少达到80%。前三点已得到证实，但小胡对后两点不甚明了。回家后妻子给他解释："所谓一箭之遥指的是火箭，与国际接轨指的是房价。"

启示

推销人员要练就一副好口才，但不能昧着良心将黑说成白。

女老板卖药

科大门诊部旁有一个药店，大三数学系同学走了进去，药店年轻女老板热情地问："你买什么？"

同学："我买维生素B2。"

女老板训练有素的将药包好："给你药，一天2次，一次2片，给2.5元。"

同学好奇的打开药袋看看："不对！我买维生素B2。你怎么给我维生素B1？"

女老板蛮有文化的："你吃2片不是维生素B2吗？底数不变指数相加嘛！"

启示

推销员的知识结构不仅要包括销售技巧，更要包括产品知识。

七彩内裤

大虫经常分不清每天是星期几，于是就去买齐了七种颜色的内裤，对应星期一至星期日。每天固定穿一种颜色的内裤。

一天，平头和大虫走在大街上，平头问大虫："今天星期几？"

大虫看了看四周才说："现在不方便说。"

"有什么不方便的？"

"人太多。"

"人太多？"平头感到莫名其妙。

等走到一个偏僻的地方，大虫忽然拉开裤子，瞄了一眼里面的内裤，然后说道："今天星期二。"

启示

同样的产品对于不同的人来说可能功能、作用并不一样。

推销有术

一天，某推销员按电铃："太太，我这边有一本书《丈夫晚归500种借口》，你一定要买！"

某太太："笑话！我为什么一定要买？"

推销员："我刚卖给你先生一本。"

启示

掌握了顾客心理的推销员比一般的推销员更有成功的可能。

女士用品

一日，某店正在进行促销女士用品。一大早，一大群女士就排队等着开门，可是总有一个男人老向前挤，一次又一次地被女士们推到后面。那男人最后大声喊道："你们要是不让我过去，我就不开门了！"

启示

合理利用促销手段是商家赢得市场份额的有效手段。

睡不踏实

一位女顾客在一家壁纸店里抱怨说："我丈夫夜里总是睡不踏实。"

老板说："您可以买森林图案的壁纸，绿色给人以非常安静的感觉。"

4个星期后，这位女顾客又来到了商店，老板问："效果如何？"

"现在他每天夜里睡觉都打鼾，吵得我睡不着"。

启示

人与人之间是相互联系的，所以产品销售出去也会产生一系列的影响，也许是买了还想买，也许是买了叫别人不要买。

推销良机

汽车商对自己的推销员说："我想，这是你向鲍威尔推销一辆新轿车的最好时机。"

推销员颇为不解，问："这是为什么呢？"

经理说："别忘了他是个好胜的人，而他的邻居刚刚买了一辆。"

启示

掌握顾客心理，把握销售好时机。

饿死的医生

一位房产经纪人为了推销房子，喋喋不休地向客户夸耀这栋楼房和这个居民区。

"这是一片多么美好的地方啊，阳光明媚，空气洁净，鲜花和绿草遍地都是，这里的居民从来不知道什么是疾病与死亡。"

正在这时，一队送葬的人从远处走来，一路上哭声震天。经纪人马上说："你们看，这位可怜的人……他是这里的医生，被活活饿死了。"

启示

作为一个推销员，嘴要灵活，脑子要转得快，腿要跑得勤。

最佳合伙人

霍姆斯对某人说："我近来生意挺好，这主要是因为我有了贝利这个难得的合伙人。"

"你俩是怎样合作的呢？"某人问。

"贝利走街串巷，卖一种专门清洗厨房污迹的清洁粉。两天以后，我再沿着他的路去卖另一种洗洁精，专门洗去用了他的粉而留在手上的蓝颜色。"

启示

客户需求的发现是推销成功的突破口，在某些时候，这种需求是可以去创造的。

拉生意

一架飞机发生了严重故障，机长通过机上广播要求乘客和机组人员系上安全带准备紧急着陆。3分钟后，机长又问空姐是不是大家全部都系上了保险带。“全都系上了，只有一位律师还在分发他的名片。”

启示

每一个生意人都是推销员，营销做好了，企业经营就成功了一半。

加码

交通警察在公路上截停一辆汽车。“你在限速为50公里/小时的地带超速至75公里/小时。”警察写传票时说。

那位汽车司机苦笑着问道：“请你改写成我在限速为80公里/小时的地带把车开到120公里/小时行吗？我正想把这辆汽车卖掉。”

启示

在企业经营过程中需要利用一切机会为产品的价值加码。

醉鸡

某日，机场的工人在搬运某次航班上要用的中式餐点时，把这些中式餐点全弄翻了。顿时机上的人员也不知道该怎么办。

女乘务员说：“现在飞机上只剩下了西式餐点。”

男乘务员说：“那如果旅客全部选西式不就好了吗？”

女乘务员：“够是够啦，但旅客会抱怨没有选择！”

男乘务员：“我有办法！”

于是他在菜单上的中式餐点后全写上“醉鸡”（“坠机”的谐音），果然那次航班的所有旅客都选了西式餐点。

启示

营销策略要随着营销环境的改变而改变。

会变的脸型

推销员在一个公众会议上大力鼓吹自己的商品：“诸位，这种自动刮脸机好极了，你们只要投入几个硬币，把头支在托架上，阶片电动剃刀就会自动开始刮脸。”听众中有一人大声问：“每个人的脸型都不一样，剃刀如何处理？”推销员说：“放心，只要剃一次，脸型就都一样了。”

启示

推销员要尽力推销产品，但不能刻意隐瞒产品的缺点，更不能将缺点美化成优点。

永远走在前面

有位推销员去应聘工作，可是没过

多久就丢了这份差事，整天怨天尤人。关心他的朋友问道："是不是因为你没有做宣传？"他哭丧着脸回答道："不，我都认真做了宣传。"

"你是怎么说的？"

"我对每个人都说：我们的产品永远走在别人的前面。"

"你推销的是什么？"

"手表。"

启示

不同的产品的营销语言和推销手段是不一样的。

奶牛和自行车

农夫到一家五金商店买东西。店老板想向他推销自行车，便说："你瞧，这里的自行车都很漂亮。我可以挑最好的一辆卖给你，你就可以天天骑着它去查看你的庄稼了。"

农夫说："我不需要自行车。我想倒不如在我的牛圈里多添一头奶牛。"

老板："照你说的那样，你就得骑着奶牛进城了。这多么愚蠢啊！"

"嗯，我倒不懂得，"农夫接着嚷道，"骑奶牛进城同用自行车挤牛相比，究竟哪个更愚蠢？

启示

产品推销与概念、意识推广是同步的。

稀世珍宝

端纳太太最喜欢收藏古董。

一天，她来到一家出售古玩的商店里，向卖主问道："这支左轮手枪产于哪个年代？"

卖主说："太太，这是稀世珍宝啊，它是古罗马时代留存下来的。"

端纳太太问："可是，那时候还没有左轮手枪啊！"

卖主说："正是这样，太太。要不为什么说它是稀世珍宝呢！"

启示

物以稀为贵，然而并不是说可以无中生有地随意创造"稀世珍宝"。

买墓地

罗森克拉茨先生开始考虑他的后事。他动身到市里的墓地管理局去，打算为他的家族购买一块墓地。

但他嫌地皮太贵，说道："什么？这么一块地皮要1000美元？"

"我知道这是相当多的一笔钱。"管理墓地的人说，"但是，您考虑考虑将来的那些好处，会觉得很划算的！"

"有什么好处呢？"

"好处多着呢！您看，要是那决定命运的一天来到，比方说：您的双亲乘坐的飞机出了事，您就需要这个墓地了；您的少爷开车出了车祸，也得来这里；您的千金乘卡车出了事，您也可以把她埋在这里；您的孙子和孙女要是死了……"

罗森克拉茨先生听后流泪了，于是他买下了那块墓地。

启示

感动客户才能赢得客户。

推销吸尘器

一位吸尘器推销员来到了一个新的销售范围的第一户人家的门前。他敲了门，一位主妇开了门。在她还没来得及说第一句话时，推销员就冲了进去并将碎屑撒满了整个地毯。他说："女士，如果这个吸尘器不能将它们吸得干干净净，我就把它们捡起来吃掉。"

她说："你想配点番茄酱吗？我们是刚搬来的，还没通上电呢。"

启示

推销员切忌鲁莽行事。

担忧

"您做完手术了吗？"护士问。

"做完了。"

"情况怎么样？"

"要交3000美元。"

"我问您有什么感觉？"

"我只有250美元。"

"我的话您还没明白。我是问您还有什么问题？"

"手术费太高了。"

启示

价格永远是影响商品销售最重要的因素。

当场试验

有位推销员前来拜访将军，他拿出一套防弹衣给将军看，并滔滔不绝地吹嘘起来，最后夸口道，这件防弹衣能挡住任何一颗子弹。

"好极了，你先穿上它。"说着，将军叫来了卫兵，对他说："现在需要借你的枪用一下。"将军回头看时，防弹衣推销员已逃得无影无踪，并且从此再也没有露面。

启示

产品只有经得起考验方能赢得市场。

倒过来试试

有一天，一个初学绘画的人去拜访德国著名画家门采尔，向他诉苦说："我真不明白，为什么我画一幅画只要一天工夫，可是卖掉它却要等上整整一年？"

门采尔听后，说："请倒过来试试，要是你能花一年工夫去画它，那么只用一天，就准能卖掉了。"

启示

质量过硬的产品，销路总是很好。

妇女爱读的书

"嘿，这书的作者山田一郎，是作家所得税交纳者第一名。"

"这是本什么书？"

"你还不知道？许多妇女都爱读它！"

"书名叫什么？"

"《献给您——美人》。"

"听说美人是不大读书的嘛！"

"是啊。不美的人争着买这本书。"

启示

精准确定目标用户，是成功营销的前提。

免费拔牙

一个医生为病人拔牙，把一颗没有问题的好牙拔掉了。病人大发脾气，牙医赶紧安慰他说："别嚷！我拔一颗牙收费20美元，今天对你算特别优待，免费！"

启示

弥补服务中的失误时，要让顾客感受到好的态度，并得到实际利益，二者同样重要。

妙索报酬

有一次，英国画家、雕塑家霍格思受命为一个其貌不扬的贵族画像。他坦率的写实笔调，使这个贵族看了很不满意，并拒绝付款。

霍格思据理力争，但没有结果。由于缺钱用，霍格思还是给那位贵族写了一封信。信上说有一个专门展览野兽、畸形人和怪物的人，对这张画像很感兴趣，愿以高价收买。如果他三天之内收不到钱，他打算把这幅画像再润色一下，加上尾巴和其他器官，卖给那人去展览。

收到这封信后，那位贵族立即如数付了款，把画像拿回家烧了。

启示

给顾客以紧迫感是促成销售的有效方法之一。

球王和前总统

巴西某小礼品店有条别出心裁的店规：凡是各界名人前来购物，一律不必付钱，只需以他的拿手绝招来证明他的身份即可。

一天，贝利来到这家店里。为了证明自己确是贝利，他就顺手拿起店里的一只球放到地上，用脚轻轻一勾，又飞起一脚，把球不偏不倚踢在门铃上，门铃声叮当未绝，又见他用头一顶，把刚要落下来的球顶到原来的地方，位置竟丝毫不差。老板马上招呼贝利，请他挑选所需物品，不必付钱。

接着，又来了一个人，自称是巴西前总统。老板仍是照章办事，请他以绝招来证明身份。但来人说自己并无绝招。老板退一步说："那你随便做些什么都行。"

来人十分尴尬地说："说真话，我什么都不会。"

老板马上恭恭敬敬地请来人坐下，并连声说："这就对了，这就对了！您确是前总统了。东西您随便挑吧！"

启示

营销用奇招，顾客不请自来。

实验的价值

发明了世界上第一架发电机的英国物理学家法拉第，对知识有着执着的追求，为了一项科学研究，他百折不挠，这使得那些急功近利的人迷惑不解。

有一次，税务官格拉道斯通看到法拉第在做一个在他看来毫无实用价值的实验，便问道："你花这么大的力气做实验，即使成功了，又有什么用呢？"

法拉第回答说："如果实验成功了，不久你就可以收税了。"

启示

科学转化为生产力需要一个过程。

唯一令男人心跳的办法

贝因哈特晚年时极喜清静，住在巴黎的一家高层公寓里，但崇拜者仍不断来访。

某天，有位年事已高的崇拜者来看望贝因哈特。他好不容易爬上了高楼，气喘吁吁地来到贝因哈特的住所，等他稍稍恢复一点体力后便问道："夫人，您为什么要住得这么高？"

"哦，亲爱的朋友，"贝因哈特乐滋滋地对他说，"这是我至今依然能使男人们心跳加快的唯一办法。"

启示

产品和人一样，要保持对人们的吸引力。

诗人没有"家"

有人问诗人："为什么诗人不像小说家、音乐家、书法家那样有一个'家'字？"

一个人插嘴道："诗人太浪漫了，到处去找灵感，怎么能有'家'呢？"

诗人感叹说："错了！那是因为诗卖不了几文钱，没有能力成家！"

启示

市场价格不一定能反映出真实的价值。

无用的反对

谢立丹是18世纪后期英国最有成就的喜剧家。当他的第一部喜剧《情敌》初次上演时，谢立丹应观众的要求谢幕。就在这个时候，有一个人在剧场顶层的楼座上喊道："这个剧糟透了！"

谢立丹微笑着鞠躬说："我的朋友，我完全同意你的意见。"他一边耸耸肩，一边指着剧场里那些刚才为演出热烈叫好的观众，补充了一句说："但是，我们两个人反对这么多观众，你难道认为能起什么作用吗？"

启示

群众的眼睛是雪亮的，产品的地位要由消费者来决定。

也画冒牌货

毕加索出名以后，仿照他的画的人与日增多，一时弄得真假难辨。

一天，一个专门贩卖艺术品的商人见到了毕加索的壁画《和谐》，他对画面所表现的内容十分不解。为了充分了解毕加索的绘画风格，谨防上当，他专程带了一幅签有毕加索名字的画来求教于毕加索。

商人开门见山地问毕加索："为什么在您的壁画《和谐》中，鱼在鸟笼里，鸟反而在鱼缸里呢？"

毕加索不假思索地答道："在和谐中一切都是可能的。"

这时，商人取出那幅画，想证实一下这幅是不是毕加索的真迹。毕加索向那幅画瞥了一眼，轻蔑地说道："冒牌货！"

通过这次会面，商人似乎领悟了毕加索绘画的奥秘。事隔不久，商人又兴冲冲地拿了一幅毕加索的画来找毕加索，问他这幅画是真是假。毕加索看也没看便答道："冒牌货！"

"可是，先生，"商人急了，喊叫道，"这幅画可是您不久前亲笔画的，当时我在场！"

毕加索微笑着耸耸肩膀，说："我自己有时也画冒牌货。"

启示

和艺术家打交道，不能以常人的眼光来看待！

只要价格是具体的

女儿嫁给了一位抽象派画家。一天，她回到娘家对妈妈说："我丈夫净画那种抽象派画！"

"孩子，让他画去吧！管它抽象不抽象的，只要能卖个具体价钱就行！"

启示

商场之中，只有价格是具体的，只有利润是真实的。

兽能代表我说话

克雷洛夫的寓言很受读者欢迎，写得既多又好。

有一次，他的朋友称赞他说："你的书写得真好，一版又一版，比谁印得都多。"

克雷洛夫笑着回答说："不是我的书写得好，而是因为我的书是给孩子看的。谁都知道孩子们是容易弄坏书的，所以印的次数就多了。"

有人问他为什么选择野兽来写，他说："要知道，我的野兽能代表我说话。"

启示

抓住目标客户的习惯和喜好开发产品，就成功了一半。

为了竞争

"法庭判你入狱，究竟为了什么？"

"为了竞争。"

"竞争什么？"

"我印制的纸币跟政府印的一模一样。"

启示

市场竞争无处不在。

医生的疑问

“请问，比埃尔先生，”一个医生问他的同行，“为什么您在给病人看病时，总要特别详细地询问他常喝什么酒？你能根据酒的牌子判断病人的健康状况吗？”

“当然不能。但是根据酒的牌子可以判断病人的经济状况，然后依此来确定门诊的费用。”

启示

量体裁衣，看财推货。聪明的营销人员会分类管理客户。

第六部分

THE SIXTH PART

广告策划

化妆品店售货员

在化妆品商店里，售货员对一妇女说：“夫人，请问您想要的香水气味是进攻型的，还是自卫型的呢？”

启示

产品名、型号名等本身就是广告。

警告牌

美国人喜欢幽默，甚至在严肃的公路警告标志上也体现了这一点。在美国西海岸一条公路的急转弯处，有一幅标语牌是这样写的：“如果你的汽车会游泳的话，请照直开，不必刹车”。在长岛某路口，有一块警告牌上写着：“电线杆自卫时，会给汽车和司机带来伤亡。”

启示

有艺术性的广告会给人带来好感。

镜子

有家医院处处节省开支。一次，护士室洗脸盆上面的镜子破了，护士们请求更换，院方以经济理由驳回，不予批准。后来，在申请医疗用具时，有个护士在表上填写了“一架人体反映器”，很快，买镜子的要求就被批准了。

启示

改变语言表达方式就可以改变宣传效果。

警告广告

英国伦敦某无人售票地铁站入口处挂着这样一则广告：“如果您无票乘车，我们保证免费将您送到终点站——伦敦治安法院。”

启示

即使是严厉警告也让人感觉到如此和蔼——广告的艺术。

难读懂的书

图书馆管理员对馆长说，有些书因为太难读懂，从来没有人借。馆长把那些书都收集在一起，放在一个引人注目的地方，上面还放了一块牌子：“敬告读者：这些书难读，需要高深的学问。”

这个架子上的书很快就全部借出去了。

启示

受到商家特别对待的商品往往也容易得到消费者的注目。

如此广告

一位牛奶商贴出了这样一则广告：“如果你连续1200个月每天都喝上一杯牛奶，你肯定能活100岁！”

启示

真实而幽默的广告给人以亲切感。

体育用品店经理

在体育用品商店。

“怎么？”一位顾客不满地质问经理，“滑雪杖还要钱？这钱不早就包含在滑雪板里了吗？在你们的广告上不是画得很清楚吗？”

“您说的不错，先生。”经理回答，“在那幅广告上还画有太阳、雪山、漂亮的女模特，难道也都包括在滑雪板里吗？”

启示

广告是产品的夸张，只是为了吸引人们的注意力并将其投射到他的实际产品或服务上面。

游艺场经理

19世纪中后期，在美国众多游艺节目演出经理人中，巴纳姆可算是最富于创新、最受人赞赏的一位。他凭借天才的想象力和活力，将几千万美国人深深地吸引住了。

有一次，巴纳姆雇了一头大象在他的农场里耕地，他的一位朋友、邻近农场的农场主看到后很不以为然。农场主认为，大象所能承担的工作和喂养它的费用相比，实在是得不偿失。可是巴纳姆坚持认为大象适合干农活。两个人各执己见，不肯相让。最后，农场主气呼呼地说：“今天我倒要瞧瞧，大象究竟能拉起什么东西？”

巴纳姆微笑着说：“它能把2000万美国人的好奇心拉到我的游艺场来。”

启示

想象力、创新思维是优秀的广告宣传的必要条件。

乏味的广告词创意

一、“我们全家都爱吃。”什么产品定位、市场细分之类的全部顾不上了，厂家将顾客一网打尽的心情急不可耐，于是小孩也喜欢，老头儿也喜欢，情侣也喜欢，壮年也喜欢，真是皆大欢喜。

二、“喝××酒，做豪迈人。”其孪生姊妹们还有“穿××皮鞋，走成功之路”“住××大厦，享美好人生”等等，其空洞、乏味给人留不下任何印象。说者豪情满怀，听者却根本不往心里去。

三、“××病是世界顽症，每年给数亿人带来痛苦。某药是该病的克星！”通常是一个严肃、深沉的老年人站在那里讲狼外婆的故事，先把人狠狠地吓一跳，再从锦囊中取出一粒起死回生的丹药。

四、“××集团！”此语要用气吞山河的声音喊出来。

五、“中国人要用自己的××。”此话中显然有这样一种假定前提：虽然我们的产品还不够好，牌也不够硬，用（看、喝、开）起来也不够舒服，但您还是应该以高度的觉悟来作出一项关系到民族命运的选择。

六、“今年流行×××。”一种神机妙算、未卜先知、一厢情愿、自作多情的诉求。预先将公众的期望值抬到了一个巨大的高度，为日后的品牌美誉度塑造徒设障碍。最后人们恍然大悟：不过如此嘛！

七、“专家指出……。”好像一夜

之间科学家全都下了海，连促销小姐也不再只是“我喜欢××产品”了，而是底气十足地宣称：“相信专家的推荐！”

八、生活“新概念”。当初想出“新概念英语”这名字的人肯定不知道他的创意带来了一场语言革命。如今凡新产品上市，都要编造一个“新概念”理论出来，然后以强劲的视听冲击向公众倾泻而下。

九、“女人要善待自己。”都知道女人最好骗，此语的含义大约是：女人的最大资本就是自己的外貌、工作，家庭料理得再好也都是为别人而忙，所以女人可真的要善待自己哟。

十、“特大惊喜，超值回报。”一句代代相传的古老谎言，你每天走到街头、打开报纸都会碰到它。面对这种自以为魅力无可抵挡的高声呼唤，顾客只会越来越麻木。

启示

广告好不好，创意很重要。销售额上升了，广告本身就是有效能的。

无题

深夜，她拧开收音机。“面部红润，脸上绒毛柔软，为健康的皮肤。”主持人正在说着。她摸了摸自己的脸，高兴地笑了。

主持人又说：“这次养猪培训到此结束，感谢收听。”她愕然。

启示

广告中可以运用物拟人、人拟物的手法。

借鉴

酒馆经理正因生意不好而一筹莫展。一天，他偶然到一家书店买书，见书店墙上挂着大横幅：“为好书找读者，为读者找好书。”他眼睛一亮，立即奔回家，叫人写了一条大横幅，贴在酒馆正面的墙壁上。第二天，店门口围了不少人指指点点，原来横幅上写的是：“为好酒找酒鬼，为酒鬼找好酒。”

启示

语言与广告有着密不可分的关系，没有语言就没有产品（服务）的魅力。

广告的力量

“广告是一种伟大的力量。”

“为什么这么说？”

“当母鸡下蛋时，它总是大声地叫，而鹅下蛋时总是静悄悄的。”

“那又怎么样？”

“所以人们都去买鸡蛋，而几乎没人去买鹅蛋。”

启示

好酒也怕巷子深。卖产品就要大声吆喝。

最好的裁缝

在伦敦的同一条街上，住着三个裁缝。一天，一个裁缝在他的橱窗里挂出了一块招牌，上面写着：伦敦最好的裁缝。

第二个裁缝看到了，在同一天也挂

出了一块招牌。招牌上用大写字母写着：英国最好的裁缝。

第三个裁缝看后，思考了很久。几天之后，他也挂出一块招牌，上面写着：本街最好的裁缝。

启示

广告须立足于现实，针对实际状况显示最好结果。

奉送自卫教材

法国一家香水制造公司推销新产品的广告是："我们的新产品极其吸引异性，因此随瓶奉送自卫教材一份。"

启示

广告别出心裁，销售效果更佳。

别出心裁的广告

英国著名小说家毛姆成名之前，生活非常贫困。虽然他写了一部很有价值的书稿，但出版后无人问津。为了引起人们的注意，毛姆别出心裁地在各大报刊上登了如下的征婚启事："本人喜欢音乐和运动，是个年轻又有教养的百万富翁，希望能和毛姆小说中的主角完全一样的女性结婚。"几天之后，全伦敦的书店都再也买不到毛姆的书了。

启示

广告为销售而设，因有效销售而美丽。

电影广告

考夫曼是美国著名剧作家、导演。有一次，一位电影制片商请乔治·考夫曼改编雅克·德沃尔写的法国笑剧《屋子里的人》。剧本改写得很成功，但因为演员欠佳，加之当时流感爆发，剧场上座率很低。为了争取观众，考夫曼想出了一条广告宣传口号："如果希望避免拥挤，请到尼克博克电影院观看《屋子里的人》。"

启示

广告具有时宜性，因社会大环境的改变而改变。

说明标签

在美国有些产品上的说明标签很"人性"，以下是一些产品标签上的说明。

（1）某吹风机：睡眠时请勿使用。

（2）某香皂：使用说明：像普通香皂一样使用。

（3）某冷冻食品：食用方法——建议先解冻。

（4）某饭店提供的浴帽外盒写着：适用于头部。

（5）某点心：（印在盒子顶部）请勿倒置。

（6）某面包布丁：本产品加热后会变热。

（7）某儿童咳嗽药（2~4岁儿童专用）：服用后请勿开车或操作机械。

（8）某安眠药：服用后的特征——嗜睡。

（9）某罐装花生：警告——内含花生。

（10）某儿童穿的玩具超人服：警告——此服装无法让你飞起来。

启示

属于广告范畴的一般性产品资料同样影响消费者对产品的印象。

窗帘的功效

某窗帘布艺店广告词：防止阳光射入，防止春光外泄。

启示

产品广告一般是从产品功用入手，再加以令人难忘的诠释。

承印一切

法国巴黎有三家印刷公司，它们同在一条街上，而且门户相邻，所以竞争激烈，任何一家都怕被其他公司抢去生意。

一天早晨，一家印刷公司贴出这样的广告：除钞票外，承印一切。结果这家公司一下子挤垮了其他两家公司。

启示

广告战场上，狭路相逢智者胜。

说明书

广告撰稿人大伟受客户委托撰写一份说明书，教顾客如何自行安装婴儿床。大伟和妻子在客厅里，把成箱的配件摊在地板上，费了很长的时间，好不容易才把婴儿床安装好。他们高兴地把床推往卧室去，但是费尽九牛二虎之力，也没法将床推进卧室。最后他们只好将床拆开，在卧室里重新安装。大伟写的说明书，开头第一行就是："请在放置此床的房间中安装！"

启示

广告基于现实，又高于现实。

洗衣机广告

某洗衣机广告把一条成语改动了一个字："闲妻良母"。

启示

广告是一门艺术。一字之差，或者灵气顿生，或者枯燥无趣。

专用广告

一块醒目的旅店广告牌矗立在车站的出口处，上面写着：顺箭头行，需10分钟。一位旅客提着笨重的行李，走了半天，才走到此旅店。他气愤地对老板说："你们明明写着10分钟就能到，可我走了半天才到这儿！""对不起，先生。这个广告是专为开车的人写的。"

启示

广告和销售都有自己的受众。

位置不同

约翰在朋友的陪同下来到当地一家

相当有名的餐馆品尝佳肴。上菜了，约翰刚拿起餐具，顿时傻了眼。他愤怒地质问服务员："这是怎么回事？昨天，我花同样的钱，点同样的菜，你们端来的鸡比今天的大一倍。"服务员客气地说："可以问一下昨天您坐在哪里吗？""坐在临街窗户旁边。""那就对了，先生，我们总是给坐在窗户边上的人端上大一点的鸡。这是很好的广告啊。"

启示

别人看得到的就是好的、美不胜收的，看不到的部分就是一般般的，这就是示范性广告策略。

不打不相识

美国一家打字机公司招收职员。

报考那天，经理对参加考试的人员说："你们每人讲一句广告词，讲的妙者录取。"

一位刚从商业学校毕业的学生在纸上写了一行醒目大字："不打不相识。"并当众说明了这句广告词的含意。

经理一听，说："你被录取了。"

启示

巧妙的广告词可以使人眼前一亮。

教皇摇摇头

教皇在花园散步时，一名美国人紧随其后，而某地区的主教在旁听到了他们的谈话。美国人说："一年100万美元成吗？"教皇摇摇头。美国人又说："那么一年1000万美元行不行？"教皇还是摇摇头。美国人提高价码，又说："一年5000万美元！这是我们的上限，不能再多了！"教皇叹了一口气，说："我没办法答应你。"美国人垂头丧气地离开了。

地区主教忙问："教皇，您为什么这么坚持？如果有了这笔钱，我们的很多问题就迎刃而解了！"

教皇回答道："你叫我怎么答应他？这个美国广告商要求我将祈祷仪式完毕后念的"阿门"都改成"可口可乐"！"

启示

广告无孔不入，买卖无处不在。

瓷器广告

法国一家瓷器制造厂针对有些家庭夫妻为琐事争吵而砸碗摔碟，别出心裁地在推销产品的广告上宣称："为了您家庭的和睦，使劲摔吧！切莫因小失大。"

启示

每一个商业广告都是表面上宣称为顾客着想，私下里只为自己谋利。

房顶上的标语

一个建在机场旁的电影制片厂，为了避免飞机噪音的干扰，在房顶上写了一条大标语："请安静！"每个字母有八尺见方。

结果，这条标语带来了更大的噪音，因为飞行员们个个都想看清楚房顶上写的是什么，都把飞机飞得更低了。

启示

广告也会带来负面效应。

胶水广告

某商店为推销一种“强力万能水”，用该胶水将一枚价值千元的金币粘在墙上，广告词是：“谁能用手把它抠下来，金币便归其所有。”

启示

如果要用一种物体作为广告的道具的话，最有效的就是金钱。

失火

一位好莱坞影星的豪华别墅失火了。

“赶快通知电视台、广播电台和各家报社的记者。”主人吩咐女仆。

“好吧，先生。还要不要通知消防队呢？”女仆问。

启示

在某些情况下，对某些人而言，广告意识比生命意识更强烈。

沙漠加油站

紧挨着沙漠的小镇上，第一家加油站前竖立着一幅巨型广告版，上面写着：此去即沙漠地区，除本站外，您举目所见的其他加油站皆为海市蜃楼，请务必即刻加满油箱，以确保旅途无虞。

启示

广告强调唯一性，更凸显垄断的特征。

空手道

哈里决定买一只看门狗送给新婚妻子。

哈里来到宠物商店，问店主：“你们有没有德国狼狗？”

店主点头说有，并且马上到后面抱来一只小卷毛狗。

哈里见是一只观赏狗，生气地说：“这小东西能看门？你在开玩笑吧？”

店主笑笑，说：“你可别小看它，它会空手道呢！”

“空手道？我才不信呢！”哈里怎么也不相信这样一条小狗会空手道。

于是，店主就把小卷毛狗放在地上，指着门前一块广告牌命令道：“空手道，广告牌！”

那只卷毛狗风一样地扑向铁做的广告牌，三两下就把牌子撕碎了。

哈里大吃一惊。

这时店主又指着墙角的一把椅子对狗命令道：“空手道，椅子！”

卷毛狗又像一阵风似的扑向椅子，三两下就把木椅子弄扁了。

哈里很满意，花了1000美元把这只小卷毛狗买了下来。

回到家里，妻子见丈夫抱着一只小卷毛狗，很不满意，嘟囔道：“这个小东西也叫看门狗吗？”

哈里放下小卷毛狗，一本正经地说：“亲爱的，你不知道，这只狗会空手道呢！”

妻子撇撇嘴，不以为然地指着嚷道：“空手道！你这个愚蠢的家伙！”

语音刚落，小卷毛狗一阵风似的扑向哈里……

启示

名声不在外，才能无人识。

诈骗巨案

报童在广场上大声叫卖报纸："惊人的诈骗巨案，受骗者已达82人……"一个人连忙走过去买了一份报纸，但是看来看去也没有发现那条"巨案"的消息。这时，报童又在大声叫卖："卖报，卖报，惊人的诈骗巨案，受骗者已达83人！"

启示

广告，大有大的高，小有小的妙。

到处都是广告

两个老人坐在公园的长椅上："活着真累，到处都是广告。"推销员："您可以选用我们公司的广告消除器。使用它，你就能回到一个没有广告的时代，价格便宜，而且是最新技术……

启示

有需求的地方就有广告。

律师的损招

情人节那天，哈瑞在邮局柜台前忙碌着。他往粉红色的带有心形图案的明信片上写上"我爱你"等字样，又拿出香水往明信片上喷。

巴比看见了，觉得好奇，就上前问，"您在干什么呢？"

哈瑞说："我今天要寄出1000封署名"猜猜我是谁"的情人节卡片。"

"为什么呀？"巴比不解地问。

哈瑞压低了嗓门回答："我是专管离婚案件的律师。"

启示

高明招术创造需求，无形广告引来客户。

灯光广告新论

有一次，切斯特顿在美国演讲。某日晚上，他和同伴们一起步上街头欣赏城市夜景。当切斯特顿看到色彩斑斓的百老汇大街两旁的灯光广告闪现出各色商品介绍时，感到很兴奋。沉思了一会儿，他感叹道："对于那些不识字的人来说，这些广告是多么漂亮啊！"

启示

广告，内行人看门道，外行人看热闹。

广告

一位商界阔佬对马克·吐温说："我想借用您的大名，给敝公司做个广告。"

马克·吐温说："当然可以！"

第二天，马克·吐温主办的报纸上登出了如下文字：

一只母苍蝇有两个儿子。她把这两个儿子视若掌上明珠，爱护备至。一天，母子三个飞到××商业公司的商店里。一只小苍蝇去品尝包装精美的糖果，忽然双翅颤抖滚落下来，一命呜呼。另一只小苍蝇去吃香肠，不料也一头栽倒，顷刻毙命。母苍蝇痛不欲生，扑到一张苍蝇纸上意欲自杀，尽管大吃大嚼，结果却安然无恙！

阔佬看完广告，气得直翻白眼。

启示

广告的力量：好事出了门，丑事传千里。

拒不交代

在法庭上，法官在审问窃贼："老实交代，你是怎么打开那个保险柜的？"

"这可不能告诉您，法官先生，"窃贼说，"因为旁听者中说不定就有想吃我这碗饭的。"

启示

保密意识与广告意识是矛盾而又统一的。

蜘蛛与广告

马克·吐温在美国的密苏里州办报时，有一次，一位读者在他的报纸中发现了一只蜘蛛，便写信询问马克·吐温，看这是吉兆还是凶兆。马克·吐温回信道"亲爱的先生，您在报纸里发现一只蜘蛛，这既不是吉兆，也不是凶兆。这只蜘蛛只不过是想在报纸上看看哪个商人未做广告，好到他家里去结网，过安静日子罢了。"

启示

广告的效果：吸引人们的注意力，制造人来人往的气氛。

半价广告

贝因哈特因写了一张便条，和全美国的教士结下了不解的冤仇。教士们在讲坛上用不堪的字眼辱骂贝因哈特。他们的谩骂非但没有使好奇心浓厚的美国人不理睬贝因哈特，反而使他们对她的兴趣大增。

芝加哥圣公会的主教不满足于嘴上骂，还印发了攻击贝因哈特的宣传品，措辞尖刻激烈。得知此事，贝因哈特委托她的代理人在去芝加哥之前给主教寄去一封信和一张银行汇票。她在信上写道："主教大人，我即将到贵市演出，按惯例，要在广告费上花400美元，可是现在您已替我做了一半广告，特汇寄200美元，赠给贵教区。"

启示

广告在一定程度上追求的是知名度，而不是美誉度。

催眠曲

作曲家："为了谱写这支催眠曲，我足足花了10年时间。"

出版商："它怎么会使您花了这么长的时间呢？"

作曲家："它老是在催我入眠呀！"

启示

现身说法产生最有说服力、最有效的广告效应。

第七部分

THE SEVENTH PART

商务谈判

精打细算

在到欧洲出公差之前，一名男子开着劳斯莱斯到曼哈顿的一家银行，进去要求预借现金5000美元。贷款部服务人员按照规定要他留下抵押品。

“好的，这是我劳斯莱斯的钥匙。”男子说道。贷款部的人员马上拿着钥匙把车开到地下室的停车中心去保管，接着就拿5000美元给他。

两个礼拜以后，男子走进银行的大门，要求偿还贷款并把车领回。

“您预贷的款项为5000美元，加上15.40美元的利息。”贷款部的人员解说道。这名男子开了张支票后准备离去。

“先生，请等等，”贷款部人员说道，“在您离开后，我发现您原来是个百万富豪。您怎么可能会需要向银行借5000美元？”

男子微笑道：“在曼哈顿有什么地方可以停两个礼拜的车子却只收15.40美元呢？”

启示

令对手看不出自己的意图可以促使商务谈判得到预期中的成功。

擦皮鞋的男孩

一个在马路上擦皮鞋的孩子对一个过路的年轻人说：“要擦鞋吗，先生？”

那个年轻人拒绝了。

“你只要花1便士，皮鞋就可以被擦亮。”男孩说。但那个年轻人仍不愿意擦。

男孩表示可以免费为他擦鞋，那个年轻人答应了。男孩很快就把其中一只鞋擦得锃亮。接着，年轻人就他的另一只皮鞋放在擦鞋箱上。这时，男孩说要他付2便士才肯把这只皮鞋擦亮。年轻人不愿付钱，于是便离去了。

但那只擦亮了的皮鞋使另一只未擦的皮鞋显得更脏了，年轻人只得回过头去付给擦鞋男孩2便士，让他把另一只皮鞋擦干净。

启示

以退为进是一种常见的商务谈判技巧。

打赌

有一男子走到酒吧，对酒保说：“你要打赌吗？50美元，打赌我能咬我的眼睛！”

酒保认为不可能，就接受了打赌。那男子把假眼球拿出来，放在嘴里咬。酒保只得乖乖赔了50美元。不一会儿，男子又说：“要不要翻本？50美元，打赌我能咬我另一只眼睛！”

酒保看那人没用导盲犬，也没拿拐杖，不可能两眼都是假的，于是就接受了。

那男子把假牙拿出来，咬了另一只眼睛。酒保只得又乖乖赔了50美元。男子喝完啤酒，走出酒吧，不久又回来了。

他对酒保说：“好了，这次让你有

机会翻本，100美元，打赌我能尿进20米外的啤酒杯，一滴也不漏！”

酒保心想：这怎么可能？于是就接受了。

那男人拉开裤子就尿起来，但尿的满地都是，一滴也没射进酒杯。

酒保高兴极了，拿回100美元，吹起口哨清理残局。此时，他看见那男子笑眯眯地在一旁抽烟，很惊讶，于是就问：“老弟，我不明白为什么你那么开心，你不是已经把赢来的100美元输给我了吗？”

那人笑眯眯地答道：“老兄，看到那边的三个人了吗？我和他们打赌500美元，说我能在你的酒吧里撒尿，而你会笑眯眯、吹着口哨清理残局！”

启示

迂回式多方谈判技巧在商务谈判之中可以起到较好的作用。

退药

在药店里，一位顾客不满地对经理说：“你们卖给我的生发膏我不要了，快把钱退给我吧。”

“为什么？”

“你说，它是与脱发作斗争的，可是不管用。”

“您再试试看。我是说过，这种生发膏可用来与脱发作斗争，但并未说，它一定能取得胜利。”

启示

语言的严谨性是谈判成败的重要因素。

外交手腕

流浪汉敲了敲门，女主人看见他，骂了起来：“你的样子很壮实，本可以在矿场安安生生地挣钱养活自己，用不着流浪。”

“是的，太太。”流浪汉回答说，“而您长得不错，本应该登台表演，而不是干家务活。”

女主人的双颊泛起红晕，说：“等一等，我马上去瞧瞧，我那儿有什么东西。”

启示

赞美能拉近双方距离，减少对方的抗拒心理，从而更容易达到自己的目的。

贼和慈善家

一个富翁请画家为他画肖像，画好后，拒绝支付议定的5000元报酬，理由是画中人一点也不像自己。不久，画家把这幅肖像公开展览，题名为《贼》。富翁知道后，万分恼怒，打电话向画家抗议。

“这事与你有什么关系？”画家平静地说，“那幅画画的根本不是你。”

富翁不得不买下这幅画，改名为《慈善家》。

启示

施加压力，证明后果，使对方不得不妥协。

打官司

年轻的律师第一次打官司就赢了，他回到家，对老律师父亲说道：“爸爸，你还记得你经手的那宗约翰和彼得的没完没了的官司吗？我只用了一个月便把它顺利地解决了。你瞧，连律师费都拿到手了。真不明白你怎么会拖那么久也没有办完。”

父亲：“孩子，你知道我是怎么供你读完法学院的吗？”

启示

把对方的成绩归功到自己身上，造成对方的愧疚感，这是谈判中的心理战术。

弹琴和补靴

库勒克是德国的大钢琴家，有一次他被曾是鞋匠的富翁白林克请去吃饭。进餐完毕，主人要求客人弹支曲子，库勒克只好从命。

不久，音乐家也邀请白林克来吃饭。饭后，他捧出一双旧靴来。富翁感到很奇怪，库勒克说：“上次你请我，是为了听曲子；今天我请你，是为了补靴子。”

启示

礼尚往来，谈判亦然，讲求公平交易。

对手是谁

决战前夕，中尉对他的士兵们说：“伙计们，我们现在要一个对一个地干了！”

一个士兵说：“长官，您能告诉我我的对手是谁吗？也许我能和他很好地达成一个双方都满意的协议。”

启示

了解对手是谈判成败的前提。

反正赔不起

克雷洛夫生活很贫寒。一次，他的房东与他签订租契。房东在租契上写明，假如克雷洛夫不慎引起火灾烧了房子，必须赔偿15000卢布。克雷洛夫看后，没提出异议，反而提笔在15000后又加上两个“0”。房东一看，惊喜地喊道：“150万卢布！”克雷洛夫不动声色地回答：“反正我也赔不起。”

启示

不切合实际的协议是没有意义的。

夫人买画

一位夫人到画商那里去买画，她挑来挑去，挑中了一幅静物画，画上有一束花、一碟火腿和一个面包圈。

夫人问：“这幅画要卖多少钱？”

“50美元，这可是非常便宜的了。”

“可是，我前两天看见的一幅画，几乎和这幅一模一样，才卖25美元。”

“那它一定画得不如这幅好。”画商很内行地说。

“不，我觉得它比这幅好。”

“为什么？”

“那幅画小碟子里的火腿要比这一幅多得多。”

启示

内行人和外行人谈判，内行人哑巴吃黄连——有苦说不出。

各付各的款

第一次世界大战后，欧洲人处于惊魂未定、疲惫不堪的状态。这段时期，法国政治家白里安为了维护国际和平与合作做了大量的工作。如1926年9月，白里安和德国政治家施特莱斯曼就战争善后问题举行了成功的会谈。他俩因此而获得当年的诺贝尔和平奖。即使是如此重大的主题，他们也都在谈笑间进行。

为了避开外界的干扰，妥善地处理战后赔款事宜，他们特地选择法国一个小乡村会晤。

一次，在乡村饭店里共进午餐后，两位政治家为谁来付账友好地争了起来。

白里安起来说道：“不用争了，我来付饭钱，你来付赔款。”

启示

协商或者谈判结果能够朝着互惠互利方向发展是比较公平的。

回报

在法国历史上，克列孟梭是一位大名鼎鼎的“老虎总理”，在治理国家、处理外事等方面以态度强硬著称。克列孟梭向别人讲过一件往事，颇能展示他的外交手腕。

那是在一次旅行中，有位商人向他兜售小雕像。克列孟梭很喜欢这件工艺品，便问要多少钱。商人说：“卖给您这样一位先生，我只要75卢比就行了。”可是克列孟梭嫌太贵，还价到45卢比。商人想再添几个卢比，克列孟梭则不再让步。最后，商人把手一挥说：“真没办法！这样卖给你倒不如送给你。”

克列孟梭不客气地接话道：“一言为定。”随手拿起雕像，然后说：“谢谢你的一番好意。不过接受如此珍贵的馈赠，我应该有所回报才是。”说完便掏出45卢比塞给了商人。

启示

意志坚定、态度坚决、公平交易是赢得谈判的有力手段之一。

拒绝“收买”

一个鞋油厂的老板想了一个发财的鬼点子。他请求用萧伯纳的名字做一种新鞋油的商标名称。

老板对萧伯纳说：“如果你同意这样办，世界上千百万人都会知道你的大名了。”

萧伯纳道：“不，也有例外。”

老板愣住了。

萧伯纳接着说：“你忘了没鞋穿的人！”

启示

谈判：亏本的事情绝对不答应，也不做。

领带与小说

美国有家服饰公司为了招揽生意，给海明威送去一条领带，并附一封短信："我公司出品的领带，深受顾客欢迎。现奉上样品一条，请您试用，并望寄回成本费2元。"

过了几天，公司收到海明威的回信，另附小说一册，信里写着："我的小说深受读者欢迎，现随信奉上一册，请你们一读。此书价值2元8角，也就是说，你们还欠我8角钱。"

启示

以眼还眼，以牙还牙也不失为一种好的谈判手法。

妙计

法官："我无论如何也无法相信，这样一位体面的男子竟会动手打你那娇小脆弱的妻子。"

约翰斯："可是她骂我，折磨我，使我完全失去了耐性。"

法官："她说了些什么？"

约翰斯："她喊道：'来吧，打我吧，我不怕。来呀，只要碰我一下，我就把你拉到那个秃头的老家伙——法官那里去。'"

法官："本案撤销。"

启示

赢得第三方的支持可以帮助你赢得谈判的胜利。

如此删改

和许多作家一样，美国著名剧作家欧尼尔最不喜欢别人要他删减他的作品。

一次，导演兼剧作家拉塞尔·克劳斯要求欧尼尔把剧本《啊，荒芜的地方》缩短一些，他很不情愿地答应了。第二天，欧尼尔打电话告诉克劳斯说已减少了15分钟。导演听后又惊又喜："太好了，我马上来取修改过的剧本。"

等克劳斯到了欧尼尔办公室后，作者向他解释说："哦，剧本本身并没什么改动，但你知道，这出戏我们原先一直分四场演出，现在我决定把第三个幕间休息省掉。"

启示

谈判中的顽固方总是存在的，没有人愿意主动让步。

有罪与无罪

法官："为什么你把自己的罪行又全部推翻了？在警察局里你不是已经全部招认了吗？"

被告："是的，法官先生。这是因为我的辩护律师说服了我，他说我没罪。"

启示

谈判中通常都有另外的影响力量，这种力量甚至是决定性的。控制了这种力量，就等于控制了谈判结果。

原谅

在上基督教课的时候，老师问一个学生："如果有一个男孩侮辱了你或打了你，你能原谅他吗？"

"能，老师，我想我得原谅他，如果他比我强壮的话。"

启示

实力决定一切，谈判只是实力比拼的擂台。

只给20分钟

1910年，西奥多·罗斯福下野后，作为威廉·塔夫脱总统的特使，参加了英国国王爱德华七世的葬礼，并在葬礼后与德国皇帝会晤。德皇傲慢地对罗斯福说："两点钟到我这里来，我只能给你45分钟时间。"

罗斯福回答说："我会两点钟到的，但很抱歉，陛下，我只能给你20分钟。"

启示

变本加厉地还击，毫不示弱，这至少能够震慑对方。

不同的立场

病人："我真不好意思告诉您：我夫人认为我的手术费太贵了。"

外科医生："不过，我相信，您对自己生命的估价不会像您夫人那样低。"

启示

谈判因不同的立场而存在。

证人

科恩去找律师："律师先生，您看，格林这个无赖都写了些什么！说我该还他2000银币，否则就要控告我。我敢发誓，我这一辈子从未从他手里拿到过2000银币！"

"那么事情就非常简单了……秘书小姐，请录下我的话：'……由于我从未从您手里得到过这样一笔借款，因此我对您的起诉不予理睬……'"

"哎呀，律师先生，错啦，完全错啦！您是在哪里学的法律？秘书小姐，您这样写：'……在我早已还清您2000银币之后，对您的控告我不予理睬……'"

"科恩先生，您刚才说您敢发誓从未从他手里借过钱！"

"那么，我得到过吗？"

"那您为什么要写上您已经还掉了？"

"律师先生，您瞧，如果我照您所说的那样写，那么最后他就能找出两个证人来证明他给过钱……而照我的意思写，那么证人就必须由我来找。"

启示

第三方证明的力量是显而易见的。要想赢得谈判，就需要赢得证明的力量。

手中有斧头

上道德课时，老师说：“儿童时代的华盛顿总统有一次砍掉了父亲的一棵樱桃树，由于他勇敢地承认了自己的错误，父亲没有责罚他。”接着老师问学生：“为什么华盛顿没有受罚？谁能回答？”

一个学生站起来回答：“因为华盛顿手里拿着斧头。”

启示

谁掌握真正的威慑性力量，谁就拥有话语权。

第八部分

THE EIGHTH PART

领导艺术

好消息和坏消息

士兵们连续行军、作战，他们又累又热又脏。一天，将军宣布："士兵们，我有一个好消息和一个坏消息要告诉你们。你们愿意先听哪个呢？"

"好消息！"他们嚷道。

"好吧，"将军说，"好消息就是你们每个人都可以彻底换一身衣服。"

"太好啦！"士兵们高兴地大叫起来。

"现在该说坏消息了。杰克，你将和约翰换衣服；约翰，你和汤姆换；汤姆，你和罗伯特换；罗伯特……"

启示

真正的领导者要有洞悉员工心理的能力，并有能力思考要采取何种行动使员工的消极情绪得到一定程度的缓解。幽默的人更容易成为一位好领导。

威慑力

一位法律系学生到法院实习，审判一件杀人案。第一天开庭时，实习生反复向被告告知了政策，可被告仍然矢口否认见过凶刀。退庭后，实习生回忆这次审判，觉得自己态度不够严厉，缺乏威慑力。于是，第二天开庭时，他紧皱双眉，圆睁双目，拍着桌子厉声问道："说！见过这把刀吗？""见过，"被告低声回答。实习生认为自己的威慑力发挥了作用，他又拍了下桌子，问道："说！什么时间？什么地点？""昨天，这里。"被告哆哆嗦嗦地答道。

启示

领导要避免过于严厉和强调威慑力而使员工陷于过度紧张的状态，影响正常的交流。

安然的总裁

城里男孩肯尼移居到了乡下，从一个农民那里花1000美元买了一头驴，这个农民同意第二天把驴带来给他。第二天，农民来找肯尼，说："对不起，小伙子，我有一个坏消息要告诉你：那头驴死了。"

肯尼回答："好吧，你把钱退给我就行了！"

农民说："不行，我不能把钱退给你。我已经把钱花掉了。"

肯尼说："那么，你就把那头死驴给我吧！"

农民很纳闷："你要那头死驴干什么？"

肯尼说："我可以用那头死驴作为幸运抽奖的奖品。"

农民叫了起来："你不能把一头死驴作为奖品。没有人会要它的。"

肯尼回答："别担心，看我的。我不告诉任何人这头驴是死的就行了！"

几个月以后，农民遇到了肯尼。

农民问他："那头死驴后来是怎么处理的？"

肯尼说："我举办了一次幸运抽奖，并把那头驴作为奖品，我卖出了500张票，每张2元钱，就这样我赚了

998元！”

农民好奇地问：“难道没有人对此表示不满？”

肯尼回答：“只有那个中奖的人表示了不满，所以我把他买票的钱还给了他。”

许多年后，长大了的肯尼成了大公司的总裁。

启示

商业领导天生具有经营头脑。领导可以没有学历，但是不能没有智慧。

金口难开

柯立芝总统沉默寡言，许多人总是以和他多说话为荣。在一次宴会上，坐在柯立芝身旁的一位夫人千方百计地想使柯立芝和她多聊聊。她说：“柯立芝先生，我和别人打了个赌：我一定能从你口中引出三个以上的字眼来。”“你输了！”柯立芝说道。

一位社交界的知名女士与总统并肩而坐，她滔滔不绝地高谈阔论，但总统依然一言不发，她只得对总统说：“总统先生，您太沉默寡言了。今天，我一定得设法让您多说几句话，起码得超过两个字。”柯立芝总统嘟囔道：“徒劳。”

启示

不同领导者的风格是有差异的。关键是保持自己的个性和对员工的吸引力。

大实话

一天，某官员突然心血来潮，打算去某精神病院视察。

精神病院院长接到通知后，便安排手下加紧准备。为了讨好官员，还严格训练全院病人在官员来访时，夹道欢迎，热烈鼓掌。

官员来了，病人们热烈的掌声令他非常满意。

突然，官员问院长：“怎么刚才你没有鼓掌呢？”

院长回答道：“我又不是病人，为何要鼓掌？”

启示

领导者权威是从员工眼里和心中自然流露出来的，不是职权胁迫下的不得已承认行为。

脚出错了

年轻士兵休假回到了家乡，他高兴地向父母讲述在部队的生活，突然他停下了，抬头注意起窗外正在街上走着的4个姑娘。母亲轻声对父亲说：“看，我们的孩子已经长大了，参军前他从来不去留心姑娘们。”士兵专心注视着姑娘们，直到姑娘们的身影消失，他才回过头对父母说：“有一个姑娘的脚出错了。”

启示

领导者一般有自觉的敬业精神，也有完美主义倾向。

我的话说完了

某领导人的专机飞过太平洋时，遭遇风暴，飞机地板被掀去，领导人与一行随从保镖反应敏捷，牢牢抓住能抓住的东西，统统吊在高空飞行的飞机上。大家使出吃奶的劲，紧握不放，就像烤鸭架上的鸭子一样晃来晃去。但大家都还有一种劫后余生的暗喜。突然，一道雷电击中飞机，使飞机变成了滑翔机，慢慢往下滑落。有经验的飞行员说，飞机载重过大，如果载重减轻100公斤的话，应该有被拉起的希望。大家面面相觑，最后都无声地注视着肥胖而又年迈的领导人。领导人明白了大家的意思，想了想，说：好吧，不过我还有几句话要说。大家脸上露出了幸福的微笑，洗耳恭听，思索着怎么回去传达这些话。

领导人清了清嗓子，顿了一下，说："我的话说完了。"

启示

形式主义和古板僵硬不是具有现代意义的领导艺术。

连锁反应

一天上课时，小学生莱蒂站起来说："老师，我得去告诉弟弟，今天中午吃花生酱。"

"哦，我想，它同上课相比，是不重要的吧？"

莱蒂说："不，这非常重要。如果我不告诉弟弟今天中午吃花生酱，他就会把妈妈留给爸爸晚上吃的烤牛肉吃掉。那样，爸爸回来就会要妈妈辞去她的工作，因为爸爸觉得妈妈不能使他吃上好饭。然后，妈妈将骂爸爸，叫他下馆子，爸爸便很晚很晚才能回家，最后妈妈便叫着要离婚，并搬到外婆家去住……"

老师终于让她去了。

启示

领导者要体恤人心、民情，这样才能保证长治久安。

连带关系

参议员新雇了一名男仆。

"在我这里，要绝对服从命令！"他吩咐道："我叫你做的要马上去做，不叫你做的不要乱动！"过了一会，他吩咐开饭。仆人端上饭后便一动也不动。"菜呢？"参议员问。

"先生，你没有另外吩咐。""脑筋要灵活，饭与菜有连带关系。"

有一天，参议员患了感冒，叫男仆去请医生。过了大半天，男仆满头大汗地回来说："除医生外，一些有连带关系的人我也请来了。"

"都是哪些人？"

"有药店老板、办遗嘱手续的律师、殡仪馆的老板，还有熟练老到的掘墓工……"

启示

作为领导者，必须要让员工了解并熟悉你的做事习惯，并且让他们清楚、明白地知道做事的标准。

被撞以后

有一次，一位急匆匆迎面而来的军官在作战部大楼的走廊上一头撞到了林肯身上。当他看清了被撞的竟是总统先生的时候，立刻赔不是。

“一万个抱歉！”这位军官恭敬地说。

“一个就足够了。”林肯回答说。接着又补上一句：“但愿全军的行动都能如此迅速。”

启示

领导者应该有宽阔的胸怀，并有随时随地激励员工的意识和能力。

高处不头昏

一个泥水匠出身的部长接受记者的采访。“你觉得当部长和当泥水匠有什么相似之处呢？”

“两者都要在高处不头昏才行！”

启示

领导者要处于高处而不头昏，即时刻保持清醒的头脑，知道什么该做什么不该做。

杜鲁门

白宫的工作人员叫杜鲁门“总统”“老板”，而杜鲁门却叫自己的夫人为“老板”。杜鲁门每晚都要带好多问题向他的“老板”请教。而总统夫人也会在幕后向杜鲁门施加影响力。杜鲁门对此并不反感，因为夫人常常说得在理。杜鲁门自豪地说：“她是唯一能骂我而不会受惩罚的人。”

启示

成功人士的背后往往站着一位伟大的女人。虚心是可贵的品质。

估计敌军的兵力

在一次有关兵力问题的讨论中，有人问林肯，南军在战场上有多少人。“120万人。”林肯回答说。这个数字远远超过了南军的实际兵力。

望着周围一张张充满惊愕和疑虑的脸，林肯接着说：“一点不错——120万人。你们知道，我们的那些将军们每次作战失利后，总是对我说寡不敌众，敌人的兵力至少多于我军3倍，而我又不得不相信他们。目前我军在战场上有40万人，所以南军是120万人，这毫无疑问。”

启示

智慧的领导者知道如何不动声色地批评与纠正员工不良的工作习惯。

回电

南北战争期间，林肯有一回发令到前线去，要求各司令官发到白宫来的报告，务必要翔实。麦克利兰将军是一个急性子的人，接到了林肯总统的这道命令后，马上发个电报到白宫去：“华盛顿林肯大总统钧鉴：倾俘获母牛6头，请示处理办法。麦克利兰。”

林肯接到了麦克利兰将军的电报，

马上给他回电："麦克利兰将军勋鉴：电悉。所陈俘获母牛6头，挤其牛乳可也。林肯。"

启示

令出必行，令行必止。领导者本身要有以身作则的意识和习惯。

教室的面积

里根善于用故事陈述他的观点。

在对全国学生联合会演讲当中，里根全力抨击一个老目标，即政府日常文书工作的种种弊病、官僚主义及其危害。他说："我认识一位教师，他不断收到表格，填写好后，又一一送出。他发现表格项目净是一些一再问过的老问题，例如他教室面积有多少。"

"他感到好奇，不知华盛顿有关部门是否有人看这些报告。所以每当他填写老一套的表格时，他就把他教室的面积逐渐扩大。直到教室的面积竟与罗马圆形剧场一般大，但是华盛顿方面竟没有表示任何异议。"

后来，他采取相反的方法。每次填表时，他逐渐缩小教室面积，以致教室面积比轮船舱口还小，华盛顿方面仍毫无反应。后来他得出结论：这些表格根本没人看。

启示

对于领导者而言，善于发现社会底层的声音和现实是掌控全局的必要条件。官僚主义危害大。

解雇

丘吉尔是在第二次世界大战的战火中出任英国首相的，可谓受命于危难之际。他力主抵抗法西斯，积极促进与苏美两国的有效合作，大大加快了法西斯的覆灭速度。

然而，战争结束不久，在1945年的英国大选中，保守党大败，丘吉尔落选了。为了安抚这位前首相，英王决定授予他一枚巴思勋章。丘吉尔感慨万分地说："当选民们把我解雇的时候，我有何颜面接受陛下颁发给我的这枚奖章呢？"

启示

群众意愿决定领导，领导荣誉来自群众。

困难的处罚

一个士兵从中尉身边走过，没有敬礼。中尉把士兵叫了回来，严厉地说："你没有向我敬礼，为此你要受到处罚，罚你做100遍敬礼动作。"

这个时候，将军走了过来。

"怎么回事？"他看见士兵老在敬礼，问道。

"这个不懂礼貌的家伙不向我敬礼，因此我罚他敬100次礼。"

"一点儿也不错，"将军笑着夸奖说，"不过，中尉，您不要忘记，您也得回他100次礼。"

启示

过度讲求虚荣的领导容易变成权力狂。

命令

一位青年军官被任命为他父亲的副官，他父亲是一位功勋卓著的将军。在一次军事演习中，副官向一位老上校传达将军的命令："我父亲命令你必须带领全团尽快占领402高地。"

老上校强忍住笑问："你母亲说了些什么呢？"

启示

对领导威严的维护——公事公办。

目标准确

炮兵连长向营长报告："报告营长，敌人太狡猾了，隐蔽的地方简直让你意想不到，我们该怎么办呢？"

"笨蛋，那就向意想不到的地方开炮！"

启示

对领导威严的维护——关键时刻冷静指挥。

贫穷和富有

伟大的意大利诗人但丁被恩格斯誉为"新时代的最初一位诗人"。

处于新旧时代交替时期的但丁并不超然，他被深深地卷入了政治斗争。为此他曾在他的保护人坎·格朗德的宫廷里住过一段时间，不过他们的关系并不是很融洽。坎·格朗德的宫廷里还有另外一位官员，这位官员狂妄无知，却能获得大量的金钱。

一天，这位官员对但丁说："像我这样无知愚笨的人，却这么得宠而富有。而你学识渊博、聪明非凡，却穷得像乞丐？这到底是为什么？"

但丁回答说："原因很简单：你找到了一位与你类似的君主。要是我也找到一位像我这样的君主时，就会和你一样富有了。"

启示

领导的人格决定下属的做事风格。

钱和雨

当卡特的飞机降落在饱受旱灾之苦的得克萨斯某镇之前，该镇忽然下起了雨。卡特踏上滑溜溜的机场跑道，向聚集在那里前来欢迎他的农民说："你们或者要钱或者要雨。我拿不出钱，所以只好带来了雨。"

启示

对领导威严的维护——恩泽天下。

输血

在奥地利维也纳，有位小偷被抓获，法官说："你已多次偷窃，怎么恶性不改呢？"

小偷说："我曾接受过两次输血，后来发现那个输血给我的人原来是个惯偷。"

启示

不认真反思错误，却推卸给外界因素，这样的人永远不会成功。

耶稣脸红

意大利文艺复兴鼎盛时期的名画家拉斐尔，曾经在梵蒂冈教皇皇宫里绘制壁画。他对此项工作倾注了大量的心血，表现出了极大的虔诚，他按自己对《圣经》的理解和想象，仔细地勾勒着每一个线条。经过他的手，一个个宗教人物栩栩如生地呈现在墙壁上。

有一天，两位红衣主教突然有兴致来观看拉斐尔作画。当时的拉斐尔正站在支架上，吃力地挥动着画笔。红衣主教看了一会儿，半开玩笑地批评拉斐尔，说他把壁画上的耶稣和圣保罗的脸都画得太红了。

说者无心，听者有意。拉斐尔停下画笔，背对着主教，用非常低沉的声音回答道：“阁下，我是故意这么画的，因为他们在天堂里看到教堂被你们这些人管辖而感到有些羞惭。”

启示

领导者最重要的是要赢取人心。

以子之矛，攻子之盾

第二次世界大战后，德国著名乐队指挥家瓦尔特到了美国。他首次指挥纽约交响乐团时，发现第一大提琴手沃伦斯坦无论是彩排或正式演出时都有意不听指挥。

“您是一位志向非凡的人，沃伦斯坦先生，可您的抱负是什么呢？”瓦尔特没有当众责怪他，只是请他来交谈。指挥家的态度非常友好。

“成为一名指挥家。”沃伦斯坦答道。

瓦尔特笑着说：“那么，当您成为指挥家时，我希望您永远不要让沃伦斯坦在您面前演奏。”

启示

虽然说不想当元帅的士兵不是好士兵，然而好领导还是要从好员工开始的。

掷硬币

对正在访问的地区加以奉承是里根的一大特色。正如里根的一位幽默顾问解释的那样：“幽默的主要价值之一，是让听众明白你知道他是谁，他住在哪里。”

里根在到达俄勒冈州波特兰时说：“我的几位辛勤工作的助手们劝我不要为了到这里而离开国会。为了让他们高兴，我说：‘好吧！让我们来掷硬币，决定是去访问你们美丽的俄勒冈州，还是留在华盛顿。’你们知道吗？我不得不连续掷14次才得到使我满意的结果。”

启示

领导的主要任务——赢得下属的欢迎和热爱。

忠言逆耳

人们往往很难了解戴高乐的人事政策。他曾这样解释过这件事："基本上我只喜欢敢反驳我的人，可是我和这些人很难相处。"

启示

任人唯贤的领导者是决定组织正常和良好运营的基本保障。

家父酒量

数学老师："桌上有三杯酒，我请你父亲喝一杯，还有几杯？"

小学生："一杯也没有了。"

数学老师："怎么？你没有听懂我的话吗？我再说一遍，桌上有三杯酒，我请你父亲喝一杯，还有几杯？"

小学生："真的一杯也没有了。"

数学老师："你懂得数学吗？"

小学生："老师，你不懂我父亲的脾气，他看见桌上有酒，是一杯也不肯放过的。"

启示

领导应该在了解相关事实之后，再对下属进行批评。

醉军官

"列兵杜班，昨天你回营房时喝得烂醉如泥。不仅如此，你还推来了一辆偷来的独轮车。"

"长官是这样的……"

"你这样做是要被关禁闭的。"

"是！我的长官。但也许您还能想起来，趴在那辆独轮车里的不正是您自己吗？"

启示

领导者如果自己不能以身作则，批评下属时就没有说服力。

不反对

一天晚上，美国总统林肯在忙碌了一天之后上床休息。忽然，电话铃声大作，原来是个惯于钻营的人告诉他，有位关税主管刚刚去世，这人问林肯是否能让他来取代。林肯回答说："如果殡仪馆没意见，我当然不反对。"

启示

领导者需要拒绝的事情很多，要讲究拒绝的艺术是必要的。

总统的衣服

美国总统托马斯·杰斐逊自始至终把自己看作平民中的一员。在担任总统时，每天下午，他都要独自骑马到华盛顿郊区去漫游，与民众进行广泛接触。

一天，杰斐逊碰到一个康涅狄格州人。此人见杰斐逊骑着高头大马，衣着平常，以为他是一个马贩子，便与他聊了起来。说着说着，话题扯到了新上任的总统。对方说："杰斐逊花钱大手大脚。他的每个指头都戴着戒指。把他的衣服卖了，换回来的钱可买回一个种植园外加两只手表。”

杰斐逊听了哈哈大笑说：“总统平时穿的衣服还没有你漂亮哩！如果你不相信，我陪你去见见他。”

当他俩骑马来到白宫门厅时，仆人赶忙向杰斐逊打招呼：“总统先生！”

那个同行的人被惊得目瞪口呆。

启示

领导可以通过实际行动来消除下属的误解。

只选其一

有人去白宫拜访美国总统西奥多·罗斯福。罗斯福的小女儿艾丽丝在办公室跳来跳去，不时打断他们的谈话。

那人抱怨说：“总统先生，难道你连艾丽丝都管不住吗？”

罗斯福无可奈何地说：“我只能在两件事中做好一件。要么当好总统，要么管好艾丽丝。既然我已经选择了前者，对后者就无能为力了。”

启示

家事与公事，公事为先。

下篇　幽默技巧篇

使用技巧	幽自己一默

幽默举例

自我介绍

马寅初讲课很少翻课本、读讲义，讲得激动时，往往走下讲台，挥动胳膊，言词密集。他自我解嘲说：“听我的课，你们要准备好雨伞。”

林语堂也曾自我介绍：“我的长处是对外国人讲中国文化，对中国人讲外国文化。”

技巧点评

让笑声扬起来是创造良好的现场气氛的有效方法。如何让笑声扬起来？当台下的听众的目光都齐刷刷投射到你身上的时候，拿自己开玩笑就是个不错的选择。这样既可以活跃气氛，更可以拉近你与听众之间的距离，产生亲切感。

有时候你会遇到一些尴尬和难堪，那么如何将这种困境变为对自己有利的局面呢？就是把自己的笑话讲给别人听或者自我解嘲，拿自己开涮。

钢琴家布鲁斯有一次在底特律演奏，发现上座率不到一半。他当然很失望，但是他对听众说：“底特律这个城市一定很有钱，我看到你们每个人买了三个座位的票。”整个剧院里充满了笑声。

使用技巧	难得糊涂

幽默举例

主持人

一位杂技演员表演踩蛋时，不小心踩碎了一个鸡蛋。观众全看在眼里，演员很不好意思地又换了一个鸡蛋，主持人忙打圆场："为了增加艺术效果，证实鸡蛋是真的，所以演员故意踩碎了一个给大家看。"不巧的是，主持人话音刚落，演员脚下的鸡蛋又踩碎了一个。观众马上转向主持人，这回看你怎么说。只见主持人无可奈何地叹了口气，说："哎，社会上的伪劣产品屡禁不绝，看来不抓不行了——连母鸡都生产伪劣产品！"

技巧点评

糊涂体现智慧，聪明人才能装得出糊涂。不仅郑板桥在泼墨诗书时发出了这样的人生慨叹，莎士比亚在其著作《第十二夜》中也让主人公说出了这样的道理。

在很多场合，常常会出现意外的小插曲，如果处理不好，就会使人感到不愉快，从而破坏现场气氛。如何巧妙地处理这种事情呢？不妨假装糊涂。

对一些无法预料的小事斤斤计较，会让别人尴尬，也会让自己难堪。如果能够做到装糊涂，这种大智若愚的气度绝对会使人感受到幽默的巧妙。

使用技巧	荒诞逻辑

幽默举例

金岳霖

金岳霖十几岁的时候，就觉得中国俗语“金钱如粪土，朋友值千金”有问题。他说，如果把这两句话作为前提，得出逻辑结论应该是“朋友如粪土”。

∵ 金钱=粪土

∴ 1000金钱=1000粪土

又∵ 朋友=1000金钱

综上所述：

∴朋友=1000粪土。

技巧点评

荒谬的逻辑就是用不成立的、不规范的逻辑思路去做关系推演，最后得出令人啼笑皆非的结论。它之所以能产生幽默，是因为它是以表面上有道理的或是人们口头上的俗语，名人的名言为论据，配以看似缜密的逻辑推理，所以它本身包含有机智的成分。

如果要对某一句已经为人们所熟悉并认同的俗语、观点提出不同意见或者进行强化的时候，展示荒谬逻辑的幽默法是比较好的方法。它能够使人们在笑声中不知不觉分辨出道理的真伪，跟着讲演者的思路走下去，逐渐融入现场。

使用技巧

反戈一击

幽默举例

罗斯福、丘吉尔及斯大林

第二次世界大战时，罗斯福、丘吉尔及斯大林三位巨头开会。罗斯福、丘吉尔处处被动，因此两人合计着想算计斯大林一把。丘吉尔说："昨天我做了一个梦，梦见自己成了地球的主宰！"罗斯福也接着说："昨天我也做了一个梦，梦见自己成了宇宙的主宰！"两人说完后，得意地看着斯大林。斯大林微微一笑，说道："昨天我也做了一个梦，梦见自己既没有批准对丘吉尔先生的任命，也没有批准对罗斯福先生的任命。"

技巧点评

在讲演中，讲演者和听众的互动是必不可少的，而有互动就必有研讨，有研讨则有意见的不同持有方，有意见的不同持有方则必有争论。如何使现场气氛既因为有争论而热烈，使人们的思想有所增益，又能保持人们心情的愉悦？这是需要技巧的。

"反戈一击"的意义就在于既能使争论的问题画上完美句号，又能让人"输"得心服口服，不仅不会发脾气，还乐得呵呵笑，不至于令他下不了台，造成尴尬。

不过"反戈一击"的力度需要掌握在一定范围之内，就像牧羊人的皮鞭轻轻打在小羊的头上，看不出打击的意味，却尽显体贴与关怀。

使用技巧	将特殊性理解为普遍性

幽默举例

福特

美国汽车巨头福特有一次开着自家生产的小汽车经过底特律市郊，他看见一福特车主在修车，便前去帮忙。没用几分钟就修好了。车主很感激，拿出5美元递给他：“去买包雪茄烟吧！”

福特说：“我现在钱多得自己也不知如何花，只是我很愿意帮你修理汽车。”

车主说：“在吹牛吧！要是你有钱，干吗还开着辆福特到处跑呢？”

技巧点评

事物都包含普遍性，也具有特殊性。

普遍性是人们比较熟悉的，特殊性则是比较隐蔽的，为人们所陌生。在有意或无意之间，将特殊性理解为人们平常认知中的普遍性，就会产生幽默。并且，当另一方故意误解并进行非常规回答的时候，幽默的智慧和技巧效果就会体现得淋漓尽致。

这也是在创作幽默和讲演临场发挥过程中为了更好地调动听众的情绪可以利用的技巧之一。

使用技巧	以牙还牙、以眼还眼

幽默举例

徐文长

徐文长到舅舅家做客。舅舅半晌才端出一盘菜，却只是一个鸡蛋，舅舅说："文长啊，真是不好意思，你来的真不巧，要是晚来3个月，这个鸡蛋就是一碗鲜美的鸡汤了。"一日，徐文长复请舅舅。半晌，他端出一盘竹片对舅舅说："舅舅啊，真是不好意思，你来的真不巧，要是早来3个月，这盘竹片就是一碗鲜美的竹笋了。"

技巧点评

以牙还牙、以眼还眼就是两只牛对顶牛角，正面冲撞。你向我龇牙咧嘴我也向你龇牙咧嘴，你向我瞪眼我也向你瞪眼。这种带着孩子气的动作和做法往往令人忍俊不禁。

我们只是将以牙还牙、以眼还眼作为一个创作幽默的技巧加以介绍，目的只是希望讲演者能够根据现场气氛需要适当运用。这种"牛顶角"的技巧还需要掌控好火候，达到逗乐的目的，而不要弄巧成拙，反令人难堪和尴尬。

使用技巧	同音异义字/词

幽默举例

呱呱呱

张三和李四拜访徐文长，张三暗将徐文长拉到一边说：“文长兄，今日你若能令李四呱呱呱叫三声，我今天就请客吃饭。”徐文长笑道：“此事极易。” 徐文长将张三和李四带到一片西瓜地中，手指瓜田对李四说：“李兄啊，你看这一片葫芦长的多好啊。”李四纳闷道：“文长兄啊，这明明是瓜嘛，你怎么说是葫芦呢。”徐文长道：“是葫芦。”李四道：“是瓜。”徐文长：“葫芦。”李四：“瓜。”徐文长：“葫芦，葫芦，葫芦。”李四：“瓜，瓜，瓜。”

技巧点评

同音异义字/词在汉字和汉语言里面经常可以遇到。巧妙运用同音异义字/词，能达到很好的幽默效果，又往往含有深意。

比如有很多同音异义字/词可以做文章：“和尚”与“河上”、“诗”与“尸”、“取”与“娶”、“大喜”与“大洗”。还有加书名号的词语与不加书名号的词语的差别，也能产生幽默。

有一天，一位中年男性急匆匆地到书店去买书，对售货员说：“《我是你爸爸》。”售货员是个年轻姑娘，一听这话，气不打一处来：“你是我爸爸？耍流氓啊你？”中年男性愣了一会儿，说：“我想买王朔那本名叫《我是你爸爸》的书。”

使用技巧	反常技法

幽默举例

儿子的成绩单

一位父亲见儿子从学校拿回来成绩单，关心地问："考得怎么样，快念给我听听。"

儿子看了父亲一眼，胆怯地打开成绩单念道："语文52分，数学48分，共计100分。"

"嗯，你'共计'这门考得不错。"

儿子听了，忍不住笑出了声。

"看，一表扬你就骄傲了！"

技巧点评

反常法是用来对习以为常的生活逻辑进行有意违反的手法，采用一种令人感到出乎意料、不可思议和富有情趣的表达方式，开始一切正常，最后的结果一鸣惊人却又合乎逻辑，往往让人得到一种意外的惊喜与快感。

反常法可以用在言语表达中，也可以在特殊的语境中对一些现象进行描述，听来似乎言之有据、言之成理，其实则是无稽之谈，从而取得诙谐效果。

反常法经常被有意识地广泛运用于演讲中。演讲者通常会通过一种欲擒故纵的方式，引导听众的思路，最后给出众人意想不到的答案或结论。这样能够有效调节现场的气氛。

使用技巧	荒谬答问

幽默举例

小品《昨天、今天、明天》节选

小崔：“今天我们的话题是，昨天，今天，明天。”

黑土：“昨天，在家住了一宿。今天，上这儿来了。明天，回去。谢谢。”

……

白云：“他还经常给我暗送秋波。”

黑土：“啥叫秋波？”

白云：“秋波就是秋天的菠菜。”

技巧点评

在某些场合，如果碰到一些荒谬古怪的人或事，向你提出荒诞的问题或者故意为难你，或者是对方无意却已经在事实上冒犯了你，这个时候，如果针锋相对，拍案而起，往往有失风度。此时，不妨使用以谬还谬的方法，既显出自己的幽默风趣和风度，又可让对方体会到他的不妥之处。

这样的问答，看似荒谬，实际上却需要灵活应变的智慧，一问一答之间，假里藏真，这样不仅避开了正面交锋，还产生了幽默效果。

使用技巧	诡辩

幽默举例

摇 头

一次，与丘吉尔共事的一个议员在议会上演说，看到丘吉尔在摇头表示不同意他的观点，便说："我想提请尊敬的议员们注意，我只是在发表自己的意见。"

丘吉尔回答："我也想提请演讲者注意，我只是在摇我自己的头！"

技巧点评

诡辩实际上常常被人们在无意中使用，因为它表现了人们在正常情况下的一种反射性"自卫"。一般情况下，会得到周围的人发出的一阵哄笑。如果是认死理的诡辩，认准自己一定不会错，那么很可能会令人感到讨厌。

不过，如果是有意识的诡辩，只是想跟大家开个玩笑，逗逗乐，则可以反映出人的机智。这种手法往往通过具有迷惑性的言语来蛊惑人心，辩得奇，辩得巧，可以收到出奇制胜的幽默效果。

诡辩具体的应用方法有很多种，如歧义法、暧昧法、反语法、谐音法和衍义法等。如果善于运用诡辩钻别人言语表达的空子，则可以使现场充满笑声。

使用技巧	旁敲侧击

幽默举例

门捷列夫轶事

一天，一位熟人到门捷列夫家串门，他喋喋不休地讲个不停。“我使你感到厌烦了吗？”客人最后问道。门捷列夫回答：“不，没有……你说到哪儿了？请讲吧，继续讲吧，你并不妨碍我，我在想自己的事……”

技巧点评

很多人在生活中心直口快，说话直来直去，批评起别人来毫无顾忌，满是火药味。这种人既容易得罪他人，也不易达到自己的说话目的。

一般情况下，不能得罪听者。如果产生了异议更要谨慎处理。在这种时候，旁敲侧击的方法是很管用的。他不仅不至于伤人自尊心，如果运用得当的话，这种隐晦含蓄的妙语还可以激起其心底的良知。这种曲意讽喻的方式是我国古来有之的传统幽默技巧之一。

拐弯抹角、直话曲说、规避锋芒、委婉风趣是这种手法的特点。演讲者不仅需要有临场应变的机智能力，还需要有大度宽容的气魄。

使用技巧	别义拆字

幽默举例

个个草包

权臣和珅新修了一所府第，请纪晓岚题一匾额。

纪晓岚提笔给他题了“竹苞”二字，说是“竹苞松茂”之意。

和珅高兴地把它悬在正厅，乾隆皇帝见了，对和珅说：“你被纪晓岚捉弄了！把‘竹苞’二字拆开来，不就是‘个个草包’四个字吗？”

和珅顿时哭笑不得。

技巧点评

汉字历史悠久，形、音、义丰富多彩，从古至今，多少才子佳人、文人骚客细细玩味、慢慢品评，创造出了五花八门的文字游戏。其中，还有值得我们细细品味的文字幽默。它们不仅诙谐滑稽，还充满了智慧和灵气，从而流传千古。

所谓别义拆字就是把字的形、音、义按照特殊的情境拆分、解析或组合，使它产生新奇的含义，令人觉得幽默有趣。

另外，还可以借助声音的组合来创造幽默。比如，绕口令和顺口溜利用发音易混的字眼和词语，使句子变得拗口或者特别顺口，往往容易引人发笑。在演讲当中，适当地运用歇后语、顺口溜或者绕口令，会使现场听众兴味盎然。

使用技巧	虚义实解

幽默举例

一步之差

一次，苏联诗人马雅可夫斯基正在发表演讲，一个矮胖的人走到讲台上，指责诗人的演讲有极大的偏见，最后嚷道：“我要提醒你，拿破仑有一句名言：从伟大到可笑，只有一步之差……”

马雅可夫斯基看了那人同自己的距离，向前一步，用赞同的口气说：“不错，从伟大到可笑，只有一步之差……”

技巧点评

在语言中，很多词语在交流中并不表达一种实在的意义，比如五颜六色、七嘴八舌、等了半天，等等，其中的数字并不表示本义。所以，将虚义词语当作实词来理解就很容易产生幽默的效果，使现场充满乐趣。

比如：

因为会场设施布置的问题，课程没有按时开始，而是推迟了十几分钟。现场的听众等不耐烦了，课程开始就向讲演者发牢骚：“我们都等了半天了！”讲演者笑着说：“哦？你们等了半天了？现在是早上九点一刻，那你们是昨晚九点就守候在此的啰？！抱歉，抱歉！我肯定不负各位的厚望！让大家满载而归！”课堂上人们哄笑声起，不谐之音顺利化解。

使用技巧	故意误解

幽默举例

跳舞

大诗人普希金年轻时喜欢跳舞。在一次舞会上，他邀请一位小姐跳舞。这位小姐傲慢地说："我不和小孩子跳舞！"普希金灵机一动，很有礼貌地鞠了一躬，微笑着说："对不起，亲爱的小姐，我不知道您正怀着孩子。"

技巧点评

对同样的事物，也许100个人看会产生100种不同的印象和想法。同样的，同一句话，也许从不同的角度来考虑，得出的结论也不一样。

就像例子中的小姐的回答"我不和小孩子跳舞！"，如果是按常规来理解，很可能就是认为这位小姐觉得普希金像小孩子，不成熟，所以不愿意跟他跳舞。但是普希金很聪明，能够马上换一种思维，"对不起，亲爱的小姐，我不知道您正怀着孩子。"马上给自己一个台阶，避免了难堪和尴尬。

使用技巧	言语双关

幽默举例

希特勒视察

希特勒来到一个精神病院视察，问一个病人是否知道他是谁，病人摇摇头。于是，希特勒大声宣布：“我是阿道夫·希特勒，你们的领袖。我的力量之大，可以与上帝相比！”病人们同情地望着他，其中一个人拍拍希特勒的肩膀说道：“是啊，我们刚开始得病时，也像你这个样子。”

技巧点评

双关法也就是利用词语的多义现象使它具有双重含义，达到言在此而意在彼的表达效果。

因为中国汉语的奇妙，古往今来，这种方法曾为许多文人骚客所运用，创造出许多奇妙的文字游戏和交际奇迹。

双关法的最大妙处在于听着是在说一个明的意思，细细品味却能体会到另外一层含义。当然，这种方法用在幽默创作上往往只是为了逗乐而不是指桑骂槐的讽刺。

比如有一个笑话，奶奶告诉小孩不许看完病出来跟医生说“再见”，小孩就很听话似的跟医生说了句“永别了！医生。”

使用技巧	套用逻辑关系

幽默举例

屁股和脑袋瓜

在一列开往纽约的火车上，美国《论坛报》的创办人、政治家霍勒斯·格里利的邻座在读一份《太阳报》。格里利老是对别人买对手报纸的动机很感兴趣，便同他闲扯了起来。格里利问他："你为什么不买《论坛报》呢？《论坛报》的内容比《太阳报》更丰富，消息也多。""我也买《论坛报》，"那位看上去很粗鲁的男子说，"不过只用它来擦屁股。""噢，只要你坚持这样做的话，要不了多久，你的屁股会比你的脑袋瓜更有头脑。"

技巧点评

逻辑是存在于事物之间的普遍关系。一个事物根据不同的逻辑关系则可能向不同的方向发展。如果永远按照正常的思维思考问题，遵循正常的逻辑发展渠道，这个人无疑会显得索然无味，现实生活无疑会显得平淡无奇。

套用逻辑关系就是巧妙"盗用"其他事物的逻辑关系，刻意使不同类的事物按同一逻辑关系进行，幽默的效果就可以立即显示出来。

另外，当对方表达中引用的逻辑有错，我们可以将错就错，将对事物的分析顺延下去，这样也可以形成幽默。如：

儿子："爸爸，蘑菇是长在潮湿的地方吗？"

爸爸："是啊，长在爱下雨的地方。"

儿子："原来如此。怪不得蘑菇要长得像伞那样呢！"

使用技巧	比较法

幽默举例

《圣经》和土地

南非原来是一个由少数白人统治的黑人国家，种族的压迫和种族歧视十分严重。图图大主教是领导南非黑人反对种族压迫的坚强斗士，1984年获得诺贝尔和平奖。图图大主教能言善道。1984年冬天，他在美国纽约的一次宗教仪式上演讲时说：“白人传教士刚到非洲时，他们手里有《圣经》，我们（黑人）手里有土地。传教士说：“让我们祈祷吧，于是我们闭目祈祷。可是当我们睁开眼时，发现情况颠倒过来了：我们手里有了《圣经》，他们手里有了土地。”

技巧点评

比喻可以使表达达到生动、具体、形象的效果，它被高效地运用在我们日常生活中。

另一方面，比喻也是创造幽默的重要方法。它通过形象化，使演讲过程中的语言具有吸引力和趣味性。特别是那些让人感到别致、出乎意料和乖巧诡诈的比喻是创造幽默滑稽的最佳材料。

爱因斯坦就在解释相对论的时候做了一个生动的比喻：“当你和一位美丽的姑娘坐上两个小时，自己感到好像只坐了一分钟；但要是在炙热的火炉旁哪怕坐上一分钟，你却感到好像是坐了两个小时。这就是相对论。”

不过，用比喻来表达幽默要自然得体，浑然天成，不露痕迹，给人以天衣无缝的感觉，方可得到预想的平添乐趣的效果。如果比喻不当，则不仅不能给演讲添加生气和趣味，反而令人生厌。

使用技巧	奇特释义

幽默举例

灾祸与事故

有人曾向英国政治家和作家本杰明·迪斯雷利请教灾祸与事故的不同。迪斯雷利就拿他的竞争对手作例子解释说："打个比方，格拉德斯通先生掉到河里，那就是灾祸。如果有人把他拉上岸来，那就是一起事故了。"

技巧点评

把两个表面上似乎毫无联系的事牵扯到一起，从不协调之中表达出新的协调，这就是奇特释义能够产生幽默的原因。

这种方法也就是我们平时所说的"魔鬼释义"。这种对词语的新型解释方法有时真实得令人恐惧，但是你又不得不承认它的确有着非同寻常的新义。无论在日常生活中，还是在演讲过程当中，随口而出的"魔鬼词语"及其释义都能够让表达生动有趣很多。

比如，幽默的人可以这样来解释"古董"："这是一个第一代人买下，第二代人抛弃，第三代人再用高价买回的尿罐。"

实际上，"魔鬼释义"是一种智慧，充满哲理，体现出发散思维的魅力。如果能够在演讲当中灵活自然地运用，则可以使现场气氛变得轻松许多。

使用技巧	仿拟文句

幽默举例

仿拟幽默

1. 趁早下“斑”，请勿“痘”留。（某化妆品广告，仿拟“趁早下班”“请勿逗留”而作。）

2. 衣带渐宽终不悔，常饮某某减肥茶。（仿拟“衣带渐宽终不悔，为伊消得人憔悴”而作，此处隐去减肥茶品牌信息。）

3. 天苍苍，野茫茫，今年的希望太渺茫。水弯弯，路长长，没钱的日子太漫长。（仿拟“天苍苍，野茫茫，风吹草低见牛羊”而作。）

4. 满纸废号码，一把辛酸泪。都云彩民痴，谁解其中味？（仿拟“满纸荒唐言，一把辛酸泪。都云作者痴，谁解其中味”而作。）

5. 风萧萧兮股市寒，钞票一去兮不复还！（仿拟“风萧萧兮易水寒，壮士一去兮不复还”而作。）

技巧点评

在语言表达中，恰当地运用仿拟可以达到更好的沟通效果。它可以将原本很生硬、艰涩、无味的语言变得活泼生动。

仿拟主要是通过一种与正常逻辑相异的联想和想象，把通常情况下本来使用于某种语境和表现某种现象的词语用于另一种截然不同的语境表达和现象表现。这样，就能够使语言显现得更加诙谐幽默、新颖奇妙，给人一种新鲜、奇异和生动的感觉。

仿拟的特点就是出人意料地把众人比较熟悉的词句用另外的事物与词语代替，表达出与原意差别很大的意思。文体结构模拟得越像，幽默感就越强。

使用技巧	恶作剧

幽默举例

自寻荣幸

哈利法克斯伯爵在生活中喜欢搞一些即兴的幽默恶作剧。一次，在去巴斯的火车上，与哈利法克斯同车厢的是两位互不相识的中年妇女，都显得端庄而矜持，因此他们3人谁也没有主动去打破沉默。火车开过一条隧道时，车厢里变得伸手不见五指，哈利法克斯在自己的手背上吻了好几个响吻。火车开出隧道时，哈利法克斯问两位旅伴："刚才在隧道里我感到非常荣幸。我应该感谢哪一位漂亮的夫人呢？"

技巧点评

在日常生活中，一些不大不小的恶作剧常常被我们拿来用作与亲近的人之间的一种有趣的沟通手段。这些恶作剧不痛不痒，却往往能博人一笑，让平淡无奇的生活变得更加新鲜有趣，同时也增强了人与人之间的亲近感。

同样地，这种幽默技巧也可以用在课堂上，并被称为"恶作剧教学法"。经验表明，这种方法是非常实用的，往往能够使学生在瞬间学到平时怎么也记不住的道理和体验到平时忽略的感受。

使用技巧	机械死板

幽默举例

胸脯和白肉

在某次访美期间，丘吉尔应邀去一家供应冷烤鸡的简易餐厅进餐。在要取第二份烤鸡时，丘吉尔很有礼貌地对女主人说：“我可以来点儿鸡胸脯的肉吗？”“丘吉尔先生，”女主人温柔地告诉他，“我们不认‘胸脯’，习惯称它为‘白肉’，把烧不白的鸡腿肉称为‘黑肉’。”丘吉尔为自己的言辞不当表示了歉意，可心里却认为这是咬文嚼字。第二天，这位女主人收到了一朵丘吉尔派人送来的漂亮的兰花，兰花上附有一张卡片，上面写着：“如果你愿把它别在你的‘白肉’上，我将感到莫大的荣耀——丘吉尔。”

技巧点评

现代社会瞬息万变，如果还用呆板机械的思维和行动来思考问题和应对生活，就可能使人觉得可笑。

本例中的丘吉尔故意运用了呆板机械的幽默技巧，将女主人所讲的鸡各个部位的肉的惯称照搬在人身上。这种不按照情境的变化而改变语言表达的幽默方式，能使人会心一笑。

使用技巧	颠倒事物关系

幽默举例

没问题

在丘吉尔80岁生日的茶话会上，一名年轻的记者对丘吉尔说："首相先生，我真希望明年还能来祝贺您的生日。"丘吉尔拍拍记者的肩膀说："记者先生，你这么年轻，身体又这么壮，应该是没问题的。"

技巧点评

事物的关系是什么？就是事物在相互作用的过程中产生并存在的前后关系、因果关系、主次关系、大小关系等。改变事物的关系，或者改变事物的关系的方向，会给人出乎意料的惊奇感受，显得诙谐有趣。

本例中的丘吉尔喧宾夺主，将年轻记者对他身体状况的担忧转化为他对年轻记者身体状况的安慰，令人吃惊之余，不禁使人哑然失笑。

颠倒事物关系的幽默技巧在实际运用中经常表现为喧宾夺主和反客为主的行为和语言。比如下面例子中的乞丐，就是反客为主的典型。

有个善心的年轻人每天经过地下过道都会遇到一个年老的乞丐，每天他都会给乞丐扔一枚硬币。可是突然有一天，他发现自己身上没有硬币也没有零钱，只有100元的大额钞票，于是他这天没办法给乞丐留下任何的东西。可是他刚想离开的时候，乞丐抢到他的面前从口袋里拿出一大把零钱，说："没关系，先生，我可以找给你。"

使用技巧	反话正说

幽默举例

铅铸的鸭子

德皇威廉二世设计了一艘军舰。他在设计书上写道：“这是我经多年研究，经过长期思考和精细工作的结果。”并请国际上著名的造船家对此设计做出鉴定。过了几周，造船家送回其设计稿并写了下述意见：“陛下，您设计的这艘军舰是一艘威力无比、坚固异常和十分美丽的军舰，称得上空前绝后。它能开出前所未有的高速度，它的武器将是世上最强的。您设计的舰内设备，将使从舰长到见习水手的全部乘员都感到舒适无比。你这艘辉煌的战舰，看来只有一个缺点：那就是只要它一下水，就会立刻沉入海底，如同一只铅铸的鸭子一般。”

技巧点评

无论是在日常生活还是在演讲场合，我们难免要评论一些人和事，然而如果言词过硬、过激，很容易产生负面影响，会得罪别人，从而破坏人际关系。所以，在不得不做否定式的评论的时候，我们需要讲究技巧。如果能够让别人在笑声当中不得不对你的评论心服口服，则是最好不过。

反话正说就是在这种情况下可以施展的幽默技巧。它表面上是肯定语气，实际上有着否定含义，形褒实贬。这种语言变化对比强烈，反差很大，不失诙谐和乐趣，不仅可以维护好轻松活泼的现场气氛，同时还比直接否定和批评更加容易让人信服。

使用技巧	刻意夸张

幽默举例

闯进饭店的犀牛

一天，亚历山大·伍尔科特在一家饭店吃饭时遇到了切斯特顿。能言善辩的切斯特顿向伍尔科特讲述了各种各样的哲学命题。其中包括能量和权威的关系。为了使自己的论述形象、生动，他举例说："要是现在有一头犀牛闯进这家饭店，不可否认，它在这里有很大的能量。但是我会第一个站起来向它郑重宣告，它丝毫没有一点权威。"

技巧点评

夸张的语言表达方法在日常生活中是随处可见的。比如"我都要气死了！""他那张嘴说话比爆豆子还快！"不过我们此处讲的夸张的幽默技巧跟一般的夸张修辞不太一样，此处讲的夸张幽默技巧更侧重于讲话者将自己的经历、能力或见闻用夸大的言辞进行渲染和吹嘘，以达到离奇怪诞乃至荒唐的程度。这样的夸张就是一种调侃，如果发挥得淋漓尽致，听众会笑痛肚皮。比如下面这个例子。

有两个人相互吹嘘自己开过豪车。甲牛气哄哄地说："我开过80多万元的宝马。"乙不以为然："我还开过180多万元的大奔呢。"丙听了他俩的话，不紧不慢地说："我开的车你们都没有见过，比任何车都结实。少说值五六百万元吧。"甲乙不信，一齐笑他："吹牛。你说你开的是什么车？"丙答道："坦克。"

附录　歇后语

A

阿拉伯数字8字分家——零比零（0：0）
阿公吃黄连——苦也（爷）
阿斗当皇帝——软弱无能
矮子骑大马——上下两难
矮子坐高凳——够不着
岸边的青蛙——一触即跳
按老方子吃药——还是老一套
按着葫芦挖籽——挖一个少一个
按着脑袋往火炕里钻——憋气窝火
案板底下放风筝——飞不起来
案板上砍骨头——干干脆脆
暗地里要拳——瞎打一阵

B

芭蕉结果——一条心
巴掌打空——劳而无功
巴掌蒙眼睛——其实遮不住天
巴掌劈砖头——硬功夫
巴掌穿鞋——行不通；走不通
巴掌上摊煎饼——巧手；好手
芭蕉插在古树上——粗枝大叶
芭蕉开花——一条心；紧相连
芭蕉叶上垒鸟窝——好景不长
疤瘌眼长疮——坏到一块儿了
宝玉和湘云哭贾母——各有各的眼泪
苞谷秆里的虫——专（钻）心
苞谷面做元宵——难捏合
袍子改汗衫——有余
八个麻雀抬轿——担当不起
八里庄的萝卜——心里美
八亩地里一棵谷——就这一个
八匹马拉不开——难分难解
八十老太学吹打——上气不接下气
八十老翁吹喇叭——有气无力
八宝饭上撒胡椒——又添一味
八辈子的老陈账——说不清
八寸脚穿七寸鞋——别别扭扭
八个老汉划拳——三令五申（伸）
八个钱的膏药——沾上了
八股文的格式——千篇一律
八卦炉里睡觉——热气腾腾
八卦阵里骑马——闯不出路子；出路难找
八级工学技术——精益求精
八级师傅学手艺——活到老，学到老
八斤半的鳖吞了大秤砣——狠心王八
八十个人抬轿子——好威风
八十老汉害个摇头病——不由人愿；由不得人
八十老人吹灯——喘不上气；上气不接下气
八十老翁练琵琶——老生常谈（弹）
八十老翁学打拳——越练越结实
八十老翁学手艺——老来发愤
八十岁的老绝户头——后继无人
八十岁刮胡子——不服老
八十岁留胡子——老主意
八十岁没儿女——老来孤单
八十岁生儿子——代代落后
八十岁玩猴子——老把戏
八十岁学吹笛——尽是老调；老调子
八十岁学摔打——拼老命
八十岁演员扮孩子——返老还童
八十岁站柜台——老在行
八十岁老翁挑担子——心有余而力不足
八十岁跳舞——老天真

八五炮打兔子——得不偿失
八千岁留胡子——大主意个人拿
八旬奶奶三岁孙——老的老，小的小
八仙过海——各显神通；各显其能
八仙桌缺条腿——搁不平
八仙桌上放灯盏——明摆着
八仙聚会——神聊
八仙桌子——有棱有角
八仙过海不用船——自有法度（渡）
八贤王进宫——好难请
八月的苦瓜——心里红
八月的莲藕——又鲜又嫩
八月桂花开——到处飘香
八月里的黄瓜棚——空架子
八月的石榴——满脑袋的点子
八月十五种花生——瞎指挥
八月的柿子——越老越红
八月的天气——一会儿晴，一会儿雨
八月十五的月饼——有缘
八月十五的月亮——年年都一样；正大光明
八月十五吃年饭——还早哩
八月十五吃元宵——与众不同
八月十五吃粽子——不是时候
八月十五过端阳——晚了；迟了
八月十五看龙灯——晚了大半年
八月十五生孩子——赶巧了
八月十五送月饼——赶在节上
八月十五云遮月——扫兴
八月十五蒸年糕——趁早（枣）
八月十五捉兔子——有你过节，无你也过节
八月十五看龙灯——迟了大半年
八月十五吃月饼——正是时候
八只脚的螃蟹——横行霸道
八字不见一撇——没眉目；差得远；差远了
叭拉狗蹲墙头——硬装坐地虎
叭拉狗掀门帘——全仗一张嘴
叭拉狗咬月亮——不知天多高
疤瘌眼照镜子——自找难看
扒了墙的庙——慌了神
拔草引蛇——自讨苦吃
拔葱种海椒——一茬比一茬辣
拔节的高粱——节节高；节节上升
拔了萝卜——窟窿在
拔了毛的凤凰——不如鸡
拔了毛的鸽子——飞不了
拔了塞子不流水——死心眼儿
拔苗助长——急于求成
把鼻涕往脸上抹——自找难看
把肥料浇到莠草上——劳而无功；有劳无功
把脸装进裤裆里——见不得人
把人赶到墙根下——走投无路
把娃娃当猴耍——愚弄人
靶场上的老黄忠——百发百中
霸王别姬——奈何不得；无可奈何
白脖老鸹——开口是祸
白脖子屎壳郎——有特色；与众不同
白布进染缸——洗不清；洗不净
白布做棉袄——反正都是理（里）
白菜帮子——中看不中吃；好看不好吃
白菜地里耍镰刀——散了心
白菜烩豆腐——谁也不沾谁的光
白菜叶子炒大葱——亲（青）上加亲（青）
白骨精遇上了孙悟空——原形毕露
白鹤站在鸡群里——突出

白虎进门——大难临头；灾祸临头
白开水画画——轻（清）描淡写
白蜡杆子翻场——独挑
白蜡材结桂花——根子不正
白脸奸臣出场——恶相；恶模样
白了尾巴尖的狐狸——老奸巨猾
白猫钻灶坑——自己给自己抹黑
白毛乌鸦——与众不同
白娘子水漫金山——大动干戈
白娘子遇许仙——千里姻缘一线牵
白日见鬼——玄乎；心里有病
白日做梦——胡思乱想
白水锅里揭奶皮——办不到；没法办
白水煮白菜——淡而无味
白水做饭——无米之炊
白素贞不舍许仙——恩爱难分
白糖嘴巴刀子心——口蜜腹剑
白天打灯笼——白搭
白天盼月亮——甭想；莫想；休想
白天照电筒——多此一举
白天捉鬼——没影儿的事儿
白仙鹤长了个秃尾巴——美中不足
白铁斧头——两面光
白纸上画黑道——抹不掉；明摆着；清清楚楚；一清二楚
白纸写黑字——黑白分明；更改不掉；改不了；变不了；没办法；赖不掉；明摆着；清清楚楚，一清二楚
白纸做的灯笼——一点就亮
百尺竿头挂剪刀——高才（裁）
百川归海——大势所趋
百货大楼卖西装——一套一套的
百货店里卖鞋袜——各有尺码
百斤担子加铁砣——重任在肩；肩负重任
百斤面蒸寿桃——废物点心
百里草原一人家——孤孤单单
百里奚（春秋时虞国大夫，后为秦国左相）认妻——位高不忘旧情
百里奚饲牛拜相——人不可貌相
百灵戏牡丹——鸟语花香
百米赛跑——分秒必争；争分夺秒；急起直追；奋起直追
百年松树——粗枝大叶
百岁公公吹火——老气
百万雄师下江南——兴师动众
百丈高竿挂红灯——红到顶了
柏木椽子——宁折不弯
柏油烫猪头——连根拔
败家子回头——金不换
败将收残兵——重整旗鼓
拜把子兄弟开茧店——结党营私（丝）
拜旨走进吕祖（吕洞宾）庙——走错门了；找错了门
拜年的嘴巴——尽说好话
搬菩萨洗澡——越弄越糟；白费神；空劳神
搬起石碌砸碾盘——实（石）打实（石）
搬石头打天——自不量力；不自量；办不到；够不着
班房里的衙役——听差的
斑鸠抱窝——悬蛋
斑马的脑袋——头头是道
扳不倒坐到烧饼上——面上人
扳倒葫芦洒了油——一不做，二不休
扳着炉子烤头发——了（燎）不得
扳着指头算账——有数
板凳倒立——四脚朝天
板凳上放鸡蛋——好险；冒险；危险；

靠不住；不可靠
板凳上搁蒺藜——坐不稳；坐不住
板凳上睡觉——难翻身；翻不了身
板凳上钻窟窿——有板有眼
板斧劈柴——一面砍
板门上贴门神——一个向东，一个向西
板上的泥鳅——无地容身；无处藏身
板上钉钉子——实实在在；没跑；跑不了；变不了；没法变
板上敲钉子——稳扎稳打
半边羊头——独角
半边猪头——独眼
半道上捡个喇叭——有吹的了
半吊子的一半——二百五
半截砖头——甩了
半斤对八两——不相上下；彼此彼此；一码事；彼此一样；谁也不吃亏
半斤放在四两上——翘得高
半空的云彩——变化多端
半空中打把势——栽个大跟头
半空中的气球——上不着天，下不着地；悬着哩
半空中放爆竹——想（响）得高
半空中盖房子——没处落脚；落不得脚
半空中赶牲口——露马脚
半空中刮蒺藜——讽（风）刺
半空中挂剪刀——高才（裁）
半篮子喜鹊——叽叽喳喳
半路开小差——有始无终
半路上的新闻——道听途说
半路上丢算盘——失算了
半路上留客——口上热闹；嘴上热情
半瓶子醋——乱晃荡
半山崖的观音——老实（石）人
半天云里踩钢丝——提心吊胆
半天云里出亮星——吉星高照
半天云里的雨——成不了气候；不成气候
半天云里翻账簿——算得高
半天云里看厮杀——袖手旁观
半天云里拉家常——空谈
半天云里飘气球——高高在上；没着落
半天云里骑仙鹤——远走高飞
半天云里做衣服——高才（裁）
半天云中拍巴掌——高手
半夜吃黄瓜——摸不着头尾
半夜鸡叫——不晓；乱了时辰
半夜里的被窝——正热乎
半夜里和面——瞎鼓捣
半夜里抡大斧——瞎侃（砍）一通
半夜里捉迷藏——瞎摸；摸不着
半夜聊天——瞎说
半夜起来穿衣服——为时过早
半夜敲门心不惊——问心无愧
半夜弹琴——暗中作乐
半夜下雨——下落不明；不知下落
半夜做恶梦——虚惊一场；一场虚惊
半夜做梦啃猪蹄——净想好事；想得倒美
半夜做梦娶新娘——净想好事；想得倒美
绊倒趴在粪池边——离死（屎）不远
扮秦桧的不卸装——谁没见过你个二花脸
扮猪吃老虎——大智若愚
膀子一甩——不干了
棒槌吹火——一窍不通
棒槌打缸——四分五裂
棒槌当针——粗细不分
棒槌改蜡烛——粗心
棒槌进城——成精作怪
棒槌里插针——粗中有细

棒槌敲竹筒——空想（响）
棒打鸭子——呱呱叫
棒子面煮葫芦——糊糊涂涂；糊里糊涂
棒子面煮鸡子儿——糊涂蛋
棒子里做蛋糕——不是正经材料
蚌里藏珍珠——好的在里面
包办的婚姻——身不由己；不由自主
被单布洗脸——大方
包公的尚方宝剑——先斩后奏
包公的铡刀——不认人
包公放粮——为穷人着想
包公杀亲侄——先治其内，后治其外
包公审案子——铁面无私；六亲不认
包公铡皇亲——法不容人
包公斩世美——公事公办
包公斩包勉——公事公办；正人先正己
包公的公堂——好进难说
包公铡驸马——公事公办
包老爷的衙门——认理不认亲
包脚布上飞机——一步（布）登天
包脚布上生虮子（虱子的卵）——好角（脚）色（虱）
包脚布做鞭子——文（闻）不能文（闻），武（舞）不能武（舞）
包脚布做夹扣子——又臭又硬；臭硬
包脚布做围脖——臭一圈儿
包元宵的做烙饼——多面手
包子吃到豆沙边——尝到甜头
包子熟了不揭锅——窝气
包子张嘴——露馅
苞谷棒子生虫——专（钻）心
苞谷面糊——没多大油水；油水不大
剥了皮的蛤蟆——临死还要跳三跳
剥皮的青藤——一丝不挂
剥皮的树——不长
雹子砸了棉花棵——光杆司令
薄刀切葱——两头空；两落空
薄刀切豆腐——两面光
薄皮气球——不攻自破
薄纸糊窗棂——一戳就穿
保险柜挂大锁——万无一失
保险柜里安雷管——暗藏杀机
宝囊里取物——手到擒来
宝塔顶上的宝葫芦——尖上拔尖
饱带干粮晴带伞——有备无患
抱黄连敲门——苦到家了
抱鸡婆打摆子——窝里战；又扑又颠
抱鸡婆长胡子——窝里老
抱紧肚子装饱汉——空虚
抱木头跳江——不成（沉）
抱菩萨洗澡——淘神
抱着灯芯救火——惹火烧身；引火烧身
抱着擀面杖当笙吹——一窍不通
抱着孩子拜天地——双喜临门
抱着葫芦不开瓢——死脑筋
抱着黄连做生意——苦心经营
抱着金砖挨饿——活该
抱着蜡烛取暖——无济于事；不济事
抱着木棍推磨——死转圈儿
抱着琵琶跳井——越谈（弹）越深
抱着钱匣子睡觉——财迷心窍；财迷
抱着石头跳深渊——死不回头
抱着铁耙子亲嘴——自找钉子碰
抱着香炉打喷嚏——触一鼻子灰；碰一鼻子灰
鲍叔识管仲——知心
暴风雨中的航船——顶风破浪
暴雨前的闪电——大发雷霆

爆米花沏茶——泡汤了
爆竹脾气——一点就着；点火就着
豹狗子吃马鹿——好大的胃口
豹子进山——浑身是胆
报国寺里卖骆驼——没有那个事（寺）
报纸上的社论——句句讲真理
报时的雄鸡——不用催
瘪了的唢呐——看你怎么吹
杯弓蛇影——自相惊扰
杯水车薪——无济于事；不济事
背鼎锅上山——吃不住劲儿
背篼里头摇锣鼓——乱想（响）
背鼓进祠堂——一副挨打的相
背鼓追槌——自讨打
背门板上街——好大的牌子
背菩萨下河——淘神
背石头上山——硬吃亏；自讨麻烦；自找麻烦
背媳妇过独木桥——又惊又喜
背油桶救人——惹火烧身；引火烧身
背着醋罐子讨饭——穷酸
背着粪筐上银行——臭钱
背着粪篓满街串——找死（屎）；寻死（屎）
背着棺材上战场——往最坏处想
背着哈哈镜走路——不怕后人见笑
背着黑锅做人——直不起腰；伸不起腰
背着喇叭赶集——揽差事
背着灵牌上火线——要拼命；拼啦
背着棉絮过河——越背越重
背着唢呐坐飞机——吹上天了
背着梯子骂街——发贼横
背着娃娃推磨——添人不添劲儿
背石头下河——摸底
背手上鸡窝——不简单（捡蛋）
背后藏茄子——有外心；生了外心
背后拉弓——暗箭伤人
背集摆摊子——外行
背靠背睡觉——体贴人
背人偷酒喝——冷暖自己知
背水作战——断了后路；不留后路
背阳坡上的太阳——不久长；难长久
背着手爬泰山——步步高升；步步登高
北京的萝卜——心里美
北门外开米店——外行
被窝里喂虎——害人又害己
被窝里放屁——能文（闻）能武（捂）
被单蒙桌子——作为（包围）很大
被糊涂理由蒙了心——一点不清醒
被面上刺绣——锦上添花
被窝里踢皮球——不见起
被虫子咬过的果实——未老先衰
被猎人追赶的金鹿——慌里慌张
被埋没的陶俑——永无出头之日；难出头
被窝里不见了针——不是婆婆就是孙
被窝里放收音机——自得其乐
被窝里磨牙——怀恨在心
被窝里伸出一只脚——你算老几
被窝里养老虎——留下祸根；留下后患
被窝里捉跳蚤——瞎抓
笨狗撵兔子——不沾边；沾不上边
笨姑娘纳鞋底——坑坑洼洼
笨驴子过桥——步步难
笨牛吃麻雀——不好捉弄
笨鸭子——上不了架
笨贼偷法官——自投罗网
逼出来的口供——信不得
逼楚霸王寻死——心理战术

逼公鸡下蛋——故意刁难；有意为难；办不到；没法办
逼人跳海——害人不浅
逼上门的生意——没有好货
鼻孔喝水——够呛
鼻涕往上流——反了
鼻头上涂白粉——一副好相
鼻子上吊秤锤——捣嘴
鼻子上抹黄连——苦在眼前
鼻尖上吊镰刀——挂不住
鼻孔里的汗毛——了（燎）不得
鼻孔里长瘤子——气不顺
鼻梁碰着锅底灰——触霉头（倒霉）
鼻梁上放菜刀——好险；冒险；危险
鼻梁上挂眼镜——四平八稳
鼻梁上挂钥匙——开口
鼻梁上推小车——走投（头）无路
鼻涕流进喉咙里——吃亏沾光没外人
鼻头上摆摊子——眼界宽
鼻头上挂粪桶——不知香臭；闻不着香臭
鼻头上抹蜂糖——干馋捞不着
鼻头上耍木偶——面上人
鼻头上长犄角——出格
鼻眼里钻跳蚤——好进难出
鼻子里插葱——装相（象）
鼻子里灌醋——酸溜溜的
鼻子上安雷管——眼前就是祸；祸在眼前；急在眼前
鼻子上挂秤砣——抬不起头来
鼻子上挂肉——油嘴滑舌
鼻子上冒烟——急在眼前
鼻子下面挂电灯——闻名（明）
比赛场上的运动员——争先恐后
比着被子伸腿——量力而行
比干丞相——没心
笔杆子吞进肚——胸有成竹
壁虎尾巴——节节活
壁画上的耕牛——不中用
壁上的耕牛——离（犁）不得
壁上挂鬼星——鬼话（画）
闭着眼睛走路——净想歪道儿
闭了眼和面——瞎掺和；乱搀和
闭着眼睛鼓风——瞎吹
闭着眼睛哼曲子——心里有谱
闭着眼睛卖布——瞎扯
闭着眼睛摸田螺——瞎碰；瞎撞
闭着眼睛蹚河——听天由命
闭着眼睛跳舞——盲目乐观
闭着眼睛走南墙——瞎碰
蝙蝠看太阳——颠倒黑白；傻了眼
鞭杆当笛吹——没心眼儿
鞭炮店失火——恭维自己
鞭打快牛——忍辱负重
鞭打千里驹——快马加鞭
鞭打死鸟——劳而无功；有劳无功
鞭杆做大梁——不是正经东西
鞭梢上拴两个蛤蟆——经不起摔打
扁担冲水——牌子很大
庸担上睡觉——想得宽
扁担挑水——挂两头
扁担打跟头——先一头落地
扁担倒了也认不出来——一字不识
扁担窟窿插麦茬——对上眼儿了
扁担搂柴——管得宽
扁祖挑柴火——心（薪）挂两头
扁担挑水走滑路——心挂两头
扁担无钉——两头滑脱；两头耍滑
扁担砸杠子——直打直

扁担做桅杆——担风险
扁豆绕在竹竿上——有靠了
扁鹊开处方——手到病除；妙手回春
变戏法的本领——全凭手快
变戏法的亮手帕——不藏不掖
变戏法的拿块布——掩掩盖盖
变戏法的打锣——虚张声势
裱糊店里的纸人——一点就透；一戳就破
裱糊匠上天——胡（糊）云
鳖蛋上抹香油——圆滑；又圆又滑
鳖咬手指头——抓住不放；揪住不放
瘪肚臭虫——要叮人
瘪粒儿的麦穗——头扬得高
瘪嘴吹箫——走漏风声
冰雹砸了棉花棵——尽光棍；全是光棍
冰坂上的驴子——四脚朝天
冰河上赶鸭子——大家要滑
冰库里点蜡——洞（冻）房花烛
冰凌当拐杖——靠不住；不可靠
冰凌挂胸口——凉透心；冷透了
冰凌拌豆腐——难办（拌）
冰面上盖房子——不牢靠
冰山上画画——好景不长
冰糖葫芦——一串一串的
冰糖拌黄瓜——干脆；干干脆脆
冰天雪地发牢骚——冷言冷语
冰雪埋到肚皮上——凉了半截
冰凌的豆腐——难办（掰）
冰山上的雪莲——冻了心
冰上走路——小心在意
冰糖蒸荔枝——甜透了
冰窖里打哈哈——冷笑
并列第一名——不相上下
病好打郎中——恩将仇报
病鬼开药店——自产自销
病好郎中到——晚了；迟了
病猫的尾巴——翘不起来
病人拍皮球——有气无力；少气无力
病人遭雷打——天灾人祸
拨好的闹钟——不到时候不打点
拨开竹叶见梅花——分清白
拨浪鼓——两面光
拨了的闹钟——专做提醒人的事
玻璃掉在镜子上——明打明
玻璃杯沏茶——看到底
玻璃猴子——成不了大气候（猴）
玻璃瓶装金鱼——一眼看透
玻璃铺的家当——不堪一击
玻璃罩里的苍蝇——到处碰壁
玻璃窗里看戏——一眼看透；一眼看穿
玻璃蛋子变鸡蛋——有一套
玻璃肚皮——看透心肝
玻璃缸里的金鱼——掀不起大浪
玻璃缸内关苍蝇——乱窜
玻璃镜上的人儿——有影无踪
玻璃筷子夹凉粉——光对光
玻璃瓶子装开水——三分钟的热劲
玻璃瓶装宝物——一眼看透；一眼看穿
玻璃菩萨——神明
玻璃球上拴麻线——难缠
玻璃上放花盆——明摆着
玻璃娃娃——明白人
玻璃心肝水晶人——明白人
玻璃做鼓——经不起敲打
菠菜煮豆腐——一清（青）二白
伯乐挥鞭——骑马找马
博物馆的陈列品——老古董

脖颈上拴头驴——不是正庄（桩）
脖子上挂雷管——太悬乎
跛脚马上战场——有死无活
跛脚驴子追兔子——赶不上；撵不上
跛脚马上阵——没有好下场
跛脚毛驴——不走正道；光走歪道
跛子拔萝卜——歪扯
跛子踩高跷——早晚有他的好看
跛子打秋千——一处拐腿，处处拐腿
跛子打围——坐着喊；坐地呐喊
跛子赶马——望尘莫及
跛子上台——立场不稳
跛子走路——左右摇摆；摇摆不定；一步步来
补锅匠的脊梁——背黑锅
补锅匠栽跟头——倒贴（铁）
布袋里买猫——不知底细
布袋里装牛角——内中有弯儿
布上的棉线——千头万绪
布娃娃——缺乏生气
布袋里装石榴皮——一个子儿也没有
步枪卡了壳——不响
不到黄河心不死——顽固不化
不共戴天的敌人——有你无我
不见棺材不落泪——死心眼儿
不识字的人看布告——一纸都是墨
不熟的杏子——酸极了
不着窝的兔子——东跑西颠
不挨皮鞭挨砖头——吃硬不吃软
不出鸡的鸡子儿（鸡蛋）——坏蛋
不出芽的谷子——坏种；孬种；不是好种
不倒翁得相思病——坐卧不安；坐卧不宁
不倒翁沏茶——没水平
不倒翁骑兔子——没有稳当劲儿
不饿带干粮——有备无患
不见兔子不撒鹰——做事稳当
不敬东家敬伙计——认错了主儿
不碰南墙不回头——倔强；顽固到底
不熟的葡萄——酸得很；酸气十足
不是鱼死，就是网破——有你无我
不听曲子听评书——说的比唱的好听
不听使唤的套筒枪——卡壳了
不长毛的家雀——飞不了
不栽果树吃桃子——坐享其成

C

裁缝师傅买田——千真（针）万真（针）
裁缝的尺子——量人不量己
财神爷休妻——不为空人着想
财神爷敲门——福从天降；天大的好事
踩着肩头往头上拉屎——硬欺负人
厕所里耍笔杆——臭文
厕所里吃烧饼——难开口
擦胭脂粉进棺材——死要面子
茶壶有嘴难说话——热情在里头
唱戏的穿龙袍——成不了皇帝
菜园里的辣椒——越高越厉害
曹操遇蒋干——倒了大霉

D

搭起戏台卖螃蟹——买卖不大，架子倒不小
德州扒鸡——窝着脖子别着腿
地图上画个圈——谁知道有多大
吊在房檐上的大葱——叶黄皮干心不死
吊死鬼照镜子——自己吓唬自己

电风扇的脑袋——专吹凉风
电视广告上的美人——昙花一现
碟子里的豆芽菜——开不了花，结不了果
东街发货西街卖——不图赚钱只图快
东山跑过驴，西山打过虎——见过点阵势
冬天的暖水瓶——外冷内热

E

额头上插牡丹——忍痛图好看
额头角上搁扁担——头挑
鹅蛋石跌进刺蓬里——无牵无挂
恶狼生个贼狐狸——不是好种
恶鬼见钟馗——不得不老实
两分钱开当铺——周转不开
二齿钩子搔痒——是把硬手

F

发大水出丧——天灾人祸
发酵粉子——能吹嘘（虚）
发臭的酸奶——坏透了
发高烧的病人——神志不清
发霉的沙黄豆——不香
发面馒头送闺女——实心实意
发射出去的火箭——扶摇直上
发射卫星上天——一鸣惊人
发了霉的葡萄——一肚子坏水
发困给个枕头——正得劲儿
法官住班房——明知故犯；知法犯法
翻过来的面袋子——空了；空的
翻了篓的螃蟹——到处横行
翻身的王八——四脚朝天
翻着旧皇历找好日子——倒退
番薯脑壳檀木心——不灵通
樊梨花下西凉——马到成功
反转葫芦，倒转蒲扇——出尔反尔
饭罐子打断耳——不能提了
饭店门前摆粥摊儿——抢人生意
饭堂里的苍蝇——人人讨厌
饭店里卖服装——有吃有穿
饭店门前卖瘟猪——不知趣
饭店墙上挂蒜辫——零揪
饭锅上的茄子——软货
饭盒里盛稀饭——装糊涂
饭勺子上的苍蝇——混饭吃
饭桌上的盘子——没把柄
范进中举——喜出望外；喜疯了
方不方，圆不圆——没有规矩
方字比万字——只差一点；差一点
房顶开门——六亲不认
房顶上盖房——漏（楼）
房上的草——刮来的种儿
房顶的窟窿——漏洞
房顶落雪——不声不响；无声无息
房顶上扒窟窿——不是门
房顶上的冬瓜——两边滚
房顶上栽花——难交（浇）
房顶上种麦子——刺激（脊）
房顶上放风筝——起手高一层
房顶上长苗苗——野种
房间里闹鬼——怪物（屋）
房梁刻图章——大材小用
房梁上挂鸡子儿——悬蛋
房梁上挂辣椒——一串一串的
房梁做锄把——大材小用
房头立雀——明摆着
房子着了抢东西——趁火打劫

房门前挖陷阱——自己坑害自己
房檐上逮鸡——不好捉弄
房檐上吊的鱼——干起来了
房檐上的流水——上头的事
房檐上玩把戏——玩命
仿造的商标——冒牌货
纺纱厂的烂线团——头绪太乱
放大镜看报纸——显而易见
放屁吹灯——各练一功
放羊的拾柴禾——捎带
放鸭子上山——错了地方
放大镜照臭虫——原（圆）形毕露
放风筝断了线——没指望了
放火烧山林——不顾根本
放鸟儿出笼——各奔前程
放屁踩着药捻子——赶到点子上了
放屁打鼓——赶到点子上了
放屁捂屁股——小心过分；过分小心
放屁咬紧牙——暗里使劲儿；使暗劲儿
放屁砸着脚后跟——倒霉透了；真倒霉
放咸鱼落塘——死活不管
放羊娃打酸枣——捎带活儿
放了血的猪——趴下了
放羊娃喊救命——狼来了
放咸鱼入塘——不知死活
放虎归山——后患无穷
放在筐里的葱——难扎根
放白粉进棺材——害死人
放毛虫上身——找痒来抓
放暗箭打冷枪——背后伤人
放了气的皮球——硬不起来
放出去的风筝——越飞越远
放虎归山——留下祸根
飞奔的火车——一日千里
飞过的麻雀也要扯根毛——爱占便宜
飞机打飞机——空对空
飞机的屁股——尾巴翘上了天
飞机放屁——一溜烟
飞机上摆手——高招
飞机上唱大戏——高调
飞机上打拳——高手
飞机上打仗——放空炮
飞机上的婚礼——空喜
飞机上的客人——高贵
飞机上吊邮筒——高兴（信）
飞机上观天——目空一切
飞机上过秤——高标准
飞机上开会——高谈阔论
飞机上扔石头——一落千丈
飞机上装大粪——臭气熏天
飞机上吹喇叭——空想（响）
飞机上放鞭炮——想（响）得怪高
飞机上晒衣服——高高挂起
飞机上抬头望——天外有天
飞机上扔钱——空头（投）支（纸）票
飞机上生孩子——高产
飞机上作报告——空话连篇
飞了鸭子打了蛋——两头落空
飞毛腿讲话——快人快语
飞车走壁——净兜圈子
飞蛾撵蜘蛛——自投网罗
废品收购站的仓库——全是破烂货
肥狗咬主人——忘恩负义
肥皂泡当镜子——成了泡影
肥猪戴盔甲——浑身不自在
肥猪上屠场——挨刀的货
肥皂洗手——一干二净
肥鸡炖汤——油水多

肥肉里挑骨头——没剔的
沸水锅里煮螃蟹——看你横行到几时
坟地里拉弓——色（射）鬼
坟里埋砒霜——阴毒
坟头打拳——吓鬼
坟头上捅杆子——搅死人
坟头种牡丹——死风流
坟头上舞大刀——吓死人
坟头上撒砒霜——害死人
坟头上堆冰块——冷死人
坟地里赶集——闹鬼
坟地里摆酒席——鬼作乐
坟地里的夜猫子——不是个好鸟儿
坟头儿不叫坟头儿——土包子
坟场里演戏——给鬼看
粉板上写字——不久长；难长久
粉搽到屁股上——不顾脸面；顾不得脸面
粉球滚芝麻——多少沾点儿
粉刷的乌鸦——白不久
粉条泡在滚水里——直不起腰来
粪船过江——装死（屎）
粪堆上插鲜花——臭美
粪缸里泡过的石头——又臭又硬；臭硬
粪坑上吹喇叭——臭名远扬
粪筐上的窟窿——死（屎）心眼
粪土上镶宝石——值不得
粪车掉轮子——臭架子
蜂蜜待客——给他（你）点甜头儿
蜂糖蒸核桃仁——又甜又香
风不摇树不动——事出有因
风车过马路——没辙
风吹灯草——心不定
风吹鸡毛——忽上忽下
风吹落叶——一扫光
风吹马尾——千丝万缕
风吹麦苗——一边倒
风吹墙头草——两边倒
风吹云朵——飘浮不定
风刮尘土——不费吹灰之力
风刮帽子扣麻雀——意外收获
风口上点油灯——吹了
风门上的皮条——来回拽
风扫杨花——下落不明；不知下落
风匣改棺材——装人
风箱换上鼓风机——一个比一个会吹
风扬石磙——胡说一气；真能吹
风中鹅毛——无影无踪
风里点灯——不久长；难长久
风马牛——不相及
风浪中行船——摇摆不定
风雨中的泰山——不动摇
风箱里的老鼠——尽受气
风箱板改锅盖——受了冷气受热气
风湿膏止痛——治标不治本
风雪山神庙——老天有眼
疯狗咬刺猬——无处下口
疯狗咬人——叼着不放
疯狗咬月亮——狂妄
疯狗的脾气——见人就咬
疯狗吃太阳——不晓得天高地厚
疯牛钻进死胡同——不好回头
疯子写文章——怪话连篇
疯人院的病人——喜怒无常
疯狗的脾气——一见人就咬；乱咬人
疯狗跳墙头——急红了眼；逼的；逼出来的
丰收年景的粮囤子——冒尖
缝衣针当锥子使——难通过；通不过

缝衣针对钻头——针锋相对
逢年过生日——双喜临门
凤凰身上插鸡毛——多此一举
凤凰树开花——红极一时
凤凰山上没凤凰——徒有虚名
凤凰头上戴牡丹——好上加好
凤凰跌到鸡窝里——落魄了
凤凰麻雀换巢——贵贱颠倒
凤凰下鸡——一辈不如一辈；一代不如一代
凤有凤巢，鸟有鸟窝——互不相干；各不相干
凤仙花结籽——碰不得
佛爷的眼珠儿——动不得
佛爷脸上刮金子——刻薄；细索求；浅薄
夫妻吵架家不和——不知谁是谁非；难断是非
夫妻反目——事出有因；说来话长
夫妻俩打铁——对手
夫妻俩下饭馆——对吃对喝
夫妻推磨——净绕圈子；绕圈子
夫妻吵架家不和——不知谁是谁非；难断是非
夫妻开店——齐心合力
夫人病愈——太太好了
浮在水面上的草——无依无靠
伏天的蝈蝈——叫得欢
扶不上树的鸭子——贱骨头
扶起篱笆就是墙——不牢靠
扶着醉汉过破桥——上晃下摇
服务员上茶——和盘托出
斧砍三江水——不断流
斧头劈水——白费力气
斧头的凿凿入木——一物降一物
斧大好砍树，针小能穿布——各有各用处
釜底抽薪——奄奄一息（熄）
府官进县衙——大摇大摆
扶着桥栏过河——生怕掉在水里
复印的材料——一模一样
腹背受敌——进退两难
腹中容不得一根毛——肚量小
富贵人家的小姐——弱不禁风
父子猜拳——爷俩好
父子观虎斗——大惊小怪

G

嘎小子买烧鸡——闹了个大窝脖
旮旯里藏毒蛇——不露头
盖房请来箍桶匠——找错了人
盖了九床被子做美梦——想不透
盖了三年的破被——老套子
盖严了的蒸笼——有气难出
丐帮的打狗棍——非同一般
干水塘里的泥鳅——滑不到哪里去
干河滩撒网——瞎张罗
干草点灯——十有九空
干打雷不下雨——虚张声势
干旱的庄稼——熟得早
干河沟的鱼——跑不了
干河滩里霜牡丹——好景不长
干萝卜缨熬汤——乏味；淡而无味
干泥巴做元宵——搓不圆
干手蘸芝麻——不上手
干塘里的鲤鱼——没有几天蹦头
干塘里的泥鳅——滑不到哪里去
干塘抓野鱼——人人有份
干鱼肚里寻胆——少见；少有

肝脏的兄弟——窝囊废（肺）
甘蔗拔节——一节也不通
甘蔗当烟囱——不通气
甘蔗林里种香瓜——从头甜到脚
甘蔗皮编席子——甜蜜（密）
甘蔗支危房——不顶用；不顶事
赶场带相亲——一举两得
赶场走进死胡同——行不通；走不通
赶脚的不问道——路子对头
赶脚的骑驴——只图眼前快活
赶龙王下海——巴不得
赶马车的打响鞭——虚张声势
赶牛进鸡舍——门路不对
赶鸭子上坡——各顾各（咯咕咯）
赶鸭子上树——办不到；没法办
橄榄屁股——坐不稳；坐不住
擀面杖吹火——一窍不通
擀面杖敲鼓——抡的哪一槌
擀面杖钻石头——纹丝不动
刚出山的太阳——红光满面
刚出笼的馒头烤着吃——欠火
刚学理发就碰上大胡子——难题（剃）
刚飞的鸟儿——不知高低
刚买来的马——不合群
刚从水沟里钻出的泥鳅——黑不溜秋
刚出笼的馍馍——带着气
刚开坛的老酒——冲劲儿很大
刚摘下来的果——新鲜的很
刚捕上来的鱼虾——蹦蹦跳
刚来报到就要跳槽——这山望着那山高
钢钎凿到石头——一锤一个眼儿
钢钎打石头——硬钻
钢厂的产品——全是硬货
钢水倒进模子里——定了型
钢头戴铁帽——双保险
钢铃打锣——另有音
缸里点灯——里头亮
高山上打鼓——远闻
高射炮打蚊子——小题大做
高大的竹子——节外生枝
高大的乔木——腰杆硬
高个子进窑洞——不得不低头
高台上表演——众人仰望
高射炮打老鹰——得不偿失
高山上的雪莲——不可多得
高山上的青松——久经风雨
高山上的瀑布——一落千丈；冲击力大
高考的做法——择优录取
高力士进宫——熟门熟路
高粱秆抬轿子——担当不起
高粱秆结茄子——不可思议
高粱秆上挂个破气球——垂头丧气
高粱秆上点火——一顺杆儿往上爬
高粱米塌饭锅——闷（焖）起来了
高粱地里打伞——难撑
高粱地里放鸟枪——打发兔子起了身
高粱地里栽葱——矮一截子
高粱撒在麦地里——秋后见高低
稿纸上写情诗——做一行爱一行
稿子写到边——不够格
哥哥的岳母嫂嫂的娘——弯弯绕儿
哥们儿瞪眼——凶（兄）相毕露
哥们儿的脑袋——凶手（兄首）
戈壁滩上缺干粮——喝西北风
戈壁滩上放牧——要水没水，要草没草
胳膊折了往袖里藏——自掩苦处
胳肢窝下过日子——太窄
割麦不用镰刀——连根拔

割碎鱼胆——暗暗叫苦
割了脖子鸡还想飞——垂死挣扎
隔山摘李子——相差太远
隔了夜的火炉——外面温温热热，里头全是火
隔靴搔痒——抓不到痒处
隔墙扔扁担——横竖由他去
隔墙撂帽子——不对头
隔墙看花——伸不得手
隔墙丢西瓜——给别人解渴
隔河走路——清清楚楚
隔宿猪头——冷脸
隔年历本——不用翻了
隔年的馒头——早发的
隔夜的菠菜——不水灵
隔壁包的饺子——谁知是什么馅儿
隔夜的饭菜——不新鲜
隔着玻璃亲嘴——意思意思
隔着围墙摘花——手伸得太长
给聋子讲经——浪费口水
给聋子讲故事——白费力气
给下山虎开路——头号帮凶
给了九寸想十寸——得寸进尺
给死人送医——枉费工夫
给狗起了个狮子名——有名无实
给三岁孩子找媳妇——差半辈子呢
跟和尚借梳子——找错了对象
耕地里甩鞭子——吹（催）牛
耕牛吃羊草——怎能吃得饱
工人做工农民种地——历来如此
公园里的花——众人共赏
公园里开碰碰车——难免相撞
公鸡打架——看谁的嘴巴厉害；头对头
公鸡下蛋——没指望
公鸡难下蛋——肚里没有
沟边大树——见湿（识）多
狗挑门帘——露一鼻子
狗叼来的肉猫吃了——坐享其成
狗逮老鼠猫看家——反常
狗吃王八——找不到头
狗吃热肉——又爱又怕
狗啃骨头——津津有味
狗撵耗子——多管闲事
狗吐舌头——热得很
狗尾巴草长在墙缝里——根子不正
狗吃豆腐脑——闲（衔）不住
狗吃猪肠——扯不清
狗熊变黑瞎子——骗（变）自己
狗熊弹琴——没音
狗熊爬树——上劲
狗熊戴手表——假装体面
狗熊掰苞谷——掰一个丢一个
狗熊捉麻雀——瞎扑打
狗咬吕洞宾——不识好人心
狗熊拜年——不敢受这个礼
狗坐轿子——不识抬举
狗咬刺猬——无处下口
狗咬老虎——不知死
狗尿苔长在金銮殿上——生到好地方了
狗尾巴的露水——经不起摇摆
狗啃碗片——满嘴词（瓷）儿
狗吃猪食——乱插嘴
狗的牙齿——参差不齐
狗钻篱笆——找突破口
姑娘绣花——细针密缕
姑娘嫁太监——死也不去
姑娘的绣球——不能随便抛出去
姑娘们的夏装——多彩多姿

姑娘穿婚纱——头一回
骨头丢给狗——给他（它）点小恩小惠
骨头喂狗——投其所好
谷地里的高粱——冒尖儿
古董当破烂卖——不识货
古董店开张——毫无新意
古人的字画——身价百倍
古装穿皮鞋——不协调
鼓着肚子充胖子——外强中干
鼓肚蛤蟆钻喇叭——忍气吞声
鼓槌打石榴——敲到点子上了
顾了翻锅，忘了烧火——到处乱
剜草的拾了个南瓜——捡着大个的
瓜子待客——有仁有义
瓜地里挑瓜——挑得眼花
瓜地里的草人——装模作样
挂历上的人——有口难言
挂历上的鸟雀——不会唱
挂羊头卖狗肉——有名无实
拐子上楼梯——乱碰头
拐子追驴——步步赶不上
拐子进医院——自（治）觉（脚）
拐子当差役——用人不当
关门踩高跷——自看自高
关门打要饭的——拿穷人开心
关门掩着个耗子——急（挤）死了
关门挤着眼睫毛——巧了
关门挤了鼻子——碰个巧茬儿
关着门炒辣椒——够呛
关灯摔跤——暗中使劲儿
关云长刮骨疗毒——全无痛苦之色
关节炎遇上阴雨天——老毛病又犯了
关羽卖肉——没人敢来
关云长卖豆腐——人硬货不硬
关公开凤眼——要杀人
关公进曹营——单刀直入
关帝庙求子——踏错了门
关着门踩高跷——只知道自己高
关公射黄忠——手下留情
关公照镜子——自觉脸红
关公喝酒——不怕脸红
关公赴会——单刀直入
关云长刮骨疗疮——若无其事
关云长走麦城——大难临头
关帝庙里拜观音——找错了门
关帝庙里挂观音像——名不副实
观音请假——天知道
观音的朋友——个个是神仙
观音庙烧香去——求人不如求神
观音庙许愿——真心实意
观音庙里没观音——走了神
棺材铺掌柜的——想卖不敢说
光棍儿种地——自食其力
光棍儿分家——单干
光头上打苍蝇——正大（打）光明
光叫的猫——捉不住老鼠
光着膀子打架——赤膊上阵
光头打伞——无发（法）无天
光棍梦见娶媳妇——净想好事
光棍搬家——省事
光屁股的娃娃单独走——无牵无挂
光头上的疮疤——明摆着的
光头见和尚——彼此彼此
光棍栽桃子——自食其果
光打雷不下雨——虚张声势；只说不干
广东人唱京剧——南腔北调
鬼迷张天师——无法可使
贵妃娘娘叹气——不顺心

贵妃唱歌——有声有色
贵妃醉酒——仪态万千
跪在老虎面前喊人——善恶不分
滚水煮饺子——你不靠我，我不靠你
滚油锅里捡金子——难下手
锅台上的油渣——练（炼）出来的
锅台上种地——没几分
锅台上种瓜——不发芽
锅膛里的老鼠——灰溜溜
锅里扔石头——砸啦
锅里的油条——受煎熬
锅里炸油条——翻来覆去
锅里的鱼——别想跳了
锅盖上的米粒——熬出来的
过河打摆渡的——好心没有好报
过冬的大葱——叶烂皮干心不死
过河的卒子——有进无退
过河没船——无法度（渡）
过了元旦看挂历——日子长着呢
过了春的大白菜——不吃香了
过了河的小卒子——横冲直撞

H

耗子掉进水缸——时髦（湿毛）
耗子啃皮球——客（嗑）气
韩湘子吹笛——不同凡响
和尚庙对着尼姑庵——没事也得有事
和尚的木鱼——合不拢嘴
黄狗头上出角——尽出洋（羊）相
黄鼠狼觅食——见机（鸡）行事
豁子嘴照镜子——当面出丑

J

脊梁长疮，胸口贴膏药——不顾后患
姐妹俩赛钱——比夫（富）
叫花子过烟瘾——讨厌（烟）
叫花子扭秧歌——穷快活
饺子皮太薄——难免要露馅
京戏走台步——慢慢蹭
见了火的蜡烛——软不拉耷
见了骆驼说马话——少见多怪
街上卖笛——自吹
金漆马桶——外面光，里面臭
金簪落海——无出头之日
金刚钻钻瓷器——一个硬似一个

K

开水碗上的葱花——华（花）而（儿）不实
开水里捞肥皂——全凭手快
开水洗脸——难下手
开灯聊天——说亮话
看惯了武打片——不怕你搞小动作
看病先生开棺材铺——死活都要钱
看见尼姑喊嫂子——乱认亲
嗑瓜子吃核桃——不能不求人（仁）
嗑瓜子嗑出虾米来——遇上了好人（仁）
空袋子——立不起来
空手抓白鱼——难得（逮）

L

拉着虎尾巴喊救命——自己找死
懒厨子做席——不想给你吵（炒）

癞蛤蟆的脊梁——点子多
懒木匠的锯子——不错
懒婆娘坐轿——愿上不愿下
老太太吃黄连——苦口婆心
老虎不吃人——恶名在外
老母猪吃碗碴——满嘴是词（瓷）
老太太不认识仙鹤——高级（鸡）
老太太吃蚕豆——软磨硬顶
锣鼓两叉儿——响（想）不到一块儿
落锅的虾——红透了

M

妈妈姊妹好几个——多疑（姨）
麻袋片上绣花——粗中有细
麻秆的屋梁——无用之材
麻雀搬家——叽叽喳喳
麻雀吃桑葚——等不到老
麻雀飞进炉膛里——毛都没了哪还有命
麻雀到糠堆上——空欢喜
麻雀碰在鼓壁上——吓破了胆
麻雀嫁女——细吹细打
麻雀开会——细商量
麻雀斗鸡——越小越凶
麻雀飞大海——没着落
麻雀走路——不扎根
麻雀抬轿——担当不起
麻雀的内脏——小心肝儿
麻绳穿绣花针——通不过
麻绳吊鸡蛋——两头落空
麻绳做背心——好心当恶意
麻油煎豆腐——下了大本钱
麻子搽粉——空耗
麻雀饮河水——干不了
麻雀飞进照相馆——见面容易说话难
麻雀飞到旗杆上——鸟不大，架子倒不小
麻雀的肚腹——心眼狭小
麻雀掉在面缸里——糊嘴
麻雀落在牌坊上——东西不大，架子不小
麻雀飞大海——没着落
麻雀鼓肚子——好大的气
麻子跳伞——天花乱坠
麻布片绣花——白费劲
麻布下水——拧不干
麻绳上按电灯泡——搞错了线路
麻绳拴豆腐——提不起
麻绳串豆腐——提不起来
麻绳上拉电灯——路线错了
麻袋里装猪——不知黑白
麻线穿针——钻不进
麻线穿针眼儿——过得去就行
麻茎当秤杆——没个准星
麻花儿上吊——脆鬼
麻子不叫麻子——坑人
麻子管事——点子多
麻子敲门——坑人到家了
麻子的脸——净是缺点
麻包里装钉子——露头
麻布袋里的菱角——硬要钻出来
麻布袋做龙袍——不是这块料
麻布袋绣花——底子太差
麻秆搭桥——难过
麻雀跟着蝙蝠飞——白熬夜
麻绳蘸水——紧上加紧
麻秆打老虎——不痛不痒
麻子照相——脸上不好看
马打架用嘴碰——顾不了脸面
马后炮——弄的迟了

马嚼子往牛脖子上戴——错了位了
马屎表面光——里面一包糠
马槽里的苍蝇——混饭吃
马脸比母猪头——一个比一个难看
马背上看书——走着瞧
马大哈当会计——全是糊涂账
马来西亚的咖啡——耐人寻味
马勺碰锅沿——常有的事儿
马嚼子套在牛嘴上——胡勒
马路不叫马路——公道
马路边上的痰盂——人人啐
马尾巴提豆腐——串不起来
马蜂过河——带（歹）毒
马蜂蜇秃子——没遮没盖
马蜂针，蝎子尾——惹不起
马尾做弦——不值一谈（弹）
马打架——看题（蹄）
马尾搓绳——用不上劲
马尥后腿——逞强
蚂蝗的身子——软骨头
蚂蝗见血——叮（盯）住不放
蚂蚁掉在热锅里——麻了脚了
蚂蚁掉在磨盘里——净是路
蚂蚁拖耗子——心有余而力不足
蚂蚁背田螺——假充大头鬼
蚂蚁爬上牛角尖——自以为上了高山
蚂蚁搬家——不是风，就是雨
蚂蚁搬磨盘——枉费心机
蚂蚁尿书本——识（湿）字不多
蚂蚁不咬蟋蟀——一块地里的虫子
蚂蚁撼大树——自不量力
蚂蚁戴眼镜——没有那么大的脸
蚂蚁戴谷壳——好大的脸皮
蚂蚁头上砍一刀——没血肉
蚂蚁头上戴斗笠——乱扣帽子
蚂蚁嘴碾盘——嘴上的劲
蚂蚁爬扫帚——条条是路
蚂蚁关在鸟笼里——门道很多
蚂蚁讲话——碰头
蚂蚁搬家——大家动口
蚂蚁抬虫子——个个使劲儿
蚂蚁背螳螂——肩负重任
蚂蚁吃萤火虫——亮在肚里
蚂蚁搬泰山——下了狠心
蚂蚁碰上鸡——活该
蚂蚱驮砖头——吃不住劲
蚂蚱斗公鸡——自不量力
蚂蚱打喷嚏——满口青草气
蚂蚱胸膛黄蜂腰——不伦不类
蚂蚱上豆架——借大架子吓人
蚂蚁挡道儿——颠不翻车
蚂蚁讲话——碰头
蚂蚁看天——不知高低
蚂蚁爬树——路子多
蚂蚁喝水——点滴就够啦
蚂蚁下塘——不知深浅
蚂蚁进牢房——自有出路
埋下的地雷——一触即发
买干鱼放生——不知死活
买铁锅的——敲敲打打
买麻花不吃——为看这股劲儿
买个罐子打了把——再甭提了
买帽子当鞋穿——不对头
买炮仗给别人放——不值得
买眼药进了石灰店——走错了门
买车不要骡子——后半截
买砖头砌窑——专款专（砖）用
买门神不买挂线儿——捉弄自己

买回彩电带回发票——有根有据
买咸鱼放生——净做冤枉事
买椟还珠——不识货
买了麦子做笼屉——不蒸馒头蒸（争）口气
卖布不带尺子——存心不良（量）；胡扯
卖棺材的闻人重病——暗喜欢
卖螃蟹的上戏台——角（脚）色不小，能唱的不多
卖瓦盆的——要一套有一套
卖盐的喝开水——没味道
卖馒头的掺石灰——面不改色
卖油条的拉胡琴——游（油）手好闲（弦）
卖了儿子招女婿——胡折腾
卖炒勺的——拣有把握的来
卖花人说花香，卖菜人讲菜嫩——自卖自夸
卖肉的切豆腐——不在话下
卖冰棒的折本——心凉了
卖了衣服买酒喝——顾嘴不顾身
卖了大褂买裤衩——见不了人
卖了孩子唱大戏——庆的什么功
卖水的看大河——净是钱
卖米不带升——居心不良（量）
卖煎饼的赔本——贪（摊）大了
卖瓦盆的摔跟头——乱了套
卖虾的不拿秤——抓瞎（虾）
卖棺材的咬牙——恨人不死
卖豆芽的抖搂筐——干净利索
卖油的不打盐——不管闲（咸）事
卖牛娶回个哑巴——无话可说
卖豆腐的扛马脚——生意不大架子大
卖鸭子儿的换筐——倒（捣）蛋
麦芒戳到眼睛里——又刺又痛
麦秸秆里装炸药——乱放炮
麦秸烧火——没长劲
麦田里的韭菜——难分色
麦田里撒豌豆——杂种
麦秆吹火——小气
麦糠搓绳——搭不上手
麦茬儿地里磕头——戳眼
麦秆顶门——白费力
麦秆儿当秤——没斤没两
麦秸秆里瞧人——小瞧
满巴掌的茧——磨炼出来的
满天挂鱼网——遮不住太阳
满天抹浆子——唬（糊）天
满屋老鼠跑——窟窿多
满族的头发——往顶上数（梳）
满口黄连——说不完的苦
满口金牙——开口就是谎（黄）
满园果子——就数（属）你红
满身沾油的老鼠往火里钻——哪还有它好过的
馒头里包豆渣——人家不夸自己夸
馒头开花——气大了
漫山的杜鹃——火红火红
漫天讨价——哆嗦（多索）
盲鸡碰着白蚁窝——吃个正着
盲人佬奏乐——瞎吹
盲人点蜡烛——白浪费
盲人当司令——瞎指挥
盲人学绣花——瞎逞能
盲人打牌九——瞎摸
盲人开口——瞎说
盲人买喇叭——瞎吹
盲人打灯笼——照人不照己

盲人戴眼镜——装样子
盲人骑瞎马——乱闯
盲人上大街——目中无人
盲人给盲人带路——瞎指
猫吃鸡肠——越扯越长
猫肚子放虎胆——凶不起来
猫咬老虎——冷不防
猫鼠交朋友——信不得
猫嘴里的老鼠——跑不了
猫儿洞口等老鼠——目不转睛
猫儿吃腌菜——没能耐
猫爪伸到鱼缸里——想捞一把
猫披老虎——抖威风
猫头鹰抓耗子——干好事，落骂名
猫头鹰唱歌——瞎叫唤；怪声怪调
猫守鼠洞——不动声色
猫被老虎撵上树——多亏留一手
猫不吃死耗子——假斯文
猫不吃鱼——假斯文
猫抓老鼠——祖传手艺
猫捉老鼠狗看门——各守本分
猫教老虎——留一手
猫钻狗洞——容易通过
猫钻鼠洞——通不过
猫捉老鼠——靠自己的本事
毛驴拉磨——跑不出这圈儿
茅草棍打狗——软弱无力
茅厕里啃香瓜——不对味儿
茅坑里的石头——又臭又硬
茅坑里放玫瑰花——显不出香味
茅坑里的孔雀——臭美
茅坑里的秤砣——又臭又硬
帽檐儿做鞋垫儿——一贬到底
冒名顶替——以假乱真
没等开口三巴掌——不由分说
没砣的秤——分不出轻重
没有金刚钻——别揽瓷器活儿
没上套的磨道驴——空转一圈儿
没眼儿猪叫——瞎哼哼
没眼人算卦——瞎说一气
没骨子的伞——支撑不住
没有笼头的野牛——到处伸嘴
没水喝渴死人——与我（饿）无关
没芯的蜡烛——点不亮
没弦的琵琶——从哪儿弹（谈）起
没有根的浮萍——无依无靠
没牙老太婆啃骨头——靠舔
煤球放在石灰里——黑白分明
煤炭拐子打飞脚——骇（黑）人一跳
煤灰拌石灰——黑白不分
煤炭下水——一辈子洗不清
媒婆烂嘴——口难张
媒婆夸闺女——天花乱坠
媒婆提亲——净拣好听的说
媒婆迷了路——没说的了
媒婆夸姑娘——说得像仙女
媒婆戴花——招引人
眉毛上失火——红了眼
眉毛胡子一把抓——主次不分
眉毛上吊钥匙——开眼
眉毛上放爆竹——祸在眼前
眉毛上搭梯子——放不下脸
眉毛上挂猪胆——苦在眼前
眉毛上荡秋千——玄乎
眉毛上掐虱子——有眼色（虱）
梅兰芳唱《霸王别姬》——拿手好戏
梅兰芳唱《洛神》——改头换面
梅山的猴子——古怪

闷葫芦盛药——内情不清楚
闷头桩在水里——不露头
门后的垃圾——不错（撮）
门头上挂席子——不像话（画）
门槛上砍稻草——一刀两断
门缝里看人——把人看扁了
门槛下的砖头——踢进踢出
门缝里看天——目光狭小
门上的封条——扯不得
门角落里的秤砣——死（实）心眼
门框脱坯子——大模大样
蒙上眼睛拉磨——瞎转悠
蒙在鼓里听打雷——弄不清东南西北
蒙住眼睛走路——不行正道
猛虎抖毛——使威风
孟获归降——口服心服
孟姜女寻夫——不远千里
梦里吃仙桃——差太远
梦里坐朝廷——高兴一时是一时
梦里结亲——好事不成
梦里讲的话——不知是真是假
梦里讲新郎——空喜一场
梦中聚餐——嘴馋
梦里见黄连——想苦了
梦里讨媳妇——想得倒美
眯起眼睛看斜纹布——不对思路
弥勒佛——笑口常开
弥勒佛的脸——笑眯眯
米店卖盐——多管闲（咸）事
米臼里的泥鳅——无路钻
米筛挡太阳——遮不住
米筛的身架——尽是漏洞
米筛里睡觉——浑身是眼
米筛装水——漏洞多
米饭煮成粥——糊涂
米汤盆里洗脸——糊涂脑袋
米汤洗头——糊涂到顶
米锅刚开抽柴米——关键时刻不讲合作
米仓里的老鼠——不愁没吃的
蜜蜂叮在玻璃上——没有出路
蜜蜂飞到彩画上——空欢喜
蜜饯石头子儿——好吃难消化
密封罐头——无缝可钻
密封的饮料——滴水不漏
密封的蜡丸——毫无破绽
密封船下水——开口是祸
密封船下水——随波逐流
棉花掉进水——弹（谈）不成
棉袄改被窝——两头够不着
棉花包进的针——暗中伤人
棉花堆里找跳蚤——没着落
棉花地里种芝麻——一举两得
棉花垛里跌跤——舒服死了
棉花换核桃——吃硬不吃软
棉袍捣腾成夹袄——越来越短
棉桃里挑胡桃——专拣硬的敲
棉花里藏针——软中有硬
棉花耳朵——经不起吹
棉花里藏针——柔中有刚
棉花堆失火——没救
棉花耳朵——根子软
棉花卷儿打锣——没回音
棉花槌打鼓——没音
棉纱线牵毛驴——不牢靠
棉裤没有腿——凉了半截
棉袄改皮袄——越变越好
面疙瘩掉在肉锅里——昏（荤）啦
面孔上涂了浆糊——绷紧了

面条里拌疙瘩——混着干
面团滚芝麻——多少沾一点
庙里的和尚——无牵无挂
庙里的钟——声大肚里空
庙里失火——慌了神
庙门上的老鸦——张嘴就是祸
庙门前的蒜——妙算（庙蒜）
庙台上长草——慌（荒）了神
庙祝公喂狗——费（吠）神
庙里的和尚撞钟——名（鸣）声在外
庙里的木鱼——合不拢嘴
庙中的五百罗汉——各有各的一定地位
庙台上拉屎——懒鬼
篾条拴竹子——自己人整自己人
篾钉子钉豆腐——专拣软的欺
篾条穿豆腐——没法提；提不得；提不起来；别提了
灭灯念鼓词——瞎说
民航局开张——有机可乘
摸黑儿吃桃子——只拣软的捏
摸黑儿打耗子——到处碰壁
摸着石头过河——稳稳当当
摸着光头逗乐——耍滑头
摸着阎王爷的脚趾——死到临头
摸到好牌不吱声——暗算；暗里盘算；暗喜
模范找英雄——一对红
魔术师变戏法——无中生有
魔术师的本领——弄虚作假
魔术师的道具——净是秘密
魔术表演——全是假的
魔术师穿长袍——里边大有文章
抹墙的麻刀——千头万绪
磨道里的驴子——走不出圈套
磨道上的老虎——不听那套
磨刀水洗头——脑筋生锈
磨豆腐买了江边田——水里来水里去
磨眼里放碗片——推辞（瓷）
磨眼里冒青烟——严（研）过火了
磨眼里的豆子——随便撵（碾）
磨上睡觉——转向了
磨眼里推稀饭——装什么糊涂
磨道里的驴——转圈子
磨上的毛驴——团团转
磨刀师傅打铁——不识火候；看不出火候来；不会看火候
磨坏了锥子——尖锐
磨道的驴子——听喝的；走不出圈套；打出来的
磨道里等驴——没跑；跑不了
磨上喝醉酒——晕头转向
墨斗弹出两条线——思（丝）路不对
墨里藏针——没处寻；难寻
墨汁里加石灰——瞎掺和；乱掺和
茉莉花喂骆驼——那得多少
母鸡跌入米缸——饱餐一顿
木船赶汽车——老落后
木吊桶落在井里——上不上，下不下
木匠丢了折尺——没有分寸
木匠的刨子——打抱（刨）不平
木偶进棺材——死不瞑目
木偶跳舞——全靠牵线人
木框里的算盘珠子——拨拨动动
木刻的苦罗汉——难得一点笑容
木头人生疮——不痛不痒
木匠打老婆——有尺寸
木匠的折尺——能屈（曲）能伸
木匠吊线——睁只眼，闭只眼

木匠师傅劈劈柴——不在话下
木匠摇墨斗——连轴转
木棉开花——越老越红
木偶登场——故作姿态
木偶跳塘——不成（沉）
木偶下海——摸不着底
木排上桥——难过
木炭上跑马——蹩脚
木炭上的油脂——熬出来的
木桶淘米——水泄不通
木头上钉钉子——个个有钻劲
木头上生疖子——无关紧要；无关大局
木头楔子——光会钻空子
木鱼张嘴——等着挨敲
牧人不刮胡子——溜（留）须拍马
穆桂英大破洪州——难坏了杨宗保

N

拿根麦芒当棒槌——小题大做
拿锅盖戴头上——乱扣帽子
拿禾苗当草锄——不像个庄稼人
拿空心草看人——小瞧
拿着扫帚上杏树——扫兴（杏）
拿豆腐挡刀——招架不住
拿着擀面杖当箫吹——实心没眼儿
拿着和尚当秃子打——冤枉好人
拿着活人当熊耍——愚弄人
拿着鸡毛当令箭——小题大做
哪吒发火——耍孩子脾气
哪吒闹海——惊天动地
奶妈抱孩子——人家的
南天门上唱戏——没声没影
南天门上种南瓜——难（南）上加难（南）
南瓜苗掐尖——出岔了
南瓜蔓上结芝麻——越小越香
南瓜叶擦屁股——两面不讨好
南瓜命——越老越甜
南瓜种在瓦盆里——没出息
南瓜菜就窝头——两受屈
南瓜地里栽山芋——扯来扯去
南瓜地里种豆角——绕过来扯过去
南天门作揖——高情（擎）难（南）领（岭）
南天门上的玉米——光杆儿
脑袋上刷浆糊——糊涂到顶
脑袋上长疮，脚底板流脓——坏透了
脑袋系在裤带上——豁出来了
脑门上长瘤子——额外负担
脑门上钉门板——好大牌子
脑勺子后长疙瘩——看不见自己的缺点
脑门上开口——对天讲话
脑门上长眼睛——眼向上
脑壳上穿袜子——不是角（脚）
脑壳上顶娃娃——抬举人
脑壳上安电扇——出风头
闹市里盖公厕——方便大家
闹市里开店铺——有利可图
嫩竹子做扁担——挑不了重担
嫩苗苗——根底浅
泥菩萨洗脸——失（湿）面子
泥菩萨摔跤——散架了
泥捏的老虎——样子凶
泥瓦匠出身——和稀泥
泥巴捏的小子——没骨气
泥娃娃的嘴——总是笑呵呵的
泥娃娃遭雨淋——软瘫了
泥做的菩萨——全靠贴金

泥菩萨摆渡——难过
泥菩萨洗脸——越洗越难看
泥菩萨渡海——没人保
泥菩萨过河——自身难保
泥菩萨身上长了草——慌（荒）了神
泥瓦匠砌墙——两面三刀
泥人吃饺子——难言（咽）
泥水沟里游泳——施展不开
泥水匠拜佛——心里明白
泥水匠的瓦刀——光图（涂）表面
泥佛爷的眼珠儿——动不得
泥鳅打鼓——乱谈（弹）
泥鳅喝了石灰水——死硬
泥人儿掉在河里——没人样了
泥水匠招手——要你（泥）
泥人经不起风雨——本质太差
泥菩萨打架——两败俱伤
泥人的肚腹——毫无心肝
你有秤杆我有砣——配得起你
你有骏马我有金鞍——配得起你
你吃鸡鸭肉，我啃窝窝头——各人享各人福
你打我一拳我踢你一脚——谁也不让谁
你去南极我去北极——各走一端
你做生意我教书——人各有志
逆水行舟——不进则退
年画上的鱼——中看不中吃
碾子磨——实（石）对实（石）
鸟儿搬家——远走高飞
鸟类吃食——不得不低头
鸟字写成乌——还差一点
捏死手中鸟——容易得很
捏住鼻子喝水哩——一声不响
捏住鼻子过日子——不闻香臭
捏鼻子吃葱——忍气吞声（生）
捏着拳头过日子——心里憋气
捏着一分钱能攥出汗来——会过日子
捏着鼻尖儿做梦——不成
捏鼻子吹螺号——忍气吞声
捏着鼻子唱戏——闷腔
捏鼻子捂嘴巴——一不闻不问
牛皮鼓——声大肚子空
牛犊拉车——乱套
牛角上挂稻草——轻巧
牛身上拔根毛——无伤大体
牛打架——死顶
牛背上放马鞍——乱套了
牛郎织女相会——一年一次
牛见草地——满心欢喜
牛皮鼓湿了——不响
牛身上爬蚂蚁——不显眼
牛皮鼓，青铜锣——不打不响
牛蹄子两瓣——合不拢
牛王爷不管驴的事——各管各的
牛死日也落——祸不单行
牛鼻子上的跳蚤——自高自大
牛屁股后面念祭文——说空话
牛栏里关猪——靠不住
牛拉汽车——怪事一桩
牛郎约织女——后会有期
牛吃赶车人——无法无天
牛角尖对牛角尖——对好（尖）
牛粪堆上的蘑菇——好看不好吃

O

藕炒豆芽——内外勾结
藕丝炒黄豆芽——勾勾搭搭

藕炒韭菜——清清（青青）白白
藕粉煮糍粑——糊里糊涂
藕断丝不断——离不开
藕眼里的泥——洗不干净
偶像面前磕头——毕恭毕敬
沤烂的花生——不是好人（仁）

P

爬竿比赛——看谁上得快
爬楼梯跌跤——爬得越高摔得越重
爬上马背想飞天——好高骛远
迫击炮对机关枪——半晌回一句
迫击炮打蚊子——小题大做
盘山公路上开车——要善于转弯
判官办案——吓死人
判官演魔术——尽要鬼把戏
螃蟹娶亲——尽是大王八
螃蟹拉车——使横劲
螃蟹吐沫——没完没了
胖大海掉进黄连水——苦水里泡大的
胖子穿小褂——不合身
胖婆娘过窄门——门当（挡）户对
跑了虾公捉到鲤鱼——理更好
跑马使绊子——存心害人
泡软了的豆子——不干脆
泡泡糖粘住糯米饭——扯也扯不开
泡透的土墙——不久长
喷火器的脾气——张口就发火
膨胀的皮球——一肚子气
捧着金碗要饭吃——装穷叫苦
屁股坐在鸡蛋上——一塌糊涂
屁股底下安弹簧——一蹦老高
皮球落水——浮在表面
皮球上戳了一刀——泄了气
皮球上磨刀——泄气
皮裤套皮裤——定有缘故
皮软骨头硬——表面和气
屏风上贴门神——话（画）中有话
瓶子里的苍蝇——没有出路
婆婆一个说了算——没公理
婆媳吵架儿子劝——左右为难
破茶壶掉进水里——几头进水
破梁做根烧火棍——大材小用
破麻袋装着烂套子——不是好货
破皮球缝帽子——不成器（盛气）
破琵琶——不好谈（弹）
破网打鱼——瞎张罗
破网捞虾——落空
破蒸笼蒸馒头——浑身出气
剖开墨鱼肚——一副黑心肠
剖腹藏珍珠——爱财不爱命
菩萨的胡子——人安的

Q

七八月的南瓜——皮老心不老
七尺汉子六尺门——不得不低头
七擒孟获——叫他口服心服
七仙女嫁董永——采取主动
七石缸里捞芝麻——费功夫
齐桓公用管仲——不记前仇
骑牛追马——望尘莫及
骑马时间少，擦镫时间多——本末颠倒
骑马背包袱——全在马身上
骑马过独木桥——回头难
骑马上天山——回头见高低
棋盘上的士象——不离将

棋盘中的子儿——捻一下，动一步
棋盘里的老将——出不了格
旗杆上挂地雷——空想（响）
旗杆上的灯笼——高明
旗杆顶上拉胡琴——唱高调儿
起重机吊竹篮——不值一提
气焊枪焊玻璃——接不上
气球上扎窟窿——泄气
汽车放炮——没跑；跑不了；泄气
汽车坏了方向盘——横冲直撞
汽车上的喇叭——不用吹
千里搭长棚——没有不散的筵席
千里行军才起步——路长着呢
千斤顶伸头——压上劲了
千斤顶干活——不怕压力大
千年的大树——根深叶茂
千年的狐狸精——古怪
千年的铜钟——经得起打击
千年的铜器——老古董
牵牛花讨好——顺杆爬
牵牛花儿当喇叭吹——闹着玩
牵牛过独木桥——难过
牵瘸驴上窟窿桥——锥戳不动
牵只羊全家动手——人浮于事
牵着骆驼数着鸡——高的高来低的低
牵着羊进照相馆——出洋（羊）相
牵羊进照相馆——出洋（羊）相
牵着不走，拉着倒退——犟牛
前脚不离后脚——紧相连
前脚与后脚——寸步不离
前面是狼后面是虎——一个比一个凶
前面是死胡同——行不通
前藤子上上吊——难死人
前有强敌后有追兵——进退两难
前有埋伏，后有追兵——进退两难
前有悬崖，后有追兵——死路一条
钱塘江涨潮——大起大落
钱塘江的潮水——看涨
钱塘江里洗被单——大摆布
潜水运动——要沉住气
黔虎吃驴——兜圈子
浅滩上放木排——一拖再拖
枪枪打中靶心——百发百中
强盗走了扛出枪来了——假充勇敢
强盗碰着贼爷爷——黑吃黑
强盗发善心——难得一回
强盗做梦——想着偷
强盗照镜子——贼头贼脑
强拉媳妇成亲——人在心不在
墙缝里的蝎子——暗中伤人
墙缝里的蚂蚁——不愁没出路
墙上的蝎子——专找缝子钻
墙上挂帘子——没门；无门
墙上挂日历——一天变个样
墙上有耳——听不进
墙头上的鸽子——东张西望
墙头上睡觉——难翻身
敲锣捉麻雀——一个逮不了
敲开的木鱼——合不拢嘴
敲锣卖糖——各干一行
敲锣碰到放炮的——想（响）到一点子上
敲锣捉麻雀——一个逮不了
荞麦地里抓王八——十拿九稳
荞麦皮榨油——无中生有
桥顶上盖楼——上下空
桥孔里伸扁担——担当不起
桥是桥，路是路——一清二楚
俏媳妇戴凤冠——好上加好

茄子开黄花——变了种
秦始皇的奶奶——有年纪啦
秦始皇收兵器——高枕无忧
秦叔宝的黄骠马——来头不小
青蛙望玉兔——有天地之别
青蛙谈恋爱——吵闹不休
青蛙拴在鞭梢上——不值摔打
青蛙唱歌儿——呱呱叫
青蛙笑蝌蚪——忘了自己从哪来了
青蛙爬在脚上——不咬人
青竹竿掏茅坑——越掏越臭
蜻蜓撞着蜘蛛网——有翅难飞
蜻蜓点水——东一下，西一下
蜻蜓点水鱼打花——没有用
蜻蜓吃尾巴——自咬自
倾巢的黄蜂——一轰而散
蚯蚓戴帽子——土里土气
蚯蚓刨地——费力不小，收获不大
拳头打跳蚤——吃亏的是自己
拳头上跑马——能人儿
缺根竹子照样扎竹排——不稀罕你
缺尾巴虾——掀不起大浪
缺牙啃西瓜——道道多
瘸子靠着瞎子走——取长补短
瘸子追小偷——越喊越远
瘸子穿大衫——抖起来了
瘸子骑瞎驴——互相照应
瘸子踩高跷——早晚有他的好看

R

染坊的大缸——任人摆布
染房里吹笛子——有声有色
染缸里落白布——再也洗不清
染缸里的衣服——变他本色
染匠的衣服——不可能不受沾染
让了香瓜寻苦瓜——自讨苦吃；自找苦吃
让结巴念绕回令——强人所难
让拐子送信——过时
让羊看菜园——自找苦吃
饶舌的乌鸦——老调子
热窝上的蚂蚁——急得团团转
热窝炒豆子——熟一个，蹦一个
热锅上的蚂蚁——团团转
热锅里的螃蟹——爪子紧挠
热锅炒辣椒——够呛
热锅爆米花——乱蹦乱跳；活蹦乱跳
热锅上的蒸笼——好大的气
热锅里的鸭子——窝脖
热锅炒豆子——熟一个，蹦一个
热火盆里抽火炭——冷落
热炕头上的白面——发啦
热火盆里抽火炭——冷落
热面孔碰到冷毛巾——无情
热蹄子马——闲不住
热水瓶脾气——外面冷，里面热
热水瓶上系索子——水平有限
热中送扇雪中送炭——急人之所急
人把狗咬死了——怪事一桩
人到矮檐下——不得不低
人到古稀穿花衣——老来俏
人家骑马我骑驴，后面还有推车的——比上不足，比下有余
人过三十不学艺——老了
人头上长疥疮——毛病
人身上的汗毛——数不清
人造卫星上天——惊天动地
日出西山水倒流——天下奇闻

日头从西边出——不可能
日落西山——红不过一会儿了
绒球打锣——没有回音
绒球打脸——吓唬人哩
绒毛鸭子刚下水——新学
肉案上的买卖——斤斤计较
肉包子打狗——有去无回
肉骨头下锅——肯（啃）定
肉骨头擂大鼓——有点五荤六素
肉骨头落了锅——啃（肯）定了
肉锅里煮元宵——浑蛋
肉烂在汤里——谁也不吃亏
肉烂了在锅里——不分彼此
肉丸子掉进煤堆里——漆黑一团
如来佛掌上翻跟头——跳不出去
如来佛治孙悟空——强中还有强中手
入伏的高粱——天天向上
入秋的高粱——老来红
入秋的石榴——点子多
入市乌龟——得缩头时且缩头
软骨头卡在喉咙里——张口结舌
软面包饺子——好捏
软枣（黑枣）树上给柿子——小事（柿）一宗

S

三十晚上盼月亮——没指望
沙滩上走路——一步一个脚印
上弦的月亮——两头奸（尖）
上鞋不用锥子——真（针）行
十五只吊桶打水——七上八下
屎壳郎搬家——滚蛋
屎壳郎下饭馆——臭讲究
寿星拿琵琶——老调常谈
宋江的军师——无（吴）用
孙二娘开店——进不得
孙猴子穿汗衫——半截不像人
孙悟空大闹天宫——慌了神
孙悟空的金箍棒——能大能小
孙悟空翻跟头——十万八千里
孙悟空碰见如来佛——有法难使
孙悟空听见紧箍咒——头疼

T

他念他的经，我拜我的佛——互不干扰
塌鼻子戴眼镜——没着落；靠不住；没处搁
塌锅干饭——闷（焖）起来了
塌了窝的蚂蚁——阵脚大乱
塔顶散步——走投无路
踏在薄冰上——好险；冒险
踏着脖子敲脑壳——欺人太甚
台上唱戏，台下打鼾——看不上眼
台上握手，台下踢脚——翻脸不认人；两面派
台子上收锣鼓——没戏唱了
抬轿吹喇叭——光图热闹
抬头望鹰，低头抓鸡——眼高手低
抬头只见帽檐，低头只见鞋尖——目光短浅
太行山上看运河——远水不解近渴
太极拳的功夫——柔中有刚
太平洋搬家——翻江倒海
太平洋里一滴水——微不足道；微乎其微
太上老君开处方——灵丹妙药
太师椅着了火——坐也难，站也难

太岁当头坐——非灾即祸
太岁头上的土——动不得
太岁头上动土——胆子大，自取其祸
太阳底下点灯——多余
太阳地里望星星——白日做梦
太阳和月亮讲话——空谈
泰山顶上观日出——站得高，看得远；登高望远
泰山顶上添捧土——无济于事；不济事
坛中取蛋——手到擒来
坛子里和面——搭不上手
坛子里喂猪——插不上嘴
坛子里掷骰子——没跑
坛子里装泥鳅——滑不到哪里去
谈判桌上的交易——讨价还价
谈心不点灯——说黑话
弹花匠上殿——有功（弓）之臣
檀香木做锅盖——用材不当
汤锅里放黄连——有苦大家吃
唐伯虎追秋香——千方百计
唐三藏过火焰山——凶多吉少
唐僧的白龙马——腾云驾雾
唐僧的心胸——慈悲为怀
唐僧的眼睛——不认识好坏人
唐僧念佛经——一本正经
唐僧跑进和尚庙——同吃一锅斋饭
唐僧相信白骨精——人妖不分
堂前中央挂灯笼——正大光明
堂屋里打酒厨房卖——便宜不出外
糖面做娃娃——是甜人儿
糖捏的人——一吹就化
糖炒板栗——熟了就崩（蹦）
螳臂当车——自不量力；不自量
螳螂肚子蛤蟆嘴——瞧你的榜样
螳螂落油锅——全身都酥了；粉身碎骨
躺倒的枯树——腐朽
躺在功劳簿上睡大觉——沾沾自喜
躺在棺材里想金条——贪心鬼
躺在怀里的猫儿——俯首帖耳
躺着说话——腰不痛
烫死的鸭子——身子烂了嘴还硬
烫了屁股的猴子——急红了眼
烫手的粥盆——扔了心痛，不扔手痛
桃子掉地上——熟透了
桃子破肚——杀身成仁
陶工手里的黏土——得心应手
提着灯笼打柴——明砍
提着灯笼行窃——明目张胆
提着影戏〔皮影戏〕人上场——好歹别戳破了这层纸
剃头扁担——长不了
剃头刀裁纸——真快
剃头的动手——一触即发
剃头的关门——不理
剃头的管修脚——负责到底
剃头铺关门——不理；没人理
剃头挑子——一头热；一头冷来一头热
天干禾苗黄——奄奄一息
天高皇帝远——有冤无处申
天狗吃日头——有救
天黑敬菩萨——心到神知
天上裂了缝——日月难过
天生的黄鳝——成不了龙
天要下雨，娘要嫁人——奈何不得；无可奈何
天要下雨鸟要飞——各随其便
田鼠走亲戚——土里来，泥里去
田头训子——言传身教

挑水骑单车——武艺高；本领高
挑雪填井——白费劲儿；枉费工；枉费心
挑盐巴腌海——尽干傻事
挑着磨盘背着碾——负担太重
条条小溪流大江——大势所趋
跳大神的翻白眼——没咒念
跳到黄河洗不清——太冤枉；冤枉
跳河闭眼睛——横了心
跳上岸的大虾——慌了手脚；离死不远
跳上舞台凑热闹——逢场作戏
跳网的鱼儿又吞钩——躲了一灾又一灾；祸不单行
跳舞的脚步——有进有退
跳蚤戴串铃——装什么大牲口
跳蚤顶被窝——枉费心机；力不能及；心有余而力不足
铁锤打夯——层层着实
铁锤打纸鼓——不堪一击
偷吃的猫儿——记吃不记打
偷吃海椒〔辣椒〕——里外发烧
偷鸡打店主——一错再错
偷油的耗子——油嘴滑舌
偷嘴的狗——见人就逃
偷嘴的猫儿——本性难移
头穿袜子脚戴帽——一切颠倒
头当斗笠，背当蓑衣——自欺欺人；自己哄自己
头上着火——不救自危
头痛往脊梁上贴膏药——找错了地方；搞错了地方
头痛医脚——不对路数
头雁中弹——乱了群
头长疔疮，脚烂趾头——两头不落一头
头枕元宝——守财奴
投石下河——探探深浅；试探深浅
透过窗缝看落日——一线希（西）望
土做的人儿——实心眼
吐鲁番的葡萄——甜透了；家家有
吐口唾沫砸个坑——出口有分量
兔子扒窝——安家落户
兔子蹦到车辕上——假充大把势
兔子成精——比老虎还厉害
兔子吃年糕——闷了口
兔子打架——小打小闹；上蹿下跳
兔子的耳朵——灵得很
兔子尾巴——长不了
兔子宴请老虎——寅吃卯粮
兔子枕着猎枪睡——胆大包天
兔子坐上虎皮椅——六神无主
脱了鳞的黄花鱼——不知死活
脱了毛的凤凰——不如鸡
脱了毛的刷子——有板有眼
脱了绳的猴子——无拘无束
脱了线的气球——无牵无挂
脱下毡帽补烂鞋——顾了这头丢那头
脱衣服烤火——多此一举；弄颠倒了
陀螺屁股——坐不住；坐不稳；立场不稳

W

挖井碰上自流泉——正合心意
挖了眼当判官——瞎到底了
娃娃看戏——欢天喜地
娃娃看魔术——莫名其妙
娃娃上街——哪里热闹到哪里
娃娃玩火——万万不可
娃娃当司令——小人得志
娃娃下棋——胸无全局